Stuart Pigott

Göttertrank und Blendwerk

Von der schwierigen Liebe zum Wein

Mit Collagen von Sabine Kussmaul

Hallwag Verlag
Bern und Stuttgart

Dank

Ein besonderer Dank geht an Joachim Rissmann vom Hotel Bogota in Berlin, wo der größte Teil des Buches geschrieben wurde. Ernest Wichner vom Literaturhaus Berlin hat das Manuskript kritisch gelesen und ihm in vielen Punkten einen Schliff gegeben, der sonst gefehlt hätte. Eva Meyer vom Hallwag Verlag hat bei der Lektorierung die Geduld und das Feingefühl eines Spitzenwinzers gezeigt. Ohne die vielseitige Hilfe und Unterstützung von Ursula Heinzelmann während jeder Phase der Arbeit gäbe es dieses Buch nicht.

Übersetzung aus dem Englischen: Ursula Heinzelmann
Lektorat: Eva Meyer
Umschlag und Gestaltung: Robert Buchmüller
Satz und Lithos: Utesch GmbH, Hamburg
Druck und Bindung: Franz Spiegel Buch GmbH, Ulm

ISBN 3-444-10555-X

Hallwag

Inhalt

Wozu noch ein Weinbuch? 7
Wein nüchtern betrachtet 9
Grosse Weine · Ein paar Worte vor unserem ersten Halt 15

Frankreich
Grande Nation du vin? 19
Bordeaux · Trouble in Paradise? 29
Burgund · Auf der Suche nach einer Diva 79
Champagne · Schäumende Träume und der Abschaum der Träume 117

Italien
Das unbekannte Land 153
Toskana · Vom Fiasco zum Erfolg 165
Piemont · Die versunkene Welt 199

Spanien und Portugal
Alte und neue Größen 239
Douro · Schwarze Magie 245

Die deutschsprachige Welt
Caroline und Stephanie 279

Anhang
Verkostungsnotizen 297
Verzeichnis der Produzenten 319

Für Caroline und Stephanie

Wozu noch ein Weinbuch?

Warum über Wein schreiben? Ist Wein nicht zum Trinken und Genießen da, und haben uns die Ärzte nicht bestätigt, dass uns das gut tut? Warum überhaupt darüber reden, von lesen oder schreiben ganz zu schweigen? Genauso gut könnte man fragen: «Warum auf den Mount Everest steigen?» Der Bergsteiger George Mallory hat darauf geantwortet: «Weil es ihn gibt.» Für mich gibt es den Wein seit jenem Märznachmittag im Jahr 1981, als mich ein Gast im Tate Gallery Restaurant in London, wo ich damals als Weinkellner arbeitete, zu einem Glas 1971er Château Cheval Blanc einlud, einem Rotwein aus St-Emilion im Bordeaux. Noch bevor ich überhaupt den ersten Schluck davon in den Mund nahm, berauschte mich sein betörender Duft. Von diesem Augenblick an zog mich Spitzenwein unwiderstehlich an.

Wenn ein Weinbuch einen Sinn haben soll, dann muss es so nahe wie nur möglich an solchen Erlebnissen bleiben. Ich lehne den trockenen und belehrenden Schreibstil so vieler Weinautoren radikal ab; er macht Weinbücher langweilig und genussfeindlich. Ein Weinautor darf den Wein nicht seiner Magie berauben, sondern muss sie spürbar machen. Andererseits ist Wein nicht das Produkt einer unbefleckten Empfängnis, das ohne jedweden Einfluss der übrigen Welt entstehen kann. Er ist unweigerlich ein Teil von Kommerz und Kultur und folglich Geschmacksmoden unterworfen. Fortschritte auf dem Gebiet der Technik haben viele Weine verändert, manche sogar grundlegend. Nicht zu unterschätzen ist auch die Einstellung der Weinproduzenten gegenüber den Weinen, die sie erzeugen. Die Weinwelt ist durch all diese Entwicklungen im Laufe einer einzigen Generation regelrecht auf den Kopf gestellt worden. Deshalb habe ich mich mit diesen Dingen befasst. Die Frage «Ist der Wein durch diese Veränderung besser oder schlechter geworden?» stand dabei immer an erster Stelle.

Es erforderte nur einen kleinen Schritt, um diese Gedanken dann zu Papier zu bringen. Dabei stellte ich mir Leser vor, deren Wissen über Wein sich auf die Tatsache beschränkt, dass er aus Trauben gemacht wird. Ich hoffe, dadurch einerseits jenen Lesern, die schon eine umfangreiche Weinsammlung und -bibliothek besitzen, eine neue Sicht auf die ihnen bereits bekannten Weine zu eröffnen, andererseits diese Weine all jenen nahe zu bringen, die damit bisher nicht oder nur wenig vertraut waren. «In den meisten Berufen ist Erfahrung ein Segen, für den Kritiker jedoch bedeutet sie eine ständig wachsende Distanz zu seinem Leser – Sachkenntnis ist eigentlich ein Nachteil», schrieb A. A. Gill, Großbritanniens führender Restaurantkritiker, vor kurzem. Er hat Recht, nicht nur, was den Kritiker betrifft. Wissen kann Vermutungen, Vorurteile bedeuten. Ich habe versucht, meine seit 1981 stetig gewachsene Erfahrung mit dem Wein zwischendurch beiseite zu legen, um jene Fragen zu stellen, die ein kleiner, unerfahrener Junge stellen muss, wenn er die Wahrheit über des Kaisers neue Kleider erkennen will.

Heutzutage scheinen einige der erfolgreichsten Weinautoren zu glauben, sie müssten sämtliche Weine der Welt verkosten und beurteilen. Dieses Unterfangen kommt mir absurd, ja vermessen vor. Deshalb habe ich mich von vornherein auf die mir als wesentlich erscheinenden Weine Europas konzentriert. Es gibt hervorragende Weine in anderen Teilen der Welt, aber meiner Meinung nach sind die meisten großen Weine immer noch in Westeuropa zu finden. Meine Auswahl ist natürlich eine persönliche, subjektive.

Die von mir gestellten Fragen hatten alle zum Ziel, Dichtung und Wahrheit voneinander zu unterscheiden. Oft war es erstaunlich einfach, die Wahrheit herauszufinden. Immer wieder habe ich mich gefragt: «Warum hat noch niemand darüber geschrieben? Ist es niemandem aufgefallen?» Ich kann es mir nur so erklären, dass die meisten Menschen mit Scheuklappen und Ohrenschützern durch die Weinwelt laufen. Sie sehen nur, was sie sehen wollen, hören nur, was sie hören wollen, riechen und schmecken nur, was sie wollen. Der Grund ist das Bedürfnis vieler Leute, bestimmte Weine und deren Erzeuger zu idealisieren. Das gelingt nur, wenn man alles ausblendet, was das perfekte Bild, das man sich geschaffen hat, stören könnte.

Dieses Buch wäre nicht möglich gewesen ohne die vielen Reisen in die Weinanbaugebiete Europas, die ich seit September 1982 unternommen habe. Darüber hinaus sind meine Frau und ich beinahe ein ganzes Jahr lang mindestens einmal pro Monat in eine Weingegend gefahren. Das hört sich fast an wie ein Jahr Urlaub, bedeutete aber trotz der zahlreichen beeindruckenden Orte auch viel Arbeit. Dennoch würde ich diese Erlebnisse gegen nichts eintauschen wollen, so viele bemerkenswerte Menschen habe ich kennen gelernt und so viele überraschende und begeisternde Weine verkostet. Neben den guten gibt es auch schlechte Neuigkeiten, von denen ich berichten muss, und manche in diesem Buch kritisierten Weinproduzenten werden zweifellos behaupten, meine Absichten seien von vornherein destruktiv gewesen. Trotz der kritischen Worte, die aus Gründen der Ehrlichkeit unerlässlich sind, ist dieses Buch der Ausdruck meiner seit nahezu zwanzig Jahren unveränderten Begeisterung für den Wein.

Frühling 1999 *Hotel Bogota, Berlin* *Stuart Pigott*

Wein nüchtern betrachtet

Soeben hat meine Frau ein Glas Wein vor mir auf den Tisch gestellt. Ich weiß nicht, um welchen Wein es sich handelt, und brauche auch nicht danach zu fragen; sicher soll ich raten. Die Tatsache, dass das Glas nicht einmal zu einem Viertel gefüllt ist, sagt alles. Das ist kein Geiz, sondern genau das richtige Füllniveau, um einen Wein zu verkosten. Es ist ein Spiel, das wir oft spielen. Der «Experte» wird auf die Probe gestellt. Die Situation ist mir nur allzu vertraut und jedes Mal ein Déjà-vu-Erlebnis: Ich bin hier bereits gewesen und werde wiederkommen. Das Ganze hat einen spielerischen Charakter im Gegensatz zu anderen Gelegenheiten, wo eine Fernsehkamera auf mich gerichtet ist und ohne Vorwarnung plötzlich vier verhüllte Flaschen auf den Tisch gestellt werden, deren Inhalt ich doch bitte identifizieren soll. Das hört sich nicht bloß an wie ein Albtraum … doch zurück zur Gegenwart.

«Neue Welt oder Alte Welt?», fragt meine Frau. Es ist die erste einer Anzahl von Fragen, deren Reihenfolge Teil eines Rituals aus meinem Heimatland England ist. Die Regeln dieses Weinverkostungsspiels haben sich mir vor langer Zeit fest eingeprägt. Nur zwei Antworten sind jetzt zulässig – «Alte Welt» oder «Neue Welt» –, alles andere führt automatisch zur Disqualifikation. «Alte Welt», sage ich zögernd. Ich denke also, dass der Wein irgendwo aus Europa stammen muss und nicht aus Amerika, Australien, Afrika oder noch exotischeren Weingegenden wie Bali oder Japan. Doch diesmal bin ich nicht so sicher. Der Wein erinnert mich an manche französischen Weine, aber heutzutage werden beidseits mehrerer Ozeane ähnliche Weine produziert. Dieser hier könnte eine sehr gute Kopie eines französischen Originals sein. Bereits spiele ich mit dem Gedanken, meiner Frau zu sagen, heute sei nicht mein Tag, falls meine Antwort falsch sein sollte, lasse ihn jedoch wieder fallen. Ich weiß genau, welche Art von Blick ich von ihr für eine solch lahme Ausrede ernten würde.

Sie lässt mich ein bisschen schwitzen, und während ich auf ihre Antwort warte, geht mir durch den Kopf, dass die Aufteilung in Alte und Neue Welt eher die Denkart einer Ex-Kolonialmacht widerspiegelt als die eines Weltbürgers des 21. Jahrhunderts. Doch bevor meine Gedanken weiter in diese Richtung wandern können, erbarmt sie sich meiner. «Ja», sagt sie endlich, und ich stoße einen inneren Seufzer der Erleichterung darüber aus, dass ich wenigstens bei der ersten Frage richtig liege. Der Tag ist anscheinend doch nicht so schlecht. Und als ich mich gerade selbstzufrieden zu entspannen beginne, blickt sie mir scharf in die Augen und stellt die zweite Frage: «Frankreich oder anderswo in Europa?»

Ich nehme das Glas und probiere den Wein erneut, versuche, Hinweise auf seine Identität zu finden, und bin plötzlich irgendwo ganz weit weg. War es für Proust der Geschmack von Madeleines, der ihm lange vergessen geglaubte Erinnerungen zurückbrachte, ist es für mich Wein. Nüchtern betrachtet ist Wein ja nichts weiter als eine Lösung von Alkohol, Säure, Zucker, Aromen, Phenolen, Mineralien und anderen Stoffen in ziemlich viel Wasser. Wenn ich aber das Glück habe, einen großen Wein zu trinken oder zu verkosten, dann finde ich in meinem Glas ein ganzes Universum. Solch ein Wein kann mich an den Ort seiner Herkunft zurückbefördern, zu der Gelegenheit, bei der ich ihn das letzte Mal getrunken habe, oder auch ganz woanders hin, scheinbar ohne jeglichen Zusammenhang. Dieses Mal trete ich aus einem Londoner Kino hinaus auf die Oxford Street mit ihrem Verkehrsgetöse und den Lichtern, die sich in dem regennassen Pflaster spiegeln. Wie aber bringt mich ein französischer Wein in eine Londoner Nacht vor dreißig Jahren? Die beste Antwort darauf lautet, dass ich es ihm gestatte. Doch warum Wein anstelle von Madeleines oder etwas anderem?

Es gibt ein paar Fragen, vor denen es für mich anscheinend kein Entrinnen gibt. *«Wie kommt ein Engländer dazu, Weinexperte zu werden?»*, ist die mir am häufigsten gestellte Frage; sie verfolgt mich geradezu. Die Antwort darauf ist so einfach, dass sie mir manchmal wie ein mechanischer Prozess vorkommt, was die Marter nur noch verstärkt. Dabei ist das eine dumme Reaktion, weil eine Frage jedes Mal, wenn sie gestellt wird, eine Herausforderung darstellt und es immer eine neue und bessere Antwort geben sollte. Andy Warhol hat die Frage nach seiner Herkunft jedes Mal anders beantwortet, und niemand schien sich daran zu stören. Er übt immer noch eine unglaubliche Faszination auf die Welt aus – ein gutes Vorbild.

In London habe ich den Wein entdeckt, oder vielmehr, der Wein hat zu mir gefunden. Im Frühjahr 1981 jobbte ich als Weinkellner in einem Restaurant, dessen Keller mit großen französischen und deutschen Weinen mehr als gut bestückt war. Da in England selbst nur sehr wenig Wein angebaut wird, spielt der Weinimport hier bereits seit dem Mittelalter eine bedeutende Rolle. Durch die aufeinander folgenden Kriege mit verschiedenen europäischen Mächten waren wir gezwungen, auch bei unseren Weinlieferanten von einem Land zum nächsten zu wechseln, wobei unser Wissen über Wein wuchs. Dieses Wissen wurde von einer Generation von Händlern und Experten an die nächste weitergegeben bis zu Menschen wie Hugh Johnson und Jancis Robinson, die es durch ihre Bücher vermitteln. Ich habe auch durch den persönlichen Kontakt zu zwei weniger bekannten, doch deshalb keinesfalls weniger erfahrenen Gentlemen der Londoner Weinszene, Philip Eyres und John Boys, sehr viel gelernt. Sie führten mich in die Welt des Weines ein, wie sie meinen Landsleuten seit einem Jahrhundert oder länger vertraut ist. Daher hat meine Einstellung zum Wein ihren Ursprung in den holzgetäfelten Räumen der ältesten Londoner Weinhändler, den Gentleman's Clubs der Stadt und ihren Weinbars. Letztere sind ein relativ neues Phänomen, sie gehen zurück auf die späten siebziger Jahre. Sie interessierten mich von Anfang an deutlich mehr als die Clubs, deren Portale mir nur offen standen in Begleitung gewisser Freunde, die zur British Upper Class gehörten. Meine Erziehung war so Middle Class wie nur möglich, und wir Briten der Middle Class haben genauso viele Probleme mit den Briten der Upper Class wie sie mit uns. In Londons weltoffeneren Weinbars entdeckte ich, dass die Weinwelt keineswegs nur aus Claret (roter Bordeaux), rotem und weißem Burgunder, Hock (Weißweine vom deutschen Rhein), Mosel (Weißweine von Mosel, Saar und Ruwer), Port und Sherry besteht, den traditionellen Vorlieben der British Upper Class bei Stadt-Dinners und Wochenenden auf dem Landsitz. Plötzlich wurde mir bewusst, dass an weit entfernten Orten wie Australien und Kalifornien Weine produziert werden, die zum Teil wirklich gut sind. Bereits damals boten sie häufig günstigere Alternativen zu den europäischen Klassikern.

Es dauerte nicht lange, bis ich einige der «Weinmacher» kennen lernen wollte, die hinter den Neue-Welt-Weinen steckten, die mich begeisterten, und im August 1986 unternahm ich die erste von vielen Reisen nach Kalifornien. Trotz ihres unerschütterlichen Selbstbewusstseins waren alle Weinmacher, denen ich begegnete, eifrig damit beschäftigt, die berühmtesten und teuersten Weine Europas zu imitieren. Keiner von ihnen sagte: «Mein Wein ist vollkommen eigenständig und braucht nicht den Vergleich mit anderen zu suchen.» Nein, es hieß beinahe einstimmig: «Mein Wein ist genauso gut oder besser als die großen Weine in Europa, die mein Vorbild sind.» Spätestens seit dem Augenblick im Jahr 1976, als kalifornische Rot- und Weißweine die französischen «Originale» in einer von dem britischen Weinexperten Stephen Spurrier in Paris veranstalteten Blindverkostung schlugen, stehen sich die beiden Weinwelten als Gegner und Rivalen gegenüber. Die Weinproduzenten der Alten Welt sind überzeugt, immer noch an der Spitze zu stehen, doch die Nervosität, die sie bei Gegenüberstellungen mit den besten Weinen der Neuen Welt zeigen, verrät, wie bedroht sie sich fühlen. Die führenden Weinerzeuger der Neuen Welt wiederum sind sicher, ihre Vorbilder längst hinter sich gelassen zu haben, doch ihre laute, prahlerische Art ist lediglich eine Maske, hinter der sich Minderwertigkeitskomplexe verbergen.

Als mir dies klar wurde, begriff ich, dass ich in der Weinwelt nichts mehr als selbstverständlich betrachten durfte. Es gab und gibt keine in Steintafeln gemeißelten Regeln von himmlischen Autoritäten, nur die von uns selbst geschaffenen. Ich begann, nicht nur die Weinwelt mit großem Enthusiasmus in mich aufzunehmen, sondern dabei auch fortwährend mir selbst und anderen Fragen zu stellen. Das «Warum?» stellte sich reflexartig ein, wenn ich ein Glas Wein in die Hand nahm.

Vor zwanzig Jahren wirkte die Rivalität zwischen diesen beiden Weinwelten wie ein harmloses Geplänkel in einem eher unbedeutenden Wirtschaftszweig. Heute ist sich dagegen jeder des Wettstreits zwischen der Alten und der Neuen Welt bewusst. Wein war eines der Produkte, bei denen die Globalisierung und ihre Folgen sehr früh deutlich wurden. Für Europa lässt die Globalisierung nicht nur Zweifel am Fortbestand von Wohlstand und Erfolg aufkommen, noch mehr stellt sie die kulturelle Führungsposition in Frage, die Europa weiterhin für sich beansprucht. Und man sollte sich keinen Illusionen hingeben: Dies hätte weit reichende wirtschaftliche Folgen, denn Kultur bedeutet auch Produkte und Märkte. Die Dynamik anderer Regionen der Welt lässt uns zu Recht befürchten, mit den Füßen im Schlamm alter Gewohnheiten stecken geblieben zu sein, die Hände durch veraltete Ansichten gebunden – kurz: uns bereits auf dem absteigenden Ast zu befinden. Würde es uns jedoch helfen, unsere Vergangenheit wie Müll wegzuwerfen? Oder würde das Aufgeben unserer Traditionen nicht auch ein Aufgeben gerade jener Dinge bedeuten, die uns unsere Identität verleihen?

Inzwischen sieht meine Frau ziemlich sauer aus, weil ich seit einer Ewigkeit gedankenverloren über meinem Weinglas hänge, es schwenke, am Wein rieche und ihn probiere. Jetzt kann ich die Antwort nicht mehr hinauszögern. «Frankreich», antworte ich und kann nur hoffen, dass es wenigstens überzeugt klingt. «Wirklich?», hakt meine Frau prompt nach, als ob sie meine innere Unentschlossenheit gerochen hätte, und nach einer sekundenlangen Pause nuschle ich: «Mmh, ja.» «Bordeaux oder ein anderes Gebiet?», kommt gleich die nächste Frage.

Selbst der vollkommen unerfahrene oder uninteressierte Weintrinker weiß, dass das Herkunftsland eines Weines von Bedeutung ist. In Bars, Restaurants und Esszimmern auf der ganzen Welt hört man ständig Sätze wie «Ich bevorzuge italienische Weine, weil sie leichter sind» oder «Ich trinke französische Weine, weil es die besten sind». Jeder teilt Wein gedanklich nach Ländern ein. Die Unterschiede zwischen einzelnen Regionen innerhalb dieser Länder interessieren jedoch nur jene, die sich aktiv mit Wein befassen. Vor vielen Jahren war ich in London zu einem Abendessen eingeladen, bei dem die Gäste aufgefordert wurden, den Rotwein zu identifizieren. Mit großem Selbstvertrauen erklärte ich, es handle sich um einen Bordeaux.

Es war das richtige Land, doch der Wein stammte aus dem Burgund. Der neben mir am Tisch sitzende Master of Wine, einer aus dem rund zweihundert Mitglieder zählenden Klub von Experten, die Großbritanniens schwierigste Weinprüfung bestanden haben, tröstete mich. «Machen Sie sich keine Sorgen», sagte er, «wir machen alle Fehler.» «Ja, aber Sie machen diese Fehler nicht mehr», entgegnete ich. «Nicht oft, das stimmt», antwortete er, «ich habe sicher seit heute Mittag keinen Burgunder mehr mit einem Bordeaux verwechselt.»

Sobald man eine Grenze überschreitet, denkt man über Nationalität nach. Reduziert man die Grenze auf einen Strich auf der Landkarte, wie dies in der EU seit dem Schengener Abkommen geschehen ist, dann stellt sich die Frage, ob nationale Unterschiede überhaupt noch von Bedeutung sind oder ob es nur noch kleinere regionale Besonderheiten gibt. «Bin ich Brite, Ex-Londoner, Halb-Deutscher-halb-Brite, Europäer oder Berliner?», geht es mir beim Überschreiten einer Grenze durch den Kopf.

Häufig werde ich gefragt: *«Wie kommt ein Engländer, der Weinjournalist ist, dazu, in Berlin zu leben?»* Nun, ich bin vor zehn Jahren nach Deutschland gekommen, weil ich aus England wegwollte. Mein Interesse für deutsche Weine führte indirekt dazu, dass ich Berlin entdeckte, meine Frau kennen lernte und schließlich Ende 1993 der Anziehungskraft der Stadt nicht länger widerstehen konnte. Nicht nur meine Einstellung zu Deutschland und zu seinen Weinen veränderte sich während dieser Jahre, auch meine Ansichten über andere europäische Länder, ihre Kultur und ihre Weine haben neue Züge angenommen. Länder, deren Kultur ich mir in England kaum bewusst war, sind nun deutlich präsent und interessieren mich immer mehr. Italien beispielsweise hat sich mir durch die Faszination, die es auf die Deutschen ausübt, erschlossen. Auch über Länder wie Frankreich, das ich gut zu kennen glaubte, denke ich inzwischen dank einer neuen Sichtweise ganz anders. Meine Neugier auf die Weine, mein «Warum?» dehnte sich auf die Länder und Kulturen aus, aus denen sie stammten.

Heute herrschen im gesamten westlichen Europa praktisch die gleichen Modetrends, die Musik im Radio ist fast identisch, und die Supermärkte gleichen sich überall. Satellitenfernsehen, Mobiltelefone und das Internet sind auf dem ganzen Kontinent Bestandteil des Alltagslebens geworden. Diese Technologien bringen uns angeblich immer dichter zusammen und lassen uns vermeintlich immer ähnlicher werden. Die Völker der einzelnen europäischen Nationen bleiben jedoch beharrlich verschieden – in ihrer Art zu leben und in ihren Gewohnheiten. Die Hoffnungen, Ängste und Sehnsüchte der Menschen mögen grundsätzlich gleich sein, doch wurde mir immer klarer, wie wesentlich sich die Vorlieben, Wünsche und Vorurteile von einem europäischen Land zum andern unterscheiden. Wenn ich jetzt allerdings nicht verdammt schnell auf die Frage meiner Frau antworte, werde ich Ärger kriegen.

«Bordeaux, und kein schlechter», sage ich mit einem starken Gefühl des Déja-vu. Wann werde ich das nächste Mal den gleichen dummen Fehler machen? Werde ich überhaupt je aufhören, ihn zu machen? «Nein», sagt meine Frau mit einem leisen Lächeln, und als ob sie meine Gedanken wieder erraten hätte, fügt sie hinzu: «Aber keine Sorge, es ist auch kein Burgunder.» In diesem Moment rettet mich der Herd, weil einer der Töpfe mit unserem Abendessen überkocht. Nachdem meine Frau ihn von der Herdplatte gezogen hat, stellt sie fest, dass alles fertig ist, und gibt deshalb widerstrebend nach. «Na gut», sagt sie, «es ist der 1996er Château Lavabre aus Pic-Saint-Loup im Languedoc, und könntest du bitte Wasser, Salz und Pfeffer für den Tisch mitbringen?» Château Lavabre gehört zu den neuen Weinen Frankreichs, der erste Jahrgang war hier 1995. Selbst in einer Nation der sogenannten Alten Welt, wo man der Tradition größte Bedeutung beimisst, wird die alte Weinhierarchie in Frage gestellt, und das nicht nur durch Weine aus der Neuen Welt, sondern auch durch neue Entwicklungen innerhalb Europas. «Quo vadis, europäischer Wein?»

Das Essen steht jetzt auf dem Tisch, und ich sollte ihm die gebührende Aufmerksamkeit schenken. Meine Gedanken sind jedoch schon wieder ganz woanders. Im Geist bewege ich mich bereits kreuz und quer auf der Landkarte Westeuropas auf der Suche nach Göttertrank und Blendwerk, nach Dichtung und Wahrheit im Wein. Es bringt nichts, zu Hause zu bleiben in den vertrauten vier Wänden, wenn ich herausfinden will, wie es um die großen Weine Europas steht. Internet, Fernsehen, Telefon, Fax und E-mail können mir lediglich dabei helfen, meine Reisen zu organisieren, Antworten auf meine Fragen werden sie mir nicht liefern. Das können nur die Menschen, die hinter diesen Weinen stehen. Es ist Zeit aufzubrechen, mit so wenig Gepäck wie möglich, denn je weniger man mit sich herumschleppt, desto beweglicher ist man. «Zum Wohl!», sage ich zu meiner Frau, doch in meinen Gedanken haben wir bereits unsere Taschen ergriffen und die Tür hinter uns geschlossen. Fort!

Grosse Weine
Ein paar Worte vor unserem ersten Halt

Gäbe es keine großen Weine, würde wohl niemand über Wein lesen oder schreiben wollen. Natürlich kann man einen großen Wein einfach als Getränk betrachten. Immer wieder sieht man Menschen, etwa in Restaurants, die ihn die Kehle hinunterstürzen, als handle es sich um Cola oder Mineralwasser. Weinliebhaber dagegen wollen große Weine genießen, sie bieten ihnen unendlichen Gesprächsstoff. Da wird verglichen, werden Unterschiede und Gemeinsamkeiten minutiös seziert und gelegentlich der eine oder andere Wein als Blender angeprangert. Für die Insider ist all das ungeheuer wichtig; für Außenstehende klingt es zwar beeindruckend, doch eher wie Fachchinesisch. Deshalb müssen wir ganz am Anfang beginnen: Was ist ein großer Wein?

«Anspruchsvoll… spannend… verführerisch», antwortete mein steirischer Freund Willibald Balanjuk, als ich ihn fragte, wie er einen großen Wein beschreiben würde. Wir hatten Schutz vor der brennenden Junisonne gesucht und uns in einer dunklen Ecke des nahezu leeren Wiener Kaffeehauses Sperl verkrochen. Um zu verdeutlichen, was er damit meinte, beschrieb er den für moderne Weine typischen Stil, der für ihn die Antithese zu wahrer Größe im Wein darstellt: «Ich will alles, und zwar sofort.» Das war sinngemäß der Slogan einer Anzeigenkampagne einer österreichischen Bank. «Das ist prima für die Kurzschlucker…», fügte er hinzu und meinte damit jene, die Wein grundsätzlich als bloßes Getränk betrachten. Jeder, wie es ihm gefällt – die einen draußen in der Sonne, wir hier in unserer dunklen Ecke.

Spannend und verführerisch hört sich eher nach einem Thriller an, dessen Handlung zwar einem einfachen Strickmuster folgen mag, von dem wir uns aber dennoch nicht losreißen können. Ein großer Wein verlangt Geduld, um ihn ganz zu erfassen und zu verstehen; er gibt nicht alles sofort preis. Ihm ist eine Spannung eigen, die einen förmlich fiebern lässt, während sich die Aromen langsam im Glas entfalten. Er ist vielleicht zuerst kurz angebunden wie eine Figur in einem Film, die ihre wahren Absichten hinter einer Maske des Schweigens verbirgt. Doch genau wie in einem guten Thriller ändert sich dies Schritt für Schritt oder auch ganz plötzlich, von einer Minute zur andern, während der Wein vor einem im Glas steht – und über die Jahre hinweg während seines Lebens in der Flasche. Mein Kopf schwirrt jetzt von Bildern aus Hitchcocks Filmen, deren sublime Erotik mich seit dem Teenageralter fasziniert. Ein sich anbiedernder Wein, der sofort alles hergibt, täuscht Sinnlichkeit lediglich vor, er spielt unseren Sinnen etwas vor. Danach wird alles vergessen sein. Im Gegensatz dazu bringt es ein großer Wein fertig, dass man sich vollkommen in ihn vertieft und von ihm überrascht wird – ein uneingeschränktes und bereicherndes Erlebnis.

«Ja, aber wie schmeckt denn nun ein großer Wein?» Nun, er kann rot oder weiß sein, ab und zu auch rosé, gelegentlich schäumend, manchmal ist er trocken und oft süß. Die Größe von Wein hat viele Seiten, die Perfektion in Weinform viele Gesichter. Die Antwort auf diese Frage steckt in den Gemeinsamkeiten, die diese unterschiedlichen Weine aufweisen – was sicher paradox klingt. Große Weine üben einen starken Eindruck auf unsere Sinne aus. Man hat das Gefühl, jede einzelne Geschmacksknospe sei stimuliert worden, doch gleichzeitig wirkt der Gesamteindruck nicht überladen oder erdrückend. Eine Geschichte des Gastrosophen Peter Kubelka illustriert dies wesentlich besser, als ich es vermag.

«Himbeerbrocken als Kind mit meiner Mutter. Ich riss die Himbeeren ab und führte die Hand mit jeder einzelnen gleich zum Mund. Eine Himbeere nach der anderen. GUT! In meinem ganzen Leben wäre mir nie die Idee gekommen, dass man diesen Vorgang noch verbessern könnte. Meine Mutter aber eröffnete mir ein Konzept, das die Menschheit schon bevor es Werkzeuge gab, noch in der Weidezeit, bei der Speisenbereitung entdeckt hatte. Und das durch abertausende von Generationen bis heute tradiert wird: das Konzept der VERDICHTUNG. Sie sagte: Mach eine hohle Hand. Mit der anderen PFLÜCKE eine Himbeere. Iss sie aber nicht, sondern lege sie in die hohle Hand. Pflücke wieder eine Himbeere, iss sie nicht. WARTE! Lege sie in die hohle Hand. Pflücke noch eine Himbeere, und iss sie wieder nicht, und weiter so, bis die hohle Hand gefüllt ist. Jetzt betrachte den gerupften Berg Himbeeren, rieche daran und stecke alles in den Mund. Die Himbeeren eines ganzen Strauches VERDICHTET zur HANDVOLL: GROSSARTIG!»

Die hohle Hand ist der Vorgänger des Glases und die auf einen Schlag gegessene Hand voll Beeren wie ein Glas Wein, in dem der Saft einer ganzen Traube enthalten ist. Auch die Geduld des Winzers finden wir hier wieder, der bis lange nach der Ernte warten muss, bevor der Wein endlich trinkbereit ist, und seine Spannung und Erwartung, die während dieser Zeit wächst. Der Eindruck beim Genuss eines großen Weines ist mit der «verdichteten» Hand voll Himbeeren vergleichbar, während normale Weine mit den einzeln und nacheinander gegessenen Beeren gleichzusetzen sind. Jene, die meinen, das Trinken eines großen Weines sei etwas Extravagantes und Verschwenderisches, wenn es doch günstigere Alternativen gibt, haben ganz

Recht. Doch die unvergleichlichen Eindrücke, die ein großer Wein hinterlässt, rechtfertigen die Verschwendung. Das Erlebnis des ganzen Mundes voller Himbeeren ist nicht nur ein sinnliches, sondern auch ein geistiges und berauschendes. Große Weine können beim Trinkenden einen sinnlichen Rausch bewirken, der nichts mit dem Alkoholgehalt direkt zu tun hat. Wie bereits erwähnt, war ich von meinem ersten großen Wein schon *vor* dem ersten Schluck berauscht.

Eine Flasche eines großen Weins enthält den vergorenen Saft sämtlicher Trauben eines einzelnen Rebstocks, und obwohl die Aromen und der Geschmack des Weines ihren Ursprung in diesen Trauben haben – der Wein schmeckt gut, weil die Trauben reif und vollkommen waren –, ist der Wein doch etwas völlig anderes als die frischen süßen Trauben. Ein großer Wein ist ein natürliches Konzentrat von Trauben, das gleichzeitig eine veredelnde *Verwandlung* erfahren hat. Vergärung und Vinifikation verwandeln den natürlichen Rohstoff Trauben in etwas Zivilisiertes.

Meine Frau sagt oft: «Von einem großen Wein können wir zu zweit eine ganze Flasche trinken; wenn wir die Flasche nicht schaffen, dann ist es kein großer Wein.» Das ist die letzte Hürde, an der viele Möchtegern-große-Weine scheitern, da ihnen Charme, Harmonie oder Eleganz fehlen. Sie sind zu gewollt und wirken dadurch laut, aufdringlich, ermüdend. Kurz, sie sind unzivilisiert. Viele ehrgeizige Weinmacher gestalten jedoch heute ihre teuersten Weine bewusst in dieser Art. Sie wissen, dass bei einer Weinverkostung, bei der nur ein Schluck in den Mund genommen wird und dort lediglich einige Sekunden bleibt, eine geballte Geschmacksladung durchaus beeindruckt, während feine, grazile Weine oft eher übersehen werden. Meistens ist Gier das Motiv hinter einer solchen Einstellung, obwohl auch Dummheit eine Rolle spielt. Dabei meine ich die Dummheit der Verkoster genauso wie die der fehlgeleiteten Produzenten. Eine französische Winzerin bemerkte kürzlich mir gegenüber: «Weinproben sind vielleicht zu Testzwecken notwendig, aber sie stellen immer einen Umweg dar.» Weine, die bei diesem Umweg viel Eindruck machen, sind nicht unbedingt die besten Weine für wirklichen Trinkgenuss.

Einen großen Wein voll zu erleben bedeutet, ihn zu genießen, nicht bloß zu konsumieren. Je länger er im Mund bleibt, desto mehr wird man in ihm entdecken können. Schluckt man ihn schließlich hinunter, wächst dieser Eindruck sekundenlang weiter, in Ausnahmefällen auch minutenlang, und wenn er dann langsam verblasst, fängt das Vergnügen erst an, weil das Gedächtnis gerade eben begonnen hat, diese Eindrücke zu verarbeiten und die Türen der Erinnerung zu öffnen. Ein großer Wein kann bewirken, dass wir uns selbst vergessen, und ist doch selbst unvergesslich. Im Gegensatz dazu sind viele Weine langweilige Produkte, weil sie nach den letzten Trends auf den Gebieten der Weinbergspflege, Kellertechnik und Marketingstrategie schmecken. Sie sind unpersönlich und austauschbar. Alle großen Weine dagegen sind einmalige Persönlichkeiten.

Die Bewertung

Jeder Wein, der in diesem Buch erwähnt ist, wird in Worten beschrieben und mit maximal 100 Punkten bewertet. Das 100-Punkte-System stammt aus Amerika, und der einzige Unterschied zu anderen numerischen Bewertungssystemen für Wein besteht darin, dass der Kritiker hier mehr Punkte zur Verfügung hat und somit feiner differenzieren kann.

Auch wenn Worte zur Beschreibung eines Weines vielleicht flexibler erscheinen als Zahlen für die Bewertung, tun doch beide dasselbe: Sie reduzieren das Erlebnis, die Erfahrung, den Eindruck, um etwas Wichtiges auf prägnante Art mitzuteilen. Die numerische Bewertung wie auch die Beschreibung in Worten können aber lediglich andeuten, was es heißt, einen bestimmten Wein zu trinken. Selbst wenn man meinen Vorschlägen und den Reiserouten durch Europa, auf denen dieses Buch basiert, genau folgte, würde sich das Erlebnis zwangsläufig von meinem unterscheiden, da mein Geschmack und meine früheren Erfahrungen ganz andere als die meiner Leser sind. Meine Worte versuchen zu verführen, zu faszinieren, neugierig zu machen, während ich gleichzeitig bemüht bin, den Eindruck der Objektivität zu vermeiden. Nur durch den Anspruch, ihr Urteil sei objektiv, werden Kritiker zu «selbst ernannten Göttern».

Zur Orientierung: Weniger als 50 Punkte bedeutet grob fehlerhafte Weine, die sich nicht für den menschlichen Konsum eignen, 50 bis 59 Punkte stark mangelhafte Weine, 60 bis 69 Punkte unterdurchschnittliche Weine, die deutliche Schwächen zeigen. 70 Punkte und mehr stehen für solide, aber keinesfalls bemerkenswerte Weine. Bei 80 Punkten fängt überdurchschnittliche Qualität an. Weine mit 90 Punkten oder mehr besitzen schon einiges an wahrer Größe, die sich ihrer Vollendung zuneigt, wenn 95 oder mehr Punkte geschrieben werden. 100 Punkte sind nicht weniger subjektiv als irgendwelche anderen Bewertungen!

Frankreich
Grande Nation du vin?

Um den französischen Wein zu verstehen, muss man sich einmal nach Frankreich begeben, und zwar nicht in irgendein Gebiet oder irgendeine Provinzstadt, sondern zur Nabe in der Mitte des Rades, nach Paris.

Ein hoch gewachsener Mann um die dreißig in schwarzem Anzug und langer schwarzer Schürze, am Revers eine goldene Brosche in Traubenform, steht an einem Guéridon, einem kleinen Beistelltisch neben unserem Platz. Er arbeitet nahezu geräuschlos, mit raschen und äußerst präzisen Bewegungen, vollkommen auf seine Aufgabe konzentriert. Er entfernt die rote Kapsel von der schlanken, geradwandigen Flasche, zieht den langen Korken aus dem Flaschenhals und dekantiert dann den Flascheninhalt vorsichtig in eine Glaskaraffe. Als Sommelier tut er dies täglich viele Male, mittags und abends. Schließlich schenkt er meiner Frau mit ritueller Höflichkeit einen Schluck zum Probieren ein. Die tiefrubinrote Farbe des Weines lässt mich zurückdenken an andere großartige französische Rotweine, die wir in den vergangenen Jahren genossen haben. Meine Frau schwenkt behutsam das Glas und hebt es dann hoch, um daran zu riechen. In dieser einfachen Bewegung liegt Sinnlichkeit, sie ist sozusagen der nächste Schritt des Tanzes, den der Sommelier eröffnet hat. Dies ist ein Moment, den meine Frau voller Erwartung herbeigesehnt hat, und ich kaum weniger. Es gibt nämlich nur wenige Situationen, in denen sie schöner aussieht, als wenn sie mir in einem Restaurant gegenübersitzt und einen Wein probiert. Ich atme den Duft dieser Szene mit dem gleichen Genuss ein wie sie das Bouquet des Weines. Schon vor dem ersten Schluck breitet sich auf ihrem Gesicht ein Lächeln aus, und ihr Ausdruck ändert sich auch danach nicht. Der Sommelier erwidert ihr Lächeln und füllt für uns zwei bauchige Gläser mit eingraviertem Wappen und geschliffenen Stielen. Der 1985er Château Ducru-Beaucaillou aus St-Julien im Bordeaux-Gebiet ist ein großer französischer Wein, ebenso großartig und elegant wie die Räume um uns herum.

Wir haben lange auf diesen Moment gewartet, den theatralischen Höhepunkt eines Abends im Restaurant Espadon des Hotel Ritz an der Place Vendôme im 1. Arrondissement von Paris. Dieser Platz wäre nicht, was er heute ist, noch wäre dieses Ritual dasselbe ohne die geschichtliche Vergangenheit dahinter. Es ist nicht nur die Pracht der Architektur, die Gewölbedecke des Speisesaals oder die diskrete Beleuchtung, die sich in den Spiegelwänden ins Unendliche bricht, sondern auch der Violinist und die Harfenistin, die hinter uns Mozart spielen, die Sachkenntnis der Angestellten, deren Bewegungen eine Eleganz zeigen, wie sie nur durch stetige Übung entsteht, und die Geschichte, die sich in all diesen Dingen verbirgt und der Szene Grandeur verleiht. Jede Nuance dieses Erlebnisses kann zwar einzeln und für sich genossen werden, doch der Wein in unserem Glas und dieser Ort gehören zusammen, sie sind füreinander geschaffen worden. Hier ist der Wein eingebettet in die Kultur, aus der er entstanden ist, und er funkelt so strahlend wie ein großer Diamant in der Krone eines Monarchen, wenn sie am Tag seiner Krönung auf sein Haupt gesetzt wird, inmitten von Höflingen und Bischöfen in einer mächtigen Kathedrale. Und dieses Bild hat seine Berechtigung, trotz der Tatsache, dass Frankreich seit über zwei Jahrhunderten eine Republik ist: Das Ritual um Essen und Trinken hat seinen Ursprung am längst untergangenen französischen Hof.

Dass wir an diesem Abend im Ritz sitzen, hat seinen tieferen Grund, schließlich war es Ludwig XIV., der die Errichtung der Place Vendôme (gebaut 1686–1701) anordnete. Und das Restaurant Espadon verkörpert den Geist der Französischen Republik, es ist einer der Orte, an denen jeder, sofern er über die nötigen finanziellen Mittel verfügt, für einen Tag oder einen Abend König sein kann. Es ist kein Zufall, dass das Restaurant in seiner heutigen Form in den Jahren nach 1789 in Paris entstanden ist. Hier haben sich die arbeitslosen Hofköche selbstständig gemacht, ihre eigenen «Höfe» etabliert.

Der französische Wein ist ein unverzichtbarer Teil der französischen Kultur. Hier, an der beeindruckenden, klaustrophobisch wirkenden Place Vendôme, wird man aber auch an andere Vertreter dieses komplexen Gebildes erinnert. So bewohnte Coco Chanel viele Jahre lang ein Appartement im Ritz, das seit ihrem Tod in praktisch unverändertem Zustand erhalten geblieben ist. Einige Häuser weiter, in der Nr. 21, befand sich der Salon ihrer Rivalin unter den Modedesignern der Zeit zwischen den beiden Weltkriegen, Elsa Schiaparelli. Wie Chanel kreierte auch sie neben Mode Parfüm und Schmuck. Sie war mit zahlreichen bedeutenden Künstlern und Schriftstellern ihrer Zeit befreundet, und obwohl viele von ihnen wie auch Schiaparelli selbst nicht aus Frankreich stammten, färbten ihre Aura und ihr Ruhm viel stärker auf Paris und Frankreich als auf ihre Heimatländer ab. Wein, Essen, Mode, Parfüm, Schmuck, Kunst und Literatur sind das jedermann geläufige Rezept für romantische Gefühle in Paris, das ein unwiderstehlicher Anziehungspunkt für Menschen aus aller Herren Länder ist. «Die Welthauptstadt des Genusses», nannte es die amerikanische Zeitschrift *Wine Spectator* vor kurzem, «das ultimative Erlebnis». Auch hier, wie in jeder Lo-

SK

beshymne auf diese Stadt, nicht erst seit Baudelaire, schwingt eine unterschwellige Erotik mit.

Nach dem zu schließen, was ich um mich herum hören kann, sitzen im Espadon an diesem Abend größere Gruppen Japaner, Amerikaner und Deutsche. Allerdings gibt es auch eine Reihe von Paaren wie wir, an manchen Tischen blickt man sich tief in die Augen. Die Musiker haben bereits zweimal Happy Birthday angestimmt; das erklärt, warum einige unter den Gästen heute Abend durch die Türen geschritten sind, an denen sie sonst mit sehnsüchtigen Blicken vorbeigehen.

Neben dem Ausgang steht ein kleines Schild mit dem Hinweis auf die ununterbrochene Videoüberwachung der öffentlichen Räume. Früher wäre dies nicht weiter aufgefallen, doch heute prägt es sich jedem Gast ein und erinnert ihn an das bekannteste tote Liebespaar der Welt. Auch ich kann mich des Gedankens nicht erwehren, dass Prinzessin Diana und Dodi Al Fahyed vielleicht an unserem Tisch gesessen haben an jenem schicksalhaften Abend des 31. August 1997 – eine unheimliche, unangenehme Vorstellung. Ob sie wohl den Turbotin gegessen haben, den meine Frau und ich uns gerade als Hors-d'œuvre teilen? Ich bezweifle es. Angesichts der zwanghaften Diäten der Prinzessin wird sie wohl weder das Carré d'agneau, das meine Frau bestellt hat, noch mein Pigeon au foie gras genossen haben. Beides sind reichhaltige, komplizierte Gerichte, die ganz in der Tradition der französischen Grande Cuisine stehen.

Es hat beinahe etwas Unvernünftiges und Unanständiges, dass wir hier in dieses Restaurant gekommen sind, um zu einem großen Wein und Harfenklängen zu dinieren. Streng genommen handelt es sich um eine vollkommen überflüssige Extravaganz, und meine einzige Entschuldigung dafür lautet, dass dadurch für mich ein Traum wahr wird. Dabei ist der Traum nicht einmal mein eigener und auch schon uralt. Nicht nur für meine Landsleute war Paris bereits vor über einem halben Jahrhundert das bevorzugte Ziel für ein verrücktes Wochenende.

Über die allgemein herrschenden Sehnsüchte einer Epoche hinaus, die uns alle beeinflussen, ob wir uns ihnen nun bereitwillig unterwerfen oder dagegen aufbegehren, ist der Paris-Traum jedes Einzelnen durch persönliche Erfahrungen, Wünsche und Erwartungen geprägt. Meine erste Begegnung mit der Stadt hatte ich mit fünfzehn. Ich kann mich an einen Restaurantbesuch mit meinen Eltern erinnern, wenn auch nicht mehr daran, was wir gegessen oder getrunken haben. Ganz deutlich jedoch sehe ich die französische Familie am Nebentisch vor mir, die eine halbe Stunde lebhaft über das Parfait de cassis diskutierte. Das verblüffte und beeindruckte mich. Als ich in den unglücklichen, frustrierenden Jahren der Pubertät steckte, war mein Vater oft noch unglücklicher und frustierter als ich. Von der Arbeit, der Ursache seines Unglücklichseins und seines Frusts, kam er oft deprimiert nach Hause. Einmal ließ er seine Aktentasche im Flur fallen, ging zu meiner Mutter und teilte ihr aufgeregt mit, dass sie am Wochenende zusammen nach Paris fahren würden, einfach weg! Ein andermal kehrte er leicht angetrunken heim, ließ sich aufs Sofa fallen und sagte meiner Mutter, sie solle jetzt gleich nach oben gehen und ihre Lieblingskleider zusammenraffen, in einer Stunde wären sie auf dem Weg zum Flughafen und zum Ziel seiner Tagträume jenseits des Ärmelkanals. Aber als meine Mutter mit dem hastig gepackten Koffer wieder herunterkam, schlief mein Vater tief und fest. Aus dem Weekend-Trip nach Paris wurde nie etwas, doch halfen meinem Vater die geträumten Wochenenden in Paris, manche Enttäuschung und Demütigung besser zu ertragen. Mir prägte sich dies ein, und mit der Zeit wuchs der Reiz, den Paris auf mich ausübte, bis ich ihm nicht länger widerstehen konnte.

Träume wahr werden zu lassen ist ein gefährliches Unterfangen, weil die Wirklichkeit dabei an Maßstäben gemessen wird, denen sie einfach nicht gerecht werden kann. Unsere Wahl fiel auch auf das Espadon, weil meine Frau, als ich sie kennen lernte, gerade ihr Studium als Sommelière an der Hotelfachschule Heidelberg abgeschlossen hatte und sich unter ihren Büchern aus dieser Zeit «Le Ritz, magie d'un palace et de ses vins» befand, geschrieben vom damaligen Chefsommelier des Hotels, Georges Lepré. Die doppelseitigen Hochglanzfotografien der gedeckten Tische für große Diners oder intime Champagner-Tête-à-têtes in den besten Suiten des Hotels hypnotisierten mich förmlich. Mir schien, als habe der Fotograf meine geheimsten Träume aufs Papier gebannt. Das Einzige, was auf seinen Bildern fehlte, war meine Frau, doch ich stellte sie mir in jedem von ihnen vor.

Viele Jahre lang blieb der Luxus, einen großen Wein in solch überwältigenden Räumlichkeiten zu genießen, für mich ein Traum. Als Kunststudent in London konnte ich mir nichts Derartiges leisten. Doch begann ich während dieser Zeit, für Zeitschriften über Wein zu schreiben, und eines Tages lud mich der Besitzer eines kalifornischen Weinguts zum Mittagessen ins Connaught Hotel in London ein. Er bestand darauf, eine Reihe großer Weine zu ordern: Auf 1975er Bollinger-RD-Champagner folgte 1970er Château Cheval Blanc aus St-Emilion, und schließlich kam ein 1948er Vintage Port von Fonseca. Sie schmeckten alle grandios, sodass ich mich mehr in den Wolken als auf der Erde befand, als ich in ein Taxi stolperte, um nach Hause zu gelangen. Die Fahrtkosten ruinierten meine wackeligen Finanzen, doch die Sache war es wert, genauso wie die Magenverstimmung von den üppigen Speisen – Salat mit Foie gras, gebratenes Moorhuhn, Stilton und Mousse au chocolat –, an die mein armer Studentenmagen nicht gewöhnt war. Es machte mir alles nichts aus, denn ich hatte von dem Stoff gekostet, aus dem viele meiner Träume waren.

Um ehrlich zu sein, ist die Küche im Espadon nicht so brillant, wie wir es nur einige Tage zuvor bei Patrick Michelon und seiner Frau im Restaurant Les Berceaux in Epernay in der Champagne erlebt haben. Mehrere Freunde, die Paris gut kennen, haben mir versichert, dass die Küche im Les Ambassadeurs im Hotel Crillon an der Place de la Concorde im 8. Arrondissement besser sei als hier und die Räumlichkeiten nicht weniger imposant. Und der Wein? Nun, Georges Lepré ist nicht mehr im Ritz und scheint eine Art Vakuum hinterlassen zu haben. Der Service ist gut, doch die Weinkarte ist weniger beeindruckend als früher. Wenigstens ist es uns gelungen, einen halbwegs bezahlbaren großen Wein zu finden. Er repräsentiert nicht nur einen der besten derzeitig genussreifen Jahrgänge, sondern gehört auch zu dem halben Dutzend von Spitzenweinen, die in diesem Jahrgang in Bordeaux entstanden sind. Wenn man wissen möchte, wie ein klassischer Médoc-Rotwein schmeckt, so ist das ein sehr gutes Beispiel (würde ich mich zwingen, analytisch zu denken, gäbe ich dem Wein 92 von 100 Punkten).

Beschränkt man sich auf exzellenten Wein wie diesen oder auf andere französische Spitzenprodukte, steht außer Frage, dass Frankreich in Sachen Wein und Essen, Mode, Parfüm, Schmuck, Kunst, Literatur und der Quersumme daraus, Kultur und Romantik, eine Grande Nation ist. Wenn man die richtigen Orte aufsucht, den richtigen Wein trinkt und die richtigen Speisen isst, den Grand Louvre und andere Museen und Denkmäler besucht und in den richtigen Läden einkauft, dann ist Paris immer noch bezaubernd, ungeachtet der Tatsache, dass man als Ausländer mit einer Arroganz behandelt wird, die die Verachtung der Pariser für alle anderen – sprich kulturlosen Barbaren – nur notdürftigst kaschiert. Dies ist eine Welt, die sich von den anderen Großstädten des Landes unterscheidet, denn nur hier vereinen sich alle regionalen Kulturen, Traditionen und Produkte und werden zu Frankreich, anstatt lediglich Gascogne, Provence oder Normandie zu sein. In der französischen Provinz findet man die Erzeugnisse der jeweiligen Gegend, doch nur selten Nennenswertes aus anderen Ecken der Nation. Wenn man an einem Sonntagvormittag die Avenue de St-Antoine im 4. Arrondissement hinunterläuft, kommt man an einer ganzen Reihe von Läden vorbei, die Fleisch, Charcuterie, Fisch, Käse, Obst und Gemüse sowie Wein aus ganz Frankreich anbieten und von Menschen wimmeln, die ihre Einkäufe für das sonntägliche Mittagessen tätigen. Genauso findet man auf der Karte des Ritz die ganze Bandbreite der in Frankreich erzeugten Weine.

Tritt man jedoch einen Schritt zurück und löst sich von dieser eingeschränkten Sicht der Dinge, gestattet man sich gar, französische Erzeugnisse mit denen anderer Länder zu vergleichen, so ziehen schnell dunkle Wolken des Zweifels am Horizont auf. In diesem Zusammenhang sind die Ergebnisse einer Umfrage bezüglich der Trinkgewohnheiten der Franzosen, die

Anfang 1997 von Onivins in Paris durchgeführt wurde, sehr interessant. Sie belegen, dass nur einer von zwanzig Franzosen zwischen zwanzig und fünfundzwanzig Jahren heutzutage täglich Wein trinkt. Der Ernährungshistoriker Gilbert Garrier hat ausgerechnet, dass der Rückgang beim Weinkonsum in Frankreich, sollte er sich im gegenwärtigen Tempo fortsetzen, dazu führt, dass «Frankreich im Jahr 2021 sein letztes Glas Wein trinken wird».

Es mag absurd erscheinen, von Wolken am Horizont zu sprechen, wenn der Gesamtexport Frankreichs an Wein und Spirituosen 1997 42 Milliarden Franc betrug (wovon 29 Milliarden dem Wein zuzuordnen sind), 16 % mehr als 1996. Ein genauerer Blick zeigt jedoch, dass diese Zahlen viele Probleme verschleiern. So verminderte sich zum Beispiel der Weinexport nach Dänemark, das von einem führenden dänischen Journalisten als «der am stärksten pro-französische Weinmarkt der Welt» bezeichnet wurde. Französischer Wein machte dort Ende der achtziger Jahre 67 % des gesamten Weinabsatzes aus, 1997 nur noch 43 %. Der Journalist erklärte, der stärkste Einbruch sei 1995 durch den Boykott französischer Produkte aufgrund der Atomversuche Frankreichs im Pazifik verursacht worden: «Leute, die ihr ganzes Leben lang französischen Wein getrunken hatten, probierten plötzlich andere Weine und staunten, dass diese oft ebenso gut oder sogar besser waren. Viele von ihnen gaben daraufhin ihre Loyalität gegenüber Frankreich auf.» Einerseits bestätigt dies, was die allgemeinen Exportstatistiken zeigen – das positive Image französischer Weine und französischer Produkte ist in vielen Ländern tief verwurzelt –, andererseits macht es aber auch deutlich, dass dieses Image keinesfalls unerschütterlich ist und wie ein großer Felsbrocken durch einen kleinen Riss an einer kritischen Stelle auseinanderbrechen kann.

In Großbritannien gab es Anfang der neunziger Jahre eine wahre Flut von negativen Pressestimmen zum französischen Wein. Die Jahrgänge 1991, 1992 und 1993 waren in den meisten Gegenden Frankreichs schwach bis schlecht, was viele Briten daran erinnerte, wie dürftig, sauer und hart einfachere französische Weine sein können. Während der gleichen Zeit nahm in Großbritannien der Boom für australische und neuseeländische Weine weiter zu, und Südafrika begann im Weinexport eine wichtige Rolle zu spielen. Meine Landsleute empfinden sicher eine tiefe Vorliebe für Frankreich, genauer gesagt eine jahrhundertealte Hassliebe, doch sind sie auch Pragmatiker, die meistens ihrem eigenen Geschmack vertrauen.

Die kritische Einstellung gegenüber französischen Weinen erreichte 1996 ihren Höhepunkt, als die *Financial Times* einen Artikel von Jancis Robinson veröffentlichte unter dem Titel «Warum die Franzosen sich mehr anstrengen müssen» (Ausgabe vom 16./17. März 1996). Darin berichtete sie von einem Treffen in London zwischen Vertretern des Institut National des Appellations d'Origine INAO – der Einrichtung, die die Produktion von Wein und anderen Agrarerzeugnissen unter der Bezeichnung «Appellation contrôlée» überwacht – und einer Reihe von britischen Weinexperten. Darunter auch Jancis Robinson, die «ihnen sagte, dass zwar die besten Weine Frankreichs immer noch großartig und weltweit unerreicht sind, es im mittleren und unteren [Qualitäts- und Preis-]Bereich aber zu viele enttäuschende Flaschen gibt. Wir haben den Eindruck, dass die Worte Appellation contrôlée nichts mehr bedeuten... Dies war für die französischen Besucher offenbar ein großer Schock»... Sie endete: «Der Kern dieses Problems für Frankreich ist nicht Betrug, sondern Selbstgefälligkeit. Abgesehen von einigen bemerkenswerten Ausnahmen... gibt es in Frankreich viele Weinproduzenten, die sich mehr anstrengen müssen. Ich beklage mich nur, weil ich mir Sorgen mache.»

Der gute Jahrgang 1994 und die in den allermeisten Gegenden Frankreichs hervorragenden Jahrgänge 1995 und 1996 haben die kritischen Töne in England seither wieder etwas leiser werden lassen. Durch die momentane Stärke der britischen und amerikanischen Wirtschaftssysteme und Währungen können sich die Weintrinker in diesen Ländern bessere französische Gewächse leisten und brauchen sich nicht mit den jämmerlichen Abgründen der französischen Weinproduktion abzugeben. Ein nicht geringer Teil dieses Schrotts landet allerdings in den Regalen deutscher Supermärkte, da die meisten Konsumenten hier nach dem Etikett kaufen und dem Geschmack kaum Aufmerksamkeit zu schenken scheinen. Doch wie in Großbritannien vor fünfzehn Jahren tauchen auch hier langsam gute Übersee-Weine zu moderaten Preisen auf und fangen an, die Franzosen zu verdrängen. Die einst unantastbare Vormachtstellung des französischen Weins ist in Deutschland ebenfalls bedroht.

In der französischen Gastronomieszene präsentiert sich die Lage ähnlich wie beim Wein. Die Exportzahlen für französische Agrarerzeugnisse sehen noch gut aus, doch die französische Küche steht im internationalen Ansehen nicht mehr unumstritten an der Spitze. Der britische Restaurantkritiker A. A. Gill schrieb im April 1998 in der *Sunday Times* über Paris: «Gastronomisch gesehen geht es seit einer Generation bergab. Es ist nicht nur die Wirtschaft und die sture sozialistische Politik, es ist ein tiefer sitzendes Unbehagen...» Für ihn ist «die großartigste Küche, die je erfunden wurde... ebenso veraltet wie der Raum mit der Dampfmaschine im Technikmuseum». Diese Meinung beruht nicht auf dem Wunsch, die französische Küche herunterzumachen, sondern auf Liebe und Bewunderung, wie seine Beschreibung eines im Hotel Bristol, 112 Rue du Faubourg St-Honoré im 8. Arrondissement, servierten gebratenen Hühnchens deutlich macht: «Das Gericht war alles, was an Frankreich und französischem Essen widersprüchlich und unvergleichlich ist: einfach und doch anspruchsvoll, unkompliziert und doch vielschichtig und auf äußerste, arrogante Weise selbstbewusst... Jeder Versuch des Modernisierens bedeute eine Verschlechterung... Dieses Essen ist im Aspik steckengeblieben, und entweder man isst Geschichte oder man geht weiter...» Das deckt sich durchaus mit unserem Essen hier im Espadon.

Die französischen Spitzenköche spüren, dass die Gastronomie ihres Landes in einer Krise steckt und dass etwas geschehen muss. Doch was? Am 27. August 1998 versammelte sich eine Gruppe von acht jungen französischen Köchen unter der Führung von Alain Passard in einem Restaurant in Eugénie-les-Bains, um eine Erklärung ihrer radikalen Absichten zu verfassen. Viele ihrer älteren Kollegen, die ihrerseits in den siebziger Jahren die revolutionäre Nouvelle Cuisine eingeführt hatten, waren ebenfalls anwesend, um die Revolutionäre von heute in ihrer Forderung nach einer Verjüngung der französischen Küche moralisch zu unterstützen. Ein offizielles Pressefoto zeigt acht der etablierten Stars, angeführt von Paul Bocuse, wie sie einen Wagen mit den Revolutionären ziehen. Die Szene passt zu den Wiederaufnahmen im Stil von 1789, die das öffentliche Leben Frankreichs regelmäßig beleben.

Für eine richtige Revolution braucht man ein Establishment, gegen das man sich auflehnen kann. In diesem Fall trifft es die dreizehn französischen Spitzenköche, unter ihnen der «Ruheständler» Joël Robuchon und der Medienstar Alain Ducasse, die im Mai 1996 ihrerseits eine Erklärung unterzeichnet hatten, die zur Verteidigung der französischen Kochkultur aufrief. Es handelte sich dabei um eine xenophobe Attacke gegen den «Hang, alles mit jedem [sprich: Französisches mit Ausländischem] zu mischen, um eine scheinbare Innovation vorzutäuschen», was sich beinahe wie Jean-Marie Le Pen anhört, wenn er über Mischehen spricht. Ihre Schmähschrift gipfelte in der Warnung, wenn die französische Gastronomie nicht ihren Ursprüngen treu bleibe, «werden wir sowohl unsere Identität als auch unsere Küche verlieren». Während für Descartes die Existenz im Denken begründet war, scheint sie für viele seiner Landsleute im Essen und Trinken zu liegen.

Aber zurück zu den Spitzenweinen Frankreichs, wo die geschilderte Spaltung sowohl Konsumenten als auch Produzenten trifft. Mit den ersten Enprimeur-Angeboten der Bordeaux-Weine des Jahrgangs 1995 im Frühjahr 1996 setzte eine Preisexplosion ein, die bei den Käufern eine Welle der Missbilligung auslöste. Die Exportzahlen zeigen aber, dass die Weine sich weiter verkaufen. Gleichzeitig wurde unter Experten und Insidern zunehmend Kritik an den französischen Spitzenweinen laut, die ihren Ursprung in den Ergebnissen von Vergleichsproben der angesehensten französischen Weine mit den besten Erzeugnissen anderer Länder hat. Ich denke dabei an so genannte Blindproben, wo die Verkoster mit einer Reihe nummerierter Gläser konfrontiert werden, deren Inhalt sie bewerten, ohne den Namen oder die genaue Herkunft des Weins zu kennen.

Auch ich habe während der letzten Jahre bei solchen Blindproben die berühmten französischen Weißweine zum Beispiel oft niedriger bewertet als die «ausländische» Konkurrenz. Wenn das System der Appellation contrôlée, das den eigenständigen Charakter und die Qualität der besseren französischen Weine gewährleisten soll, bedeutungslos geworden ist, wenn die meisten französischen Weinerzeuger sich mehr anstrengen müssen, wenn viele französische Spitzenweine nicht mehr dem Vergleich mit Weinen anderer Länder standhalten können, wie sieht dann die Zukunft des französischen Weins aus? Es stellt sich die Frage, ob Frankreichs große Weine nicht ebenso überflüssig und archaisch geworden sind, wie A. A. Gill es von der Küche des Landes behauptet, und auch, ob sie modernisierungsfähig sind. Die Probleme beim Wein und in der Gastronomie scheinen Symptome für das allgemeine Unwohlsein der französischen Nation zu sein.

«Die Franzosen haben schon längst von der Vorstellung einer Grande Nation Abschied genommen ...», schreibt Ulrich Wickert in seinem Buch «Und Gott schuf Paris», «aber auch wenn es seine Sonderrolle nicht mehr aufrechterhalten kann, so ändert sich nichts am Anspruch Frankreichs. Es sucht sich Partner, um als Primus inter Pares seiner insgeheim doch als besonders erachteten Stellung Bedeutung zu verleihen.» Beim Wein ist dieser Partner das jeweilige Abnehmerland, dessen Rolle nicht nur darin besteht, französischen Wein zu kaufen und zu konsumieren, sondern auch ihn zu bewundern und zu verherrlichen.

Etwas später am Abend stehen wir auf der Place Vendôme. Die perfekt restaurierten Kalksteinfassaden glänzen im Flutlicht. Die Geschichte wird hier zu einem Breitleinwandspektakel, wie es Hollywoods Special-Effects-Leute nur mit Hilfe modernster Computersimulationen hinbekommen. Wir warten eine Ewigkeit, da der Portier bei seinen wiederholten Versuchen, ein Taxi zu organisieren, auf rührende Weise erfolglos ist. Dicht aneinandergedrängt suchen wir in der Einfahrt Schutz vor dem Regen und wärmen uns an unseren Erinnerungen an Wein und Essen, an die Grandeur des Speisesaals. Während uns allmählich die Kälte in die Knochen kriecht, schießen mir Erinnerungen an andere große französische Weine durch den Kopf. Doch kommen mir auch viele französische Weine mit berühmten Namen in den Sinn, die mich in den letzten Jahren schwer enttäuscht haben. So beeindruckend die Fassade der Weine Frankreichs auch ist, sie zeigt doch so manchen Riss. Die Frage ist, ob die Erneuerung der großen Traditionen des Landes bereits begonnen hat oder ob eine radikale Modernisierung ihr eher den Todesstoß versetzen könnte.

Bordeaux
Trouble in Paradise?

In der einen Ecke des Kellers unter dem Bungalow in Berlin-Tempelhof stehen Kisten mit Orangensaft, in einer anderen Kartons mit Altpapier, und in einer dritten lagert eine Sammlung von Château Mouton-Rothschild, dem teuer gehandelten Rotwein aus dem Bordeaux, dessen Etikett jedes Jahr das Werk eines anderen Künstlers ziert. Ihr Besitzer, ein Zahntechniker, zeigt mir voller Stolz einige der seltensten und teuersten Jahrgänge. Ich versuche, ausgesprochen interessiert zu wirken, in der Hoffnung, ihn so dazu zu bringen, eine dieser Flaschen zu öffnen. Er erklärt, dass ihm diese Weine nicht erst beim Trinken Genuss bereiten, sondern bereits beim Anschauen, und meine Anstrengungen sind leider vergebens.

Einige Monate später befinde ich mich im Keller eines anderen Bungalows, dieses Mal bei einem Rechtsanwalt in Berlin-Lichtenrade. Hier lagert eine wesentlich größere Sammlung roter Bordeaux-Weine verschiedenster Châteaux in speziell angefertigten Regalen. Sie beanspruchen einen eigenen Raum neben dem benachbarten Hobbykeller, der seinerseits eine ansehnliche Schallplattensammlung und einige Hightech-Schallplattenspieler beherbergt, die aussehen, als ob die NASA sie in Kürze losschicken würde, um die äußeren Planeten unseres Sonnensystems zu erforschen. Der «Fitnessraum» eine Tür weiter wird gleichfalls voller Stolz vorgeführt: Hier stapeln sich die Bordeaux-Holzkisten bis unter die Decke. Nach dieser Besichtigung beginnen die Korken zu fliegen, bis ich um ein Uhr nachts das Angebot von Steak und weiteren Flaschen ablehnen muss. Ich bin vollkommen erledigt von der Weinorgie, die der Hausherr für uns veranstaltet hat, entschuldige und bedanke mich überschwänglich und trete in einem Taxi die Flucht nach Hause an. Auch beim Bordeaux scheint es immer entweder zu viel oder zu wenig zu geben.

Unter Bungalows und Häusern auf der ganzen Welt lagern Bordeaux-Sammlungen neben Haushaltsvorräten oder stehen in Fitnessräumen im Weg. Manche dieser Sammlungen werden in der ausschließlichen Absicht des Trinkens angelegt, andere aus ähnlichen Motiven, wie sie Antiquitätensammler oder Freunde von Modelleisenbahnen haben. Warum? Während der letzten Jahrzehnte gab es über keine anderen Weine mehr Schlagzeilen als über die Rotweine der berühmten Châteaux im Bordeaux. Eine ganze Meute von Journalisten lebt von der Hof-Berichterstattung, die sich um diese Weine dreht, und erzählt den Sammlern, welche davon sie kaufen und in den Keller packen sollten, um sie zu noch besseren Tropfen heranreifen zu lassen. Wie bei anderen Sammelobjekten – Gemälden oder Briefmarken – fällt und steigt ihr Preis entsprechend der Nachfrage und der allgemeinen Wirtschaftslage. Sie verhalten sich ähnlich wie Aktien: Das «Vertrauen» der «Investoren» hat einen entscheidenden Einfluss auf den Wert. Wie bei Wertpapieren können unvorhergesehene Vorkommnisse das Vertrauen der Investoren zu einem Jahrgang oder einem bestimmten Château bzw. Produzenten erschüttern, was bewirkt, dass die Preise für die betreffenden Weine fallen.

Für die Presse sind die Höhen und Tiefen bei der Preisentwicklung dieser Weine ebenso ein Dauerbrenner wie deren Qualität. Während einer Hausse wie Mitte der neunziger Jahre erlebt auch die Weinfachpresse einen Boom. Im Frühjahr nach der Ernte, während die Weine noch im Fass liegen, werden sie zuerst «en primeur», als Termingeschäft, angeboten. Zwischen diesem Zeitpunkt und dem Moment des Abfüllens, Verpackens und Auslieferns, einer Zeitspanne von bis zu zweieinhalb Jahren, können sie bereits mehrere Male den Besitzer wechseln und im Preis erheblich steigen, ein Prozess, der sich über viele Jahre oder Jahrzehnte hinweg fortsetzen kann, zwischenzeitlicher Konsum durch profanes Trinken einmal ausgeschlossen. Ein großer Teil der abgefüllten roten Bordeaux-Weine wechselt den Besitzer auf Auktionen, die regelmäßig in London, New York, Zürich und anderen Metropolen stattfinden. Eine Flasche Château Mouton-Rothschild aus einem guten Jahrgang zum Beispiel kann während ihres Lebens, das ebenso lang wie das menschliche sein kann, die Auktionshäuser dutzende von Malen durchlaufen haben und dabei doch die gesamte Zeit in ein und demselben Lager verbringen, eingenagelt in ein und dieselbe Holzkiste, zusammen mit elf anderen Flaschen, so wie sie Jahrzehnte zuvor das Château verlassen hat.

In Trapps Warehouse unter dem Londoner Bahnhof London Bridge sind tausende von Holzkisten mit teuren und guten Rotweinen aus dem Bordeaux aufgestapelt, Berge von Weinflaschen im Wert von unzähligen Millionen. Ein Teil dieses Schatzes wird vielleicht nie getrunken, zumindest nicht, bevor der Wein zu alt sein wird, um noch gut zu schmecken. Das kommt einem vor wie Franz Kafkas «Eine Nachricht vom Kaiser»: Des Kaisers Botschaft erreicht wegen zu großer Entfernung und zu vieler Hindernisse nie den Menschen, für den sie bestimmt war. Hier wäre die Entfernung allerdings winzig, denn wenn man in London SE1 an der südlichen Seite der Tooley Street entlanggeht, trennt einen lediglich eine hohe Backsteinmauer von all diesen großen Weinen. So nah und doch so fern …

Meine glückliche Niederlage

Der dunkelgranatrote Wein fließt aus der geschliffenen Kristallkaraffe in mein Glas, und mein Gastgeber John Boys, Master of Wine, sagt: «Beschäftige dich damit. Ich bin gleich wieder da.» Der Tisch, an dem ich sitze, bietet gerade genug Platz für zwei und steht mitten im Wohnzimmer eines kleinen Londoner Appartements. An der Wand hängen Drucke aus dem 18. Jahrhundert mit Darstellungen eines Cricketspiels. Aus der Küche kommen Geräusche, die auf Aktivitäten am Herd deuten lassen. Ich schwenke den Wein vorsichtig im Glas, halte ihn an die Nase und atme langsam sein Bouquet ein. Die Geräusche aus der Küche – Gemüse, das abgegossen wird, Töpfe und Pfannen, die im Waschbecken gestapelt werden – erreichen mich kaum, derart tief und sinnlich ist der Duft des Weines. Ohne nachzudenken setze ich das Glas an die Lippen und nehme einen ersten Schluck. Sofort fühle ich mich wunderbar belebt, die Erschöpfung nach einem langen Tag in den Straßen Londons scheint wie weggeblasen. Meine Gedanken beginnen gerade, meinen Sinneseindrücken zu folgen, als ich von John unterbrochen werde, der mit zwei vollen Tellern aus der Küche kommt: gebratene Lammkeule, Röstkartoffeln und grüne Bohnen. Er setzt sich hin und fragt mich in sehr ernsthaftem Ton, doch mit dem Anflug eines Lächelns: «Nun, was hältst du davon?»

«Na, es kann nur Bordeaux sein, und wenn ich mich nicht irre, vom linken Ufer», schießt es aus mir heraus. In meinem Eifer warte ich nicht auf das sonst in England übliche Frage- und Antwortspiel. Mit linkem Ufer meine ich, dass der Wein am linken Ufer der Gironde-Mündung, also im Médoc oder Graves, gewachsen ist. John Boys' Lächeln sagt mir, dass ich nicht ganz falsch liege: «Nicht schlecht, Pigott.» Es ist die Inspiration aus dem Wein, die mich die richtigen Antworten finden lässt. «Was kannst du mir sonst dazu sagen?», fährt er fort, und das Fragezeichen hängt noch in der Luft, als es bereits aus mir hervorsprudelt: «Nun, ich denke, es ist ein Pauillac… Château Latour*… egal, was es ist, ein wunderbarer Wein.» Johns Gesicht strahlt, weil diese Worte bedeuten, dass er die richtige Flasche aus dem Keller geholt hat. «Ja, ganz richtig», sagt er zu meiner Verwunderung, «und welchen Jahrgang Château Latour hast du im Glas?»

Johns Lächeln hat dabei fast etwas Hinterhältiges, als ob er wüsste, dass ich mich von diesem Wein würde hereinlegen lassen. Doch diese Prüfung ist ganz anders als die in der Schule so gehassten. Hier gibt es keinen moralischen Druck. Es ist zugleich spannend und spielerisch, und fiele ich von

* Château Latour wurde bei der Klassifikation der Bordeaux-Gewächse von 1855 zusammen mit Château Margaux, Château Lafite-Rothschild und Château Haut-Brion in die höchste Kategorie, d.h. als «1er grand cru classé» eingestuft. Château Mouton-Rothschild stieg 1973 dazu auf.

dem hohen Seil, so würde mich ein Netz von Humor auffangen. Es herrscht nun wieder vollkommene Ruhe, und unter Johns aufmerksamem Blick probiere ich den Wein erneut. Dieses Mal schaue ich mir vorher sehr genau seine Farbe an, ein deutlicher Hinweis auf die Reife und damit auf das Alter von Rotweinen. Ganz am Rand gibt es da einen leichten Bernsteinschimmer, der deutlich macht, dass es sich hier keinesfalls um einen jungen Burschen handeln kann; dieser Farbton entwickelt sich erst nach vielen Jahren Reife auf der Flasche. Dann folgt ein tiefes Granatrot, das zur Glasmitte hin undurchsichtig wird; ein ebenso deutlicher Hinweis darauf, dass der Wein aus einem sehr guten Jahrgang stammen muss, in dem die Trauben einen hohen Reifegrad und damit eine hervorragende Farbe erreichten. Ich stecke meine Nase so weit wie möglich ins Glas, um noch mehr Aromanuancen zu erhaschen, und bin wiederum hingerissen von der warmen Fülle dieses Duftes. Ein weiterer Schluck bestätigt meinen Eindruck, dass dies ein mächtiger, gereifter Wein ist, der jedoch seine jugendliche Festigkeit noch nicht ganz abgelegt hat.

«Es ist definitiv ein guter Jahrgang», sage ich nachdenklich, «und er liegt schon ein wenig zurück... der Wein muss über dreißig Jahre alt sein.» «Sehr gut», erwidert John mit einer Bedächtigkeit, die klarmacht, dass er zu diesem Thema noch mehr von mir erwartet. «Nun, angesichts seiner Lebendigkeit glaube ich nicht, dass er viel älter als dreißig Jahre sein kann», fahre ich fort, «vielleicht 1964 oder 1962.» Es ist einen Moment still, während John über eine Antwort nachdenkt, und zum ersten Mal, seit der Wein eingeschenkt worden ist, nehme ich die Umgebung wahr – draußen ist es dunkel geworden, ein violettschwarzes Rechteck füllt den weißen Holzrahmen des Fensters aus. Mir fällt plötzlich ein, dass unser Essen inzwischen kalt sein muss... «Prima Pigott, aber falsch», meint John ein wenig schadenfroh, «ich hätte wahrscheinlich ähnlich geraten, aber es ist der 1938er, ein Jahrgang, den jeder wegen des Krieges vergessen hat.» Er hebt sein Glas, ich tue es ihm nach, und wir trinken auf den Wein. Mein Irrtum war also ein Kompliment für den Wein, sodass meine Niederlage zugleich sein Sieg war, ein Sieg ohne Verbitterung, den wir feiern, indem wir langsam die Karaffe leeren. Als die letzten Tropfen ausgetrunken sind, nimmt der Tisch die melancholische Schönheit eines Memento mori jener holländischen Meister des 17. Jahrhunderts an. Der Wein aber ist mit diesen Zeilen verewigt.

Willkommen im Médoc: alte Gemäuer und rostiges Wellblech

Den besten Blick auf das Bordeaux-Gebiet hat man aus der Luft. Da aber die Stadt nur selten über die interessantesten Weinlagen angeflogen wird, müssten wir uns von freundlich gesinnten Außerirdischen abschleppen und aus dem All nach Bordeaux bringen lassen. Dann würden wir ganz deutlich die Landzunge erkennen, die sich in den Atlantik hinein erstreckt und das berühmteste Wein-Anbaugebiet der Welt ist: das Médoc. Aus rund zwanzig Kilometern Flughöhe, durch das Bullauge einer fliegenden Untertasse betrachtet, würden die langen Sandstrände auf der westlichen Seite des Médoc am Atlantik wahrscheinlich einladender erscheinen als die rebbedeckte östliche Seite an der Gironde-Mündung, die das Médoc von der Aquitaine trennt. Das Ganze würde flach und langweilig wirken, und noch aus wenigen Kilometern wären die berühmten Châteaux des Gebiets nicht mehr als Punkte in der eintönigen Landschaft. Ließen wir den Blick ins Landesinnere schweifen, wären wir vom blassgoldenen Schimmer des kleinen Städtchens St-Emilion auf seiner Kuppe und den rebbedeckten Hügeln ringsherum sicher stärker angezogen.

Die Stadt Bordeaux selbst wäre ein ausgefranster grauer Fleck beidseits der Garonne (die weiter flussabwärts mit der Dordogne zusammenfließt und so die Gironde bildet). In ihren Vororten liegen die Ursprünge des Bordeaux-Weins, und wir könnten noch einige Inseln der einstigen Weinberge ausmachen, die zum Graves-Gebiet gehören. Dann würden wir auch schon das enge Gewirr kleiner Straßen im mittelalterlichen Stadtkern erkennen. Weiter nördlich, direkt am linken Garonne-Ufer, würde uns eine lange Reihe schmaler Steinhäuser aus dem 18. Jahrhundert auffallen. Das ist der Quai des Chartrons, der traditionelle Sitz der Négociants, also der Weinhändler und -makler der Stadt, durch deren Hände nahezu alle wichtigen Weine des Gebiets gehen. Bevor jedoch die Stadt vollständig in Panik ausbrechen würde, hätten uns die Außerirdischen bereits unauffällig vor einem Mietwagenbüro abgesetzt und sich für etwaige Unannehmlichkeiten entschuldigt.

Die britische Weinautorin Jancis Robinson hat einmal gesagt, Weinberge sähen so interessant aus wie Kartoffelfelder. Sie könnte dabei das Médoc gemeint haben. Die meisten Wein«berge» sind hier ziemlich flach und die Rebzeilen in Blöcken angeordnet, so dass sie wie Felder wirken. Obwohl auf diesen 16 000 von insgesamt 100 000 Hektar Anbaufläche der Ruf des Bordeaux-Gebiets gründet, ist es keine schöne oder beeindruckende Landschaft. An einem kalten Februarmorgen vermittelt sie den Eindruck von unendlichem Grau und Braun, dem allerdings die Schönheit fehlt, die Whistler diesen Farben verleihen konnte. Wenn man wie ich in einem Mietwagen auf der Hauptstraße in nördlicher Richtung von Bordeaux nach Pauillac fährt, ist der aufregendste Anblick ein Wasserturm aus Beton, der sich linker Hand aus einem Meer von Reben erhebt. An mehreren Stellen senkt sich die Straße ein wenig und passiert eines der Sumpfgebiete, die sich zwischen den etwas höher gelegenen ausgedehnten Rebfeldern erstrecken. In ihrer gegenwärtigen Form existiert diese Landschaft, seitdem holländische Ingenieure im 17. Jahrhundert viele dieser Sümpfe sowie den Palus, einen flachen Streifen Marschböden direkt am Gironde-Ufer, wo heute Kühe weiden, trockenlegten. Es ist kaum zu glauben, aber der Höhenunterschied zwischen den am höchsten gelegenen Weingärten und dem Ufer der Gironde beträgt tatsächlich dreißig Meter!

Die meisten Gebäude, die man in dieser Landschaft antrifft, tragen nicht gerade zu deren Bereicherung bei. Reihen von einstöckigen Arbeiterhäuschen aus dem 19. Jahrhundert, die Fensterläden meist fest verschlossen, wechseln sich mit langweiligen, von immergrünen Hecken umgebenen modernen Bungalows ab. Der größte Teil der Châteaux im Gebiet sind nicht Grands crus classés, sondern Crus bourgeois (die nächsttiefere Stufe in der Hierarchie) oder einfache Crus artisans, wo das «Château» schon mal aus solch einem Bungalow mit einem rostigen Wellblechverschlag – dem Chai beziehungsweise Keller – dahinter besteht. Und an der Straße stehen Schilder mit der Aufforderung zu Weinprobe und -kauf, sogar bei manchen der bekannten Betriebe. Das schreiend rote «ici dégustation», das den ländlichen Charme so vieler Weindörfer in Frankreich zerstört, fehlt hier zwar, aber Château Prieuré-Lichine in Cantenac, das zur Appellation contrôlée Margaux gehört und als 4e grand cru classé eingestuft ist, hat «tous les jours» geöffnet. Château Giscours ein Stückchen weiter empfängt dagegen nur an Wochentagen. Offensichtlich ist man hier im Gegensatz zu den erfolgreichsten Châteaux nicht ständig ausverkauft.

Beim Dorf Beychevelle, das heute zur Appellation St-Julien gehört, verändert sich diese belanglose Szenerie ganz überraschend. Nachdem man einen Streifen Felder durchquert hat, die sich vom Gironde-Ufer bis ins Herz des Médoc hineinerstrecken, steigt die Straße ein paar Meter an und macht dann eine scharfe Kurve, und plötzlich liegt das Rokoko-Schlösschen von Beychevelle vor einem, ein 4e grand cru classé hinter schmiedeeisernen Gittern, die fast ebenso imposant sind wie das Château selbst. Es stammt wie so viele andere berühmte Schlösser des Médoc aus der Mitte des 18. Jahrhunderts, dem ersten goldenen Zeitalter der Bordeaux-Weine.

Nach einem kurzen Stück der D2 entlang folgt, an St-Julien direkt nördlich angrenzend, Château Latour, ein kleines, zweistöckiges Anwesen, das von alten Bäumen nahezu verdeckt wird. Hier fällt vor allem «La Tour», der Turm aus dem frühen 17. Jahrhundert, ins Auge. Die meisten Besucher sind jedoch überrascht, wie klein und niedlich diese Konstruktion in natura wirkt, ganz anders als auf dem Latour-Etikett. Gleich nebenan schließt sich Château Pichon-Longueville Comtesse de Lalande an – oft abgekürzt zu Pichon-Comtesse –, ein elegantes Bauwerk, das seinem Namen alle Ehre macht, in einem großartigen parkähnlichen Garten gelegen, der es auch von der Straße abschirmt. Das entspricht nun in der Tat all den Erwartungen, die man mit den Begriffen «Château» und «Bordeaux-Wein» verbindet. Auf einmal scheint einem die Geschichte über dem Kopf zusammenzuschlagen, und es fällt schwer zu glauben, dass Tiere erfolgreich geklont worden sind und man im Hotel über Satellit das japanische Fernsehprogramm empfangen kann. Eine zeitlose Landschaft.

So angenehm dieses Gefühl der Zeitlosigkeit auch sein mag, es ist dennoch eine Illusion. Diese Landschaft hat sich über die letzten Jahrhunderte hinweg fortwährend entwickelt und verändert. Stätten wie Château Latour mit einer wesentlich weiter zurückreichenden Geschichte – mindestens seit dem frühen 14. Jahrhundert steht hier bereits ein von Reben umgebener Turm – sind seltene Ausnahmen. Weite Teile der Weingärten, die man auf dem Weg von Bordeaux durchquert, waren noch vor fünfzig Jahren entweder gänzlich unbepflanzt oder sind über die Jahrhunderte hinweg nur zeitweise genutzt worden, so wie sich die Geschicke des Bordeaux-Weinhandels Jo-Jo-artig auf und ab bewegten. Um die heutige Realität des Médoc und die mögliche Zukunft des Gebiets zu verstehen, braucht man nur auf der D2 von Pichon-Comtesse weiter nach Norden zum nächsten Château zu fahren.

Eine Disneyland-Tour und viele Fragen

Kaum hat man den Zündschlüssel herumgedreht, taucht auch schon Château Pichon-Longueville-Baron vor einem auf. Das Château selbst, das aufwendig gesäubert und restauriert worden ist, schimmert wie eine Perle in dem weichen Küstenlicht. Mein Landsmann Hugh Johnson hat einmal geschrieben, dass dieses Château und das von Pichon-Comtesse, beide 2es grands crus classés in der Klassifizierung von 1855, «... sich an der Straße südlich von Pauillac gegenübersitzen wie verrückte alte Herzoginnen in ihren Ballkleidern». Das war allerdings, bevor Pichon-Baron durch die neuen Besitzer – seit 1987 ist es die Versicherungsgesellschaft AXA – vollkommen umgestaltet wurde. Neben einer Anlage postmoderner Kellereigebäude und einem Teich bildet das Château heute nur noch ein Element in einer monumentalen Komposition, die von Jean de Gastines und Patrick Dillon entworfen wurde; durch die gewaltige Fassung hat die schimmernde Perle von ihrer Leuchtkraft erheblich eingebüßt. Während man sich vom Parkplatz zum Empfang begibt, wirkt die Szenerie wie eine riesige Opernkulisse – für mich ein äußerst unangenehmes Gefühl. Ich habe den Eindruck, als bewegte ich mich auf einer Bühne und jeden Moment könnte sich der Vorhang heben. «Ich bin aber doch kein tragischer Held, das ist ein Bordeaux-Weingut», sage ich mir in einem plötzlichen Anfall inneren Widerstands. Dann fällt mir auf, dass es genauso gut Kalifornien sein könnte, wo vergleichbare Kellereianlagen in Landschaften liegen, für die Architekten mit einem Übermaß an Ehrgeiz einen ähnlichen Mangel an Respekt zeigen.

Die Situation stellt jedoch auch hier keine Ausnahme dar. Besitzerwechsel sind heutzutage weit verbreitet. Erbschaftssteuern von bis zu 40 % haben viele Familien dazu gezwungen, ihre Güter an Banken, Luxusgüterkonzerne und Versicherungsgesellschaften zu verkaufen. Oft hat das zu einer Verbesserung der Weinqualität geführt, so auch auf Pichon-Baron, dessen Weine vor 1987 zu den unzuverlässigsten aller Grands crus classés gehörten. Die Erweiterung des Betriebes während der letzten zehn Jahre von ursprünglich 33 auf die gegenwärtigen 70 Hektar ist ebenfalls nichts Außergewöhnliches. Genau wie das französische Erbschaftsgesetz im Grunde die Übernahme von Bordeaux-Châteaux durch Konzerne und Finanzinstitute begünstigt, fördert der Gesetzesrahmen der Bordeaux-Klassifizierung von 1855 die Konsolidierung des Weinbergsbesitzes, weil damals nicht einzelne Weinbergslagen, sondern Betriebe bewertet wurden. So kann ein Grand cru classé Weinberge von einem Cru bourgeois derselben Appellation erwerben und den daraus erzeugten Wein unter seinem Grand-cru-classé-Etikett verkaufen, während derselbe Cru bourgeois zwar Weinberge von einem Grand cru classé kaufen könnte, diese jedoch durch die Übernahme ihren Klassifizierungsrang verlieren würden. (Henri Bourgeois beispielsweise hat den Besitz des Cru-bourgeois-Château Gloria in St-Julien aus Crus classés zusammengestellt, aber im Allgemeinen verläuft dieser Prozess umgekehrt.) Sämtlicher Besitz, den Pichon-Baron innerhalb der Grenzen von Pauillac seit 1987 erworben hat, gilt jetzt zumindest theoretisch als 2e grand cru classé. Das setzt sicherlich ein Fragezeichen hinter die heutige Verlässlichkeit der Klassifizierung von 1855, doch ist AXA keinesfalls der einzige Besitzer, der diese aus der Klassifizierung folgende Ungerechtigkeit ausnutzt.

Auch die moderne Architektur von Pichon-Baron ist nicht so ungewöhnlich, sie ist eher das auffälligste Beispiel einer Welle von neuen Kellereibauten, die Anfang der achtziger Jahre einsetzte, zu Beginn des gegenwärtigen goldenen Zeitalters der Bordeaux-Weinbranche. Dennoch gibt es kaum Zweifel, dass man auf Pichon-Baron ganz bewusst von der Lage direkt an der Straße profitieren wollte. Abgesehen davon, dass eines der neuen Gebäude den Blick auf den Nachbarn Pichon-Comtesse verdeckt, wenn man auf der D2 in südlicher Richtung fährt, ist der gesamte Komplex von Pichon-Baron mit dem Ziel angelegt worden, vorbeifahrende Touristen anzuziehen. In Verbindung mit dem Baustil wirkt das Ganze ein wenig wie ein Freizeitpark zum Thema Wein. «Die Kellerei ist so angelegt worden, dass wir ein Maximum an Besuchern empfangen können, ohne dass der Produktionsablauf gestört wird», erzählt mir Daniel Llose, der technische Direktor von Pichon-Baron und anderen AXA-Weingütern in Bordeaux, Portugal und Ungarn, als habe er keine Probleme damit, in einer Art Disneyland, Magic Kingdom oder wo auch immer Wein zu erzeugen. Er wirkt klein und stämmig und scheint Herausforderungen oder harte Arbeit nicht zu scheuen. Die Position, die er erreicht hat, hat ihm ein Selbstbewusstsein verliehen, das man am ehesten mit «Wo auch immer, alles ist machbar» umschreiben könnte.

Die buchstäbliche Mitte und das Herzstück des Betriebes bildet ein runder Gärkeller, dessen Ausmaße an einen Dom erinnern, in dem riesige Edelstahltanks wie Altare neben mächtigen Steinsäulen stehen. Während Daniel Llose mich durch den Keller führt, kann ich mich des Eindrucks nicht erwehren, dass er sich in diesem dem Gott des Weines geweihten Tempel wie ein Hohepriester fühlen muss, nur seinem Chef Jean-Michel Cazes, dem «Pharao» des AXA-Weinreiches, unterstellt. Es ist allerdings keine Frage, dass wir es hier trotz aller Ästhetik mit einer ergonomisch und ökonomisch äußerst effizienten Produktionsstätte zu tun haben.

Jedwedes Urteil über den Ort Pichon-Baron, abgesehen von einem rein ästhetischen, muss sich auf das Endergebnis stützen. «Nach dem McDonald's-Fast-Food-Prinzip ist ein neuer Begriff auf önologischer Basis entstanden: Fast-Drink-Wine!», beklagt sich der Schweizer Weinkritiker und -händler René Gabriel über die neuen Pichon-Baron-Weine in seinem Buch «Bordeaux Total». Er meint, diese Weine müssten jung getrunken werden, sie hätten kein Alterungspotential. Für Stephen Brook in der britischen Zeitschrift *Decanter* hingegen ist es «Jahrgang um Jahrgang großartiger Wein... von unbestrittener Langlebigkeit», das heißt Wein, der nach fünfzehn oder mehr Jahren Flaschenreife noch besser schmecken wird. Gehören diese Weine nun zur gegenwärtigen Spitze in Bordeaux oder erfüllen sie die Erwartungen, die man bei einem Grand-cru-classé-Château hegt, nicht?

Mit diesen Gedanken im Kopf stehe ich vor einer Reihe verschiedener Jahrgänge Château Pichon-Longueville Baron. Allen gemeinsam ist eine auffallend tiefe Farbe, intensive Aromen und Geschmack sowie ein massiv wirkender Körper. «Wie ein Sumo-Ringer», lautet die Beschreibung eines Bordeaux-Winzers ein paar Tage später, der ich nur zustimmen kann. Viel von dieser Kraft beruht auf Tannin, einem an sich wesentlichen Element jedes Rotweins. Je mehr Tannin ein Rotwein enthält, desto voller und schwerer ist er und desto größer kann sein Alterungspotential sein. Tannine jeder Art schmecken jedoch immer mehr oder weniger bitter, sodass ein Rotwein nur eine bestimmte Menge davon enthalten kann, ohne übertrieben massiv oder adstringierend zu wirken. Sowohl die Natur als auch derjenige, der die Trauben anbaut und in Wein verwandelt, beeinflussen die im fertigen Wein enthaltene Art – manche schmecken härter als andere – und Menge an Tannin. Dies ist ein komplexer Bereich und beschäftigt denn auch einen eigenen Zweig der Biochemie.

So verströmt der 1994er Pichon-Baron einen Duft, der einem zuzurufen scheint: «Trink mich, ich bin ein hervorragender roter Bordeaux!», doch wenn man seiner Aufforderung Folge leistet, schmeckt er hart wie Eisen (82 Punkte). Der 1995er Pichon-Baron ist wesentlich besser, weil er genügend angenehme Geschmacksnoten hat – beim Brombeerenpflücken kann man sich nicht zurückhalten, gleichzeitig davon zu naschen, und sie sind ja so süß! –, um die Festigkeit auszugleichen (88 Punkte). Der schwarzviolette 1996er Pichon-Baron hingegen ist ein extremer Wein. Entweder man ist hingerissen von diesem Überfluss – enormer Körper und ebensolche Tannine –, oder man findet ihn zu bombastisch, gewollt, sogar melodramatisch (86 Punkte). Die Experten, die sich für die jüngsten Jahrgänge von Pichon-Baron begeistern, scheinen sich alle darin einig zu sein, dass deren einziger «Fehler» in ihrer Jugend liegt, dass sie also mit zunehmendem Alter immer mehr Vergnügen bereiten werden. Auch wenn diese Weine zwanzig Jahre oder länger leben werden, kann ich mir nicht vorstellen, dass sie sich jemals so elegant oder raffiniert präsentieren werden wie andere gelungene Jahrgänge von Pichon-Baron, etwa der 1966er. Das wirft viele Fragen gleichzeitig auf: Warum schmecken diese Pichon-Baron-Weine so? Ist dies Teil einer weitverbreiteten Entwicklung im Bordeaux, die viele andere berühmte Châteaux ebenso betrifft? Passen sich die führenden Weinerzeuger lediglich an eine sich stetig verändernde Welt an, oder kommen sie wegen einer modischen Entwicklung vom Weg ab? Von den Antworten auf diese Fragen wird die Zukunft des Gebiets abhängen.

Auftritt des «Concentrateur» von links

Wenn wir jetzt der Wahrheit näher kommen wollen, dann müssen wir die Suche danach recht analytisch betreiben. Die traditionelle französische Antwort auf die Frage, warum der Wein eines bestimmten Château über viele Jahrgänge hinweg einen ganz bestimmten Geschmack hat, lautet «Terroir», ein Wort, für das es keinen treffenden deutschen Ausdruck gibt. Damit ist die Verbindung von Boden, Ausrichtung und Mikroklima einer bestimmten Weinbergslage gemeint, aber auch der einzigartige Charakter, den diese Faktoren dem hier wachsenden Wein verleihen. So betrachtet muss die Ausweitung des Weinbergsbesitzes von Pichon-Baron einen gewissen Einfluss auf den Weincharakter gehabt haben. Da die neuen Weingärten jedoch nicht weit von den ursprünglichen entfernt liegen, kann dies nicht allein für derart drastische Geschmacksveränderungen verantwortlich sein. Es muss einen anderen Grund geben.

Eine weitere, oft gehörte Erklärung für die Unterschiede zwischen den Weinen einzelner Bordeaux-Châteaux liegt in der Zusammensetzung der Rebsorten. Alle hochwertigen roten Bordeaux-Weine entstehen aus einer Mischung von zwei bis fünf verschiedenen Rebsorten, die üblicherweise getrennt angebaut, gelesen und vergoren werden. Danach werden sie verschnitten – «Assemblage» –, entweder vor oder während der Reifung in den 228-Liter-«Barrique»-Holzfässern. Bei meiner Verkostung der Weine von Pichon-Baron habe ich auch die Gelegenheit, dieselben Jahrgänge von Château Lynch-Bages zu probieren, dem Pauillac-Weingut im Besitz von Jean-Michel Cazes. Auf beiden Gütern dominiert die Rebsorte Cabernet Sauvignon, auf Pichon-Baron nimmt er 70 %, auf Lynch-Bages 73 % der bepflanzten Weinbergsfläche ein. Weinliebhaber denken meist, der Cabernet Sauvignon sei im gesamten Bordeaux-Gebiet die Hauptrebsorte. In Wirklichkeit gibt es wesentlich mehr Merlot, und sein Anteil nimmt weiter zu. Doch hier in diesem Teil des Médoc herrscht tatsächlich seit Anfang des 19. Jahrhunderts der Cabernet Sauvignon vor. Der einzige wesentliche Unterschied in der Rebsortenverteilung zwischen Pichon-Baron und Lynch-Bages besteht beim Merlot, der bei ersterem 25 % und bei letzterem lediglich 15 % der Weinbergsfläche ausmacht. Nun gibt diese Rebsorte im Allgemeinen weichere, gefälligere Weine als der Cabernet Sauvignon, sodass man annehmen könnte, von Lynch-Bages kämen die festeren, massiveren Weine, während die Wirklichkeit genau umgekehrt aussieht: Den Lynch-Bages-Weinen ist ein opulenter Körper eigen, sie zeigen viel Würze und nichts von der muskulösen Härte des Pichon-Baron.

Der Vergleich zwischen Lynch-Bages und Pichon-Baron ist auch aus einem ganz anderen Grund interessant. Daniel Llose ist seit 1976 Kellermeister von Lynch-Bages und seit der Übernahme durch AXA 1987 auch von Pichon-Baron. Es dürfte daher nicht überraschen, dass die Ausbaumethoden sich in vielem ähneln. Ein Unterschied besteht jedoch darin, dass es auf Pichon-Baron seit 1992 einen sogenannten «Concentrateur» gibt, während diese Maschine auf Lynch-Bages erst vor kurzem angeschafft wurde: «Wir haben ihn dort noch nicht benutzt, außer um auszuprobieren, ob er überhaupt funktioniert», sagt Llose. Diese Technik existiert seit den späten achtziger Jahren. Der Wein wird durch eine Vakuumkammer geleitet, wo ein Teil des in ihm enthaltenen Wassers bei Raumtemperatur verdampft und entzogen wird, während alle anderen Inhaltsstoffe eine Konzentration erfahren. (Ähnlich ist die Wirkung beim weniger häufig anzutreffenden Verfahren der Umkehr-Osmose.) Das Ergebnis sind Weine, die tiefer in der Farbe, höher im Alkoholgehalt und intensiver in Duft und Geschmack sind. Der Concentrateur pumpt die Weine förmlich auf und lässt sie in jeder Hinsicht voller erscheinen, was ganz dem gegenwärtigen Trend zu mächtigen, alkoholischen Rotweinen entspricht. Das Verfahren hört sich genauso schrecklich an wie Wein aus der Retorte, als ob der Weinkeller eine Art Hightech-Hexenküche wäre, in der Wein zusammengebraut wird. Auch könnte man dem Weinproduzenten Opportunismus unterstellen. Aber ist das ein faires Urteil?

«Man muss mit dem Concentrateur sehr vorsichtig umgehen», sagt Llose in seiner direkten Art und spricht damit einen Punkt an, den auch viele Kritiker dieses neuen Verfahrens zu bedenken geben: seinen möglicherweise negativen Einfluss auf die Harmonie des Weines. Zweifelsohne kann das Konzentrieren eines Weines dazu führen, dass eine oder mehrere darin enthaltene Substanzen eine Dichte erreichen, die so unangenehm wirkt, dass der Wein dadurch seine Harmonie verliert. «Wenn man Wein aus schlechten Trauben zu stark konzentriert, konzentriert man dabei auch die Säure und die unreifen Aromen», sagt Llose weiter. Genauso schmeckt der 1992er Pichon-Baron, den ich ebenfalls während meines Besuches hier zu probieren bekomme. Ich mag den Geschmack von grünem Paprika und die Säure von Limonen, aber bitte nicht in einem Rotwein (69 Punkte)! Was in seiner Jugend nicht so offensichtlich war, tritt mit den Jahren immer stärker hervor: Hier scheint das Konzentrieren den Wein seiner Harmonie beraubt zu haben.

Ungeachtet dieser Gefahr ist der Einsatz des Concentrateur bei den berühmten Châteaux im Médoc inzwischen weit verbreitet, wenn auch heiß umstritten. Wer jedoch als einzige Informationsquelle die weinbezogenen Medien benützt, hat vielleicht noch nie von diesem Verfahren gehört, so selten wurde dort bis jetzt darüber berichtet. Ich kann über die Gründe nur spekulieren: Übertriebener Respekt vor den Besitzern der berühmten Châteaux? Der Wunsch, die Inserenten der betreffenden Zeitschrift nicht zu verärgern? Oder die Einstellung, dass alles, was ein Grand-cru classé-Château anstellt, gut für den Wein sein muss? Wie auch immer die Antwort lautet, sie wirft ein ungünstiges Licht auf die Weinpresse, deren Vertreter nur in wenigen Fällen zu Recht von sich behaupten können, unabhängig oder wahrhaft kritisch zu berichten.

Das neue Verfahren mag vielleicht wie eine radikale Innovation erscheinen, was es in gewissem Sinne auch ist, doch werden im Médoc andere Techniken, um Rotweine künstlich «aufzubauen», seit so langer Zeit angewandt, dass sie inzwischen zur Tradition gehören. Die älteste unter ihnen ist der Verschnitt mit kräftigeren Rotweinen anderer Gebiete, was jedoch seit der Einführung der Appellations contrôlées strengstens verboten ist. Anfang des 19. Jahrhunderts war indessen Château Lafite «Ermitagé» – also mit dem Zusatz von Hermitage-Rotwein von der Rhône – noch teurer als regulärer Château Lafite. Heute weit verbreitet ist die Chaptalisierung, das heißt der

Zusatz von Zucker zum gärenden Wein, um den Alkoholgehalt zu erhöhen (die Bezeichnung geht zurück auf den Entdecker dieser Methode, Jean-Antoine Chaptal, Innenminister unter Napoleon). Dies war im Bordelais offiziell erstmals und einmalig für den Jahrgang 1938, dann allgemein ab 1951 zugelassen. Angewandt wurde die Chaptalisierung jedoch bereits zuvor, wie aus Aufzeichnungen hervorgeht. Heutzutage chaptalisieren die führenden Bordeaux-Châteaux ihre Weine im Durchschnitt in sieben bis acht Jahrgängen pro Jahrzehnt, eine Tatsache, von der die wenigsten Weintrinker wissen oder wissen wollen. Der Gedanke schmeckt vielen einfach nicht.

Eine weitere Methode ist die «Saignée», das «Ausbluten». Nach dem Mahlen der Trauben vergärt der Most zusammen mit den Traubenhäuten, dem Fruchtfleisch und den Kernen (die Stiele werden im Bordeaux-Gebiet allgemein entfernt). Bei der Saignée wird während der Gärung ein Teil des Saftes abgelassen, sodass eine kleinere Menge Flüssigkeit mit derselben Menge an festen Stoffen, der wichtigsten Quelle für Geschmacksstoffe und Tannine, vergärt. Diese Methode verändert die «natürliche» Harmonie des Weines nicht weniger als das Chaptalisieren, aber beide sind auch bei Appellation-contrôlée-Betrieben in anderen Gegenden Frankreichs weit verbreitet.

Welche dieser Methoden zum «Aufpumpen» der Weine auf Pichon-Baron zur Anwendung kommt, kann ich nicht mit Sicherheit sagen. Doch nachdem ich diese Weine wieder verkostet habe, bin ich der Meinung, dass das Ergebnis zu wünschen übrig lässt: zu viel Power und zu wenig Charme. Das neue Château Pichon-Longueville-Baron mag den Anschein erwecken, als stehe es am Beginn einer neuen Ära, ebenso strahlend wie die neuen Edelstahltanks im Keller. Mir kommt es aber so vor, als ob hier – mit welchen Methoden auch immer – möglichst mode- und marktgerechte Weine produziert würden. Sie widerspiegeln die Erwartungen vieler Konsumenten an einen Pauillac-grand-cru-classé und wirken dadurch beinahe karikaturenhaft. Um wahre Grandeur und Eigenständigkeit in Pauillac zu finden, müssen wir weiterziehen.

Turm der Tradition

Der britische Weinexperte David Peppercorn spricht von «dem unvergleichlichen Bouquet, dem klassischsten von Pauillac», und sein Landsmann Nicholas Faith lobt: «Die Verbindung von Tiefe und Fülle lassen ihn wie eine Brahms-Sinfonie klingen.» Man könnte Seiten füllen mit ähnlichen Lobeshymnen. Dennoch, als ich fünf Minuten vor zwei Uhr vor dem mächtigen Steinportal stehe, denke ich zurück an meine Begegnungen mit Latour-Weinen: den 1938er bei John Boys, einen 1971er letzte Weihnachten in

London, den 1967er, meinen ersten herausragenden Médoc vor fast zwanzig Jahren, eine hinreißende Magnum 1962, die ein großzügiger Freund in Österreich öffnete, den 1982er, Siegerwein einer Probe der Spitzen-Bordeaux dieses Jahrgangs vor zehn Jahren in München, den monumentalen 1959er in einer Verkostung, die ausschließlich Latour gewidmet war… Ich fange an, wie die Experten zu schwärmen, obwohl ich vergleichsweise eher selten das Glück hatte, Latour zu trinken. Trotzdem stellt dieses Château für mich eine Referenzgröße dar, gegen die ich alle anderen Weine beurteile, unabhängig von Farbe oder Herkunft.

Punkt zwei wird das große Tor zum quadratischen Innenhof geöffnet, um den sich die Gebäude mit Büros und Keller gruppieren, und ich betrete das Herz von Latour. Ob die Tradition nun gepflegt oder missachtet wird, es sind immer Menschen, die dies tun, und auf Latour treffen vor allem der Besitzer François Pinault und Christian Le Sommer, der Directeur du Domaine, diesbezügliche Entscheidungen. Als wir in dem eher klinisch wirkenden Verkostungsraum stehen, spielt Le Sommer seine Rolle im Betrieb bescheiden herunter. «Wie gut wir auch immer arbeiten, der Wein ist stets voll und ganz ein Geschenk der Natur, des Terroir», sagt er mit so viel Überzeugung, dass es nicht einfach ist, die nächste Frage zu stellen. Er hat allerdings selbst genug zu erzählen, sodass meine Fragen beinahe überflüssig sind.

«Viele Leute sagen, unsere Weine seien weicher als vor zwanzig Jahren, und das ist wahr», fährt er fort. «Das liegt jedoch an der besseren Reife der Trauben und nicht an irgendwelchen Veränderungen beim Ausbau.» Jahrzehntelang haben sich Experten und Weinliebhaber Sorgen gemacht, Neuerungen bei den Ausbaumethoden der Bordeaux-Spitzen-Châteaux könnten die Weine weniger langlebig werden lassen. In seinem 1969 veröffentlichten «The Wines of Bordeaux» schreibt mein Landsmann Edmund Penning-Rowsell: «Ob die kürzere Mazerationszeit [die Zeitspanne, die der gärende Wein in Kontakt mit den Traubenhäuten und anderen Feststoffen verbringt] die Qualität und Langlebigkeit des Weins nachteilig beeinflusst, ist noch zweifelhaft.» Während der achtziger Jahre gab es eine Tendenz zurück zu längerer Mazeration, was wiederum bei vielen zu Zweifeln am Alterungspotential der Weine führte. «Sind sie zu weich, um altern zu können?», lautete die damals oft gestellte Frage, daher Christian Le Sommers Kommentar.

Der 1995er Latour zeigt sicherlich keinerlei Anzeichen vorsätzlicher Neuerungen. Ganz im Gegenteil verbindet er Verführung und Strenge auf genau die Art, die den britischen Bordeaux-Experten Michael Broadbent junge Latour-Weine oft als «eiserne Faust im Samthandschuh» beschreiben lässt. Mein Eindruck ist jedoch beinahe umgekehrt: Meine Hand steckt in einem eng anliegenden Samthandschuh, der seinerseits vom Panzerhandschuh einer Ritterrüstung umfasst wird, der zwar aus Eisen ist, meine Bewegungen jedoch in keiner Weise einschränkt. Dies alles spielt sich im übertragenen Sinne auf meiner Zunge ab (95 Punkte).

Neben Kraft und Fülle gehören zu der einzigartigen Persönlichkeit der Latour-Weine eine aristokratische Reserviertheit und neben der eisernen Stärke eine gewisse Zartheit. Nichts an ihnen wirkt schroff oder zu direkt. In allen Büchern steht, dass sie die Reserviertheit seit Generationen besitzen, während Zärtlichkeit traditionsgemäß nicht unbedingt mit ihnen in Verbindung gebracht wird. Ich bin mir jedoch sicher, sie nicht nur in den Weinen, sondern auch in Christian Le Sommers Augen zu erkennen. Es ist die Zärtlichkeit eines Mannes, für den Fürsorge, Geduld, Vorsicht und wenn nötig auch Entschlossenheit selbstverständlich zum Leben gehören. «Latour ist ein Wein des Lebens, der Kraft und der Energie», antwortet er auf meine Frage, wie er selber die Weine sehe, und in seinen Augen ist dabei ein Funkeln, als vertraue er mir etwas enorm Wichtiges an, als ob dies Worte seien, die seit seinen Anfängen hier im Jahre 1986 herangewachsen und gereift sind. Der 1996er Château Latour verkörpert ohne jeden Zweifel all dies und noch viel mehr. Ohne seine Noblesse und Zartheit wären das Leben, die Kraft und die Energie, die er verströmt, vielleicht zu viel für die menschlichen Sinne. Beim Verkosten habe ich das Gefühl, in einen Teich zu blicken, in dessen Tiefe ich gerade eben rätselhafte Formen erkennen kann, die Schatten dessen, was zum Vorschein kommen wird, wenn sich dieser Embryo eines großen Weins über Jahre und Jahrzehnte hinweg langsam entwickeln wird (98 Punkte).

Für einen solchen Wein sind viele Voraussetzungen nötig, und auch wenn für Christian Le Sommer zweifellos die Lage des Weinbergs, das Terroir, ganz oben auf dieser Liste steht, bin ich sicher, dass er ebenso die perfekt gereiften Trauben erwähnen würde. Niemand, mit dem ich im Bordeaux gesprochen habe, hat behauptet, der Concentrateur oder eine andere Technik könne von der Natur perfekt gereifte Trauben in irgendeiner Weise ersetzen. Doch gibt es unterschiedliche Ansichten, was perfekte Reife bedeutet. «Wir haben die Qualität der Trauben für den Wein dadurch verbessert, dass wir später lesen und genauer kontrollieren, wie viele Trauben jeder Rebstock trägt. Wir wollen aber keine überreifen Trauben. Sicher wäre das beim Merlot möglich, doch wenn man ihn sehr spät liest, verleiht er dem Wein einen an Konfitüre erinnernden Charakter, welcher nichts mit dem Latour-Charakter zu tun hat», erklärt Christian Le Sommer. «Dieser Geschmack von gekochten Früchten raubt den Weinen ihren Eigencharakter.»

Sein Ziel ist es, in den Weinen den Latour-Charakter so deutlich wie nur irgend möglich werden zu lassen, ungeachtet dessen, ob es ein schwieriger oder ein hervorragender Jahrgang ist, ob die Natur einem hold ist oder sich unnachgiebig zeigt. Das hat nicht nur zu tun mit bestimmten Aromen und Geschmacksstoffen wie schwarzen Johannisbeeren, Maulbeeren, frischen

Walnüssen, Zedernholz, Leder, Mineralien und Eisen, welche die Experten als typisch für diesen Wein betrachten, sondern auch mit seiner unverwechselbaren Erscheinung. Christian Le Sommer möchte die Identität des Weines keinesfalls verändern, weder durch die Arbeit im Weinberg noch durch die Kellerwirtschaft. «Der Kellermeister ist der Diener des Terroir», sagt er und bringt damit seine Einstellung zum Ausdruck, dass alles Kellertechnische dem Ausdruck des Weinbergs untergeordnet sein muss.

Damit zwingt er uns, den Ursprung des Wesens von Latour in den Weinbergen zu suchen. Die Trauben, aus denen der Grand Vin du Château Latour gemacht wird, stammen von den älteren Reben im «Enclos», den 47 Hektar um den Turm und die Kellergebäude zwischen der D2 und der Gironde. Der Wein aus den hier stehenden jüngeren Reben ergibt zusammen mit dem aus drei anderen, westlich vom Enclos gelegenen Parzellen den Zweitwein Les Forts de Latour, der 1966 zum ersten Mal erzeugt wurde (gelegentlich gibt es auch einen einfachen «Pauillac de Latour». Das bedeutet, dass der Grand Vin wirklich das Erzeugnis eines einzigen Weinbergs ist, dessen Einfluss auf das Endprodukt studiert werden kann, etwas, das bei vielen Médoc-Châteaux nicht so einfach ist, weil deren Wein aus verschiedenen, verstreuter liegenden Parzellen stammt.

Wenn man aus den Kellern von Latour kommt und in die Weinberge geht, fallen einem als Erstes die Kieselsteine auf, die die oberste Schicht des kargen Bodens bilden. Ausgrabungen haben ergeben, dass dieser Kies fünf Meter tief reicht, bevor man auf den tonhaltigen Unterboden stößt. Die Kiesschicht bewirkt, dass das Wasser im Boden stets abfließen kann, während der Ton für die tief reichenden Rebenwurzeln selbst in der Sommerhitze genügend Feuchtigkeit speichert. Der Höhenunterschied zwischen dem niedrigsten und dem höchsten Punkt des Weinbergs beträgt zwar nur zwölf Meter, doch die leichte Neigung hinunter zur Gironde auf der östlichen und zu kleinen Bächen auf der nördlichen und südlichen Seite fördert den Wasserablauf und ermöglicht eine bessere Sonneneinstrahlung. Die größte Entfernung zwischen dem Weinberg und der Gironde beträgt etwas über einen Kilometer. Manche Reben stehen lediglich 300 Meter vom Fluss entfernt, der hier über sechs Kilometer breit ist. Diese enorme Wassermenge hat die Funktion eines Wärmespeichers, gleicht Sommerhitze und Winterkälte aus und ist der Grund dafür, dass es im Médoc seit alters heißt, «nur Reben, die das Wasser sehen, können große Weine hervorbringen». Für den spät reifenden Cabernet Sauvignon, der 75 % des Rebbestands auf Latour ausmacht, trifft dies besonders zu, denn auch hier im Médoc hat diese Rebsorte in vielen Jahren Schwierigkeiten, die Trauben zur vollen Reife zu bringen. Es ist kein Zufall, dass bereits im Mittelalter ein großer Teil des Enclos mit Reben bepflanzt war. Lange bevor das Médoc im 18. Jahrhundert erfolgreich in ein Weinanbaugebiet umgewandelt wurde, war erkannt worden, dass hier besonders günstige Bedingungen für die Rebe herrschen. Bis zum heutigen Tage bildet diese Erkenntnis die Grundlage für Latours Charakter, Qualität und Ruhm.

Die verschiedenen Gesichter des Perfektionismus

Latour ist jedoch nicht der einzige Betrieb im Médoc, der solche Voraussetzungen mitbringt. Der Hauptweinberg von Château Léoville-Las Cases in St-Julien besteht ebenfalls aus einem zusammenhängenden Stück. Er liegt unmittelbar südlich vom Latour-Enclos, es trennt sie lediglich der Juillac-Bach und ein schmaler Streifen Wiesen. Wie der Enclos seines Nachbarn ist auch der «Clos» Léoville-Las Cases auf zwei Seiten von Wasserläufen begrenzt, und die Entfernung zur Gironde beträgt nur wenige hundert Meter. Der Boden besteht, ähnlich wie bei Latour, aus einer beträchtlichen Kiesschicht über Ton, und wie dort ist der größte Teil der Reben Cabernet Sauvignon, in diesem Fall gut 65 %. Da also die naturgegebenen Unterschiede geringfügig sind, muss beim Wein der menschliche Faktor eine entscheidende Rolle spielen. Tatsächlich sind die beiden Weine ebenso verschieden, wie es der Mitbesitzer und Direktor von Léoville-Las Cases, Jean-Hubert Delon, und Christian Le Sommer sind.

Wie sein Vater Michel steht Jean-Hubert Delon im Ruf, schwierig zu sein, was ihn gelegentlich zum Gegenstand heftiger Kritik seitens der Presse macht. Die Delons verhalten sich in vielem zweifellos anders als die meisten ihrer Kollegen im Médoc. Sie geben zum Beispiel den Preis für den neuen Jahrgang oft erst als Letzte bekannt und liefern die abgefüllten Weine erst zweieinhalb Jahre nach der Lese aus, sechs Monate später als die meisten Châteaux. Auch verbringen sie ihre Zeit nicht damit, für Präsentationen ihrer Weine ständig um den Erdball zu jetten, und sie empfangen abgesehen von einigen Fachleuten nur wenige Besucher. In seinem Buch «Bordeaux Total» beschreibt René Gabriel den Vorgang, einen Termin bei Léoville-Las Cases zu kriegen, als «eine affenartige Szenerie… ein Visum nach Russland war in den sechziger Jahren sicherlich einfacher zu kriegen». Auch für mich war es alles andere als einfach, obwohl Jean-Hubert Delon in seinen Faxschreiben trotz seiner vielen Fragen zu meiner Person stets korrekt und höflich war. «Wer bin ich?», dachte ich, «ich schreibe lediglich über Wein», und ich fühlte mich ziemlich unbedeutend.

Als sich die Tür des Verkostungszimmers auf Léoville-Las Cases öffnet und Jean-Hubert Delon eintritt, ist mein erster Eindruck der eines Menschen, der sowohl das Leben als auch die Aufgabe, Wein zu produzieren und zu verkaufen, todernst nimmt. Streng? Dieses Wort haben andere benutzt, um die Delons und ihre Weine zu beschreiben – teils in positivem, teils in negativem Sinne. Ich bin nicht sicher, welches Wort ich verwenden soll, um meine Wahrnehmung in diesem Moment wiederzugeben, aber eiserne Konsequenz gehört zweifelsohne zum Delon'schen Wesen.

Während der Probe werden viele Seiten der vielschichtigen Persönlichkeit Jean-Hubert Delons und der Weine seiner Familie offensichtlich. Der 1994er Léoville-Las Cases ist der beste Bordeaux, den ich aus diesem eher wenig begeisternden Jahrgang verkostet habe. Die 1994er Weine zeigen im Allgemeinen viel Farbe und Körper, dabei aber auch eine Härte, die mit streng oft sehr zutreffend beschrieben werden kann. Der 1994er Léoville-Las Cases hingegen ist eine schlanke Schönheit, und die Eleganz seiner feinziselierten Züge wird mit dem Alter nur noch zunehmen (91 Punkte). Aber es ist nur ein Vorgeschmack auf das, was folgt. Wie ein schwerer schwarzer Samtvorhang sich langsam zu einem großen Drama hebt, das sich unserem Gedächtnis fest einprägen wird, steht der 1995er Léoville-Las Cases am Anfang einer langen und glorreichen Karriere (96 Punkte). Obwohl mich die Dichte des 1996er Léoville-Las Cases an einen Atomkern denken lässt, wirkt er noch lebendiger als sein älterer Bruder, als ob die Dunkelheit der Nacht ebenso strahlen könnte wie die Sterne darin. «Wo beginnt die Erinnerung, und wo endet mein Erleben des Weines?», frage ich mich bei dem schwierigen Versuch zu erkennen, wann der scheinbar endlose Nachhall verblasst (98 Punkte). Ich bin buchstäblich atemlos.

Wie bei Latour fällt auch hier eine starke Familienähnlichkeit zwischen dem Grand Vin oder Erstwein und dem Zweitwein auf. Während für den Château Léoville-Las Cases nur Trauben von den mindestens 35-jährigen Reben aus dem Clos verwendet werden, sind es beim Zweitwein Clos du Marquis die dort wachsenden jüngeren Reben und die aus anderen Parzellen im westlichen Teil der Appellation St-Julien. Erstaunlicher ist die stilistische Ähnlichkeit mit den Weinen von Château Potensac, das gut siebzehn Kilometer nördlich von Léoville-Las Cases liegt. Allen drei gemeinsam ist eine verblüffende Lebendigkeit und Brillanz, wenn auch bei Potensac auf einem bescheideneren Niveau. Im direkten Vergleich mit Latour zeigt sich der Léoville-Las Cases desselben Jahrgangs etwas tieffarbiger, jugendlicher, lebhafter im Zusammenspiel zwischen Fruchtaromen und Tanninen, doch ohne die für Latour typische aristokratische Zurückhaltung oder Würze.

Diese beiden sehr eigenständigen Stile sind durch die Arbeit, die Ideen und Vorlieben sämtlicher Generationen geformt worden, die diese Châteaux geführt haben. Während dieser ganzen Zeit sind auf beiden Gütern bestimmte Aspekte der Weine entweder bewusst oder unbewusst betont und herausgestellt worden. Trotz aller Veränderungen auf Latour Anfang der sechziger Jahre, darunter ein dreimaliger Besitzerwechsel, wurde immer sehr sorgfältig darauf geachtet, die verantwortlichen Positionen nur mit Leuten zu besetzen, die großen Respekt vor den Traditionen des Betriebs haben. Diese Menschen verband die gleiche grundsätzliche Vorstellung vom Wein ihres Betriebs. So wurde eine bemerkenswerte menschliche Kontinuität gehalten, die sich in den Weinen widerspiegelt.

Das Gleiche gilt für Léoville-Las Cases, wo Jean-Hubert Delon ganz offensichtlich die Ziele seines Vaters Michel weiterverfolgt. Als ich vor kurzem die Jahrgänge 1985 und 1975 Léoville-Las Cases trank – beide gehören zu den besten roten Bordeaux-Weinen ihres Jahrgangs –, zeigten sie nicht nur denselben Charakter wie der 1995er und 1996er, sondern auch dieselbe Lebendigkeit und Brillanz. Wenn sich die Arbeitsweise im Weinberg und im Keller langsam, über Generationen hinweg, entwickelt hat, ist es praktisch unmöglich, den menschlichen Einfluss auf den unverwechselbaren Charakter und Stil der Weine von dem der sich nicht verändernden natürlichen Gegebenheiten zu trennen.

Um auf unsere Ausgangsfrage zurückzukommen, ist es natürlich interessant anzumerken, dass im Gegensatz zu Latour auf Léoville-Las Cases seit einigen Jahren mit einem Concentrateur experimentiert wird. Wenn die Delons dies nur selten erwähnen, so ist das keine Geheimniskrämerei. Sie sehen in diesem Verfahren lediglich eine weitere Möglichkeit, die ihnen zur Verfügung steht. Für sie sind die *Ziele* entscheidend, nicht die Methoden. Es ist ganz offensichtlich nicht nur möglich, unabhängig von diesem neuen Verfahren gute Weine zu machen; der Einsatz dieses Geräts bedeutet keinesfalls zwangsläufig einen Verrat an der Tradition. Die einzigartige Identität der Weine eines großen Château hängt nie von einem einzigen technischen Faktor ab.

Bei Bordeaux-Gütern wie Latour und Léoville-Las Cases beruhen die bemerkenswerte Qualität und die herausragende Persönlichkeit der Weine nicht nur auf dem besonderen Terroir, sondern auch auf dem Ehrgeiz von Besitzern und Direktoren. Ohne jeden Zweifel haben Christian Le Sommer und Jean-Hubert Delon den Ehrgeiz, noch größere Weine zu erzeugen, doch für beide verbietet es sich von selbst, dies auf Kosten von Terroir oder Tradition des Betriebs zu tun. Alles Technische in Weinberg und Keller stellt lediglich ein Hilfsmittel dar, um dieses Ziel zu erreichen. Als wir den Verkostungsraum verlassen, erkundigt sich ein nun sehr freundlicher Jean-Hubert Delon, ob ich irgendwelche technischen Fragen habe, worauf ich nur antworten kann, dass sich dies nach einer solchen Demonstration von Perfektion gänzlich erübrigt.

SK

Die beiden Brunos und die Büchse der Pandora

Im Norden des Médoc, in der Gemeinde St-Estèphe, liegt ein anderes berühmtes Château-Paar, Montrose und Cos d'Estournel. Die Weinberge dieser Betriebe liegen ebenfalls sehr nahe beieinander, während ihre Weine gegensätzliche Persönlichkeiten darstellen.

Die Weine von St-Estèphe haben den Ruf, sehr fest zu sein, und sie benötigen angeblich eine noch längere Reifezeit in der Flasche als diejenigen aus den südlicher gelegenen Gemeinden, um zu vollendeter Harmonie zu gelangen. Traditionsgemäß gelten die Montrose-Weine als die extremsten der Appellation St-Estèphe, obwohl sich die Experten darin einig sind, dass ihr Stil seit Ende der siebziger Jahre etwas «moderater» geworden ist. Moderat ist jedoch nicht unbedingt das Wort, das ich zur Beschreibung des 1996er Montrose verwenden würde, eher rassig im Sinne eines vollblütigen Rennpferds mit perfekt ausgewogenen Proportionen, dessen Bewegungen zugleich kraftvoll und graziös wirken. Und das Pferd rennt und rennt und scheint nicht anhalten zu wollen (96 Punkte). Der 1995er ist ein klein wenig gemäßigter, doch ein exzellenter Wein, bei dem Saftigkeit und Festigkeit sich die Waage halten und der einige Jahre der Reife brauchen wird, um sein Bestes zu geben (92 Punkte).

Bruno Lemoine, der Régisseur beziehungsweise Direktor von Montrose, ist ein Energiebündel, und er legt eine Direktheit, ja Unverblümtheit an den Tag, wie man sie im Médoc selten antrifft. Es macht ihm nichts aus, über den Concentrateur zu reden. «Beinahe alle unsere Fachbesucher fragen mich danach, und viele von ihnen reden darüber, als sei es der Teufel», sagt er, «aber ehrlich gesagt sehe ich keinen großen Unterschied zu der traditionellen Methode.» In der Rolle des Advocatus Diaboli entgegne ich: «Doch warum überhaupt eine Methode, um Körper und Dichte eines Grand-cru-classé-Médoc zu verbessern, angeblich handelt es sich um außergewöhnlich gute Weinberge?» Seine Antwort kommt wie aus der Pistole geschossen: «Natürlich ist es in einem wirklich guten Jahr vollkommen unnötig, aber manchmal erreicht man hier, egal was man im Weinberg tut, einen Ertrag von 80 Hektoliter pro Hektar, das heißt einen wässerigen Wein. Dann macht es Sinn.» Die in Hektolitern angegebene, pro Hektar geerntete Menge Wein ist in der Weinbranche ein Standardmaß für den Ertrag. Bezogen auf das Verhältnis zwischen Menge und Qualität bedeutet dies tendenziell: Je mehr Trauben eine Rebe trägt, desto schwächer wird der fertige Wein sein.

Die Offenheit und gute Laune von Bruno Lemoine ermutigt mich zu einer weiteren impertinenten Frage: «Und was denken Sie über Ihre Kollegen, die den Concentrateur einsetzen?» Es muss ihm klar sein, dass ich auf einen anderen Bruno anspiele, nämlich Monsieur Prats, den damaligen Besitzer von Château Cos d'Estournel. «Ich denke nicht, dass jemand behaupten könnte, Bruno Prats sei kein ernstzunehmender, seriöser Winzer, und er benutzt einen Concentrateur. Ich glaube, das zeigt, dass dieses neue Verfahren in Ordnung ist, obwohl ich persönlich die traditionellen Methoden vorziehe.»

Die beiden Brunos aus St-Estèphe sind genauso unterschiedlich wie die Bauweise der jeweiligen Châteaux. Montrose ist für ein Médoc-Château ein eher bescheidenes Anwesen, das am Rande einer französischen Provinzstadt nicht weiter auffallen würde. Im Gegensatz dazu ist Cos d'Estournel eine Stein gewordene Orientfantasie, deren fensterlose Fassade mit Skulpturen von Elefanten und pagodenartigen Türmchen geschmückt ist. Es ist auch nur eine Halle, kein Haus; die Familie Prats lebt auf dem nahe gelegenen Château Marbuzet. Der hoch gewachsene, schlanke Bruno Prats ist ein Gentleman mittleren Alters von aristokratisch wirkendem Wesen, der jedes einzelne Wort sorgfältig abwägt. Seine eigene elegante Art drückt sich nicht nur in der Inneneinrichtung des Verkostungssaals und der Empfangsräume aus, er möchte dies auch in seinen Weinen vermitteln, sie der «Mächtigkeit von Montrose» entgegenstellen. Er spricht diese Worte voller Anerkennung für einen verdienstvollen Kollegen aus, ganz so, wie sein Namensvetter ihm großzügig den Einsatz der neuesten Technologie nachsieht. Dennoch kann ich ihm bei der Beschreibung seiner Weine nicht so richtig folgen. Zumindest seit den achtziger Jahrgängen erscheint mir Cos d'Estournel als ein mächtiger Wein, dessen Tendenz zu einer monolithischen Struktur sich von Jahrgang zu Jahrgang verstärkt hat. Wenn eines dieser beiden Châteaux heute elegante Weine macht, dann ist es Montrose.

Mit seinen noch stark an die neuen Eichenholzfässer erinnernden Rauch- und Röstaromen besitzt der 1995er Cos d'Estournel eine breite Fassade, die in der Komposition ebenso eindrucksvoll und ausgewogen wirkt wie die Fassade des Château selbst (90 Punkte). Der 1996er Cos d'Estournel ist ein gestandener Kerl, der einen mit seiner Kraft wie ein rechter Haken von Mike Tyson trifft. Zu kräftig und zu mächtig? Er entspricht nicht unbedingt meiner Vorstellung von Weineleganz, doch gebührt ihm ob seiner Lebendigkeit und Stärke meine Bewunderung, er wirkt nicht übertrieben oder dominant wie manche anderen modernen Bordeaux-Weine (91 Punkte). Weine wie der 1992er Cos d'Estournel wecken in mir jedoch einige Zweifel an Bruno Prats' Einstellung zum Weinausbau. Der Wein wirkte, als ich ihm im März 1995 zum ersten Mal begegnete, bemerkenswert tieffarbig und voll und schmeckte für diesen eher schwachen Jahrgang ziemlich gut, fleischig und reichhaltig. In den folgenden Jahren enttäuschte er mich dann aber des öfteren. Jedesmal fand ich den ersten Schluck gut, doch nach einem Glas begann er mich zu langweilen. Der Geschmack ist dicht, aber fade, der Nachhall stumpf, sodass man keine Lust auf den nächsten Schluck bekommt (74 Punkte).

Ich frage mich, ob diese Verbindung von Fülle und Ungeschliffenheit auf den Concentrateur zurückzuführen ist. Ich bin nicht der Einzige, der mit dem Lob an Bruno Prats' Weinen etwas zögert oder Zweifel an der Art und Weise hat, wie er das Verfahren der Umkehr-Osmose zum Konzentrieren seiner Weine einsetzt (eine Alternative zur Vakuumverdampfung mit demselben Effekt). In ihrem Artikel über den Bordeaux-Jahrgang 1997 in der *Financial Times* vom 11./12. April 1998 berichtet Jancis Robinson, dass Bruno Prats und sein Sohn Jean-Guillaume ihrer technischen Waffenkammer bald einen Vakuumverdampfer hinzufügen werden, und vermutet, dass ihnen dies ermöglichen würde, «... ihren Wein bald ganz verschwinden zu lassen». Leider kann ich den 1997er Cos d'Estournel nicht verkosten, aber ich frage Bruno Prats nach dem Concentrateur.

«Diese neuen Verfahren sind ein großer Fortschritt im Vergleich zur Chaptalisierung», hebt er an, «ich sehe keine Gefahr des Missbrauchs, denn wenn man Wein aus unreifen Trauben konzentriert, dann erhält man konzentrierte Unreife, das weiß jeder. Außerdem glaube ich nicht, dass es sich außer den Spitzenbetrieben jemand leisten kann, diese Maschinen herumstehen zu haben. Sie sind sehr teuer.» Der billigste Concentrateur kostet gegenwärtig um die 70 000 DM. Dazu fallen mir die ersten Taschenrechner Anfang der siebziger Jahre ein, die zuerst auch sehr teuer waren. Wachsende Nachfrage und technischer Fortschritt ließen die Preise jedoch rapide sinken. Wenn die Nachfrage für den Concentrateur in den nächsten Jahren schnell steigt und die Herstellerfirmen genug Geld in die weitere Entwicklung stecken, dann werden diese Maschinen sicher auch billiger, und immer mehr Produzenten werden sie sich leisten können.

Die INAO, die Kontrollbehörde für die Produktion sämtlicher Appellation-contrôlée-Erzeugnisse, hat das Argument der betreffenden Château-Besitzer akzeptiert, der Einsatz des Concentrateur sei ein Ersatz für die Chaptalisierung, und wendet daher dasselbe Reglement wie bei jener Methode an. Das bedeutet, dass durch den Concentrateur der Alkoholgehalt eines Bordeaux-Weins um maximal zwei Volumenprozent erhöht werden darf und eine gleichzeitige Chaptalisierung nicht gestattet ist. Solange die Trauben die durch die Appellation gesetzlich vorgeschriebene Mindestreife aufweisen, hindert das Gesetz niemanden im Bordeaux daran, jeden Wein im Keller um diese zwei Volumenprozent zu konzentrieren.

Die Gefahr des Concentrateur ist eine zweifache und nimmt in beiden Fällen zu, je weiter sich sein Einsatz verbreitet. Einerseits könnten die Konsumenten zu der Meinung gelangen, dass dies tatsächlich Wein aus der Retorte ist, was unweigerlich dem Image und dem Absatz der Bordeaux-Weine schaden würde. Andererseits werden, falls die neue Technik so günstig zu haben sein wird, dass nahezu jeder Weinerzeuger sie sich leisten kann, habgierige, skrupellose und dumme Winzer sich ihrer bedienen, um kleine, dürftige Weine «aufzupumpen». Da die Chaptalisierung für fast alle Apellation-contrôlée-Weine gestattet ist, ist es sicher nur eine Frage der Zeit, bis der Einsatz des Concentrateur überall in Frankreich weit verbreitet ist. Welche Konsequenzen dies für den Stil und den Ruf der französischen Weine hätte, ist nicht absehbar. Bruno Prats ficht dies aber wahrscheinlich nicht mehr an. Im Herbst 1998 hat er Cos d'Estournel an die Taillan-Gruppe verkauft. Der Kaufpreis wurde nicht bekannt gegeben. Laut Gerüchten soll er 800 Millionen Franc betragen haben. Zumindest so gesehen hat die neue Technik des «Aufpumpens» für seinen Betrieb bestens funktioniert!

Ein verkannter Künstler

«Mir geht es wie Van Gogh», sagt Jacques Thienpont, der Besitzer von Le Pin in Pomerol, dem teuersten Bordeaux-Wein, lakonisch zu mir, «er hat seine Bilder zu billig verkauft, und ich habe dasselbe mit meinen Weinen getan.» Angesichts der Schwindel erregenden Versteigerungspreise für Le-Pin-Weine mag seine Äußerung vielleicht absurd erscheinen. Bis zum Jahrgang 1996 hat Jacques Thienpont jedoch die gesamte Produktion des Betriebs zu Preisen zwischen 50 und 150 DM pro Flasche verkauft. Es waren Weinfreunde und -sammler beziehungsweise der Markt, die danach die Preise in vierstellige Höhen getrieben haben. Erst mit dem Jahrgang 1997 begann für Jacques Thienpont auch der wirtschaftliche Erfolg. Für das «Establishment» der französischen Weinbranche ist er jedoch nur ein Opportunist, der ein modisches Produkt geschickt vermarktet.

Dieses Bild ist nicht nur entstanden, weil Château Le Pin in seiner heutigen Form erst zwanzig Jahre alt ist und die Preise für seine Weine sehr schnell in die Höhe geschossen sind, sondern auch wegen der Presseresonanz, die Jacques Thienponts Weine erfahren haben. So stand zum Beispiel in der Londoner *Times* vom 2. Dezember 1997 ein Bericht mit der Schlagzeile «Neuer Bordeaux verdrängt Rothschild von der Spitze». *Times*-Weinkorrespondentin Jane MacQuitty berichtete darin über den amerikanischen Professor Names Orley Aschenfelter, der die Bordeaux-Weingutsklassifizierung von 1855 nach den damaligen Kriterien neu berechnet hat.

Demzufolge verlor Château Lafite-Rothschild in Pauillac (siehe Anhang), 1855 an erster Stelle platziert, die Spitzenposition an Le Pin und schaffte mit Mühe und Not den achten Platz. Auch wenn einige wichtige britische und amerikanische Weinjournalisten Le Pin nicht ganz unkritisch gegenüberstehen, unterstreichen ihre Urteile größtenteils den erwähnten *Times*-Artikel. Deshalb ist Le Pin ein Phänomen, das nicht mehr einfach aus der Welt zu reden ist, genau wie Vincent van Gogh.

Wir stehen zusammen auf der Terrasse des Weinguts Dr. Bassermann-Jordan in Deidesheim in der Pfalz – die Bassermanns sind alte Freunde der Familie Thienpont –, und Jacques erzählt mir gut gelaunt, aber auch ein wenig nachdenklich die Geschichte von Le Pin. Als erster wies ihn sein Onkel Gérard Thienpont – in dessen Weinhandelsunternehmen er seit 1974 tätig war und das er nach dem Tod des Onkels 1995 übernahm – auf das kleine Anwesen mit einem einzigen Hektar Reben hin. Das war 1979 während einer Verkostungsreise durch Bordeaux. «Er sagte mir, ich sollte es kaufen, und ich entgegnete zum Spaß, dass ich das tun würde, wenn er mir das nötige Geld gäbe. Am Ende habe ich es mit einiger Unterstützung durch ihn und meinen Vater gekauft.»

All das ist nicht so außergewöhnlich, wie es sich zunächst anhört; in Pomerol beträgt die durchschnittliche Größe der Weingüter nur vier Hektar. Zudem liegt Le Pin praktisch gegenüber von Vieux Château Certan, das seit 1921 im Besitz der Familie Thienpont ist. Es ist also weiter nicht überraschend, dass Gérard Thienponts Aufmerksamkeit auf das eher reizlose Haus der alten Madame Laubie fiel, auf die namengebenden Kiefer daneben und auf den hervorragenden Weinbergsbesitz darum herum. «Le Pin war in einem ziemlich erbärmlichen Zustand, als ich dort ankam», fährt er ohne eine Spur von Nostalgie fort, «der Boden im Keller bestand aus nackter Erde, und es gab zwei alte Holzfässer. Sobald ich es mir leisten konnte, habe ich den Boden mit Beton ausgießen lassen und ein paar Edelstahltanks für die Vergärung gekauft.» Später sollte ich mit eigenen Augen sehen, dass der Le-Pin-Keller optisch einer Doppelgarage ähnelt, außer dass hier Reihen von Barrique-Fässern «parken» und es oben vor der grauen Holztür ein Eisengitter mit einem elektronischen Zahlenschloss gibt. Es sieht alles genauso unspektakulär aus wie bei vielen anderen kleinen Weingütern in diesem Teil des Bordeaux-Gebiets, wo imposante Châteaux im Stil des Médoc selten sind und die «Méthode artisanale» die Norm darstellt.

Ich habe keinen Zweifel daran, dass Le Pin ohne Jacques Thienponts Perfektionismus keinesfalls der Wein wäre, der er heute ist. Bei der Lese, die nur einen Tag dauert, schaut er jede Traube einzeln an, bevor er sie höchstpersönlich in den Gärtank schaufelt. Nichts scheint ihm mehr Vergnügen zu bereiten, als die Rolle des Weinhändlers samt Blazer und Krawatte an den Haken zu hängen und für diesen entscheidenden Moment des Jahres in Jeans und Gummistiefel zu schlüpfen. Dies wiederholt sich bei allen wichtigen Entscheidungen während des Ausbaus, ob es nun darum geht, den Wein aus dem Tank in die Fässer umzulegen oder ihn abzufüllen, Jacques ist immer da und achtet genauestens auf das kleinste Detail. In guten Jahrgängen entsteht auf diese Weise ein extrem reichhaltiger Rotwein mit einem satten, aber ausgesprochen feinen Aroma. So zeigt sich zum Beispiel der 1986er Le Pin, der Jahrgang, der sich vielleicht gegenwärtig am besten trinken lässt und den ich mehrere Male genießen durfte, zugleich monumental und perfekt proportioniert wie ein New Yorker Wolkenkratzer (das Chrysler Building? das Empire State?) und so seidig, wie ein Rotwein überhaupt nur sein kann (97 Punkte). Genau so stellen sich Weinliebhaber auf der ganzen Welt meistens die Weine von Château Pétrus vor, dem berühmtesten Weingut in Pomerol, was nicht zuletzt mit ein Grund für Le Pins kometenhaften Aufstieg ist. Die Appellation contrôlée Pomerol liegt am rechten Ufer der Dordogne nahe der Stadt Libourne, und es gibt keine Klassifizierung für die Betriebe dieses Gebiets. Lange Zeit wurden sie weniger geschätzt als jene im Médoc. Trotzdem ist Château Pétrus in den Jahrzehnten nach dem Krieg zu einer Art inoffiziellem 1er grand cru classé aufgestiegen.

Der Witz ist, dass Jacques Thienpont selbst die Médoc-Weine in traditionellem Stil den vollen, seidigen Pomerol-Weinen in der Art von Le Pin vorzieht. Als Margrit von Bassermann-Jordan Jacques auffordert, zum Abendessen einen Bordeaux-Wein aus ihrem Keller zu holen, fällt seine Wahl auf den 1970er Gruaud-Larose, einen festen, herben Wein aus St-Julien. «Warum machen Sie dann nicht diese Art von Wein auf Le Pin?», konnte ich mir nicht verkneifen zu fragen. «Mein Ziel ist es, dass Le Pin immer Weinberg und Jahrgang aufrichtig widerspiegelt.» Ich lehne mich langsam in meinem Stuhl zurück, einigermaßen verblüfft durch diesen Kommentar, der nichts anderes bedeutet, als dass Jacques Thienponts erstes und oberstes Prinzip das Terroir ist, genau der Punkt, um den er sich laut den Anschuldigungen seiner Kritiker angeblich kein bisschen kümmert. Er meint, dass die Seidigkeit seines Weins auf dem leichten Kiesboden der Weinberge beruht. Der letzte Wein des Abends ist der 1981er Le Pin, und als alle um den Tisch Versammelten ihr Glas gleichzeitig in die Hand nehmen, tritt andächtige Stille ein, dann steigt ein Chor von Seufzern auf. Es ist nicht das erste Mal, dass ich diese Reaktion auf einen Le-Pin-Wein beobachte. Der Wein ist in gleichem Maße verführerisch und seidig, wie sich der Gruaud-Larose mächtig und streng gezeigt hat (91 Punkte). Jacques' Worte vor einer Stunde fallen mir wieder ein: «Ich mache Weine wegen der Gefühle und der Inspiration, die sie mir beim Trinken vermitteln, und hoffe, dass andere etwas davon empfinden, wenn sie Le Pin trinken.»

Viele Château-Besitzer, Weinjournalisten und -händler glauben jedoch, dass es Thienpont lediglich ums Geld und um den Sturz der etablierten Weinhierarchie des Bordeaux geht. «Manche Leute regen sich über Le Pin auf. Ich sage, was kümmert es mich?», lautete der Kommentar von Corinne Mentzelopoulos, Direktorin und Mitbesitzerin von Château Margaux, 1er grand cru classé, gegenüber einer britischen Journalistin. «Das ist ein Modetrend. Uns gibt es seit Jahrhunderten. Le Pin kann dem nichts entgegensetzen. Le Pin ist eine vorübergehende Erscheinung.» Die Familie Mentzelopoulos erwarb Château Margaux 1977.

Der Schlüssel zum Rotweinhimmel?

Eine der wenigen Gemeinsamkeiten zwischen dem Pomerol und dem Médoc ist die geringe Höhe über dem Meeresspiegel. Pétrus liegt auf dem höchsten Punkt des Pomerol-Plateaus, das bedeutet ganze 42 Meter. Das Haus ist nicht gerade das, was man sich unter einem Château vorstellt, und die 11,5 Hektar Reben heben sich auf den ersten Blick durch nichts von den anderen Weingärten ringsum ab.

Als ich dort eintreffe, fällt mir auf, dass eine Parzelle brachliegt und mit einem rotweißen Plastikband umsäumt ist, als sei sie von der Polizei abgeriegelt worden. Der Boden sieht frisch umgepflügt aus, der berühmte Tonboden von Pétrus ist deutlich sichtbar. «Dort standen unsere ältesten Merlot-Reben», wird mir von einer PR-Dame erzählt, «sie waren siebzig Jahre alt und haben kaum noch etwas getragen, deshalb mussten wir sie herausreißen.» Dann zeigt sie mir die jetzt ältesten Reben, eine Parzelle fünfzigjähriger Cabernet-franc-Reben, eine Sorte, die in den Anbaugebieten am rechten Ufer der Dordogne eine größere Rolle spielt als im Médoc. «Das Durchschnittsalter der Pétrus-Reben liegt zwischen vierzig und fünfzig Jahren.» In meinem Kopf fängt es an zu wirbeln. Der Weinbergsbesitz von Pétrus teilt sich in zehn Parzellen auf, eine davon liegt brach, die älteste ist fünfzig Jahre alt und die anderen, die ich von meinem Standpunkt aus sehen kann, sind «zwischen acht und zehn Jahre alt». Wie kann sich daraus ein Durchschnittsalter von vierzig Jahren oder mehr ergeben? Das ist jedoch nicht die einzige Gelegenheit im Bordelais, wo ich das Gefühl habe, dass bei der Berechnung des Rebendurchschnittsalters die Messlatten ziemlich dehnbar sind. Alte Rebstöcke geben zwar in der Regel bessere Weine als junge, aber viele Weinliebhaber messen diesem Faktor eine zu große Bedeutung bei; es ist eben einfacher, sich an Zahlen zu orientieren als an vagen, subjektiven Dingen wie Duft und Geschmack des Weins. Das verführt Château-Besitzer und -Direktoren dazu, großzügige Berechnungen anzustellen, und ich nehme an, sie tun dies oft, ohne überhaupt darüber nachzudenken. So gesehen war das Erlebnis bei Pétrus an diesem Tag nichts Außergewöhnliches.

Die Weine von Château Pétrus werden in dem unscheinbaren, doch gut ausgestatteten Kellergebäude des Anwesens ausgebaut, doch ich muss, um sie zu verkosten, nach Libourne zu den Etablissements Jean-Pierre Moueix fahren. Sie besitzen 50 % von Pétrus, für dessen Vermarktung sie alleine zuständig sind, sowie eine Reihe anderer Güter in den Appellationen Pomerol, St-Emilion, Canon-Fronsac und Fronsac. Ich habe schon von mehreren britischen Weinhändlern die Bezeichnung «Fabrik» für die Moueix-Kellerei direkt an der Dordogne in Libourne gehört, und sie macht von außen wirklich den Eindruck eines Industriegebäudes aus dem späten 19. Jahrhundert. Ihre Lage erklärt sich durch den Umstand, dass Libourne einst ein wichtiger Hafen war, von dem aus ein großer Teil der Weine der umliegenden Appellationen verschifft wurde. Das Innere der Hauptlagerhalle, in der über 100 000 Holzkisten mit Bordeaux-Wein auf den Transport warten, bietet einen atemberaubenden Anblick, besonders wenn man weiß, was die eingebrannten Namen pekuniär bedeuten. Der Verkostungsraum dagegen, in den mich der kaufmännische Direktor der Firma, Laurent Navarre, geleitet, um die Jahrgänge 1994, 1995 und 1996 von Pétrus zu verkosten, könnte nüchterner nicht sein; dennoch schwirrt die Luft vor nervöser Erwartung, als könne ein falsches Wort von mir die riesigen Stapel von Holzkisten im großen Lager zum Einstürzen bringen. Das hat insofern eine gewisse Logik, als der Verkaufserfolg anderer Moueix-Weine, die in der Qualitäts- und Preispyramide unter Pétrus liegen, von seiner Anerkennung als Nummer eins in Pomerol abhängen.

Marilyn Monroe war der lebende Inbegriff weiblicher Schönheit, eine langbeinige Blondine, der, wie Alfred Hitchcock abschätzig bemerkte, «Sex in großen Lettern quer über das Gesicht geschrieben stand». Trotzdem, wenn ich sie in einem Film wie «Manche mögen's heiß» sehe, erliege ich hoffnungslos ihrem erotischen Zauber. So geht es mir auch beim 1995er Château Pétrus, der so opulent, «süß» und unverhohlen sinnlich ist, wie ein Rotwein überhaupt sein kann. Selbst die Tatsache, dass er mich an Mon-Chéri-Pralinen erinnert, mindert seine Schönheit nicht (94 Punkte).

Auf dem Etikett hält der heilige Petrus, der dem Betrieb den Namen gegeben hat, den Schlüssel zum Himmel in der Hand. Der 1995er Pétrus hält dieses Versprechen durchaus, die Jahrgänge vorher und nachher aber nicht unbedingt. Trotz des kräftigen Körpers und einiger schönen Aromen – die letzten Brombeeren hängen an den Büschen, deren Blätter in der Herbstsonne bernsteinfarben leuchten – ist der 1994er Pétrus ein ziemlich harter Wein mit einem leicht säuerlichen Nachhall (83 Punkte). Der 1996er, den man mir als Fassprobe zeigt, ist besser, voller und weicher, in gewisser Weise beeindruckend, doch wiederum ausgesprochen fest. Wo ist die Brillanz und Harmonie dieses Jahrgangs geblieben (87 Punkte)? Ist die Pyramide bereits ins Wanken geraten?

Davids Triumph

Leider habe ich Christian Moueix, den Direktor von J.-P. Moueix, nicht kennen gelernt und kann daher nichts über seine Fähigkeiten und seine Erfahrung sagen. Angesichts der unterschiedlichen Qualität der von mir verkosteten drei jungen Jahrgänge Pétrus denke ich aber, dass er von Denis Durantou, dem Besitzer von Château L'Eglise-Clinet, manches lernen könnte. Das ansprechende, doch keinesfalls imposante Gutshaus steht nicht weit entfernt von der Kirche Saint-Jean de Pomerol, um die herum auch der größte Teil der 4,5 Hektar Weinberge liegt. Klein, stämmig und in einem Maße fanatisch, welches an Manie grenzt, empfängt mich Durantou in einer schwarzen Lederjacke, die wie eine bewusste Antwort auf die Tweedsakkos so vieler Besitzer und Direktoren von Médoc-Châteaux wirkt. Ich kann seinen ersten Sätzen kaum folgen, sie sprudeln aus ihm heraus, als sei der Damm, der sie bis zu meiner Ankunft zurückgehalten hat, plötzlich gebrochen. «Ich mache einen technischen Wein, ich habe hier viel neue Technik eingeführt», sagt er mit Nachdruck, obwohl mir das Kelterhaus, das wir auf unserem Weg zum Barrique-Keller durchqueren, im Vergleich zu anderen führenden Weingütern der Gegend eher durchschnittlich vorkommt. «Ich respektiere das Terroir und den Jahrgang voll und ganz», fährt Durantou fort, unbeeindruckt von dem offensichtlichen Widerspruch in seinen Worten. Oder ist dies gewollt, so wie er seine Kleidung scheinbar bewusst gewählt hat? «Es beginnt alles mit reifen Trauben. Gib mir reife Trauben, und ich gebe dir einen guten Wein. Ich habe keine Angst vor der Technik, sofern sie mir hilft, guten Wein zu machen. Aber wenn ich zu viel rede, werde ich durstig...»

Ich habe nicht bemerkt, wo er sie hergenommen hat, aber in diesem Moment hält er eine Glaspipette in der Hand, um eine Fassprobe vom 1996er L'Eglise-Clinet zu ziehen. Zuerst verwirrt mich der Wein, so weit entfernt ist er vom Stereotyp eines Pomerol, und plötzlich bin ich nicht mehr sicher, wo ich mich befinde. Ich versinke in schwarzer Tiefe, durch Schichten meiner Erinnerungen hindurch zu den Loganbeeren im Garten meiner Großmutter, den Maulbeeren, mit denen ich mich als Sechzehnjähriger im Chelsea Physic Garden vollgestopft habe, und anderen Früchten, deren Geschmack ich vergessen zu haben glaubte (96 Punkte). Denis Durantou sieht mir auf einmal ganz ruhig und aufmerksam beim Verkosten zu. Als sich auf meinem Gesicht Entzücken ausbreitet und nach und nach in Gesten und Worten der Begeisterung Ausdruck findet, entspannt er sich sichtlich und lächelt, während er eine Probe vom 1997er L'Eglise-Clinet zieht. Nach dem großartigen 1996er kann der 1997er eigentlich in Anbetracht der Schwierigkeiten während der Vegetationsperiode in jenem Jahr nur enttäuschend sein. Doch zu meinem Erstaunen präsentiert sich der Wein voll, stark und ausdrucksvoll, wie der junge Napoleon, bevor er Europa und ihn der Größenwahn fest in den Klauen hatte (92 Punkte). Dann kommt eine Flasche 1995er L'Eglise-Clinet zum Vorschein – ein Stück feinsten, schwersten Stoffs mit einem zugleich üppigen und eleganten Muster –, der in mir den Wunsch weckt, mich in eine Ecke zu setzen und die nächsten ein oder zwei Stunden damit zu verbringen, ihn in meinem Mund und in meiner Seele zu bewegen (94 Punkte).

Château L'Eglise-Clinet und Le Pin werden oft im selben Atemzug wie Château Angélus und Tertre-Rôtebœuf in St-Emilion genannt, und manchmal wirft man auch noch Valandraud, La Mondotte und andere mit in denselben Topf, als ob diese neuen Star-Weingüter in Pomerol und im benachbarten St-Emilion austauschbar wären. Alle diese Güter haben sich in den letzten Jahren aus dem Nichts einen hervorragenden Ruf geschaffen. Die Art und Weise, wie viele Journalisten über diese Herausforderer der etablierten Ordnung geschrieben haben, könnte einen vermuten lassen, ihre Weine seien ähnlich. «Es gibt keinen Denis-Durantou-Stil, keinen Tertre-Rôtebœuf-Stil, keinen Jacques-Thienpont-Stil. Wir machen alle so ziemlich das Gleiche», sagt mir Durantou und unterstreicht damit diesen Eindruck. Doch so sympathisch ich Durantous Mischung aus Idealismus, Pragmatismus und Wahnsinn auch finde, in diesem Punkt kann ich ihm nicht zustimmen. Die Weine der von ihm genannten Kollegen sind meiner Auffassung nach stilistisch extrem verschieden.

Jede Beschreibung des Bordeaux und seiner Weine, die diese Vielfalt bestreitet, empfinde ich als Ausdruck des weit verbreiteten und scheinbar unausrottbaren Hangs, Menschen und Dinge in Schubladen zu stecken, um sie zu loben oder lächerlich zu machen, anstatt sich mit den vielfältigen Schattierungen der Wirklichkeit auseinander zu setzen.

Eine ganz konkrete Wein-Weltanschauung

«Ich bin kein feiner Mensch. Ich esse sogar eher wie ein Schwein», sagt François Mitjavile von Tertre-Rôtebœuf, der mir auf dem Sofa gegenübersitzt und mit seinen zerzausten angegrauten Locken, den Kordhosen und der Tweedweste eher wie ein Dichter oder Philosoph aussieht als wie ein Winzer, «aber die Leute erzählen mir, dass ich sehr zivilisierte Weine mache. Vielleicht färbt das irgendwann auf mich ab.» Seine ersten Worte haben mich vollkommen überrascht, beinahe aus der Fassung gebracht. «Der Winzer ist ein zivilisierter Bauer», fährt er fort, wie um seine eigene Persönlichkeit zu erklären, «zivilisiert, weil er den Anbau der Reben an die Gegebenheiten jedes Weinbergs anpasst. Wein ist ein hoch kompliziertes Agrarprodukt, das in unserer Zivilisation tief verwurzelt ist.» Ich sitze einfach nur da und folge fasziniert der Gedankenkette, die Mitjavile da vor mir aufzieht.

Da es kein Probierzimmer gibt und der Keller sehr kalt ist, schlägt er vor, dass ich hier warte und er eine Fassprobe vom 1997er Tertre-Rôtebœuf holen geht. Ich nicke mechanisch, innerlich kaue ich immer noch an seiner letzten und erstaunlichsten Aussage: «Großer Wein ist wie eine aromatische Musikbombe, die jedesmal neue Melodien spielt.» Was bedeutet das? Ich befinde mich in einem Zustand glückseliger Verblüffung, als er ein Glas vor mich, genauer gesagt auf einen Bücherstapel auf dem Couchtisch hinstellt. Einen anderen Platz dafür gibt es nicht. Der ganze Tisch ist von Büchern übersät. Aus dem Glas strömt eine außergewöhnliche Mischung von Aromen: Sauerkirsche, Feigen, Zitronenschale, Lakritze, Kakaopulver, nasse Erde und anderes, das ich nicht mit Sicherheit identifizieren kann. Es hört sich wie eine dieser Litaneien an, derentwegen die Weinjournalisten oft und zu Recht kritisiert werden. Und dennoch: Der Wein ist wirklich eine aromatische Bombe, deren Melodie sich bei jedem Schwenken des Glases verändert. Dazu vereint er in sich zurückhaltende Kraft und Eleganz (93 Punkte).

«Ich bin nicht sicher, ob die Leute bereit sind für diese Eleganz», sagt er, nachdem er den Wein aus dem Fenster der Bibliothek in den Hof gespuckt hat, da es weit und breit keinen Spucknapf gibt, wie es sonst beim Probieren junger Weine üblich ist, «die Leute wollen in jedem Jahrgang immer nur *eine* Wahrheit finden, sie wollen nur *ein* Gesetz der Schönheit und *eine* Art von Eleganz.» «Eleganz? – Die Eleganz einer Gazelle mit einer kräftigen Muskulatur», versuche ich zu vergleichen. Einen Moment lang scheint er innerlich mit dieser Idee beschäftigt zu sein, dann verschwindet er und kommt ohne ein Wort mit einer Fassprobe 1996er Tertre-Rôtebœuf wieder. Der präsentiert sich nun vollkommen anders, mit eher unverhüllter denn unterschwelliger Kraft (95 Punkte). Er lässt mich nach Worten suchen. Schlafender Riese? Sweet Surrender? Garten der Glückseligkeit? Dann springt mir durch mein Glas hindurch in einem der Bücherstapel der Name des irischen Malers Francis Bacon ins Auge, und plötzlich kommt mir einer seiner Lieblingsausdrücke in den Sinn und auf die Zunge, «die Gewalt der Rose».

«Miloute! Miloute!», ruft François Mitjavile aufgeregt seine Frau Emilie, und bevor sie noch richtig im Zimmer ist, erzählt er ihr schon von unserem Gespräch über die Weine. Es ist ganz eindeutig ihrer beider Wein, sie hat den Betrieb 1961 geerbt. Bis zum Jahrgang 1978 waren die Weinberge an einen Nachbarn verpachtet, der den Wein mit seinem eigenen verschnitten hat, während das Château, das eigentlich nur ein um 1730 entstandenes Jagdhaus ist, an die Speditionsfirma Mitjavile als Büro in Bordeaux vermietet war. So lernte sie François kennen, dessen Familie nicht nur eine Spedition, sondern auch seit Generationen Weinhandel im französischen Teil Kataloniens betreibt. Plötzlich fällt ihm ein, dass er mir die Weinberge noch nicht gezeigt hat. Es ist schon ziemlich dunkel, sodass die Geschichte, wie es dazu kam, dass er und Emilie so außergewöhnliche Weine machen, im Garten weitererzählt werden muss. «Ich glaube, weil ich Angst wegen meiner Unwissenheit hatte, war ich viel neugieriger als Kollegen, die auf Weingütern aufgewachsen sind», erklärt er und bestätigt damit meinen Eindruck, dass er sich beim Wein als Quereinsteiger fühlt.

Es ist nicht das erste Mal, dass Mitjavile jemandem seine Weinberge bei Dunkelheit zeigt und man die Dinge nur erahnen kann. Ich kann aber die knorrigen alten Rebstöcke auf dem Hang erkennen, der hinter dem Haus steil abfällt. «Es sind an sich zwei Weinberge», erzählt Mitjavile, «Tertre ist das relativ flache Stück um das Haus, und Rôtebœuf ist dieser Hang, der seinen Namen von der Farbe hat, die die Ochsen in der Hitze annahmen, wenn sie hier pflügten.» Im gesamten Bordeaux-Gebiet gibt es nur eine kleine Zahl von Spitzen-Châteaux entlang den sogenannten Côteaux von St-Emilion mit so steilen Weinbergen, von denen Tertre-Rôtebœuf das am östlichsten gelegene ist. Die meisten von ihnen sind bei der Klassifizierung der St-Emilion-Weingüter 1955 als 1er grand cru classé eingestuft worden, während Tertre-Rôtebœuf nur zur dritten Stufe der Klassifizierung gehört – «Grand cru» – und die Mitjaviles sogar das Wort Château auf dem Etikett ihres Weins weglassen, wodurch sie dem Weinberg mehr Bedeutung beimessen als dem Anwesen. Allerdings deutet dies auch darauf hin, dass diese Klassifizierung keineswegs unfehlbar ist, wie ihre hierarchische Struktur vermuten lassen könnte. Die Wahrheit? Eine offene Frage. Dunkelheit. Wind.

«Weinqualität definiert sich durch Authentizität. ... Es ist eigentlich ziemlich witzig, dass die Grundidee des Systems der Appellations contrôlées nicht darin besteht, die Produktion der bestmöglichen Weine zu unterstützen, sondern die Identität der Weine jedes Gebiets und Weinbergs zu gewährleisten... Die besten Trauben sind die, die so reif sind, dass sie beinahe vom Stock fallen, und im Keller gilt das Gleiche. Der Wein muss vor der Abfüllung so weit wie möglich im Fass reifen, bis er beinahe zu stark entwickelt ist. So erhält man einen Wein, der den Weinberg am intensivsten zum Ausdruck bringt... Die Bordeaux-Weinschule hat sich über Generationen hinweg entwickelt mit dem Ziel, den Charakter eines Cru oder eines bestimmten Weinbergs auf authentische und ästhetische Weise zu verwirklichen...»

Nachdem mein Kopf anfangs schwirrte, rückt nach diesen Worten alles an seinen Platz, und ich fange an, Mitjavile zu begreifen. Alles zusammen ergibt einen Sinn – ohne die für das Médoc typischen kartesianischen Instrumentarien und die gallische Arroganz, genauso, wie dieser Betrieb in Taschenformat ohne die Grandeur und das Pompöse der berühmten Châteaux auskommt. Mitjaviles Gedanken gehören zu seinen Weinen und sind ein wesentlicher Teil des Prozesses, durch den er sein ästhetisches Empfinden mit diesem Ort verbunden und so Weine von einzigartiger Persönlichkeit und Eigenständigkeit aufgezogen hat (*élever*, also Weine aufziehen, wie man Kinder aufzieht, ist ein traditioneller Ausdruck der französischen Weinsprache). Sie ähneln den anderen Bordeaux-Weinen nur ganz entfernt, weil sie ganz sie selbst sind und sich genauso wenig wie ihr Erzeuger darum bemühen, etwas anderes sein zu wollen.

Mitjaviles Worte sind gleichzeitig willkommene Antworten auf viele meiner Fragen. Hier sind genau wie bei Le Pin Innovation – Tertre-Rôtebœuf hat als Wein vor 1978 nicht existiert und sich seither stark entwickelt – und Tradition – Reben sind hier seit Jahrhunderten angepflanzt worden, und viele von Mitjaviles Ideen haben kaum weniger alte Wurzeln – schwer voneinander zu trennen. Was die Weine einzigartig macht, ist François Mitjaviles Vision, wobei seine Weltanschauung absolut konkret ist, verbunden mit Boden und Wein. Seine Gedanken sind jedoch keine simplen, runden Antworten, die die Fragezeichen auslöschen und dahinter eine geordnete Welt aufdecken. Deshalb heißt es, weiter nach Antworten zu suchen.

Lyndon B. Johnsons Theorie und ihre Folgen in St-Emilion

«Wenn die Natur den Wein beherrscht, erhält man Essig, und wenn der Mensch ihn beherrscht, ist das Ergebnis ziemlich uninteressant» sind Worte von François Mitjavile, die perfekt auf die drei Jahrgänge von Château Valandraud zutreffen, die Jürgen Steinbrecher, ein Wiener Weinhändler, an einem heißen Sommerabend 1996 für eine Gruppe von Weinkennern im Restaurant Schnattl im 8. Bezirk kredenzt. Am Tisch herrscht eine Stimmung angespannter Erwartung, als die Weine in das Gläsertrio vor uns eingeschenkt werden, denn niemand unter uns außer Steinbrecher selbst hat diesen Wein je verkostet. Von einigen Journalisten wurde er bereits als «der neue Le Pin» gepriesen und erzielte Preise, die nicht weit hinter jenem zurücklagen, obwohl 1991 der erste Jahrgang war, den Valandraud-Besitzer Jean-Luc Thunevin abfüllte. Zuvor hatte er seine Trauben an die örtliche Genossenschaft abgeliefert, wo sie in großen Verschnitten landeten, während er selber davon lebte, in seinem Laden in St-Emilion, «Cellier du Libournais», Wein an Touristen zu verkaufen.

Obschon die Weine einen hohen Alkoholgehalt aufweisen, ist das Verkosten eine ebenso ernüchternde Angelegenheit wie das spätere Durchblättern meiner Probenotizen. 1991: beginnt bereits alt und grau zu schmecken, doch zumindest nicht so sauer und grün wie viele andere St-Emilion-Weine dieses Jahrgangs (71 Punkte); 1992: wesentlich tiefere und jüngere Farbe (Rubin), aber zu massiv und zu süß, um wirklich harmonisch zu wirken, und keine Spur von Eleganz (77 Punkte); 1993: fast schwarzviolett in der Farbe und genauso dick und marmeladig (Brombeerkonfitüre), wie er aussieht; wenn man nicht ausgesprochen auf diesen Geschmack steht, sollte man den Wein am besten nur aus einiger Entfernung bewundern (74 Punkte). Ich denke, ich sei der Einzige, der die Weine so beurteilt, doch plötzlich erheben sich mehrere aus unserer Tischrunde mit der Entschuldigung, dringend eine Zigarette rauchen zu müssen. Einen Moment später stehen alle außer Herrn und Frau Steinbrecher auf dem Bürgersteig vor dem Schnattl, verziehen die Gesichter und diskutieren, wie «plump», «enttäuschend» und «langweilig» sich die Weine erwiesen haben. Nach ein oder zwei Minuten zündet der eine oder andere tatsächlich eine Zigarette an. Nachdem sie geraucht ist, sind wir uns alle einig, dass es angesichts der Großzügigkeit der Steinbrechers insgesamt eine traurige Geschichte ist, selbst wenn sie in ihrem eigenen Interesse handeln, gehen wieder hinein und trösten uns mit einem guten Abendessen und einigen wirklich guten Flaschen rotem Bordeaux. Eine Kiste des 1995er Valandraud kostete damals bis zu 6000 DM. Die ganze Geschichte erinnert an Tom Wolfes Roman «Fegefeuer der Eitelkeiten». Offensichtlich haben nur wenige Weinsammler diesen Bestseller gelesen.

Zur Zeit des Vietnamkriegs sprach Lyndon B. Johnson, der damalige Präsident der USA, von der Domino-Theorie, die lautete: Wenn erst ein Land an die Kommunisten fällt, wird das Nachbarland folgen und dann das nächste und so weiter. Die Geschichte hat bewiesen, dass dies vollkommener Blödsinn war, trotzdem ist die Versuchung groß, diese Theorie auf die Weine St-Emilions anzuwenden. Dort hat sich plötzlich eine Reihe kleiner Betriebe gebildet, die hohe Preise für Weine aus sehr limitierter Produktion fordern. Der nächste Dominostein könnte La Mondotte des deutschen Grafen Stefan Comte de Neipperg sein, dessen Familie auch Château Canon-La Gaffelière in St-Emilion und den Graf-Neipperg-Betrieb in Württemberg besitzt.

Mit seinem allerersten Jahrgang auf Canon-La Gaffelière, 1985, sorgte Stefan Comte de Neipperg bereits für Aufsehen. Schnell erlangten die Weine des vor der Übernahme in Vergessenheit geratenen Guts den Ruf, zu den besten unter den St-Emilion-Weinen moderneren Stils zu gehören. Sie waren tieffarbig, violett, sehr reif in Duft und Geschmack und mit weichen Tanninen ausgestattet, die es erlaubten, die meisten Jahrgänge kurz nach ihrer Vermarktung zu genießen. Zu Neippergs Freude schrieben mehrere Journalisten, dass bei der nächsten Überprüfung der St-Emilion-Klassifizierung von 1955 – im Gegensatz zur Médoc-Klassifizierung von 1855 wird diese alle zehn Jahre neu festgesetzt – Canon-La Gaffelière vom Grand cru classé zum 1er grand cru classé aufsteigen sollte. Trotz aller Anstrengungen von Comte Neipperg, das zuständige Syndikat von der Notwendigkeit dieses Schritts zu überzeugen, stieg schließlich doch nur ein Betrieb auf: Château Angélus (siehe Anhang). Des Grafen Antwort auf diese Abfuhr bestand in der Schaffung eines neuen Weins, La Mondotte, aus einem 4,3 Hektar großen Besitz in St-Emilion, der zuvor im Canon-La Gaffelière gelandet war. Er erklärte gegenüber einem meiner Kollegen, sein Ziel läge darin zu beweisen, «dass es keinen althergebrachten Titel braucht, um als Produzent erfolgreich zu sein».

Von Anfang an wurde La Mondotte als ein Bordeaux-Rotwein in limitierter Stückzahl konzipiert, um den die Sammler sich reißen sollten. Das ist jedoch nicht alles, was der äußerst selbstbewusste Aristokrat mit dem kleinen Schnurrbart tat; 1996 übertrug er einen großen Teil der Verantwortung für den Ausbau seinem jungen Maître de Chai bzw. Kellermeister Stéphane Derenancourt, der kaum weniger von sich überzeugt zu sein scheint als sein Chef. An einem kalten Februarmorgen stellt Derenancourt auf einem enormen Holztisch in dem saalartigen Verkostungsraum Fassproben der Jahrgänge 1996 und 1997 von La Mondotte, Canon-La Gaffelière und dem dritten Weingut im Neipperg-Besitz, Clos de l'Oratoire, auf. Vielleicht liegt es am kalten Wind, der von Zeit zu Zeit durch die offene Kellertür fegt, oder es ist die Vase mit den künstlichen Rosen, die in einer Ecke des Raumes steht: Die Weine lassen mich vollkommen kalt. Und das ist ziemlich merkwürdig, denn sie sind ganz eindeutig mit hedonistischen Absichten erzeugt worden, wenn auch vielleicht nicht mit einem Hedonismus um seiner selbst willen, sondern als ein Mittel, um jubelnde Pressestimmen von einflussreicher Seite zu bekommen und auf diesem Weg zu Ruhm und hohen Preisen zu gelangen.

Ein Lob jedoch kann ich ihnen spenden: Es sind die tieffarbigsten jungen Rotweine, die mir je begegnet sind, so schwarz wie der Hut einer Hexe. Die Aromen erinnern mich an eine riesige Küche, wo auf einer Reihe von Öfen in großen Töpfen Marmelade kocht. Jeder dieser Weine ist voluminös und opulent und scheint doch schon trinkbereit, obwohl die 1997er erst in über einem Jahr abgefüllt werden. Sie trinken? Analytisch gesehen enthalten diese Weine keinen Restzucker (wie alle roten Bordeaux), aber sie schmecken derart «süß», dass ich nicht ein einziges Glas davon trinken könnte. Sie lagern? Ich frage mich, wie lange sie leben werden, da das Pumpen von Sauerstoff in den gärenden Wein, wovon mir Derenancourt erzählt, offensichtlich zur vorzeitigen Reifung der Weine geführt hat. Der 1996er La Mondotte wirkt aufdringlich und laut und scheint zu sagen: «Ich bin ein erstaunlicher Wein, und wenn du dem nicht zustimmst, dann bist du einfach ein Dummkopf.» Der Gesamteindruck ist ungefähr so subtil wie der Hieb eines Vorschlaghammers (72 Punkte).

Während ich meine Notizen mache, trommelt Stéphane Derenancourt mit den Fingern auf der Tischplatte, als langweile es ihn, darauf zu warten, von mir zu hören, dies sei das Größte an jungem Bordeaux-Rotwein, was ich je verkostet habe. Schließlich sage ich ihm, dass er mit den 1997ern seinen neuen Stil perfektioniert habe, was zutreffend ist. Der 1997er La Mondotte riecht eher nach jungem Vintage Port als nach jungem Rotwein, hat einen herben, harten Nachgeschmack und erscheint mir wie Frankensteins Monster unter den Bordeaux-Rotweinen. Er schmeckt, als sei er mit anderswo aufgelesenen Fäden von Kellertechnik zusammengeflickt worden (68 Punkte).

Die Rechnung ist aber trotzdem aufgegangen. Der einflussreichste Bordeaux-Kritiker, Robert Parker, hat geschrieben, der Wein sei wahrscheinlich der Jahrgangsbeste des ganzen Bordeaux-Gebiets. Ob dieses Urteil richtig oder falsch ist, ändert nichts daran, dass ein Domino gefallen ist.

Im Dienst der strengen Sirene

Wie meilenweit entfernt sind doch diese Ergebnisse neumodischer Kellerwirtschaft von der hinreißenden Vielschichtigkeit und Delikatesse des Weins von St-Emilions berühmtestem und anerkanntestem Betrieb, Château Cheval Blanc! Es wäre jedoch kaum sehr originell oder clever, ein Loblied auf Cheval Blanc zu singen. «Was die ’21er angeht, kann man wohl kaum anderer Meinung sein, als dass Cheval Blanc der beste Claret [Bordeaux-Rotwein] des Jahrgangs ist und dass es 1921 der einzige wirklich perfekt gemachte Wein an der Gironde ist», schrieb André Simon 1945 in seinem Buch «Vintagewise». «There ain’t nuthin’ better than the Chevy ’47», bemerkte im August 1986 Gary Locke, damaliger Besitzer der London Wine Bar in San Francisco, und er meinte damit nicht den Chevrolet, sondern den Cheval Blanc: «Es gibt nichts Besseres als Cheval Blanc 1947.» Weit erstaunlicher als ein oder zwei legendäre Jahrgänge ist für mich die Tatsache, dass ich nie einer enttäuschenden Flasche irgendeines Jahrgangs von Cheval Blanc begegnet bin.

Als ich sein unauffälliges Büro auf Château Cheval Blanc betrete, erkenne ich in der zurückhaltenden, fast ein wenig ausdruckslosen Gestalt Pierre Lurtons zunächst kaum den Mann, auf dessen Urteil, Erfahrung und Hingabe zur Zeit Qualität und Ruf einer der großen Weinlegenden der Welt beruhen. Umsichtig und präzis erläutert er, dass das einzigartige Wesen der Cheval-Blanc-Weine auf dem für den westlichen Rand der Appellation contrôlée St-Emilion, dicht an Pomerol, ungewöhnlich kieshaltigen Boden beruht sowie auf der Rebsortenzusammensetzung von etwas weniger als der

Hälfte Merlot und etwas über der Hälfte Cabernet franc. Auf eine einfache Formel gebracht ist die einzigartige Ausgewogenheit der Cheval-Blanc-Weine das Ergebnis der Fülle, die sie durch die Merlot-Traube erhalten, und der Frische, die ihnen der Cabernet franc verleiht, während sie Charakter und Alterungspotential aus dem Boden beziehen. Pierre Lurtons Konzentration bei diesen Ausführungen und die vielen kurzen Pausen, die er einlegt, um genau die richtigen Worte zu finden, lassen mich vermuten, dass «Warum?» auch für ihn eine Frage ist, die ihm nicht aus dem Kopf geht.

«Alle diese Faktoren haben jedoch nichts mit *Ihrem* Einfluss auf den Wein zu tun?», werfe ich ein, und erhalte eine Antwort, die fast einer Analyse meiner schlimmsten Erfahrungen bei anderen Betrieben gleichkommt: «Wenn jemand exzellente Weinberge, ein exzellentes Terroir besitzt und deshalb gute Weine macht, besteht die Gefahr, dass er die Verantwortung für die Qualität der Weine von den Weinbergen auf sich selbst lenkt. Er fängt an zu denken, der Wein sei gut, weil er selbst gut ist, er versucht nicht mehr besser zu werden und beginnt, sich auf seinen Lorbeeren auszuruhen.» Ich dringe jedoch noch einmal in ihn, und er fährt fort: «Es ist wichtig, mit allem sehr vorsichtig zu sein. Es wäre zum Beispiel einfach, einen Wein im Keller mächtiger zu machen, indem man während der Gärung so viel Tannin wie möglich extrahiert, doch das könnte ihn rustikal wirken lassen; ein großer Wein soll fein und elegant sein, nicht ordinär oder rustikal.» Es hört sich an wie eine gezielte Antwort auf den gegenwärtigen Trend zu dunklen, alkoholischen Monsterweinen, und genau das ist es auch: «Leider lassen sich manche Winzer im Bordeaux von der Mode oder von Journalisten beeinflussen oder sind vielleicht selbst von diesen in ihrer Jugend massiven Weinen beeindruckt. Sie sind der Verführung durch das amerikanische System erlegen.» Er meint damit die lobende Presse, den Erfolg. Und schließlich Geld.

Bevor ich überhaupt dazu komme, ihm eine weitere Frage zu stellen, spricht er weiter und betont, dass er viele amerikanische Freunde habe, selbst unter den Journalisten, die Cheval Blanc in den letzten Jahren gelegentlich kritisiert hätten. Er hat keineswegs etwas gegen Amerikaner und schiebt ihnen auch nicht die Schuld für die Probleme der französischen Weinbranche zu. Dennoch: «Das Bedürfnis, andere und anderes zu beherrschen, ist sehr amerikanisch. Ich möchte aber keine Weine machen, die wie Bodybuilder sind. Ich möchte die Natur respektieren und zu einer harmonischen Symbiose zwischen der Natur und unserem Tun finden. Alle unsere Verfahren sind althergebracht. Es gibt keine Geheimnisse außer dem Terroir.» Vielen französischen Winzern dient der Begriff Terroir als praktische Erklärung für die Art ihrer Weine und oft genug auch als praktische Entschuldigung für deren Fehler und Mängel. Selbst auf Canon-La Gaffelière bei Stéphane Derenancourt tauchte das T-Wort in jedem zweiten Satz auf, obwohl seine Weine vollkommen «konstruiert» wirken.

Das ist das Letzte, was man vom 1995er Cheval Blanc behaupten könnte, einem Wein ohne jedwede übertriebenen oder dramatischen Gesten, der aber dennoch alles verstummen lässt, wenn er den Raum betritt, mit einer Haltung à la Grace Kelly auf dem Höhepunkt ihrer Karriere, der gleichen kühlen Erscheinung und schwelenden Sinnlichkeit (97 Punkte). Der 1996er Cheval Blanc wirkt vielleicht nicht ganz so fesselnd, aber zugleich stark und graziös ohne die Härte, die manchen Weinen dieses Jahrgangs in St-Emilion zu schaffen macht (92 Punkte). So müssen die guten und großen Cheval-Blanc-Jahrgänge der Vergangenheit in ihrer Jugend geschmeckt haben. Und doch ist die Zeit hier nicht stillgestanden, wie die ausführlichen Unterlagen über Ideen, Grundlagen und Verfahren bei der Kellertechnik zeigen, die mir Pierre Lurton in die Hand drückt. Ständig strebt er nach Verbesserung, ist er am Überdenken. Dieser Prozess verläuft jedoch äußerst behutsam; neue Methoden werden erst eingeführt, wenn sich ihr Wert für den besonderen Weinstil von Cheval Blanc erwiesen hat.

«Ich bin Direktor eines Betriebs und hier sehr glücklich. Trotzdem versuche ich, den Bordeaux und die Welt im Allgemeinen im Auge zu behalten und den Kontakt zur Realität nicht zu verlieren», sagt Pierre Lurton. Für mich treffen diese Worte nicht weniger ins Schwarze als sein vorausgegangener Kommentar zum «amerikanischen System», schließlich habe ich inzwischen hinreichend Erfahrungen sammeln können mit dem «Bordeaux-System», dieser besonderen, am linken Garonne-Ufer im Médoc und in den Graves weit verbreiteten Mischung aus Überheblichkeit und Selbstgefälligkeit. Viele der erfolgreichen Châteaux dort scheinen dem Bordeaux-System zum Opfer gefallen zu sein. Neue technische Entwicklungen mögen Zweifel aufwerfen hinsichtlich des zukünftigen Status und wirtschaftlichen Erfolgs dieses Gebiets, mir aber erscheint die Gefahr, dass die berühmtesten Châteaux den Kontakt zur Realität verlieren, weitaus bedrohlicher.

Spielt der Kaiser Geige?

Vielleicht hatte ich einfach kein Glück, als ich das bekannteste Château des Graves-Gebiets, Haut-Brion in Pessac im Besitz der Domaine Clarence Dillon, besuchte. Ob es nun Zufall war oder nicht – die Aufgabe eines Journalisten besteht darin, vom Erlebten zu berichten und es zu analysieren. Natürlich kann ich in diesem Buch nicht alles wiedergeben, was mir in Zusammenhang mit den Rotweinen aus dem Bordeaux widerfahren ist, ich muss eine Auswahl treffen. Doch mein Ziel ist es, ein Bild zu zeichnen, bei dem das Verhältnis zwischen Dunkel und Hell und den verschiedensten Tönen dazwischen so genau wie möglich dem Erlebten in seiner Gesamtheit entspricht.

Wie vielen meiner Kollegen flößte auch mir die imposante Gestalt von Jean-Bernard Delmas, dem Directeur général adjoint bzw. Manager der Domaine Clarence Dillon, Respekt ein, als ich ihn 1988 kennen lernte. Er ist zwar kein sehr groß gewachsener Mann, doch seine Haltung, von der eigenen Wichtigkeit erfüllt, mit huldvollem Nicken für die Journalisten ihm gegenüber, wirkte majestätisch und erinnerte mich stark an gewisse Gemälde von Ludwig XIV. Jean-Bernard Delmas ist zweifellos der Sonnenkönig dieses Reiches, dessen «Hauptstadt» Haut-Brion heißt, mit den berühmten «Provinzen» Château La Mission Haut-Brion, Château Laville Haut-Brion und Château La Tour Haut-Brion. Als er 1961 die Verantwortung für die Weine von Haut-Brion übernahm, trat er die Nachfolge seines Vaters Georges an, der von Clarence Dillon kurz nach dem Kauf des Betriebes 1934 eingestellt worden war, und alles deutet darauf hin, dass Jean-Bernards Sohn, Jean-Philippe Delmas, ihm in dieser Stellung folgen wird.

Die Familie Delmas hat jedoch nicht nur diese eigene Geschichte hinter sich, sondern auch die lange und glanzvolle Geschichte von Haut-Brion. Das Médoc bestand noch aus einem Meer von Sümpfen und kargem Weideland mit vereinzelten Inseln von Weinbergen, da war Haut-Brion bereits ein blühendes Weingut. Nun war es im Mittelalter allgemein üblich, auf den Hügeln rund um die Städte Weinberge anzulegen. 1565 gab es zum Beispiel um Berlin 98 Weinberge. Vierzig Jahre zuvor erwarb Jean de Pontac die Ländereien, auf denen Haut-Brion liegt. Im späten 17. Jahrhundert erfreute sich der Wein bereits eines guten Rufes; mein Landsmann Samuel Pepys lobte ihn in seinem Tagebuch am 10. April 1663, und 1677 besuchte der Philosoph John Locke den Betrieb und zeigte sich sehr beeindruckt. Haut-Brion ist der einzige Betrieb in den Graves, der 1855 als 1er grand cru classé in die Klassifizierung der Médoc-Weingüter aufgenommen wurde.

Heute stellen die Weinberge wiederum eine Insel dar, umgeben von dem Vorort Pessac. «Es ist eine gute Wohngegend mit sehr wenig Kriminalität», teilt mir die PR-Dame mit. Sie erzählt mir auch, dass Anfang der neunziger Jahre ein bedeutendes Stück Weinland für den neuen Innenhof von Haut-Brion geopfert worden ist. Dabei hat man offensichtlich keine Mühe gescheut, diesen neuen Teil in die bestehenden Gebäudestrukturen zu integrieren (das Château selbst stammt aus dem 16. Jahrhundert), doch auf mich wirkt der Hof eher wie eine Filmkulisse für einen Western. So bin ich nicht auf den Anblick des neuen Fasskellers vorbereitet – hier verbringt der Rotwein von Haut-Brion sein erstes Lebensjahr –, der wie die Steven-Spielberg-Version eines mittelalterlichen Bankettsaals aussieht ... bis auf die Weinfässer. Hier sollte ich laut Vereinbarung zusammen mit Jean-Philippe Delmas den Jahrgang 1996 verkosten, doch ein Arbeiter macht mit dem Ausspülen von Fässern derart viel Lärm, dass mich die verärgerte PR-Dame auffordert, mit ihr ins Probierzimmer zu kommen. Ich folge ihr gehorsamst durch die Eingangshalle zu einem Fahrstuhl, vorbei an einer Gruppe von drei Männern. Einer von ihnen ist etwas jünger und dreht sich um, um uns eingehend zu mustern, bevor alle drei den Raum verlassen. «Das war Jean-Philippe Delmas», sagt die PR-Dame in ehrfürchtigem Ton, als ob ich mich glücklich schätzen müsste, einen Blick auf den Dauphin erhascht zu haben – anstatt mich zu wundern, dass er sich nicht vorgestellt hat, geschweige denn entschuldigt, dass er nicht mit mir verkosten kann. Ich fühle mich wie ein kleiner Junge in der Viktorianischen Zeit, wo Kinder bekanntlich den Mund zu halten hatten, bis man sie ansprach.

Kurz danach habe ich dies alles bereits vergessen, derart hat mich die Eingangshalle in ihren Bann gezogen. Die «Alten Meister» an den Wänden sind ganz offensichtlich nur wenige Jahre alt, die «Stein»-Skulptur einer Bacchusfigur in der Mitte des Raumes ist eigentlich aus bemalter Terrakotta, und die Stahltüren des Aufzugs sind so angestrichen, dass sie wie Marmor aussehen. In dem nüchternen Aufzug könnte man sich in jedem x-beliebigen Bürogebäude wähnen, doch als sich die Türen wieder öffnen, entpuppt sich auch das Probierzimmer als Traum einer Vergangenheit, die nie existiert hat. Auf einer Holztheke, ebenfalls im Marmorlook gestrichen, stehen in langen Reihen halbvolle Probiergläser von einer anderen Verkostung (die drei Männer?). Die Wände sind von hohen Bücherregalen bedeckt, doch hat man nicht den Eindruck, als käme jemand hierher, um zu lesen. Wir suchen uns eine freie Ecke zwischen den Gläsern, die PR-Dame schenkt mir den 1996er Haut-Brion ein, und ich versuche, alles um mich herum zu vergessen.

Es wäre sehr schwierig, den verschwenderisch üppigen 1996er Haut-Brion nicht zu mögen, einen Wein, der schmeckt, als ließe man sich tief in einen riesigen Samtsessel fallen – obwohl ich nie einen Sessel erlebt habe, in dem es sich so wunderbar gesessen hätte, wie sich dieser Wein in meinem Mund anfühlt. Und die Aromen – eingemachte schwarze Kirschen, Rumrosinenschokolade und Zigarrenrauch – sind nicht weniger beeindruckend. Fast ist mir dieser Wein in seinen monumentalen Ausmaßen zu viel, mir ist, als habe mein Herz Mühe, seinen normalen Rhythmus einzuhalten. Ich kämpfe noch mit mir, um mich zu einer Meinung zu diesem Wein (92 Punkte) durchzuringen, als schon der nächste kommt.

«Jetzt gebe ich Ihnen etwas ganz Besonderes», lässt die PR-Dame verlauten, «einen älteren Jahrgang von Haut-Brion, der für eine andere Verkostung heute Vormittag geöffnet worden ist. Aber denken Sie nicht, dass Sie so etwas auch bei Ihrem nächsten Besuch hier bekommen.» Der Wein, den sie einschenkt, riecht und sieht alt aus, schmeckt aber noch weich und harmonisch (85 Punkte). Ich tippe auf die sechziger Jahre und betrachte dies als Kompliment. Zu meiner großen Überraschung handelt es sich jedoch um den Jahrgang 1985. So betrachtet schmeckt der Wein einfach deutlich zu alt. Viele andere Weine von Spitzen-Châteaux aus diesem Jahrgang wirken lebendiger und machen wesentlich mehr Spaß.

Ich versuche mir vorzustellen, wann ich den 1996er Haut-Brion gerne trinken würde. Im Moment wäre er mir zu überschwänglich. Nach ein paar Jahren auf der Flasche wird er weniger übermächtig schmecken, sich zugänglicher geben, aber nach der Erfahrung mit dem 1985er würde ich nicht länger als bis 2007 warten wollen. Ich frage die PR-Dame, zu welchen Gerichten Haut-Brion am besten schmecke. «Ich glaube kaum, dass es irgendein Gericht gibt, zu dem der Wein *nicht* passt», fällt sie mir förmlich ins Wort, als schneide sie einen Rebstock zurück, «selbst Süßspeisen. Wir servieren ihn oft mit Erdbeerkuchen, das ist hervorragend.» Wer schon einmal versucht hat, Rotwein mit frischen Früchten zu kombinieren, weiß, wie merkwürdig und unharmonisch der Wein durch die Süße und Säure der Früchte schmeckt. Ihre Worte jedoch wirken, als sei der Wein von Haut-Brion ein Kaiser, der seinen Untertanen diktieren kann, wie sie sich zu verhalten haben: «Ihr Erdbeeren da, einordnen!»

Plötzlich weiß ich nicht, was ich überhaupt sagen soll, und ertappe mich dabei, wie mein Blick ziellos im Raum umherschweift. Das Einzige, was hier wirklich alt wirkt, ist eine Reihe runder Reliefs mit den Bildnissen römischer Kaiser entlang den Wänden; Nero hängt direkt über der Fahrstuhltür. Als wir schließlich wieder im Hof stehen, bin ich froh, entronnen zu sein, bevor das Ganze in einem Inferno von Eigenlob endete. Beim Wegfahren geht die Sonne unter und taucht alles in einen rötlichen Schimmer, als brenne Rom bereits hier lichterloh.

Ein wahrer Gläubiger?

Wenn der normale Weintrinker sich ein Château – ein Weinschloss – im Bordeaux vorstellt, dann schwebt ihm etwas Imposantes wie Château Margaux vor. Ihre ersten Eindrücke des palladischen Schlosses mit dem umgebenden Park am Ufer der Gironde haben andere besser beschrieben, als ich es vermag. Im Gästebuch des Betriebs lese ich: «Aus Vietnam komme ich nach Margaux, um ein wunderschönes Bild zu betrachten und einen hervorragenden Wein zu verkosten.» Meine britische Kollegin Jancis Robinson hat in der *Financial Times* vom 13./14. Juni 1998 geschrieben: «Paul Pontallier, der sympathische junge Direktor von Château Margaux, dem vornehmsten unter den Denkmälern, die das Médoc den einzigartigen Reichtümern seines Bodens gesetzt hat, kam zu spät zu unserer Verabredung. Ich lehnte mich gegen einen steinernen Torpfosten am Fuße der viel fotografierten Allee, die zu diesem großartigen palladischen Palast führt, der einmal als das Versailles des Médoc bezeichnet worden ist... Ein großer Touristenbus kroch auf mich zu, bevor er auf den Busparkplatz dirigiert wurde. Jede einzelne der blasshonigfarbenen Steinmauern der alten Gutsgebäude sah aus, als sei sie von Hand geschrubbt worden. Die Steinplatten auf dem Boden glänzten beinahe. Vor mir erstreckte sich über dem Dach des Zweitjahreskellers bis hin zu den makellos gepflegten Rebzeilen ein Rasen, der wie grüner Samt aussah. Und was war dieser Geruch? Ach ja, Geld.»

Heute gehört der Betrieb zu einem größeren Teil den Agnellis von Fiat und zu einem kleineren der Familie von Corinne Mentzelopoulos, die mir geschrieben hat, dass sie mich persönlich empfangen wird. Doch erst einmal muss ich mit einer PR-Dame vorlieb nehmen. Abgesehen von der dem 18. Jahrhundert nachempfundenen Innenausstattung der Empfangsräume für Besucher hätte man alte und neue Elemente kaum einfühlsamer miteinander verbinden können. Der Gärkeller mit seinen 26 Holz-Cuves und der alte Säulenkeller, in dem die Weine ihr erstes Jahr im Fass verbringen, sehen aus, als habe die Zeit seit dem Bau des gegenwärtigen Château im Jahr 1815 stillgestanden, während der 1982 fertig gestellte unterirdische Gewölbekeller, in dem der Wein im zweiten Jahr liegt, eine der schönsten Beton-Kathedralen darstellt, die dem Gott Wein im ganzen Bordeaux geweiht worden sind. Der Betrieb ist seit dem ersten Jahrgang nach der Übernahme durch die Familie Mentzelopoulos 1978 mit viel Beifall bedacht worden. Es kann nicht viele Besucher geben, die sich diesen Eindrücken und diesem Ruf entziehen können und nicht in die bestmögliche Stimmung versetzt werden, um in den höchsten Tönen in den Lobgesang auf die Margaux-Weine einzustimmen. Ich bilde da keine Ausnahme. Der Zeitpunkt meines Besuchs ist ein weiterer positiver Faktor, denn drei Wochen zuvor hat die amerikanische Zeitschrift *Wine Spectator* den 1995er Château Margaux mit der ultimativen Bewertung von 100 Punkten bedacht, eine Auszeichnung, die nur gerade vier Bordeaux-Weinen aus den letzten zehn Jahrgängen zuteil geworden ist.

Während ich diesen Wein zusammen mit dem 1994er und dem 1996er Château Margaux verkoste, tritt Paul Pontallier ein, eine flotte, jugendlich wirkende Erscheinung im eleganten grauen Anzug. Er gibt sich zunächst ein wenig zurückhaltend, als wolle er mich einschätzen, doch es dauert nicht lange, bis ein Wasserfall von Worten aus seinem Mund stürzt, mit einem Akzent, der nach Upper-Class-British klingt. Intelligent, charmant, kultiviert, kosmopolitisch, sprachgewandt, gut aussehend und seriös wirkend – Pontallier besitzt viele der Eigenschaften, die ein Direktor eines solchen Betriebs mitbringen sollte. Er vereint in sich jugendliche Entschlossenheit mit Erfahrung – seit 1983 ist er hier tätig. Es bereitet ihm auch keine Schwierigkeiten, ein Loblied auf die Margaux-Weine zu singen. «Er hat eine sehr gute Dichte… Feinheit und Festigkeit, das ist genau die Kombination, nach der wir suchen», begeistert er sich über den 1994er Château Margaux. Für mich zeigt der Wein neben dieser Dichte jedoch auch eine ziemliche Härte und starke Eichentöne, hinter denen ich nur mit Mühe Attraktiveres entdecken kann. Wird er mit dem Alter wie manche Menschen harmonischer werden oder eher bitter wie manch andere? Ersteres, denke ich, sofern man genug Geduld hat (87 Punkte).

Die anderen Jahrgänge auf dem Tisch sind beide deutlich kräftiger, was Pontallier mit einem leisen Lachen bemerken lässt: «Manchmal finde ich es ein bisschen komisch, wenn amerikanische Journalisten hier stehen und einen meiner Weine als Monster oder Blockbuster [Knüller] bezeichnen.» Er übertreibt bei der Betonung der beiden Worte ganz bewusst ein wenig, um seiner Bestürzung darüber Ausdruck zu geben, dass man diese Begriffe als höchstes Lob auf einen Wein anwendet, und deutet mit einer Geste an, dass ihm dies Magenkrämpfe bereitet. Als ich den 1995er Château Margaux verkoste, kann ich seine Äußerungen nachempfinden; der Wein hat zwar viele positive Eigenschaften – ein Trompe-l'œil-Gemälde von schwarzen Früchten auf einem Silbertablett, durch einen silbrigen Sonnenstrahl zum Leuchten gebracht –, aber er ist weder ein Monster noch ein Blockbuster. Ich fasse dies in Worte und füge hinzu, dass mich besonders die Feinheit des Weines beeindruckt. «Ja, er ist sicherlich fein, aber es ist auch ein mächtiger Wein. Auf eine Art ist er auch… ein… Blockbuster», erwidert Pontallier und führt diese 180-Grad-Wende mit der Leichtigkeit und Selbstsicherheit einer Pirouetten drehenden Ballerina aus. Wenn man die Geduld hat, zehn Jahre zu warten, damit der herbe Nachhall weicher werden kann, wird aus diesem Wein zwar nie ein wirklicher Blockbuster, aber doch eine sehr schöne Flasche roter Bordeaux werden (92 Punkte). Der duftige, äußerst elegante, seidige Rotwein, den so viele von Château Margaux zu erwarten scheinen, ist allerdings nicht. Den findet man viel eher beim Nachbarn, Château Palmer (siehe Anhang).

Der letzte Wein der Verkostung, der 1996er Château Margaux, bringt Pontallier in eine heikle Lage, denn dieser Wein ist im Gegensatz zum 1995er wirklich groß und verdient voll und ganz den 1er-grand-cru-classé-Status, der dem Betrieb 1855 gewährt wurde. Dieser Wein ist ein Blockbuster mit mächtigem Körper, die zur Perfektion gereiften Schwarzkirschen springen buchstäblich aus dem Glas. Doch das Monster hat Manieren, gibt sich ebenso elegant und kultiviert wie Paul Pontallier, seine Proportionen sind so harmonisch ausgewogen wie die eines palladischen Bauwerks (95 Punkte). «In den letzten zwanzig Jahren hat es nichts gegeben, das dem 96er in seiner Klarheit entsprochen hätte. Die Cabernet-Sauvignon-Trauben haben eine bemerkenswerte Reife erreicht… das ist beinahe reiner Cabernet Sauvignon», sagt Pontallier mit echter Begeisterung in der Stimme. Doch selbst in diesem Moment ist er auf der Hut und vermeidet sorgsam jegliche Andeutung, er stelle diesen Wein über seinen Vorgänger, den 1995er, schließlich würde das Zweifel an der Richtigkeit der 100 Punkte vom *Wine Spectator* bedeuten. Gleichzeitig achtet er ebenso sorgfältig darauf, mir klarzumachen, dass der 1996er dem vorherigen Jahrgang in keiner Weise unterlegen ist. Leichtfüßig springt er durch dieses Minenfeld voll lauernder Fauxpas und wählt seine Worte mit der taktierenden Geschicklichkeit eines erfahrenen Politikers.

Das ist genauso anstrengend wie viele politische Reden, und ich wechsle das Thema, um ihn und mich zu erlösen. «Es ist sicher eine Erleichterung gewesen, in diesen beiden Jahren mit so schönen reifen Trauben arbeiten zu können nach den schwierigen Jahrgängen davor?», frage ich und meine damit die Jahre 1991, 1992 und 1993, die für Lesemannschaft und Kellermeister viele Schwierigkeiten mit sich gebracht haben. «Nun, sie waren nicht so schlecht», erwidert er nervös, «selbst 1992 haben wir einen guten Wein gemacht, auch wenn wir nicht über die Maßen stolz auf ihn sind.» Ungewollt ist er mit diesen Worten auf eine thermonukleare Landmine getreten, denn vor einigen Monaten habe ich den 1992er Château Margaux in einer Blindverkostung von 1992er Rotweinen des Bordeaux erlebt. Es war der enttäuschendste Wein der gesamten Verkostung: dünn und verblasst wie ein Stück alte Spitze, die am Zerfallen ist, aber zumindest nicht unharmonisch (72 Punkte). Die Verkostungsnotizen, die Madame PR mir am Ende meines Besuchs in die Hand drückt, beschreiben den Wein als «jetzt bereits trinkbar, doch wird dieser bezaubernde Wein mit weiterer Flaschenreife noch zulegen». Vielleicht schmecken die 1992er-Flaschen aus dem Château-Keller so, aber da draußen in der Welt hat der Wein bereits das Stadium der Altersschwäche erreicht. Nichtsdestotrotz und obgleich Pontallier und sein Team darauf nicht besonders stolz sind, trägt der Wein immer noch den Namen Château Margaux und die Worte «1er grand cru classé» auf dem Etikett. Wie bei so vielen anderen großen Betrieben im Bordeaux gibt es auch bei Château Margaux einen sogenannten Zweitwein, den Pavillon Rouge de Château Margaux. Warum haben sie den Jahrgang 1992 nicht komplett unter diesem weniger Anspruch erhebenden Etikett verkauft, wo die Qualität akzeptabel gewesen wäre? Ich nehme an, Jancis Robinson hat den Grund gerochen: Pavillon Rouge wird für einen Bruchteil des Preises des Grand Vin auf den Markt gebracht.

Pontallier wendet sich wieder den vor uns stehenden Jahrgängen zu und stimmt mit immer exaltierterer Stimme einen Lobgesang auf sie an: «…außergewöhnlich feine Frucht… wunderbare Süße…» Doch es fällt mir schwer, ihm weiter zuzuhören, ich habe plötzlich den Eindruck, als stände ich nicht mehr im selben Raum wie er, als bewege er sich nur im Margaux-Mythos, während ich in der Alltagswelt festhänge. Würde er die Weine eines Kollegen derart loben, dann könnten mich seine Worte anrühren, doch so fällt die ganze Verherrlichung nur auf ihn selbst zurück. Während der letzten fünfzehn Jahre ist er von Medien und Besuchern Tag für Tag und immer lauter gelobt worden. Vielleicht sollte man sich darüber nicht wundern. Rockstars, Politiker und Schauspieler, die ununterbrochen gelobt werden, nehmen es irgendwann für bare Münze; warum sollte dieses Schicksal nicht auch Weinleute ereilen? Als ich schließlich Château Margaux den Rücken zuwende, fallen mir einige Zeilen aus Molières «Tartuffe» ein: «... genau wie jene, deren Mut am meisten glänzt/ im Kampf, am wenigsten geneigt, sich des zu rühmen,/ so machen jene, deren Herzen wahrhaft reine und bescheiden/ kein groß Geschrei um ihre Heiligkeit.»

Die Herausforderer

Unterhalb der Grands crus classés liegen, sowohl vom Ansehen als auch vom Preis her, die Crus bourgeois, von denen es im Médoc 419 gibt. Sie boten lange Zeit all jenen Zuflucht, die soliden Médoc zu einem erschwinglichen Preis suchten. Die meisten von ihnen haben keinen bekannten Namen.

Für das Cru-bourgeois-Château Sociando-Mallet, das in Saint-Seurin-de Cadourne unmittelbar nördlich von St-Estèphe liegt und zur Appellation contrôlée Haut-Médoc gehört, trifft dies allerdings nicht zu. Die Weine, die der Eigentümer Jean Gautreau hier seit Anfang der achtziger Jahre macht, haben für Aufsehen gesorgt. In zwei großen Blindverkostungen, organisiert im September 1996 und im Dezember 1997 von einer Gruppe überwiegend französischer Weinjournalisten, die sich Le Grand Jury Européen nennen, wurde der 1990er Sociando-Mallet höher bewertet als viele 1990er Grands crus classés, darunter einige 1ers grands crus classés.

Ganz seinem Cru-bourgeois-Status entsprechend gibt es auf Sociando-Mallet weder ein beeindruckendes Château noch einen Chai, der an eine Betonkathedrale oder an Cape Canaveral erinnern würde. Jean Gautreau nimmt das Geldverdienen wie so viele seiner Kollegen keineswegs auf die leichte Schulter, ist aber gemessen an den vier neueren Jahrgängen, die ich probiert habe, wesentlich stärker darauf ausgerichtet, erstaunliche Weine zu machen. Wenn der 1990er Sociando-Mallet Danton ist, dann ist der 1996er Robespierre und genauso im Stande, unter den Eigentümern und Direktoren vieler Grands crus classés des Médoc ein Regime des Terrors zu führen. Was ihm an aristokratischer Finesse fehlt, macht er mit revolutionärer Macht und Stärke wett (93 Punkte). Er ist nicht nur besser als die Weine vieler Grands crus classés dieses Jahrgangs, seine Eigenschaften sollten es ihm auch ermöglichen, einen großen Teil seiner Konkurrenz hinter sich zu lassen, wenn irgendeine wichtige Autorität in Sachen Wein eine Marathon-Blindverkostung organisiert, um die Qualität der Bordeaux-Rotweine oder vergleichbarer Weine aus der Cabernet-Sauvignon-Traube, die den größten Teil des Rebbestands auf Sociando-Mallet ausmacht, auf den Prüfstand zu stellen, ob diese Weine nun aus Italien, Kalifornien, Australien, Neuseeland oder von irgendwo anders auf der Erdkugel stammen.

Weder die Grand Jury Européen noch die internationale Weinpresse haben bisher eine Probe organisiert, in der die Spitzenrotweine aus dem Bordeaux neben den neuen Rotweinen aus dem Süden Frankreichs stehen. Das wird jedoch nicht mehr lange auf sich warten lassen, denn viele der dort erzeugten neuen Weine wurden in den Medien bereits ausführlich gelobt und finden reißenden Absatz. Sie sind Ausdruck einer erstaunlichen Qualitätsrevolution, die hier während der letzten zehn Jahre stattgefunden hat. Es wäre natürlich sehr reizvoll, auch in jenem Teil Frankreichs eine Reihe von Spitzenproduzenten zu besuchen, unter denen es ebenso viele spannende Winzerpersönlichkeiten wie im Bordeaux gibt, aber maßgeblich ist im Augenblick vor allem die Herausforderung, die sie als Gruppe für das Gebiet Bordeaux darstellen. Als Illustration soll hier ein gutes Beispiel genügen.

Mich rührt schier der Schlag, als ich im Juni 1994 den belgischen Weinjournalisten Guido Jansegers zufällig auf einer Weinmesse in Wien treffe und er mir erzählt, er habe ein Weingut in den Corbières im Languedoc gekauft. «Und was ist mit der Schreiberei und der gut gehenden Versicherungsagentur in Brüssel?», frage ich ihn. Mit einem breiten Lächeln und einem Schulterzucken deutet er an, dass dies alles vorbei sei, gibt mir seine neue Visitenkarte und entschuldigt sich, er müsse rennen. «Château Mansenoble» steht auf der in diskretem Grau gehaltenen Karte. Es dauert zwei Jahre, bis ich die ersten Weine von Mansenoble probiere. Während ich die 1994er Réserve du Château Mansenoble zum ersten Mal verkoste, fällt mir auf, dass der Wein nicht nur kaum Ähnlichkeit mit den üblichen Rotweinen aus den Corbières aufweist – die typischerweise alkohollastig, langweilig und rustikal sind –, er scheint in sich die Kraft und Würzigkeit guter Rotweine aus den südlichen Anbaugebieten Frankreichs mit den feinen Fruchtaromen und der Anmut eines guten Bordeaux zu vereinen (87 Punkte).

Als ich im März 1998 in Carcassonne aus dem Zug steige, bin ich mir noch nicht bewusst, dass hier und im nächstgelegenen Teil der Appellation contrôlée Corbières die klimatischen Einflüsse von Atlantik und Mittelmeer aufeinander treffen. Der beißende Nordwestwind schon auf dem Bahnsteig lässt keinen Zweifel daran, wie extrem das Klima hier sein kann. Guido Jansegers fährt über eine schmale, kurvenreiche Straße durch die Montagne d'Alaric nach Moux. Ginster und niedrige Büsche wechseln sich mit nackten Kalksteinfelsen ab, dazwischen befinden sich kleine Flecken, wo Rebstöcke wie knorrige Riesenhände aus dem steinigen Boden nach dem Himmel greifen. Wir kriechen immer weiter nach oben, beinahe bis zur 600 Meter hoch gelegenen felsigen Bergspitze, die weit entfernt von jeder Zivilisation zu sein scheint. Landschaft und Klima sind so ziemlich das Gegenteil dessen, was sich ein nach Sonne dürstender Engländer unter einem Weinanbaugebiet im Süden Frankreichs vorstellt. Worte von Michael Broadbent, dem Grandseigneur der britischen Weinszene, kommen mir in den Sinn, als ich durch das Fenster auf diese karge, unvergleichliche Landschaft starre: «Die großen Weine der Welt, jene also mit ausgeprägtem Charakter … werden zumeist auf schwierigen, ja kargen Böden und unter bedenklich ungewissen, um nicht zu sagen riskanten Klimabedingungen angebaut.»

«Bordeaux ist die Tradition, und wir sind die Zukunft», reißt mich Guido Jansegers aus meinen Träumen, als wir auf den Hof seines Weinguts einschwenken. Wie man es von ihm gewohnt ist, gibt er diese provokative Äußerung ganz unbekümmert von sich, er überzieht die Bombe sozusagen mit einem Mantel aus Gutmütigkeit. «Intellektuelle Masturbation für Weinjournalisten» hat er einmal einen Rotwein aus einer anderen Ecke im Süden Frankreichs beschrieben, der von der *Revue des Vins de France* bejubelt worden war. «Es hat keinen Sinn, Weine auf den Markt zu bringen, die so hart sind, dass man sie nicht trinken kann», sagt er, «ein paar Journalisten können vielleicht zehn Jahre oder länger warten, bis der Wein trinkbar wird, aber die übrige Welt will das nicht. Ein großer Wein muss Vergnügen bereiten, wenn er jung und wenn er reif ist.»

Es ist seine Leidenschaft für den Weingenuss, die Guido Jansegers dazu getrieben hat, in Belgien alles aufzugeben und nach einem Weingut in Frankreich zu suchen, wo er seine Weinideen würde verwirklichen können. Wenn man auf Mansenoble mit ihm am Küchentisch bei einer guten Flasche – von einem Kollegen oder ihm selbst – sitzt und sich über Wein unterhält, kann man dies in seinen Augen lesen, in denen das Lächeln noch strahlender ist als auf seinem Gesicht. Sein silbergraues Haar wirkt, als sei es schon immer so gewesen, es scheint kein Zeichen des Alters zu sein, und auch seine Art zu sprechen mutet irgendwie zeitlos an. Diese jugendliche Lebhaftigkeit, diese Leidenschaft, dieser Optimismus – sie brauchen keinen Wein, aber der Wein entfacht ihr Feuer, und so feuern sie wiederum seine Besessenheit an, die Weine von Château Mansenoble immer weiter zu vervollkommnen.

Er macht keinen Hehl aus der Tatsache, dass einer der Gründe, warum er sich mit seiner Frau Marie-Annick für die Corbières entschieden hat, darin liegt, dass die Weinberge hier bezahlbar waren. Im Pomerol zum Beispiel kostet ein Hektar in den besten Lagen bis zu zwölf Millionen Franc, verglichen mit 150 000 Franc (ein Jahr davor noch 80 000 Franc!) in dem Gebiet Montagne d'Alaric in den Corbières. Ein weiterer Grund ist sein Glaube an die Zukunft der Region in der Erzeugung großer Rotweine. Dabei bin ich allerdings sicher, dass es ihm nicht das Geringste ausmacht, an einem Ort zu sein, wo man die Tradition mit Skepsis betrachten muss, um Fortschritte zu ermöglichen, wo das Gute gefestigt und das Schlechte ausgemustert werden muss. Diese Situation passt gut zu seiner radikalen Einstellung.

In diesem Gebiet wachsen die besten Rebsorten des Bordeaux, Cabernet Sauvignon und Merlot, neben den besten Rebsorten des Südens, Syrah, Mourvèdre, Grenache und Carignan, und eine Probe im Keller zeigt nicht nur, dass der Verschnitt von Weinen verschiedener Rebsorten in den Corbières ebenso zur Qualitätssteigerung führt wie im Bordeaux, sondern wie fasziniert Guido Jansegers von dieser breiten Palette von Kombinationsmöglichkeiten ist. «Wir verkosten zuerst die einzelnen Komponenten des 1997er Réserve, die in Edelstahltanks liegen; da tritt der Fruchtcharakter am klarsten und stärksten hervor.» Zuerst kommt der Carignan, der auffällig nach frisch gepflückten Erdbeeren duftet und eine angenehme, frische Säure zeigt, dann der Merlot, reichhaltig und weich und nach reifen Brombeeren schmeckend. «Jetzt probieren wir die Komponenten aus den Barrique-Fässern», fährt er fort und geht hinüber zu den Reihen kleiner Holzfässer auf der anderen Seite des Kellers. Der Grenache wirkt voll, geschmeidig und verführerisch, ganz anders als der abweisende, aber feste, kräftige Mourvèdre, und schließlich folgt der Syrah, opulent und rauchig, der einen bereits hinreißend mit südlicher Wärme erfüllt. «Und jetzt der Verschnitt», sagt er voller Aufregung und Spannung. Ein paar Minuten ist er damit beschäftigt, neue Proben in genau dem Verhältnis zu ziehen, wie die Weine ein halbes Jahr später für die Abfüllung gemischt werden sollen.

Es ist fast sein bester Wein bisher, übertroffen nur von der 1995er Réserve: Dieser zeigt seine Muskeln ohne jede Scheu, doch wirken sie nicht übertrieben, er hat eine Reife, die nur aus Trauben stammen kann, die von der Sonne des Südens schwarz gebrannt wurden; dazu kommen eine belebende Frische und eine köstliche Geschmeidigkeit (90 Punkte). In seinen ersten fünf Jahrgängen sind Guido Jansegers Weine gelungen, die neben vielen Grands crus classés aus dem Bordeaux bestehen können. Das ist eine beachtliche Leistung, mit der er jedoch keinesfalls allein dasteht. In den letzten Jahren haben auch Château Lavabre in Pic Saint-Loup, die Domaine La Tour-Boisée mit ihrer Cuvée Marie-Claude in Laure im Minervois, die Domaine Força Réal mit dem Les-Hauts-de-Força Réal in den Côtes du Roussillon und die Domaine du Mas Blanc in Collioure mit ihrem Clos du

Moulin gezeigt, was im Languedoc-Roussillon möglich ist. Wie die Weine von Jansegers sind auch diese zum Trinken geschaffen, der Genuss ist wichtiger als Image und Reputation, sie bereiten großes Vergnügen zu einem (noch) fairen Preis.

Die neuen Weine des Languedoc-Roussillon lassen sich zwar mit den besten aus dem Bordeaux vergleichen, will man jedoch die gegenwärtige Situation dieser Gegend derjenigen des Bordeaux gegenüberstellen, so muss man zweihundertfünfzig Jahre zurückblicken. Damals entstanden im Bordeaux zum ersten Mal große Weine in bedeutender Stückzahl, doch der größte Teil des Gebiets erzeugte sehr einfache Landweine. Allmählich fanden die Winzer dann heraus, in welcher Weise die Weinbergspflege, der Zustand der Trauben bei der Lese und der Ausbau des Weins im Keller den Unterschied ausmachten zwischen dem einfachen Bordeaux-Rotwein und der neuen, besseren Version. Genau das tun Guido Jansegers und die anderen führenden Winzer im Languedoc-Roussillon zurzeit. Sie haben bereits eine Menge gelernt über das Land, die Reben und das Verhalten der Weine bei unterschiedlichen Ausbaumethoden und haben einen Weg gefunden, den sie nun hinaufsteigen, einem Ziel entgegen, das sie ganz deutlich erkennen können.

Ich sage hinaufsteigen, weil es nicht einfach ist, einen bereits sehr guten Wein mit dem nächsten Jahrgang zu übertreffen. Das erfordert Hingabe, minutiöse Aufmerksamkeit für das kleinste Detail – so kostet Guido Jansegers bei der Lese jede einzelne Mourvèdre-Traube vor! – und ein Gefühl für Wein, das über das normale Maß hinausgeht. Jede Verbesserung bei einem hervorragenden Wein muss noch härter erkämpft werden, verlangt Vision, Fanatismus, Intuition. Wie wir im Bordeaux gesehen haben, braucht es die nötigen natürlichen Voraussetzungen für große Weine, Winzer mit den erforderlichen Eigenschaften, um große Weine zu erzeugen, und ein Publikum, das bereit ist, den Preis für diese Größe zu bezahlen. Im Languedoc-Roussillon scheinen vorderhand nur die beiden ersten Voraussetzungen gegeben zu sein, die dritte jedoch noch nicht.

Das Hauptverkaufsargument für die neuen Weine lautet, dass sie im Verhältnis zu den noch bescheidenen Preisen erstaunlich gut sind, was bei Weinhändlern oft auf den einfachen Nenner gebracht wird: «So gut wie die Bordeaux-Weine, die man sich nicht mehr leisten kann.» Da ich mir viele Weine aus dem Bordeaux, die ich gerne trinken würde, auch nicht mehr leisten kann, habe ich dafür viel Verständnis, aber ein großer Wein ist ein vollkommen eigenständiges Wesen und keinesfalls ein Ersatz für irgendetwas anderes. Das ist zweifellos auch die Sichtweise der führenden Winzer des Languedoc-Roussillon, aber die Welt ist noch nicht ganz so weit. Einen entscheidenden Vorteil haben sie jedoch gegenüber den Winzern des Bordeaux vor zweihundertfünfzig Jahren, und das ist die Geschwindigkeit, mit der sich Neuigkeiten heute über die Medien verbreiten. Sicherlich waren es die Medien, die das Bordeaux-Gebiet in eine Bühne verwandelt und die Eigentümer und Direktoren der Châteaux zu Schauspielern gemacht haben, aber sie haben es auch den «neuen» Winzern im Languedoc ermöglicht, die Aufmerksamkeit der Weinhändler und -liebhaber mindestens zehnmal schneller auf sich zu lenken, als es noch vor vierzig oder fünfzig Jahren der Fall gewesen wäre.

Es hat den Anschein, als habe sich alles verändert, als sei eine Revolution im Gange. Das ist jedoch eine journalistische Vereinfachung. Gegen Ende des letzten Jahrhunderts, als die Weinberge im Bordeaux von der Reblausplage heimgesucht wurden, verließen manche Winzer diese Gegend, um weiter südlich im Languedoc-Roussillon ein neues Leben zu beginnen. Einer von ihnen errichtete vor hundert Jahren Château Mansenoble. Für die damals Vins de Narbonne genannten Weine bestand eine rege Nachfrage, doch war es bereits zu der Zeit schwierig, angemessene Preise zu erzielen. Auf ziemlich andere Art als heute wurden diese Weine zum Ersatz für roten Bordeaux. In einer in dieser Zeit veröffentlichten Anleitung für Weinhändler habe ich ein Rezept für Château Margaux gefunden, dessen wichtigster Bestandteil 47 % Vin Vieux de Narbonne war. Diese Art von Panscherei ist heute bestimmt selten, aber viele Weinliebhaber haben in ihren Trinkgewohnheiten den Bordeaux sicher bereits zur Hälfte durch Rotwein aus dem Languedoc-Roussillon ersetzt.

Burgund
Auf der Suche nach einer Diva

Es ist so um die elf Uhr morgens, Mitte März 1989, die Sonne hängt am zartblauen Himmel in der klaren Luft der Hügel. Ich trage mein Tweedjackett und grüne Flanellhosen, dazu ein weißes Hemd, eine Paisley-Krawatte, braune Schnürschuhe und grüne Wollsocken mit kleinen Sternen. Ich bin ordentlich, sauber, gekämmt und nüchtern, und es ist mir egal, wen das interessiert. Ich bin alles, was ein gut gekleideter Weindetektiv sein sollte. «Mein Name ist Pigott, Doktor Klein wollte mich sehen», sage ich zu dem Dienstmädchen, das die Haustür zu einem Luxusbungalow im kalifornischen Bel Air öffnet.

Als ich in der Eingangshalle des Klein'schen Hauses stehe, tritt die Anfangsszene von Raymond Chandlers Kriminalroman «The Big Sleep» und Howard Hawks Verfilmung davon für einen Moment an die Stelle der Wirklichkeit. Im Gefühl, nicht nur über dem sich vor uns ausgestreckten Los Angeles, sondern über der ganzen Welt zu stehen, sehe ich mich ganz als Philip Marlowe und bewege mich in Humphrey Bogarts Fußstapfen. Mein Schwarzweißtraum von Lauren Bacall – diese heißen Augen, schwarze Löcher, die mich unaufhaltsam in ihr erotisches Gravitationsfeld ziehen – wird allerdings ziemlich schnell abgebrochen durch den zuvorkommenden Empfang von Dr. Brad Klein und der Gruppe von Weinfreunden, die er hier zu einer Weinprobe versammelt hat. Das gute Dutzend Ärzte, Rechtsanwälte, Kernphysiker und Versicherungsdirektoren scheint ebenfalls in euphorischer Stimmung. Der Grund dafür wird mir schnell klar, als ich erfahre, welche Weine für diesen Tag vorbereitet worden sind: Neunundsechzig der besten Burgunder Rotweine aus dem hervorragenden Jahrgang 1978. Ihr Gesamtwert beträgt mindestens fünftausend US-Dollar. Ich setze mich auf die Lehne eines tiefen Sessels und starre die Flaschen an. Sie sind es wert, betrachtet zu werden. Und genau zu diesem Zweck scheinen sie hier aufgebaut worden zu sein.

Ein Jahrzehnt zurückzublicken erscheint mir wie ein archäologisches Unternehmen. Erinnerungen sind immer unvollständig wie die Bruchstücke einer altrömischen Vase, und in beiden Fällen zieht man leicht irrtümliche Schlüsse zu deren ursprünglicher Form und Verwendung. Bei der römischen Vase lohnt sich die Anstrengung nicht nur allein aufgrund der Schönheit des Objekts, sondern weil sie vielleicht Hinweise auf jene geben könnte, zu deren Leben sie vor zweitausend Jahren gehörte. Im Gegensatz dazu sind meine Erinnerungen an jenen Tag in Kalifornien des Jahres 1989 von geringem Interesse. Doch die Schönheit einiger Weine, die ich damals verkostet habe, rechtfertigt die geistigen Ausgrabungen. Die Rolle des Detektivs einzunehmen ist kein Fehler bei diesem Abenteuer auf der Suche nach der «Wahrheit im Wein». Roter Burgunder ist der geheimnisvollste aller Weine, und um ihn wirklich zu verstehen, muss man einer Spur folgen, die ebenso verworren sein kann wie der Handlungsfaden in einem Raymond-Chandler-Roman. Niemand würde einer solchen Spur folgen ohne die besondere Anziehungskraft dieser Weindiven, deren erotisches Gravitationsfeld ebenso stark ist wie das der Augen von Lauren Bacall.

Der Tisch ist zu groß, die in kleinen Gruppen angeordneten Weingläser darauf zu hoch, und das weiße Tischtuch unter ihnen sieht aus wie frischgefallener Schnee am Lake Arrowhead. Zu niedrig darüber hängt eine doppelarmige Lampe mit konischen grünen Schirmen, und unter dem Tisch gibt es so gut wie keinen Platz für die eigenen Beine. Unter dem schneeweißen Tischtuch verbirgt sich ein Billardtisch, auf den ein großes Brett gelegt worden ist. Mir wird ein Platz angewiesen, und als wir alle an dem improvisierten Tisch sitzen, stellt ein Mädchen an jeden Platz einen großen Plastikbecher. Ich drehe diesen eindeutig als Spucknapf vorgesehenen Becher langsam in der Hand. An seiner Außenseite prangen die Firmenzeichen von Walt Disney, Coca-Cola, McDonald's und Ford. Ich stelle den Napf wieder hin, als der erste «Flight», das heißt die erste Gruppe von drei Weinen, eingeschenkt wird – granatrot, bernsteinfarben am Rand. Unter anderen Umständen würde ich sie vielleicht naiverweise für Bordeaux halten, aber sie sind zu duftig, zu fein, zu geschmeidig, um irgendetwas anderes als Burgunder sein zu können. Ich habe diese ersten drei Weine kaum richtig wahrgenommen, da fliegt die Tür zur Küche auf, und das gleiche Mädchen schiebt einen Servierwagen mit warmem Essen herein. Sofort breitet sich Curryduft im ganzen Raum aus, und die meisten Männer am Tisch bewegen sich sehr schnell zur Quelle dieses Geruchs hin. Ich bin entrüstet. «Wie können sie mit dem Essen vor ihrer Nase den subtilen Duft des Weins überhaupt wahrnehmen?», frage ich mich, «und gleich werden sie fünftausend Dollar in Form von Wein in Plastikbecher spucken!» Ich ziehe ganz voreilige Schlüsse, wie es praktisch jeder Europäer tut, wenn er erstmals mit der kalifornischen Lebenslust konfrontiert wird. Doch ich realisiere bald, dass ich ein aufgeblasener, überheblicher Weindetektiv bin, der alles todernst nehmen möchte, während die meisten meiner Tischgenossen Bonvivants sind, denen es einfach Spaß macht, große Weine zu *trinken*.

Während der lange Nachmittag in einen ausgedehnten Abend übergeht, fließt Wein die Kehlen hinunter – ich scheine beinahe als Einziger den Plastikbecher in Anspruch zu nehmen –, und die Gespräche werden immer lebhafter. «He, das ist ja Killersaft», ruft John Tilson, eine stämmige, große Gestalt am anderen Ende des Tisches nach einem Schluck vom Wein mit der Nummer 32. Es handelt sich in der Tat um einen erstaunlichen Tropfen, wie er mir noch nie zuvor begegnet ist. Trotz seiner ziemlich blassen ziegelsteinroten Farbe ist er unglaublich intensiv und zugleich zart in Aroma und Farbe, hinreißend, verführerisch. Nach dem Hinunterschlucken ist der Nachgeschmack so stark, als habe sich der Wein meinen Geschmacksnerven und auch meinem Gedächtnis eingeätzt, als sehne er sich nach Unsterblichkeit. Dies ist mein erster Schluck Romanée-Conti grand cru von der Domaine de la Romanée-Conti – alle am Tisch sagen einfach «Di-Arr-Ci», DRC – in Vosne-Romanée. Das kann jedoch in diesem Moment keiner von uns wissen, da alle Weine blind verkostet werden: Jeder von ihnen trägt beim Servieren und Verkosten nur eine Nummer. Auf diesen Wein scheinen alle Anwesenden mit der größtmöglichen Spannung gewartet zu haben, und doch ist keiner sicher, ob er wirklich anwesend ist: Ist das nun der Romanée-Conti, und wenn nicht, welcher Wein versucht ihm die Show zu stehlen?

Die Grands crus stellen die Spitze der Weinklassifizierung von Burgund dar, eigentlich eine Klassifizierung der Weinbergslagen. Es handelt sich dabei um eine beinahe unveränderbare Einteilung des Qualitätspotentials jedes einzelnen Hangs oder Teilhangs in Burgund. Nach den Grand-cru-Weinen, die nur nach der Lage bezeichnet werden, aus der sie stammen, kommen die Premiers crus (gewöhnlich 1er cru abgekürzt), die nach der Lage und der Gemeinde bezeichnet werden, in dessen Grenzen diese liegt, dann folgen die Weine, die lediglich Anspruch auf den Gemeinde- oder Ortsnamen haben, und schließlich jene, die einfach nur die Gebietsbezeichnung «Bourgogne» tragen. In vielen Fällen teilen sich dutzende von Besitzern in eine einzige Lage. Das ist das Erste, was das Verständnis der Burgunderweine erschwert. Auch erscheint in Burgund der Name der Domaine, des Erzeugers, unweigerlich in kleineren Lettern auf dem Etikett als jener der Lage oder Gemeinde, aus der der Wein stammt. An dem Wort Domaine ist außerdem nichts Exklusives. In Burgund kann sich jeder Betrieb, der Wein aus eigenen Trauben abfüllt, so nennen. Exklusivität gibt es hier nur in den seltenen Fällen, wo eine wirkliche Domaine alleiniger Besitzer einer Grand-cru-Lage ist, etwa der Grand cru Romanée-Conti, der sich im Alleinbesitz von DRC befindet, oder wenn Weinfreunde auf der ganzen Welt kämpfen, um an einen bestimmten Burgunder zu kommen, von dem es gerade sechshundert Flaschen gibt.

Die Côte de Nuits, wo die Weine angeblich voller und feiner sind, liegt nördlich der Côte de Beaune. Zusammen bilden sie die Côte d'Or, eine Kette von vorwiegend nach Osten gerichteten Hängen, die sich über rund

SK

50 km im Süden der Vororte Dijons erstreckt. Mit dem «Gold» im Namen («Or») ist der Wein gemeint, doch wie die amerikanische Maklerin für Burgunderweine, Becky Wassermann, es einmal interpretiert hat, wird der Wein wortwörtlich zu Gold, wenn er verkauft wird. So finanziert sich das ganze Département. Die Weine der Domaine de la Romanée-Conti beziehungsweise DRC galten lange als die 24-Karat-Version dieser wertvollen Substanz. Die Krönung der sieben Weine aus Grand-cru-Lagen, die DRC jährlich erzeugt, stellt sowohl in Preis als auch Ansehen – jedoch nicht zwangsläufig in der Qualität – der Romanée-Conti dar.

All das hat jeder am Tisch im Hinterkopf, als er Wein Nummer 32 verkostet und sich fragt: «Ist *das* der Romanée-Conti grand cru?» Nummer 32 scheint für die meisten am Tisch der bis jetzt beste Wein zu sein, doch gibt es keinen Hinweis auf seine Identität. Dies steigert nur noch die Spannung unter den Anwesenden. Alle zappeln nervös auf ihren Stühlen herum, während die Bewertungen der betreffenden Wein-Vierergruppe eingesammelt werden, und tuscheln ungeduldig wie Schulkinder. Dann wird das Rätsel aufgelöst: Wein Nummer 31 ist der Romanée St-Vivant grand cru von Louis Latour, Weine Nummer 30, 32 und 33 der Romanée St-Vivant grand cru, Romanée-Conti grand cru und der La Tâche grand cru von DRC. Mehrere berauschte Gestalten jauchzen und trompeten vor Vergnügen, Nummer 32 als Romanée-Conti grand cru erkannt zu haben, andere fallen schier in Ohnmacht vor Freude, dass ihr Idol über seine Geschwister triumphiert hat. Einige wenige Gesichter werden sauer wie Sahne, die man nicht schnell genug in den Kühlschrank zurückgestellt hat, höchstwahrscheinlich weil sie keinen Romanée-Conti im eigenen Keller liegen haben und wissen, dass dessen Erwerb finanziell eine ziemlich schmerzhafte Sache ist. Jeder Einzelne jedoch leert das betreffende Glas bis auf den allerletzten Tropfen.

Langsam beginne ich zu verstehen, denn ich habe nicht nur den Rest von Nummer 32 getrunken, sondern auch jenen von Nummer 30, der genau die Aromen zeigt, die man mir immer als typisch für einen großen roten Burgunder beschrieben hat: den Duft von reifen Brombeeren, nicht nur ein paar Beeren, sondern ein ganzer Hügel davon, von unzähligen Gewürzen und von Unterholz im Wald…

Beim Notieren dieser Eindrücke frage ich mich, ob ich mir manches davon nicht nur einbilde, meine Erwartungen einfach auf den Wein übertrage, genauso wie ich mich zuvor geistig in Humphrey Bogarts Fußstapfen versetzt habe. Seit dieser Verkostung in Los Angeles ist mir diese Kombination von Aromen jedoch so viele Male begegnet, dass ich nicht annehme, mir mehr eingebildet zu haben als irgendein anderer, der sich jemals verliebt hat.

Die Lichter der Stadt funkeln inzwischen in der ganzen samtschwarzen Weite vor dem großen Fenster am anderen Ende des Billardzimmers. Jemand hat einen Fensterflügel geöffnet, und die Nachtluft strömt mit einer abgestandenen Süße herein, die sich aus Autoabgasen und anderen Straßengerüchen der Metropole zusammensetzt. Die DRC-Weine auf dem Tisch haben eine ähnliche Art von «Süße», die nicht mehr wirklich frisch ist. Aber sie erinnert an die warmen, sonnigen Tage während der 1978er-Lese im Burgund und den besonderen Boden, auf dem diese Reben wachsen. Bald werden die nächsten Weine serviert, und die Gruppe verstummt wieder. Zwei dieser neuen Weine zeigen eine viel tiefere Farbe als alle anderen an diesem Tag: dunkle, schweigsame, rätselhafte Augen, die mich ernst anzublicken scheinen. Wer in aller Welt können diese schwarzen Schönheiten sein?

Dann folgt eine unvorhergesehene Unterbrechung in der Person des Dienstmädchens, das in einem Zustand der Betrunkenheit hereinplatzt, die unsere Berauschtheit bei weitem übertrifft. Mit einer weit ausholenden Bewegung des rechten Arms stößt sie eine kaum verständliche Frage hervor, dann kippt sie plötzlich um. Anders als am Anfang von «The Big Sleep», wo Philip Marlowe bereit steht, um Carmen Sternwood bei ihrer vorgetäuschten Ohnmacht aufzufangen, gibt es hier keine rettenden Arme, so dass das Dienstmädchen mit einem dumpfen Geräusch wie eine Leiche zu Boden sinkt. Einer der anwesenden Ärzte stellt einen Bluterguss fest und schickt sie mit einem Taxi ins Krankenhaus – zur Behandlung und zum Ausnüchtern.

Viele der Weine dieser kalifornischen Verkostung erweisen sich als weitaus leichenähnlicher als das Dienstmädchen, eher braun als rot in der Farbe und mit Aromen des Verfalls , die nicht entfernt an herbstliches Unterholz erinnern, sondern an fortgeschrittene körperliche Verwesung. Sie scheinen zu bestätigen, was ich in England gelernt habe: Roter Burgunder kann nicht so lange altern wie roter Bordeaux. Doch bei den Nummern 38 und 39 haben wir mit einem Mal zwei junge Weine vor uns, die diese Regel vollkommen in Frage stellen. Nummer 38 ist die wildere der beiden Weinschönheiten, zugleich auf provokative Weise sinnlich und geradezu stürmisch in ihrer jugendlichen Kraft, während Nummer 39 introvertierter wirkt, dabei aber mit ihrer subtilen Schönheit ebenso überrascht wie ihre offenherzigere Schwester…

Als einige Minuten später bekannt gegeben wird, dass es sich um den Vosne-Romanée 1er cru Les Brûlées (38) und den Vosne-Romanée 1er cru Cros Parantoux (39) von Henri Jayer handelte, setzt Jubel ein. Den Namen Henri Jayer kannte ich bis zu diesem Tag nur vom Hörensagen, und er ist immer mit Hochachtung ausgesprochen worden. Der damals 66-jährige selbständige Winzer in Vosne-Romanée wird als der Retter des Burgunds verehrt. Sein spektakulärer Erfolg ist eine der Grundlagen für die Revolution der Domaine-Abfüllungen im Burgund während der achtziger Jahre. Davor wurde der größte Teil der burgundischen Weinproduktion von Négociants vermarktet, Händlern, die vor allem in Beaune ihren Sitz hatten und junge Weine im Fass von den Winzern kauften, sie weiterausbauten und dann verschnitten, wie und wann es ihnen passte, um sie schließlich unter ihrem eigenen Namen zu verkaufen. Jayer und eine Hand voll ähnlich gesinnter Kollegen haben bewiesen, dass ein Burgunder Winzer in der Lage ist, wirtschaftlich selbständig zu arbeiten. Weinhändler aus der ganzen Welt stehen buchstäblich Schlange vor der Tür des bescheidenen Bungalows, aus dessen engem Keller nicht nur außerordentliche Weine kommen, sondern auch eine revolutionäre Botschaft stammt. Jayer macht Weine, die allen Lehrbuchmethoden widersprechen, wie mir bei meinem Besuch drei Jahre später klar wird.

Ich fange bereits an, das Bild des Burgunds als zweitrangige Alternative zum Bordelais in Frage zu stellen, das mir in England vermittelt worden ist. Wein Nummer 59 ist sozusagen der letzte Nagel im Sarg dieses Vorurteils: unglaublich tieffarben, von immenser Fülle und Mächtigkeit. Als Erstes drängt sich mir das Wort monumental auf, doch trotz seiner gigantischen Dimensionen fließt der Wein durch meinen Gaumen, als gleite die feinste Seide darüber. Verführerisch fällt mir als zweite Assoziation ein, und vor meinem geistigen Auge werden die Umrisse einer schwarzweißen Lauren Bacall in seidenem Morgenmantel deutlich… Aber ein paar laut ausgerufene Worte reißen mich aus meinen Träumereien: «… und Nummer 59 ist der Grand cru Mazis-Chambertin von Leroy – Lalou hat es wieder geschafft!» Bei dieser Gelegenheit höre ich zum ersten Mal den Namen von Lalou Bize-Leroy, der damaligen Teilbesitzerin und Direktorin von DRC. Es werden Jahre vergehen, bis dieser Name für mich eine konkretere Bedeutung annimmt. In diesem Moment ist mein Bewusstsein ganz von Wein erfüllt. Einen langen Moment scheint es mir, als befinde ich mich gar nicht in dieser Stadt am Pazifik, sondern weit weg in einem Land der Tagträume. Ich habe den kleinen Schlaf geschlafen, ohne mich um die Abscheulichkeit der Welt zu kümmern. Aber auf einmal wird die Welt wieder klein, eingeengt, schwarz. Und ich selbst bin ein Teil der Abscheulichkeit.

Endlich lerne ich «Madame» kennen

«Der Wein beginnt in *meinem Herzen*», sagt Lalou Bize-Leroy zu mir und legt dabei ihre Hand auf ihr Herz oder vielmehr auf die betreffende Stelle ihres rosablauen Chanel-Twinsets. Aus dem Mund jedes anderen würden diese Worte richtig pathetisch klingen. Doch sie durchschneiden die Stille im Kelterhaus der Domaine Leroy in Vosne-Romanée mit der Schärfe eines Degens, und ich fühle sogleich einen Stich im Herzen. Ich versuche meine eigenen Gefühle zu ergründen und zu begreifen, aber es gelingt mir nicht.

Die Situation ist so vieles zugleich, auch voll Prosa und Witz. Madame Bize-Leroys Twinset ist mit Haaren ihrer beiden Promenadenmischungen Bazille und Inès übersät. Die Hunde hat sie irgendwann auf der Straße aufgelesen, und sie liebt sie heiß und innig. Als ich zu früh zu unserer Verabredung gekommen bin, ist sie neben ihrem Sportwagen der Marke BMW vor dem schmiedeeisernen Tor der Domaine gestanden und hat es verzweifelt zu öffnen versucht. Ich habe mich verpflichtet gefühlt, die Rolle des männlichen Helden zu spielen, die mir eigentlich gar nicht liegt, und für sie das Tor zu öffnen.

Die Situation ist aber ebenso todernst, Madames Worte entspringen nicht allein ihrer Leidenschaft für den Wein, sondern gleichzeitig einer sorgfältig durchdachten Weltanschauung. An der Wand des Kelterhauses befindet sich ein großer Zodiakus, auf dessen einer Seite zu lesen ist: «Le vin est d'inspiration cosmique» (Der Wein kommt aus kosmischer Eingebung). Auf der anderen Seite steht: «Il a le goût de la matière du monde» (Er hat den Geschmack der Weltensubstanz).» Mir ist, als würde ich den Boden unter den Füßen verlieren.

«Es gibt hier kein Weinmachen», fährt sie fort, «der Wein *ist* der Befehl. Dies ist kein intellektueller Vorgang.» Ich empfinde bei ihren Erklärungen einen Widerspruch. Nur Augenblicke zuvor hat sie in ihrem Büro geschildert, wie sie die Weinberge der Domaine 1989 auf biodynamische Bewirtschaftung umgestellt hat, ein Jahr nach der Gründung des Betriebs – aus dem Kauf der Domaines Charles Noëllat in Vosne-Romanée und Philippe-Rémy in Gevrey-Chambertin –, nachdem sie die Werke Rudolf Steiners gelesen und mit anderen Winzern, die bereits dessen Ideen im Weinbau folgten, gesprochen hatte.

Madame Bize-Leroy spricht voller Leidenschaft von der Bedeutung der kosmischen Zyklen für alles Lebende. Dazu gehört auch die Rebe. «Ich suche nach der Quintessenz der Traube, die das Abbild der Erde ist», erläutert sie weiter, als sei das eine Selbstverständlichkeit. Die Traube das Abbild der Erde, das hört sich nach der französischen Idee des Terroir an, wonach der Ort, an dem ein Wein wächst, entscheidenden Einfluss auf dessen Charakter und Qualität hat. Meint sie dies, oder geht es um mehr?

Während ich mich noch mit diesen Gedanken herumschlage, hat meine Gastgeberin eine große Glaspipette und Probiergläser in die Hand genommen. Im Nachhinein und nüchtern betrachtet ergeben diese eher technischen Utensilien einen merkwürdigen Kontrast zu ihrem Chanel-Twinset, den engen Designer-Jeans und den dunkelblauen, hochhackigen Schuhen. Doch als ich ihr in den Keller folge, ist sie einfach voller Eleganz und Energie, und sie scheint jeden Moment intensiver zu nutzen, als ich es je mit einem einzigen geschafft habe. Später werde ich erfahren, dass sie kurz zuvor ihren 67. Geburtstag gefeiert hat. Wenn ich Freunden meinen Besuch schildere, beschreibe ich sie so: «67, aber sie sieht wie fünfzig aus, kleidet sich wie dreißig und bewegt sich wie zwanzig.» Ich hätte hinzufügen sollen «und diese Augen!», denn ihre Entschlossenheit, Stärke und Vision scheinen sich in diesem Brennpunkt zu konzentrieren: in ihrem Blick. Dort verschmelzen die Erbarmungslosigkeit eines Leopards mit der Zielstrebigkeit einer Frau, die vor langer Zeit beschlossen hat, unter keinen Umständen von ihrem einmal eingeschlagenen Kurs abzuweichen, unabhängig davon, was die Welt von ihr denken oder über sie sagen würde.

Und sie ist durchaus ins Kreuzfeuer äußerst direkter Kritik geraten. In seinem Buch «Côte d'Or» hat Remington Norman geschrieben: «Die Kontroversen, die sich an der Persönlichkeit von Mme Bize-Leroy entzündet haben, übertragen sich auch auf ihre Weine. Teuer sind sie ja, sind sie aber wirklich große Burgunder? ... Junge Leroy-Rotweine sind untypisch für Burgunder im Allgemeinen ... Degustiert man das Sortiment durch, ist ein Cru kaum von einem anderen zu unterscheiden, so schwer ist die Struktur der Weine, so vollkommen zurückhaltend ihr Aroma ... Feste Entschlossenheit, das zu produzieren, was sie für Spitzenqualität hält, und unerschütterliche Treue zu ihren Prinzipien werden sie auch in Zukunft leiten; beides verdient Beifall. Es scheint nur schade, dass ein starker Cocktail aus übersteigerten Ideen, hohen Preisen und einer vorübergehenden Mode für extrem extraktreiche Weine zu einem Überschwang an unkritischer Verehrung geführt hat, für die man sich vorerst schwer eine einleuchtende Rechtfertigung vorstellen kann.» Diese Tirade meines Landsmannes geht mir durch den Kopf, und ich frage mich, woher dieser verbitterte, vernichtende Ton kommt. Vielleicht hat er Recht, und ich bin einfach nicht in der Lage, rote Burgunder zu verstehen, und habe alle Leroy-Weine, die mich erstaunt, hingerissen, entzückt und inspiriert haben, bevor ich Madame kennen gelernt habe, einfach ganz falsch beurteilt?

«Ich bin immer auf der Suche nach Qualität – die Geschichte Burgunds ist die einer langen Suche, ein Experiment, dessen Ziel Qualität ist», wirft sie auf Deutsch ein, als wir in den Fasskeller kommen, wo der Jahrgang 1997 liegt. Jedesmal, wenn sie nicht sicher ist, ob ich ihr Französisch verstanden habe, geht sie zum Deutschen über. Später erfahre ich, dass sie an der Sorbonne und an der Universität Bonn die deutsche Sprache studiert hat. Ihre Worte bedeuten nicht nur, dass sie sich selbst ganz entschieden in die Tradition des Gebiets stellt, sie weisen auch darauf hin, dass sie ihre Weine nicht ausschließlich im Rahmen des heute im Gebiet Erzeugten sieht und bewertet, sondern eher im Kontext dessen, was vorhergehende Generationen von

Winzern vollbracht haben. Für Künstler und Schriftsteller ist diese Einstellung etwas Selbstverständliches. Das führt zu peinlichen Ergebnissen, vergleichen sie sich doch häufig mit den Großen der Vergangenheit, obwohl ihre eigenen Leistungen daneben dürftig sind und derartige Gleichstellungen nicht verdienen. Für die große Mehrheit der Winzer dagegen, selbst sehr talentierte und erfolgreiche, besteht das Ziel darin, an der Spitze ihres Dorfes oder ihres Gebiets zu stehen oder zumindest zu erleben, dass ihr Wein bei einer bestimmten Verkostung auf den ersten Platz gestellt wird, vor seine vergleichbaren Mitstreiter. Das mag bescheiden klingen, aber es ist ein Ziel, von dem sie annehmen, dass es in ihrer Reichweite liegt. Nur wenige Winzer haben den Mut, über diesen Rahmen hinauszublicken und ein Ziel anzuvisieren, dessen Verwirklichung ihnen vollkommene Kompromisslosigkeit abverlangt. Zudem bedeutet solche Unnachgiebigkeit mit Sicherheit, dass manchmal kurzfristig gesehen ein unwirtschaftliches Vorgehen gewählt wird.

Was das Praktische betrifft, sieht sich ein Winzer, der seine Leistungen an denen vorangegangener Generationen messen möchte, dem Problem gegenüber, dass den großen Weinen der Vergangenheit im Gegensatz zu den großen Werken in Kunst und Literatur nur schwierig beizukommen ist; nur noch wenige Flaschen sind übrig geblieben, und sie schmecken nicht mehr wie in ihrer Jugend. Die meisten Winzer ziehen die vertrauten Umrisse unserer Zeit mit dem damit einhergehenden Gefühl der Sicherheit einer möglicherweise beunruhigenden geschichtlichen Perspektive vor. Was könnte schlimmer sein als die Entdeckung, dass die Leistungen der Gegenwart – wie beeindruckend sie auch immer sein mögen – im Vergleich mit denen einer früheren Zeit verblassen? Auf die Frage nach ihren Bezugspunkten antwortet Madame Bize-Leroy: «Der 1955er Grand cru Chambertin von Leroy zum Beispiel.» Sie war damals gerade dreiundzwanzigjährig in die Firma ihres Vaters als Prokuristin eingetreten und für die Qualitätskontrolle zuständig. Der Jahrgang 1955 war einer der ersten Weine unter ihrer Regie. Er gehörte zu einer Vergangenheit, die nicht einmal zwei Generationen von uns entfernt liegt. Doch das Burgund war damals eine Welt, die noch unberührt war von der Einführung billiger chemischer Düngemittel und moderner Kellertechnik. Die Dinge wurden noch mehr oder weniger auf die Art und Weise verrichtet wie in der ersten Hälfte dieses Jahrhunderts und dem Jahrhundert davor.

Die Art, wie sie spricht, als wir zum ersten Fass gehen, lässt mich vermuten, dass ich der erste Besucher bin, der die sechs Monate alten Weine verkosten darf. Nur wenige Monate zuvor habe ich hier im Januar 1998 in demselben Keller die 1996er kurz vor ihrer Abfüllung probiert, und die Eindrücke dieses Tages sind noch lebendig genug, um ohne Probleme einen

Vergleich zwischen den beiden Jahrgängen zu ziehen – ein glücklicher Zufall. Als sie eine Probe vom 1997er Pommard Les Vignots zieht, kommt die kleine, kurzhaarige Inès aufgeregt herbeigesprungen, gefolgt von dem watschelnden, grauweiß zotteligen Bazille. Die Hunde begleiten uns die gesamte Weinprobe über und kabbeln sich die meiste Zeit dabei. Madame Bize-Leroy lächelt tiefgründig, als sie den tiefgranatfarbenen Wein aus der Pipette in mein Glas rinnen lässt. Er wirkt lebendig und lebensfroh trotz einer gewissen Härte im Nachgeschmack, die kräftige Umarmung eines Freundes, den man nach langer Abwesenheit wieder trifft (89 Punkte). Der 1996er ist üppig und charaktervoll, aber er erscheint ein wenig mürrisch, der am wenigsten begeisternde Wein dieses Jahrgangs im Leroy-Keller (87 Punkte). Eine interessante Gegenüberstellung, doch nichts im Vergleich zu dem, was noch kommen soll.

Es dauert nicht lange, bis ich Mühe habe, alle meine Eindrücke zu Papier zu bringen. Nachdem ich das explosive Bouquet des 1997ers Savigny-lès-Beaune Les Narbantons inhaliert habe – eine Jett-Halskette, die auf der Elfenbeinhaut eines Frauenhalses schimmert –, atme ich gegen meinen Willen aus, als ob mein gesamtes Nervensystem am Abstürzen sei, als ob sich eine verborgene Erdspalte plötzlich erweitert hätte (91 Punkte). Ich bin nie zuvor einem Wein dieser Art aus dem Dorf Savigny begegnet, das für leichte, aber duftige Weine mit einer gewissen Säurespitze bekannt ist. Dann kommt der 1997er Volnay 1er cru Santenots du Milieu, unglaublich tief in der Farbe. Dies ist ein Wein, der mit all den guten Dingen vollgepfropft ist, die die Natur geben kann, monumental in seinen Ausmaßen und doch ohne eine Spur unangemessener Unnahbarkeit (93 Punkte). Der 1997er Corton Les Renardes grand cru verdient seinen Namen voll und ganz – *renard* bedeutet Fuchs: Er zeigt nicht nur eine betont animalische Note, er ist auch schlank und muskulös wie sein Namensvetter, ein Wein, der Geduld erfordert, wenn seine Feinheit in gleichem Maße wie seine Stärke zur Geltung kommen soll (94 Punkte). All diese Weine sind den 1996er Versionen eindeutig überlegen, und Madame Bize-Leroy gibt dies auch zu: «In den Côtes-de-Beaune-Lagen gab es 1997 wirklich außergewöhnliche Ergebnisse.»

Dann wenden wir uns den Weinen der Côte de Nuits zu. Der 1997er Nuits-St-Georges 1er cru Aux Boudots ist schwarz, schwarz und nochmals schwarz, der samtigste aller Nachthimmel, ein riesiger, sich im warmen Wind wie schwerelos blähender Samtvorhang (95 Punkte). «Der Boden ist der Geist, Weinmachen ist nichts», sagt meine Gastgeberin unverblümt, als ich wie hypnotisiert bin vom Nachgeschmack des Weines, der noch lange andauert, nachdem ich den Wein ausgespuckt habe – ein Akt der Selbstdisziplin, zu dem ich kaum in der Lage bin. Der 1996er aus derselben Lage hat auch einen himmlischen Nachgeschmack, wirkt aber einen Hauch frischer und weniger extravagant (95 Punkte). Obwohl er nur tausend Meter entfernt von diesen Weinen gewachsen ist, zeigt sich der 1997er Vosne-Romanée 1er cru Les Beaux Monts als ein helles Leuchtfeuer, geradlinig, strahlend, rein (95 Punkte). Der 1996er hat mich nicht weniger in Erstaunen versetzt, ist vielleicht sogar noch ein wenig anmutiger (96 Punkte). Ist der Boden hier wirklich so erstaunlich, dass er solche «Abbilder» seiner selbst hervorbringen kann? Meine Fragen nehmen nur immer noch zu im Laufe der Verkostung. Mit dem 1997er Richebourg grand cru scheinen wir ein neues Reich zu betreten. Sein Bouquet ist wie eine Essenz reifer schwarzer Früchte, ein unvergesslicher Zungenkuss (97 Punkte). Der 1996er hat sich etwas weniger unverhohlen sinnlich gegeben, ist aber noch einen Touch feiner (98 Punkte).

«Oje», ruft Madame Bize-Leroy jetzt aufgeregt, «ich habe einen der 1er-cru-Weine vergessen, und jetzt sind wir bei den Grands crus. Ich möchte ihn aber nicht unterschlagen, so muss er eben jetzt ins Glas, und wir lassen es darauf ankommen.» Sie zieht eine Probe und erweckt dabei den Eindruck, als könne der Wein neben seinen großen Brüdern und Schwestern nur klein wirken. Aber der 1997er Gevrey-Chambertin 1er cru Les Combottes entpuppt sich als sehr voll, generös, fleischig und bereits offen genug, um problemlos zu bestehen (93 Punkte). Eigentlich sollte auf diesen Wein der 1997er Latricières-Chambertin grand cru folgen … Es könnte jedoch keinen spannenderen Kontrast geben: Hier tritt ein über die Maßen nobler, distinguierter Gentleman auf, mit ebenso viel Charakter, Rückgrat und Sensibilität wie aristokratischen Manieren (98 Punkte). Jetzt taumle ich vor Begeisterung, obwohl ich diszipliniert jeden Tropfen ausgespuckt habe. «Unglaublich, wie verschieden diese beiden Weine sind, obwohl sie aus benachbarten Lagen stammen», bemerke ich. «Nein», höre ich als Antwort, «es handelt sich nicht nur um benachbarte Lagen: Die Rebzeilen, wo diese Weine gewachsen sind, liegen direkt nebeneinander.»

Wie kann das sein? Meine Gastgeberin hat ja bereits ausdrücklich betont, dass es beim Ausbau der einzelnen Weine im Keller keine nennenswerten Unterschiede gab. Einige wenige Tage haben vielleicht zwischen der Lese dieser beiden Parzellen gelegen, oder vielmehr den zwei Seiten einer Rebparzelle, aber daran kann es wohl kaum wirklich liegen. Also gehen alle Unterschiede zwischen diesen beiden Weinen aus den Trauben hervor, das heißt aus dem Weinberg oder Terroir. Und doch war der Gegensatz zwischen der offenen Großzügigkeit des Gevrey-Chambertin 1er cru Les Combottes und dem aristokratischen Raffinement des Grand cru Latricières-Chambertin wie Tag und Nacht. Die unterschiedlichen Persönlichkeiten des Nuits-St-Georges 1er cru Aux Boudots und des Vosne-Romanée 1er cru Les Beaux Monts sind einfacher zu erklären, da diese beiden Lagen zwar nahe beieinander, aber doch auf zwei verschiedenen Hügeln liegen. Im vorliegenden

Fall gibt es überhaupt keine solche Entfernung, lediglich einen kartografischen Strich. Kann in einem derart winzigen Maßstab wirklich das Phänomen Terroir für solche enormen Unterschiede verantwortlich sein?

Wegen der erheblichen Geschwindigkeit bei der Fassprobe kann ich diese Fragen erst stellen, als wir in der ersten warmen Frühlingssonne in dem kleinen Garten hinter dem Gutshaus sitzen. Nach dem überschwänglichen Verhalten unten im Keller wirkt Lalou Bize-Leroy nun wieder zurückhaltender. Sie wägt sorgfältig jedes ihrer Worte ab. Das ist verständlich, wir sehen uns ja zum ersten Mal, und sie weiß eigentlich gar nichts über mich. Als sie beginnt, auf meine Fragen zu antworten, blicke ich hinunter auf meine Stiefel und frage mich, ob ich wirklich denselben Kontakt zum Boden habe wie sie. «Terroir ist ein viel tiefer gehendes Phänomen, als die meisten Leute annehmen. Dazu gehört auch die Beschaffenheit des Lichts, das nicht nur heute anders als gestern ist, sondern sich auch von einer Stelle zur anderen unterscheidet...»

Plötzlich steht ihr Mann, der umgängliche, humorvolle Marcel Bize, ein ehemaliger Ski-Champion aus der Schweiz, in der Sonne blinzelnd vor uns. Wir steigen in sein Auto und fahren nordwärts durch die Weinberge. Madame möchte mir zeigen, was biodynamische Weinbergsbewirtschaftung bedeutet. Aufgrund meines Interesses an den beiden Weinen aus unmittelbar benachbarten Reben in Gevrey-Chambertin machen wir zuerst dort Halt. Lalou Bize-Leroy springt mit einer katzenartigen Beweglichkeit aus dem Wagen und zwischen die Rebzeilen. Dabei scheinen ihre hohen Absätze nicht das geringste Problem darzustellen. «Schauen Sie!» – sie hält mir eine Hand voll Erde unter die Nase –, «riechen Sie!» Das Erdreich riecht gut, obwohl ich keine Ahnung habe, was der Geruch eines Bodens bedeutet. Die Reben hier sind aber zweifellos in bester Verfassung. Mir sind viele andere Weinberge aufgefallen, die in ihrer Anordnung so steril wirken wie ein Barockgarten. Hier kann ich mich mit eigenen Augen überzeugen: Vor mir, leicht abfallend zu einem anderen Weg hin, liegt genau die Parzelle, aus der die beiden gegensätzlichen Weine stammen. Nichts scheint die Reihen auf der rechten Seite – der Gevrey-Chambertin 1er cru Les Combottes – von denen auf der linken Seite zu unterscheiden – der Grand cru Latricières-Chambertin. Doch trotz der Rolle, die Rudolf Steiner heute im Weinbau der Domaine Leroy spielt, gibt es daran nichts Mystisches.

Eine Stunde zuvor hatte die Fassprobe im Keller ihren Höhepunkt erreicht... Der 1997er Clos de la Roche grand cru war von einer Beschaffenheit, als laufe man barfuß über einen felsigen Strand, und glich keinem anderen Wein, den ich je zuvor verkostet hatte. Er braucht sicher viele Jahre Reife, bevor sich seine Türen öffnen und die verschlossenen Aromen herausströmen, die von der anderen Seite dagegen drücken (98 Punkte). Die Türen des 1996ers dagegen waren nur angelehnt, als ich ihn verkostete, und ich erahnte einen gigantischen Wein, in dem Härte und Zärtlichkeit exakt aufeinander abgestimmt sind (99 Punkte). Das war jedoch nicht der Gipfel der Verkostung: Vor diesem Wein gab es den 1996er Musigny grand cru. Diese heissen Augen – schwarze Löcher, die mich unaufhaltsam in ihr erotisches Gravitationsfeld ziehen (100 Punkte).

Mit den höchsten, äußersten und unvernünftigsten Erwartungen stehe ich deshalb jetzt neben Madame Lalou Bize-Leroy vor den zwei Fässern 1997er Musigny grand cru. Als sie den Wein kostet, verzieht sie ein wenig das Gesicht, stößt einen Seufzer aus und sagt: «Nun, es ist immerhin erst April.» Der Wein steht vollkommen auf dem Kopf, zeigt aber bereits eine ähnlich himmlische Harmonie und einen beinahe endlosen Nachgeschmack wie sein Vorgänger. Er will einen einfach nicht gehen lassen – unsterbliche Liebe? (98 bis 100 Punkte). Der 1996er Chambertin grand cru, enorm reichhaltig, muskulös und würzig (97 Punkte), war eines der vielen Highlights meines vorherigen Besuchs in diesem Keller, der 1997er stellt noch eine Steigerung davon dar, ebenso fein und facettenreich wie opulent und saftig, ebenso mysteriös wie offenherzig (98 Punkte). «Hündchen!», ruft Lalou Bize-Leroy in diesem Moment gegen die Ecke des Kellers hin, wo man das Kratzen der kleinen Pfoten hören kann, und schon kommen sie aus Vorfreude japsend zwischen den Fassreihen angeschossen. Mit einem breiten Lächeln hält ihnen Madame die Pipette hin, aus der sie ohne zu zögern die letzten Tropfen Chambertin lecken. Es handelt sich ganz offensichtlich um ein regelmäßig stattfindendes Ritual und keinesfalls um eine Show für den anwesenden Journalisten. Ich hasse es zwar, über Weinpreise nachzudenken, während ich verkoste, doch kann ich mich des Gedankens nicht erwehren, dass diese Tropfen für rund 800 Mark je Flasche zu haben sind, immer vorausgesetzt, man ergattere sich überhaupt eine!

Die Tropfen, die meine Kehle hinuntergeflossen sind – wie viel Übung man auch mit dem Spucken haben mag, ein paar Tropfen schluckt man ja immer –, sind jedoch noch viel wertvoller. Ich verstehe jetzt, was Madame Bize-Leroy mit der «Quintessenz der Traube» und dem «Abbild der Erde» meint. Es ist mir auch klar, dass der Weg, der sie zu ihrem jetzigen Vorgehen in Weinberg und Keller geführt hat, einem intellektuellen Prozess gleichkam, dass aber ihren heutigen Methoden an sich keine intellektuelle Dimension innewohnt: Der Ursprung der Domaine-Leroy-Weine liegt in Lalou Bize-Leroys Herzen. All dies führt mich zu meiner grundlegenden Frage zurück: «Warum?» In diesem Fall könnte sie genauso gut lauten: «Wer ist Madame eigentlich?»

Immer höher

Als ich am Morgen bei der Domaine Leroy angekommen bin, hat mich Lalou Bize-Leroy gebeten, in der Eingangshalle zu warten, da sie einen Anruf zu erledigen habe. Ich bin folgsam geblieben, während sie auf der anderen Seite der offenen Bürotür mehrere vergebliche Versuche unternommen hat, einen bestimmten Telefonanschluss in Paris zu erreichen. «Kommen Sie doch herein», sagt sie nach einer Weile zu mir gewandt. Auf dem Schreibtisch vor ihr liegt eine französische Weinzeitschrift, in der ein Artikel aufgeschlagen ist über biodynamischen Weinbau mit einem großen Foto eines Weinbergs im Burgund. Die Bildlegende besagt, dass es sich um eine ihrer Parzellen handelt. «Jetzt schauen Sie sich das an!», meint sie entrüstet, «das ist doch nicht einer meiner Weinberge. Sehen Sie: Die Reben sind im Cordon erzogen und nicht nach Guyot, wie wir es tun, und der Boden ist vollkommen anders bearbeitet worden.» Sie stößt das Wort «anders» in einem äußerst verachtungsvollen Ton hervor, der klarmacht, dass wer auch immer der eigentliche Besitzer der abgebildeten Parzelle ist, ganz offensichtlich keine Ahnung von Rebpflege oder Weinqualität hat. Madame Bize-Leroy ist wütend über diesen Irrtum und entschlossen, die Dinge richtig zu stellen.

Als sie endlich den verantwortlichen Redakteur der Zeitschrift erreicht, ist ihr Ton beinahe übertrieben höflich, aber nicht weniger vernichtend: «Haben Sie das Foto in Ihrer letzten Ausgabe gesehen, das angeblich einen meiner Weinberge zeigen soll? Das ist *nicht* einer meiner Weinberge.» Die Dame des Hauses lässt die Worte in der Luft hängen, in der Leitung, und ich spüre die Erschütterungen des kleinen Erdbebens im Pariser Büro des Redakteurs. Selbst aus meiner Entfernung von ein paar Metern kann ich eine gestammelte Erklärung hören, die aus dem Hörer quillt. «Ich denke, Sie werden heute Nachmittag herkommen und sich selbst ansehen, was in Ihrer Zeitschrift *nicht* stimmt», sagt sie sehr eindringlich und macht auf diese Weise deutlich, dass eine Ablehnung ihres Vorschlags ernsthafte Konsequenzen haben würde, «vier Uhr würde mir gut passen.» Das scheint in Paris zu weiteren Beben und weiterem Gestammel zu führen. Madame legt den Hörer auf und bemerkt zufrieden: «Er wird pünktlich sein.» Das ist kein einzelner Vorfall, sondern eher ein typisches Beispiel für Lalou Bize-Leroys kämpferische Reaktion auf jene, die nicht die erwartete Seriosität zeigen, sie kritisieren oder ablehnen.

Das Verhalten der meisten bedeutenden Winzer gegenüber einflussreichen Journalisten ist von Takt und vor allem von Taktik bestimmt. Wenn ich mit ihnen spreche, fühle ich die Wachsamkeit hinter ihren Worten und Taten. Sie scheinen sich immer bewusst zu sein, dass ein falscher Schritt zu einem negativen Kommentar führen und die Meinung bestehender und potentieller Kunden sich gegen sie wenden könnte. Neben der Domaine de la Romanée-Conti sind die Weinpreise der Domaine Leroy die höchsten im ganzen Burgund; sie gehören zu den höchsten für Rotwein überhaupt. Das bedeutet, dass für die Herrin des Hauses nicht nur hinsichtlich ihres Ansehens viel auf dem Spiel steht, sondern auch bezüglich ihres Bankkontos. Die Domaine Leroy hat viele treue Kunden unter den führenden Weinhändlern und -sammlern der Welt, aber auf der anderen Seite gibt es nicht so viele Leute, die gewillt und in der Lage sind, für eine Flasche Rotwein bis zu tausend Mark hinzublättern. Auch nur eine kleine Zahl davon zu verärgern, könnte für sie zu einem wirklichen Problem werden, doch scheint dieser Gedanke bei Madame Bize-Leroys Verhalten gegenüber der Presse keine Rolle zu spielen. Und genauso scheint sie mit ihren Kunden umzugehen. Ein Weinhändlerkunde der Domaine Leroy, der anonym bleiben will, hat mir einmal erzählt: «Ich fühle mich gezwungen, auch Weine von der Leroy SA abzunehmen, sonst bekäme ich vielleicht keine Domaine-Leroy-Weine mehr. Die Leroy-SA-Weine sind sehr gut, aber sie sind einfach schwierig zu verkaufen. Die Preise sind zu hoch, und die Nachfrage ist nicht so groß wie für die Domaine-Weine.» Bei der Leroy SA handelt es sich um Lalou Bize-Leroys Négociant-Firma, die Weine von Winzern kauft, sie abfüllt und unter eigenem Etikett vermarktet. Es ist nicht so ungewöhnlich im Burgund, dass der Kauf bestimmter Weine an den anderer gebunden ist. Dieses Spiel ist allerdings nicht ohne Risiko. Eine Kombination von ungünstigen wirtschaftlichen Bedingungen im Heimatland dieses Händlers (das weit entfernt von Frankreich liegt) mit der Lage, in die er sich durch sie gebracht fühlt, könnte plötzlich zu der Entscheidung führen, sich gar nicht mehr mit Leroy abzugeben. Trotzdem scheint Madames Einstellung sowohl der Presse als auch Geschäftspartnern gegenüber auszudrücken: «Es kommt, wie es kommen muss.»

Die Folgen dieser willensstarken Einstellung führten auch zu ihrer Verabschiedung am 15. Januar 1992 als Co-Direktorin der Domaine de la Romanée-Conti, die sich weiterhin zu 50 % im Besitz ihrer Familie befindet. Die Einzelheiten dieser Geschichte unterscheiden sich nicht groß von den meisten Kämpfen und Querelen in Sitzungssälen oder politischen Schaltzentralen, und John Grisham könnte vielleicht auch daraus einen weiteren langweiligen Bestseller machen. Es genügt zu erwähnen, dass Lalou Bize-Leroy durch ihren Neffen Henri Roch-Leroy ersetzt wurde, der zugleich auch die Domaine Roch-Prieur in Nuits-St-Georges besitzt und betreibt, und dass der zweite Co-Direktor, Aubert de Villaine (dessen Familie die anderen 50 % von DRC gehören), seinen Posten behielt.

Aubert de Villaine macht einen ganz anderen Eindruck als Madame Bize-Leroy. Bevor er zu sprechen anhebt, könnte man leicht annehmen, er sei ein englischer Grundbesitzer aus einer der ältesten und besten Familien. Und sein Englisch ist trotz des starken französischen Akzents besser als das vieler aristokratischen Grundbesitzer in meinem Heimatland. Ich habe ihn das erste Mal bei einem Besuch bei DRC im April 1992 getroffen, lerne ihn aber ein Jahr später besser kennen, als er nach Bremen kommt, um die Jahrgänge 1989 und 1990 neben einigen älteren Weinen beim neuen DRC-Importeur Ludwig von Kapff vorzustellen. Mehrere der anwesenden Journalisten äußern sich hochnäsig über die Weine, was ein offenes Gespräch erschwert. Der Hamburger Journalist Hanns O. Jansen ringt sich widerstrebend einige Lobesworte für den 1990er La Tâche grand cru ab – ein Wein von wilder Mächtigkeit und nicht weniger atemberaubender Tiefe (99 Punkte) –, obwohl diese in der Behauptung gipfeln, Château Lafite-Rothschild, der Bordeaux 1er grand cru classé, sei selbstverständlich besser. Dann lässt sich Heinz Cordes, der damalige Geschäftsführer der Ludwig von Kapff GmbH, über die absurden Preise aus. «Warum können sich diese Herren nicht mit den Weinen im Glas beschäftigen? Fühlen sie sich so klein, dass sie vor dieser Größe Angst haben?», habe ich mich gefragt.

Trotz dieser Vorkommnisse spricht Aubert de Villaine ausführlich und mit Leidenschaft über DRC und das Burgund im Allgemeinen. «Der Pinot noir ist ein Dolmetscher, der in der Lage ist, das Terroir auf reine und perfekte Weise zum Ausdruck zu bringen. Was wir auf der Oberfläche der Weinberge sehen, ist nur die halbe Wahrheit. Wir können versuchen, den Boden und das Mikroklima zu analysieren, aber es wird immer eine Art Geheimnis bleiben.» Seine Worte könnten beinahe von Lalou Bize-Leroy stammen, und das erklärt vielleicht auch, warum die beiden überhaupt in der Lage gewesen sind, so lange Zeit zusammenzuarbeiten. Sein Ton, seine gemessene, liebenswürdige, zugleich selbstbewusste und versöhnliche Art sind jedoch fast das Gegenteil der resoluten Dame. Er gehört zu den vorsichtigen Winzern, von denen ich gesprochen habe. Man kann sich vorstellen, wie die beiden vom ersten Moment an auf Kollisionskurs gewesen sein mussten.

Viele Weinsammler interessiert sicher die Frage, welcher von beiden Erzeugern besser ist, DRC oder Domaine Leroy. Ich kann mir nichts Langweiligeres vorstellen, als sich in aller Länge in diese Frage hineinzusteigern. Oft habe ich die Domaine-Leroy-Weine vorgezogen, ich finde deren ausdrucksvolle Brillanz in ihrer Jugend unwiderstehlich. In guten Jahrgängen sind die DRC-Weine ebenfalls großartig, aber wie der 1991er Richebourg grand cru vor kurzem gezeigt hat – immer noch ein wenig kantig-muskulös, doch das mannigfaltige Mosaik von Aromen, das DRC-Kennzeichen, beginnt sich zu entfalten (94 Punkte) –, brauchen sie gewöhnlich mehrere Jahre der Reife nach der Auslieferung, um sich von ihrer besten Seite zu zeigen. In schwierigen Jahren jedoch, wie zum Beispiel 1992, erscheinen mir die Weine der Domaine Leroy bei weitem überlegen. Ich kenne keinen anderen roten Burgunder dieses Jahrgangs, der dem Latricières-Chambertin grand cru der Domaine Leroy nahe kommt, einer auffallend aufrechten Gestalt mit breiten Schultern sowie resolutem Charakter und von ebenso beeindruckender Jugendlichkeit wie Lalou Bize-Leroy selbst (96 Punkte).

Ich kann solche bemerkenswerten Leistungen unter derart widrigen Bedingungen wie während der nassen Lese 1992 nicht anders erklären als mit Madame Bize-Leroys unbeugsamer Entschlossenheit, kein Jota von ihrem Weg abzuweichen. Damit meine ich nicht, dass Weine wie der 1992er Latricières-Chambertin grand cru deshalb so gut sind, weil sie sie durch ihre Willenskraft dazu zwingt. Nein, ihre Kompromisslosigkeit bei der Bewirtschaftung der Weinberge führt dazu, dass ihre Reben auch unter Wetterbedingungen, die bei anderen zu Fäule, verdünntem Geschmack und Unreife führen, in der Lage sind, bemerkenswerte Resultate zu erbringen. Es gab jedoch einen Moment, in dem ihr Wille zum Erfolg eine sehr direkte Auswirkung auf die Qualität der Domaine-Leroy-Weine hatte: die Lese im Jahr 1993. Als sie davon spricht, schwankt ihre Stimme plötzlich, als sei dies eine immer noch offene Wunde.

Der Wetterverlauf während des ziemlich kühlen, feuchten Sommers 1993 führte zu einem extremen Infektionsdruck beim Mehltau, in Deutschland nicht weniger als im Burgund. Obwohl das Team der Domaine und besonders der Regisseur André Pocheret vier Jahre Erfahrung mit dem biodynamischen Anbau gesammelt hatten, bekamen sie dieses Problem nicht in den Griff. Pocheret wollte mit konventionellen chemischen Fungiziden spritzen, um ein Ausbreiten des Mehltaus und somit eine Katastrophe zu verhindern. «Man hat nicht das Recht, eine Ernte zu verschenken», äußerte er sich später. Lalou Bize-Leroy lehnte es jedoch ab, von ihren Grundsätzen der biodynamischen Bewirtschaftung abzuweichen. Pocheret verließ daraufhin die Domaine Leroy und ging zurück zu seinem früheren Arbeitgeber, der Hospices-de-Beaune-Stiftung. Als die Lesezeit kam, war der ohnehin schon geringe Ertrag auf der Domaine Leroy stark dezimiert. Die Tatsache, dass Weine aus mehltaubefallenen Trauben einen unangenehmen Geschmack haben, bedeutete, dass es nur zwei Möglichkeiten gab: die gesamte Ernte sehr billig im Fass zu verkaufen oder jede einzelne Traube zu überprüfen, um alle pilzbefallenen Beeren auszusortieren. Madame Bize-Leroy kaufte in aller Eile einen Traubensortiertisch, wie man sie inzwischen im Burgund häufiger antrifft, und stellte ein Team aus erfahrenen Leuten für das Sortieren zusammen.

Sie beschreibt die damaligen Ereignisse mit einer Stimme, die auch zu einer Geschichte von Edgar Allan Poe gepasst hätte, und mir geht auf, dass dies der Moment ihrer Nemesis gewesen sein muss. Als sie tief durchatmet, rutscht mir dieses Wort aus dem Mund, halb als Frage, halb als Kommentar. «Ja», erwidert sie mit Bestimmtheit, «genau das war es, alles oder nichts.» Sie hatte damals keine Ahnung, ob die Anstrengungen und der enorme Mengenverlust sich rechtfertigen würden. Doch die Weine waren ein Triumph, selbst wenn die Mengen extrem klein waren. «Natürlich vollkommen unwirtschaftlich, aber die Ergebnisse sind großartig», schwärmt mein Landsmann Clive Coates MW, einer der erfahrensten Burgund-Verkoster weltweit. Sie hatte das Risiko nicht gesucht, der Mehltaubefall in ihren Weinbergen war zweifellos nicht ihr Wunsch, aber angesichts der vollendeten Tatsache nahm sie die Herausforderung ohne Einschränkungen an.

Auf einmal geht es sehr schnell auf vier Uhr zu. Die Ankunft des Chefredakteurs in Vosne-Romanée steht unmittelbar bevor, und Madame muss aufbrechen, bevor ich sie nach ihrer Karriere als Bergsteigerin fragen kann. Ein Kollege hat mir in diesem Zusammenhang erzählt, sie habe einmal zu ihm gesagt, Alpinismus sei wie Weinerzeugen, man könne die Grenzen immer weiter ausdehnen. Zur Zeit der Lese auf der Domaine Leroy im Jahr 1993 hatten ihr Ansehen und ihr Erfolg bereits einen hohen Gipfel erreicht. Es bestand absolut keine Notwendigkeit für sie, noch höher zu steigen, doch sie scheute die Gefahr des Sturzes nicht und strebte weiter nach oben. Dieser Mut, diese Beharrlichkeit, Verrücktheit oder wie auch immer man es bezeichnen will, brachte sie dorthin, wo sie heute steht. Auch heute richtet sich ihr Blick stets weiter nach oben. Mir ist es nicht gelungen, das Rätsel dieser Dame zu lösen, aber ich habe das Gefühl, eine äußerst bemerkenswerte, mutige, besessene und inspirierende Frau besser zu kennen und zu verstehen. Das schmälert jedoch weder ihr Charisma noch das ihrer Weine.

«Träumen» auf Burgundisch

Plötzlich erhebt sich die goldene Gestalt der Freiheitsfigur auf der Spitze der Colonne de Juillet auf der Place de la Bastille im 12. Arrondissement in den Himmel über dem Métro-Zug, der sich mit mir durch Paris schlängelt. Ich bin an diesem grauen Aprilmorgen unterwegs zur Gare de Lyon, um den TGV nach Dijon zu nehmen. Über Paris kann man beim besten Willen nichts Neues mehr berichten, und auch im Burgund gibt es keine Geheimnisse und keine Insider-Tipps mehr aufzuspüren. Jeder Zentimeter der Côte d'Or ist von Weinimporteuren und Weinjournalisten auf der Suche nach der großen Entdeckung durchstöbert worden. Wo immer man auch hinkommt, man kann sicher sein, dass vor einem bereits jemand da war und vor diesem auch schon jemand. Es gibt nichts Neues außer das, was für einen selber neu ist. So mache ich mich also auf, um im Burgund nach Eindrücken zu jagen, die zumindest für mich neu sind.

Nach einem Spurt durch den Bahnhof habe ich meinen Zug gerade noch erreicht und sitze nun in meinem Abteil. Auf meinen Knien liegen die ausgebreiteten Weinlagenkarten, am Fenster fliegen die Vororte von Paris vorbei. Großes Paris! Dein Schicksal waren Ruhm und Herrlichkeit, denn wärst du nicht ruhmreich und herrlich gewesen und von deinem Ruhm und deiner Herrlichkeit so überzeugt, wer hätte dich überhaupt beachtet? Deine Lage ist wie die Berlins: belanglos und ohne Reiz. Du hast keine Lagune wie Venedig, keinen Ozean vor der Tür wie Lissabon, du stehst nicht auf Ehrfurcht gebietenden Gipfeln wie Prag und lockst nicht mit bewaldeten, rebbedeckten Hügeln wie Wien. Von Anfang an war es entweder tödliche Langeweile oder Ruhm und Herrlichkeit, und voller Entschiedenheit wähltest du Letzteres. Doch kein Ort kann das Stück Erde unter ihm vollständig überwinden oder verleugnen, und dieses unterschwellige Nirgendwo unter dem prächtigen Gebäude deines Herzens verleiht deiner Größe eine besondere Spannung.

An der Côte d'Or ist es eher umgekehrt. Die Landschaft mag reizlos erscheinen, doch der Boden verleiht ihr Einmaligkeit. Das erhabene Gefüge der burgundischen Weinkultur trachtet nicht danach, die Erde zu überwinden oder zu verleugnen, ganz im Gegenteil: Es hängt in seiner Existenz vollständig vom Boden ab und könnte an keinem anderen Ort existieren. Gemessen an den großen Städten und ihren modernen Vororten, wo die Menschen den Boden, auf dem sie leben, gar nicht beachten, ist die Wein erzeugende Côte d'Or ein Anachronismus, ein seltenes Beispiel der engen Beziehung zwischen Mensch und Boden in einem Zeitalter, das diese Verbundenheit so gut wie nicht mehr kennt, ja sogar ablehnt. Wenn es sich auch auf völlig andere Art ausdrückt, erinnert mich dieses Verbundensein an die Beziehung der australischen Aborigines zu ihrem Land, das sie als «Träumen» bezeichnen. Romantik?

Der erste Blick auf Beaune, die mittelalterliche Stadt im Herzen der Côte d'Or und Sitz der meisten wichtigen Négociants des Gebiets, enthüllt nichts Romantisches. Es wird von einer Reihe hässlicher moderner Hotels umringt – Motel 21, Etap, Prim, Climat, Novotel, Ibis, Letzteres mit einem Restaurant namens La Ferme au Vin –: schreiend grünblaue Neonschilder. Noch extremer ist Dijon: Am südlichen Stadtrand nehmen die Supermärkte und Baumärkte kein Ende. Außer einem vereinzelten französischen Wort hier und dort ist nichts an dieser Gegend als spezifisch europäisch zu erkennen, schon gar nicht als französich oder burgundisch. Doch dort, wo die Weinberge beginnen, ändert sich das ganze Erscheinungsbild schlagartig. Dann fällt es plötzlich schwer zu glauben, dass ein Kontinent wie Amerika überhaupt existiert, von einem Ort namens Los Angeles ganz zu schweigen...

Zwischen Romantik und Gegenwart: Gevrey-Chambertin und Umgebung

Gevrey-Chambertin, der erste bedeutende Weinbauort, wenn man von Norden auf der Route nationale 74 von Dijon her kommt – wie ich im Taxi an einem Apriltag –, ist wirklich nicht beeindruckend. Nur wenige Häuser entlang der Straße fallen besonders auf. Im Ortszentrum sind die Gebäude ein wenig imposanter, aber im Allgemeinen sehen sie nicht anders aus als die zweistöckigen, aus Stein gebauten Häuser mit ihren schlichten Fassaden, die man in so vielen Kleinstädten und Dörfern Frankreichs antrifft. Dabei liegt an dieser unspektakulären Straße eine Reihe guter, ja hervorragender Domaines, nicht zuletzt die von Denis Bachelet, Philippe Charlopin, Vincent Geantet (Geantet-Pansiot) und Bernard Maume. Dass auf den ersten Blick nichts darauf hinzudeuten scheint, ist typisch für die Côte d'Or. Hier haben nur wenige der erfolgreichen Domaines Geld in beeindruckende oder protzige Architektur gesteckt, einmal abgesehen vom Kellerbereich. Understatement heißt hier das Motto. Es wird gesagt, dass sich die Größe des Messingschilds, auf dem der Name der Domaine der Außenwelt mitgeteilt wird, im umgekehrten Verhältnis zur Größe der Weine verhalte: je kleiner das eine, desto größer die anderen. So lächerlich das erscheinen mag, es trifft mehr oder weniger zu.

Beim Namen des Ortes sieht die Sache etwas anders aus. Die Einheimischen sprechen einfach von Gevrey, welches der ursprüngliche Name ist. Die zweite Hälfte ist im letzten Jahrhundert daran angehängt worden, als die ansässigen Winzer vom Ansehen der Weine aus ihrem berühmtesten Weinberg, dem Grand cru Chambertin, profitieren wollten. Draußen in den Reben, die die sanft gewellten Hügel südlich der Stadt entlang der Route des grands crus bedecken, weisen einige nicht sonderlich geschmackvolle Schilder auf die neun Grand-cru-Lagen von Gevrey-Chambertin hin. Alle führen das «Ch»-Anhängsel in ihrem Namen: Ruchottes-Chambertin, Mazoyères-Chambertin, Mazis-Chambertin, Latricières-Chambertin, Griotte-Chambertin, Charmes-Chambertin, Chapelle-Chambertin, Chambertin-Clos de Bèze und Chambertin selbst. Der Grund hierfür ist nicht unbedingt darin zu suchen, dass der Chambertin die beste Lage unter ihnen ist. Lange Zeit galt der Clos de Bèze (ursprünglich ohne den «Ch»-Zusatz!) unter Fachleuten als die Nummer Eins. Doch Chambertin war der Lieblingswein Napoleons, und Mitte des 19. Jahrhunderts wurde Frankreich von einer Welle der Napoleon-Nostalgie erfasst. So wurde das Anhängsel Chambertin in seinem Wert gesteigert und für alle Weine des Ortes gebraucht. Unabhängig von der Nationalität waren und bleiben eben auch die meisten Winzer Opportunisten. Der größte Teil der rund 2500 Einwohner von Gevrey lebt direkt oder indirekt vom Wein, und vielen würde es vielleicht ohne Napoleon, den Zusatznamen und die ganzen Grands crus weniger gut gehen.

Die Weinberge von Vosne-Romanée weiter südlich sind vielleicht noch besser, aber das ändert nichts an der Tatsache, dass Gevrey-Chambertin, Napoleon hin oder her, 87 Hektar Grand-cru-Lagen umschließt, die diese erhabene Bezeichnung zweifellos auch fast ausnahmslos verdienen. Dazu kommen 86 Hektar mit 1er-cru-Status und zumindest ein kleiner Teil der 359 Hektar, die lediglich Anspruch auf die Appellation contrôlée Gevrey-Chambertin erheben können, aber auch das Potential für erstklassige Weine haben. Man muss das im Verhältnis sehen: An der ganzen Côte d'Or gibt es nur 447 Hektar Weinbergslagen mit der Bezeichnung Grand cru, was bedeutet, dass nahezu ein Fünftel davon zu Gevrey gehört! Auch ist die Berechtigung des Grand-cru-Status mancher der anderen 23 Grands crus der Côte d'Or, insbesondere der 50,6 Hektar des Clos de Vougeot, unter Fachleuten heiß umstritten. Gerade in diesem Fall plädieren viele Experten für ein Abstufen des unteren Teils dieser Lage.

«Ich verstehe es nicht», sagt Denis Mortet aufgebracht während des Abendessens im Bistro Aux Vendanges de Bourgogne unten an der Route nationale 74, «es gibt mehr als siebzig Winzer in Gevrey, die zumindest einen guten Teil ihres Weines selbst abfüllen, aber nur zehn oder zwölf, die sich wirklich um Qualität bemühen.» Er hat seine Domaine Anfang der neunziger Jahre innerhalb weniger Jahre von solider Qualität an die Spitze des Ortes gebracht und weiß deshalb, wovon er spricht. Es war nicht einfach, ein Treffen mit Mortet zu verabreden, doch als ich am frühen Morgen im Hof der Domaine mit seiner Frau spreche, lösen sich plötzlich alle Probleme in Luft auf. Mortet hat den Ruf, arrogant und unnahbar zu sein, was ziemlich vielen Burgunder Winzern nachgesagt wird; der hoch gewachsene Vierzigjährige erscheint zwar selbstsicher, doch seine Worte sind der Inbegriff der Bescheidenheit. «Es gibt kein Geheimnis», erklärt er, während ich meinen Mantel fester um mich ziehe, um mich gegen die beißende Kälte in seinem Keller zu schützen, «wir tun das Übliche wie die anderen Spitzen-Domaines. Wir arbeiten sehr intensiv im Weinberg, weil perfekte Trauben eben alles sind. Hier unten passiert nichts Besonderes. Das würde und könnte die Weine nicht verbessern.» Seine Auffassung ist nicht nur repräsentativ für die neue Generation von jüngeren, perfektionistischen Winzern im Burgund, die Situation an sich ist schon exemplarisch für diese Weinregion. Hier verkostet und bespricht man die Weine fast ausnahmslos im Keller, ohne Rücksicht auf die nicht gerade ideale Temperatur, die schlechte Beleuchtung und vielleicht auch noch den stinkenden Gully neben einem.

In Mortets Keller verbreiten allerdings weder Einlaufschächte noch Weine einen schlechten Geruch, ganz im Gegenteil. Der 1997er Gevrey-

Chambertin En Motrot – eine Lage, die sich im Alleinbesitz der Domaine befindet – gibt sich bereits wunderbar geschliffen und einnehmend für sein junges Alter (91 Punkte). Er gibt mir einen Vorgeschmack auf den explosiven Schwarzkirsch-Wahnsinn des 1997er Gevrey-Chambertin Au Vellé (92 Punkte) – man soll sich von niemandem weismachen lassen, guter roter Burgunder sei immer seidig, weil er nicht viel Tannine enthalte, das ist Unsinn! – oder auf den 1997er Gevrey-Chambertin En Champ. Dieser erscheint zwar noch ziemlich durcheinander, aber auf eine Weise dicht, wie es geologische Schichten durch das Gewicht von Gebirgsketten sind, die auf ihnen stehen oder standen (92 bis 94 Punkte). Keiner dieser Weine hat 1er-cru-, geschweige denn Grand-cru-Status. Mortets wunderbarer 1995er Gevrey-Chambertin Au Vellé ist eine Veilchen-Essenz, zugleich ausgesprochen süß und wirklich trocken (92 Punkte), und sein 1993er Gevrey-Chambertin En Champ eine wohlgerundete, dunkle Schönheit (93 Punkte). Diese beiden Flaschen bestätigen, dass das Qualitätsniveau der 1996er und 1997er kein Zufall ist. Vor diesen Weinen wusste niemand außer einigen einheimischen Spezialisten, dass diese Rebberge zu solchen Ergebnissen fähig sind.

Das ist jedoch noch nicht alles: Mit einem Ausdruck erheblicher Spannung zieht Mortet eine Probe des 1997er Chambolle-Musigny 1er cru Les Beaux Bruns, eine schamlose Verführerin, deren hinreißendes Parfüm und zärtliche Berührung unwiderstehlich sind (94 Punkte). Der 1997er Gevrey-Chambertin 1er cru Les Champeaux fühlt sich an, als schlage eine Riesenwelle über mir zusammen, die mich jedoch unversehrt lässt – Kraft ohne Gewalt (94 Punkte)! Jetzt bin ich voller Erwartung, als der 1997er Grand cru Chambertin aus der Pipette in mein Glas fließt. Ich habe immer die vollendete Harmonie eines Weins der bloßen Fülle vorgezogen, und das ist es, was diesen Wein so großartig macht. Trotz enormer Fülle zeigt er perfekte Harmonie. Schokolade? Ja! Likör von schwarzen Kirschen? Ja! Und noch so viel mehr, das bis zu seiner endgültigen Enthüllung einige Jahre Zeit braucht (97 Punkte).

Denis Mortet erzählt mir am Abend, dass sich ihm die entscheidende Erkenntnis bei einem Besuch im Jahr 1992 im Keller der Domaine Leroy eröffnete, als er zur Verkostung der Weine des Jahrgangs 1991 kam. Plötzlich wurde ihm klar, welche Qualität beim Wein möglich ist und in welch begrenztem Maß er dieses Potential bis jetzt bei seinen Erzeugnissen ausgeschöpft hatte. Seit jenem Tag arbeitet er mit dem Ziel, Weine von der Qualität derjenigen zu erzeugen, die ich gerade bei ihm im Keller verkostet habe.

Mit der Schilderung dieser Geschichte aus den Anfängen beschließen wir den Abend. Mortets Frau hat auf die Uhr geschaut und festgestellt, dass neun Uhr bereits vorbei ist, eine Stunde, zu der ein echter Berliner gerade erst richtig aufwacht. Doch Madame Mortet erinnert ihren Mann daran, dass er am nächsten Morgen früh aufstehen muss. Der Preis für Perfektion im Weinberg und schließlich in der Flasche ist harte Knochenarbeit.

Mortets Geschichte ist nichts Ausgefallenes: Es gibt viele andere Winzer im Burgund, die sich wie er in den letzten Jahren von Erzeugern zuverlässiger Weine zu Spitzenproduzenten entwickelt haben. Sie hat jedoch ein dramatisches Moment, das vielen anderen vergleichbaren Geschichten fehlt, etwa der von Philippe Charlopin. In seinem grünen Overall, den er anscheinend gerne bei der Arbeit im Keller trägt, sieht er eher wie ein Heizungstechniker als wie ein Starwinzer aus. Als ich ihn bewusst naiv frage, worum es beim roten Burgunder überhaupt gehe, schießt mir seine Antwort wie aus einem bereits geladenen und entsicherten Gewehr entgegen: «Frucht! Die neuen Weine haben wunderbare Fruchtaromen, und darum geht es beim Pinot noir.» Unter seinem dunklen lockigen Haar lächelt er über das ganze Gesicht – der als Handwerker verkleidete Bacchus. Wir stehen in seinem Probierzimmer, das man direkt von der Straße aus betritt. Im Kamin brennt ein Holzfeuer, der schlichte Steinfußboden und die getünchten Wände, der schwere Holztisch in der Mitte, alles zusammen wirkt wie ein Gemälde aus dem 17. Jahrhundert, in dem Charlopins Overall allerdings etwas deplatziert aussieht.

Wir gehen nach kurzer Zeit in den Fasskeller, ein ganz offensichtlich über Jahrhunderte hinweg Stück für Stück erweitertes Labyrinth – das direkte Gegenteil zu Denis Mortets geräumigem, maßgefertigtem unterirdischen Reich. Diese Räumlichkeiten könnten leicht einen falschen Eindruck aufkommen lassen, denn an den Weinen von Charlopin ist nichts Nostalgisches oder Altmodisches. Sie entsprechen genau seiner Beschreibung der neuen Rotweine des Burgunds. Sein 1997er Gevrey-Chambertin Vieilles Vignes (das heißt aus alten Reben) ist geradezu eine Fruchtbombe, ohne jedoch übertrieben zu erscheinen (90 Punkte). Der 1997er Charmes-Chambertin grand cru gibt sich noch sehr schüchtern, ein roher Diamant beträchtlichen Gewichts (91 bis 93 Punkte). Der 1997er Mazis-Chambertin grand cru hingegen ist ein bildschöner Riese mit allen Attributen, die großer roter Burgunder zu bieten hat – die Frucht, von der der Winzer mit solcher Begeisterung gesprochen hat, der Eindruck der Süße aus überaus reifen Trauben und die seidigen Tannine, die damit einhergehen –, vereint in einem enormen Körper (95 Punkte). Jetzt sehe ich sicher auch ein wenig wie Bacchus aus.

Charlopins 1996er sind nicht ganz so überschwänglich und duftig, dennoch beeindruckend, und sie haben ebenfalls nichts Rustikales an sich. Ihr Erzeuger selbst ist alles andere als ein weltgewandter oder gar abstrakter Denker, eher ein Tüftler. Wie kam er dazu, solch hinreißende Weine zu machen? Charlopin klärt mich auf, dass dies nicht immer so war: «Ich arbeite mehr oder weniger seit 1990 auf diese Weise», berichtet er. Seine 1990er sind jedoch nicht so fein wie die neuen Weine. Hier gab es keinen Moment der Erkenntnis wie bei Denis Mortet, und je mehr er mir in seiner freundlichen, begeisterten Art erklärt, desto deutlicher kommt heraus, dass hinter den Weinen, die ich verkostet habe, ein langer, stetiger Entwicklungsprozess und viel Feinabstimmung stecken.

Die Fruchtaromen reifer Pinot-noir-Trauben – schwarze Kirschen, Brombeeren, Waldbeeren – stehen zwar bei Philippe Charlopins Weinen im Vordergrund, aber wenn man danach sucht, dann verbirgt sich unter ihrer üppigen Fruchtigkeit die Erde von Gevrey. Das verleiht den Weinen oft eine Geschmacksnote, die tatsächlich ziemlich erdig wirkt. Damit meine ich etwas, das entfernt an den Geruch nasser Erde erinnert. Nichts am Wein, unabhängig welchen Ursprungs, ist schwieriger zu beschreiben als seine mineralische Dimension, die ihren Ursprung im Boden hat. Niemand kann wirklich erklären, wie dieser Ton in den Wein gelangt, und es wäre einfach, ihn als Winzermythos abzutun, gäbe es nicht Leute, die Weine einer bestimmten Gegend blind verkosten und den Ort und gelegentlich auch die Lage herausschmecken können, aus der jeder einzelne Wein stammt. Die theoretische Erklärung mag fehlen, aber der empirische Beweis im Burgund ist überzeugend. Der Ton ist über Generationen hinweg durch Experimentieren zustande gekommen, wie mir Lalou Bize-Leroy erläutert hat.

Wie ein Bild, das je nach Rahmen ganz unterschiedlich wirken kann, variiert die Art des Bodentons, den die Franzosen Goût de terroir nennen, mit den stilistischen Neigungen des jeweiligen Winzers. Dieser übt durch jede einzelne Entscheidung bei der Weinbergsbewirtschaftung, der Lese und dem Ausbau auf seine Weine Einfluss aus. Damit meine ich nicht das Weinmachen, ein bewusstes Gestalten des Weins, sondern eher einen unterschwelligen Prozess, bei dem hunderte von kleinen Details einen kumulativen Effekt auf das Endprodukt haben. Zwei Winzer können, wie zum Beispiel Charlopin und Mortet, praktisch die gleichen Methoden anwenden und doch am Ende sehr unterschiedliche Weine erhalten. Es ist fast unmöglich, diesen Vorgang genauso exakt zu analysieren, wie dies beim Weinmachen durchaus möglich ist. In diesem Fall wirkt der Terroir-Charakter der Charlopin-Weine erdig, oft unter der Frucht verborgen, während er in Mortets Weinen stets offensichtlich und steinig ist, klare Linien und harte Facetten hat und eher fester und kristalliner wirkt.

Die Weine von Claude Dugat sind wiederum ganz anders. «Sie haben alles bereits vor vier Monaten verkostet? Es gibt nichts Neues im Keller», entgegnet er freundlich, als ich wegen eines Termins anrufe. Er hat Mühe sich vorzustellen, dass mich nicht nur die Gelegenheit interessiert, die Weine nochmals zu verkosten, sondern auch das Gespräch mit ihm. Sein winziger Betrieb liegt in einem Haus aus dem 13. Jahrhundert direkt neben der Kirche in Gevrey. Beim letzten Besuch hat mich Dugat mit den Worten verblüfft: «Man kommt nicht an der Tatsache vorbei, dass die Rebe eine gewisse natürliche Wuchskraft besitzt und *jeder* Versuch, diese künstlich zu steigern, nur auf Kosten der Qualität gehen kann.» Viel ist geredet worden von niedrigen Erträgen, das heißt einer geringen Erntemenge pro Rebstock, um nicht nur hohe Qualität, das heißt vollkommen reife Trauben zu erhalten, sondern auch als Schlüssel zu Weinen mit einem betonten Goût de terroir, den die Winzer im Burgund als ein nicht weniger wichtiges Ziel betrachten. Dugat hat allerdings nicht über Erträge gesprochen, sondern über die dafür verantwortliche Größe, die Wuchskraft, derzufolge die Rebe wächst und Früchte trägt. Darin ist er absolut kompromisslos und besteht darauf, dass ausschließlich die Reben, die ihre Kraft voll und ganz aus dem Boden selbst statt aus hinzugefügten Substanzen, also aus chemischem oder organischem Dünger beziehen, Weine von optimaler Qualität mit dem vollen Terroir-Charakter hervorbringen können. Das hört sich klar und logisch an, aber die Konsequenz dieser Einstellung, die vor Dugat bereits sein Vater verfolgte, sind sehr kleine Ernten. Im Burgund verhält es sich nicht anders als in anderen Weingegenden. Die Winzer, die über niedrige Erträge und Spitzenqualität reden, schicken meistens ein stilles Gebet zum Himmel und bitten den großen Gott des Weins bei der nächsten Lese um «kleine Mengen in Spitzenqualität, aber doch genug, um den Keller zu füllen… Und könnte die Weltwirtschaft, bitte, boomen, wenn ich die Weine zu entsprechenden Preisen auf den Markt bringe».

Dugat verlangt zwar ähnlich substantielle Preise für seine Weine wie seine Kollegen, aber er selbst ist genügsam und bescheiden. «Die Arbeit in den Weinbergen und im Keller ist mir wichtig. Mir erscheint die Art, wie wir unsere Weinberge bewirtschaften, sehr klassisch, wir machen beinahe alles von Hand, mit sehr wenig maschineller Hilfe. Im Vergleich mit manchen Kollegen sind wir ziemlich *rétro*», meint er. An seinem 1997er Gevrey-Chambertin ist allerdings überhaupt nichts rückständig: Er wirkt sehr üppig, klar, eine gänzlich stimmige Komposition (90 Punkte). Dasselbe könnte man vom 1997er Gevrey-Chambertin 1er cru Lavaux St-Jacques sagen, unglaublich geradlinig und mächtig, zugleich schlank und muskulös, ein Windhund, der mit gewaltiger Geschwindigkeit und dabei beinahe übernatürlicher Leichtigkeit vorbeifliegt (94 Punkte). Dugats 1997er Griotte-Chambertin grand cru zeigt die Weite und Grandeur von Versailles, ohne auch nur eine Spur der entsetzlichen Arroganz des Sonnenkönigs (97 Punkte), während der Jahrgang 1995 desselben Weins wie der Kern eines Sterns ist, dessen Dichte zuerst undurchdringlich erscheint, dann aber den geduldigen Sinnen Zugang zu enormen Reichtümern gewährt (99 Punkte). Der Charakter, den die Weinberge diesen Weinen verliehen haben, ist ebenso zeitlos wie der schlichte Keller mit seinen Steinwänden, in dem ich sie verkostet habe. Doch in seinem Ausdruck wendet er sich unmittelbar an uns und an unsere Zeit, selbst wenn manche von Dugats Arbeitsweisen nicht auf der Höhe unserer Zeit erscheinen.

Was Winzer wie Claude Dugat faszinierend macht, ist nicht nur die Qualität ihrer Weine oder ihre bemerkenswerte innere Unabhängigkeit und Eigenständigkeit, sondern auch ihre Geisteshaltung. Wenn ich das Wort Geist in einem solchen Zusammenhang verwende, ernte ich oft Skepsis und Spott. Doch dieses Elitedenken bedient sich des Intellekts als Mittel, um die Besseren vom Rest zu trennen – ein nicht nur selbstherrliches, sondern auch einengendes Vorgehen. Jene, die sich weigern, den Geist eines Claude Dugat anzuerkennen, sind bewusst die strahlend weiße Treppe hinaufgestiegen und haben die enge Elfenbeintür des winzigen Raumes an ihrem obersten Ende hinter sich zugezogen, um in Sicherheit vor dem Schmutz zu sein, der an allem Konkreten hängt und seinen Weg von der Erde unter unsere Fingernägel findet. Vor diesem Kontakt haben sie Angst: Sie möchten ihn von sich fern halten und ihn verleugnen.

Ähnlich verhält es sich mit unserer Einstellung gegenüber den Aborigines. Wir bewundern ihre Kunst, die so offensichtlich exotisch ist, sich farbenfroh von der westlichen Malerei abhebt, auf dekorative Weise multi-kulti ist. Doch so sehr man sie wegen ihrer politischen Korrektheit lobt – würde ein Museumskurator sie dauerhaft neben Raphael, Michelangelo oder Rembrandt hängen, führe ein Aufschrei der Entrüstung durch die Gesellschaft. Trotz unserer herablassenden Bekundung von Interesse und Zustimmung, hinter der sich wohl eher die Absicht verbirgt, uns zu einem guten Gewissen zu verhelfen und der Öffentlichkeit unsere Cleverness zu demonstrieren, sind wir fest entschlossen, diese Kunst auf dem ihr zugewiesenen Platz zu halten. Für den Geist, der das Wesen dieser Kunst ausmacht, haben wir ebenso wenig übrig wie für den Geist in den Weinen von Winzern wie Dugat...

Auf der anderen Seite gibt es die Domaines, die sich einmal einen Namen geschaffen haben, aber nicht immer Weine produzieren, die diesem Ruf oder dem Anspruch «Grand cru», der auf den Etiketten ihrer Weine prangt, genügen. Ihre Einstellung scheint manchmal von einer gewissen Sorglosigkeit geprägt. Ein Beispiel dafür ist Armand Rousseau.

Das Anwesen Rousseau liegt gegenüber von Claude Dugat auf der anderen Straßenseite und genießt weltweit ein hervorragendes Ansehen. In vielen Ländern gilt Armand Rousseau unter Weinkennern als der beste in Gevrey-Chambertin ansässige Erzeuger. Wenn man den richtigen Rousseau-Wein bekommt, so zum Beispiel den 1995er Chambertin grand cru, dann ist das ein roter Burgunder mit jeder Menge Charakter und einer bestechenden Eleganz, die einen nach jedem Schluck unwiderstehlich zum Glas hinzieht (93 Punkte). Bei diesem Jahrgang gestattete die Natur keine hohen Erträge, und manche von Rousseaus Kunden waren enttäuscht, wie wenig Wein ihnen zugeteilt wurde. Erwischt man jedoch den falschen Wein oder Jahrgang, kann man herbe Enttäuschungen erleben. Dass der 1996er Gevrey-Chambertin ziemlich dünn und säuerlich schmeckt (73 Punkte), ist bedauerlich, aber dass der 1996er Charmes-Chambertin grand cru zwar weicher, aber dabei schwach wirkt (78 Punkte), ist tatsächlich ein schwerer Schlag. Selbst der 1996er Chambertin grand cru Clos de Bèze, der beste Wein dieses Jahrgangs, den ich im Keller des stets gut gelaunten Charles Rousseau verkoste, ist etwas hart und trotz gutem Körper wenig gefällig (84 Punkte). Beim Verkosten gewinne ich den Eindruck, dass Rousseau nichts dagegen hat, sich ein wenig auf seinen Lorbeeren auszuruhen, und dass hier die Gebete eines Winzers immerhin in einer Hinsicht erhört worden sind: 1996 war ein Jahr, in dem die Natur freigiebig eine Menge Trauben an die Stöcke hängte, und zumindest als ich die Weine kurz vor dem Abfüllen verkoste, geht es der Weltwirtschaft noch gut. Leider muss ich bezweifeln, ob die von mir oder jemand anderem geäußerte Kritik ihren Weg durch die dicke Epidermis von Rousseaus Selbstbewusstsein finden wird.

Ich frage immer weiter

Mit diesen Gedanken im Kopf besuche ich am nächsten Tag die Domaine Dujac in Morey-St-Denis. Ihr Besitzer, der silberhaarige, hochintelligente Jacques Seysses, gilt weithin als einer der Gentlemen Burgunds und ist auf eine Weise weltgewandt, wie man es selten unter Winzern des Burgunds antrifft. Seiner einnehmenden Freundlichkeit kann man sich nur schwer entziehen. «Ich suche nach Charme, Finesse, Vielschichtigkeit», sagt er, als sein junger Kellermeister weitere Probiergläser holen geht, und stellt dies in Kontrast zu den «dunkelfarbenen, dicken Weinen mit Tanninen, die den Mund austrocknen. Das ist eine neue Mode». Bei den letzten beiden Worten schwingt Spott in seiner Stimme mit, der wie tiefe Verachtung für gewisse von der Presse hochgelobte Kollegen klingt. Ich bin natürlich nicht sicher, wen er meint, ahne aber, dass es sich um jemanden wie Lalou Bize-Leroy handeln könnte. Die 1996er Weine von Jacques Seysses sind zwar deutlich besser als die von Rousseau, aber manche wirken ebenfalls ein bisschen dürftig. Der 1996er Morey-St-Denis ist zurückhaltend in der Frucht, recht fest, aber ziemlich leicht und einfach (76 Punkte), während der 1996er Gevrey-Chambertin 1er cru Aux Combottes zwar ansprechend und fein, aber in keiner Weise bemerkenswert erscheint (84 Punkte). Der 1996er Grand cru Clos de la Roche ist trotz seiner Festigkeit und dem verhaltenen Bouquet deutlich interessanter (86 Punkte).

In diesem Moment taucht der Kellermeister wieder auf, und einer der Freunde, die mich begleiten, kommt mit ihm ins Gespräch über die Unterschiede und Ähnlichkeiten zwischen den letzten drei Ernten. Sie werden förmlich überschüttet mit einer Flut von Informationen, deren Ursprung zu einem großen Teil in den Weinbergen der Domaine liegt. «1996 hatten wir nicht nur viel mehr Trauben je Rebstock als 1995, sie waren auch größer, im Durchschnitt wogen sie 120 Gramm verglichen mit 64 bis 66 Gramm im Jahr 1995», erklärt er mit Begeisterung, offensichtlich glücklich über die Zuhörer, die an allem interessiert sind, was er zu sagen hat. «1997 hatten wir genauso viele Trauben wie 1996, aber sie wogen nur 60 Gramm.» Jacques Seysses sieht plötzlich ganz unglücklich aus, entweder weil diese Fakten offen gelegt werden oder weil sein Kellermeister ihm die Show gestohlen hat, vielleicht auch aus beiden Gründen. Wie auch immer, wir wissen nun, dass die Erträge bei der Domaine Dujac 1996 wesentlich größer gewesen sind als im vorhergehenden und folgenden Jahrgang, und ich bin gespannt, wie sich dies in den Weinen widerspiegeln wird.

Nach kurzem Hin und Her können wir den 1997er Grand cru Clos de la Roche verkosten, der seinem Vorgänger aus dem Jahrgang 1996 bei weitem überlegen ist. Er ist nicht nur voller, sondern auch reifer im Geschmack und ausgewogener, nur der für die Domaine Dujac typische, ausgeprägte Eichenholzton stört ein wenig (88 Punkte). Es ist schwierig, sich der Schlussfolgerung zu entziehen, dass hier wie bei Armand Rousseau die Theorie und das PR-Gerede nicht immer mit den Gegebenheiten in Fass und Glas übereinstimmen. In dieser Situation sieht allerdings die Kritik an den angeblichen Modeweinen gewisser ungenannter Kollegen von Seiten Jacques Seysses – bevor ich überhaupt seine Weine verkostet und ohne dass einer der Anwesenden ihn nach seiner Meinung zu anderen Erzeugern gefragt hätte – verdächtig nach dem Versuch aus, von allfälliger Kritik an den eigenen Weinen abzulenken.

Aus diesen Schilderungen könnte man den falschen Schluss ziehen, alle burgundischen Domaines mit langjährigem Ruf für hohe Qualität ruhten sich auf ihren Lorbeeren aus und nur die dynamischen neuen Aufsteiger erzeugten gute Weine – ein viel strapaziertes Klischee im Weinjournalismus. Man braucht aber nur wenige hundert Meter durch Morey-St-Denis zur Domaine Ponsot zu gehen, um zu sehen, dass dies nicht der Fall ist. Obwohl viele der Gedanken von Laurent Ponsot sich auf den ersten Blick nicht von denen seiner Kollegen zu unterscheiden scheinen, gibt er ihnen doch immer wieder eine neue Wendung. «Das Außerordentliche an den Weinen hier ist, dass es innerhalb weniger Kilometer Weinberge mit nahezu gleichem Boden und gleicher Ausrichtung gibt, die alle mit derselben Rebsorte bepflanzt sind und doch extrem unterschiedlich schmecken. Ich will, dass meine Weine das so klar wie möglich zum Ausdruck bringen …» – bis zu diesem Punkt handelt es sich um die klassische Terroir-Idee, wenn auch vielleicht rigoroser dargelegt als üblich –, «… und das ist der Grund dafür, dass ich keine neuen Eichenholzfässer verwende, der Geschmack der Eiche würde genau das überdecken, was in meinen Weinen am klarsten zum Ausdruck kommen soll.»

Dieses Argument hat mir gegenüber bisher noch niemand im Burgund angeführt. Die Keller der meisten führenden Domaines sind voll von neuen Eichenholzfässern, nicht nur weil sie den Weinen Toast-, Rauch- und Vanillearomen verleihen können, sondern weil neues Holz im Allgemeinen auch Sauberkeit bedeutet. Ein Problem in vielen burgundischen Kellern mit alten Holzfässern besteht tatsächlich darin, dass das Holz nicht ganz sauber ist und zu einem unangenehmen Geschmack im darin reifenden Wein führt. Im Ponsot-Keller aber gibt es kein einziges neues Fass und auch nicht die Spur von schlechten Holznoten. Alles ist blitzsauber.

Nahezu alle Weine von Laurent Ponsot sind so kräftig und robust, dass sie ohne Schwierigkeiten ausschließlich in neuen Fässern ausgebaut werden könnten, also ist die Entscheidung, genau das Gegenteil zu tun, eine bewusste Ablehnung der üblichen Vorgehensweise und Mode, die Folge leidenschaftlicher Unabhängigkeit. So gesehen ist es Stil im besten Sinne des Wortes.

Der Verzicht auf Schwefeldioxid seit dem Jahrgang 1988 – es wird weiterhin zum Säubern der Fässer eingesetzt, aber nicht mehr gegen die Oxidation der Weine – ist ein weiteres Beispiel für Ponsots individualistische Einstellung. Für die unzähligen Weintrinker, die glauben, es sei der Schwefel im Wein, der hinter ihren Kopfschmerzen steckt, hört sich das wahrscheinlich wie die Rettung an. Die Wahrheit zum Thema Schwefel ist jedoch, dass nur ein winziger Bruchteil von einem Prozent der Bevölkerung allergisch auf diesen Stoff reagiert und die Kopfschmerzen gewöhnlich durch unsere gestresste Lebensweise, aktiv- oder passivgerauchte Zigaretten oder andere Bestandteile im Wein wie Alkohol verursacht werden. Für viele von Ponsots Kollegen klingt es allerdings wie ein Weg, der mit großer Sicherheit in die Katastrophe führen muss, da Weine ohne Schwefeldioxid normalerweise nach der Abfüllung relativ schnell oxidieren, wenn nicht schon davor. Aber die Ponsot-Weine wirken nie oxidativ. «Ich weiß, dass es extrem ist, weder zu schwefeln noch zu filtern oder zu schönen», sagt er mir und spricht damit die beiden Methoden zum Klären von Weinen an, «vielleicht bin ich bequem, aber hoffentlich auf die richtige Art.»

Im Gegensatz zu vielen seiner Kollegen macht Ponsot nicht viel Aufhebens um das Alter seiner Reben: «Manche Leute scheinen zu denken, dass der Wein umso besser sein *muss,* je älter die Reben sind. Junge Weinberge mit hervorragenden Klonen können aber bessere Weine hervorbringen als alte Weinberge mit minderwertigem Pflanzmaterial. Fehlt zum Beispiel unserem Chapelle-Chambertin aus neun Jahre alten Reben irgendetwas?»

Laurent Ponsot hat Recht: Die letzte Prüfung aller Theorien zum Wein besteht in der Frage, ob das Ergebnis des jährlichen Experiments in Weinberg und Keller später im Glas Begeisterung hervorruft oder nicht. «Die chemische Analyse eines Weines ist irrelevant», hat er während meines vorhergehenden Besuchs erklärt. «Das Einzige, was zählt, liegt hier», wobei er seinen Mund geöffnet und auf seine Zunge gedeutet hat – solcher Humor ist bei burgundischen Winzern ebenso ungewöhnlich wie Ponsots Vorstellungen insgesamt.

Der 1997er Chapelle-Chambertin grand cru, den er nachdrücklich erwähnt, als wir über die Auswirkung des Rebalters auf die Weinqualität sprechen, ist nicht der beste Wein im Keller, aber sehr reichhaltig, saftig und ansprechend (91 Punkte). «Das hier ist ein V8-Motor», erklärt Ponsot aufgeregt, als ich ihm durch die Reihen von Fässern in dem modernen Hauptkeller zum 1997er Grand cru Griotte-Chambertin folge. Dieser hat nicht nur die Power eines solchen Motors, sondern auch die Leichtigkeit, mit der ein starker Wagen selbst aus bereits hoher Geschwindigkeit noch beschleunigen und andere überholen kann (94 Punkte). Danach folgt der Grand cru Chambertin: «In unserem Keller ist er nur der Prinz, der Clos St-Denis ist die Königin und der Clos de la Roche der König.» Da hat er wiederum Recht, denn der 1997er Chambertin grand cru ist ein wunderbar voller Wein mit viel Würze und Eleganz (93 Punkte). Doch der Favorit des Kaisers und «König der Weine» wird von den letzten beiden Weinen in den Schatten gestellt. Der 1997er Clos St-Denis grand cru ist wirklich eine Königin, die sich voller Anmut und Selbstsicherheit bewegt, in einem Gewand aus den schwersten und wertvollsten Stoffen (95 Punkte); dieselbe Grandeur findet sich auch im 1997er Clos de la Roche grand cru, doch gibt er sich als mächtiger Herrscher in glänzender (Tannin-)Rüstung (96 Punkte). Hier drängt sich mir der Vergleich mit dem entsprechenden Wein der Domaine Dujac auf, der neben diesem hier bescheiden und ausdruckslos erscheint.

Es gibt viele mögliche Erklärungen, weshalb zwei Weine aus einer bestimmten Lage so unterschiedlich ausfallen können. Ein Grund, warum dies im Burgund so häufig der Fall ist, geht auf den Boden zurück, obwohl ich bezweifle, dass das auf die Domaine Dujac zutrifft. «In der Vergangenheit wurde oft zu viel Kalium und Stickstoffdünger verwendet. In unserem Betrieb haben wir seit dreißig Jahren nicht mit Kalium gedüngt, aber viele

Leute haben so viel Stickstoff und Kalium in ihren Weinbergen ausgebracht, dass sie nun für die nächsten zwanzig Jahre genug im Boden haben!», meint Ponsot. Das bedeutet nicht nur, dass die Reben zu überstarkem Wachstum neigen und zu viel ihrer Energie in den Blättern endet anstatt in den Trauben, es kann die Weine auch zu breit, flach oder schwammig werden lassen. Wenn die natürliche Balance des Bodens ernsthaft gestört ist, führt das unweigerlich zu unausgewogenen Weinen.

In den sechziger und siebziger Jahren gab es im Burgund genauso wie in anderen Teilen Frankreichs und Europas einen starken Trend in Richtung Produktionssteigerung. Wegen der Struktur des Weingesetzes brachte es dabei wenig, die Weinbergsfläche zu vergrößern, da für die neuen Weinberge kaum mehr als die Gebietsbezeichnung Bourgogne AC zu erwarten war. Die Entwicklung neuer Pinot-noir-Klone, die mehr und größere Trauben trugen, bot jedoch in Verbindung mit den billigen chemischen Düngemitteln die Möglichkeit, die Produktion der bestehenden Weinbergsfläche zu erhöhen. Viele Winzer ließen es dabei an der notwendigen Bedachtsamkeit fehlen, was bei Bauern aller Nationalitäten zu beobachten ist. Dieses Problem betrifft jedoch nicht nur die Vergangenheit. Weine von der Art jener Meisterwerke, die ich weiter oben beschrieben habe, kann man nicht in Weinbergen ernten, die mit den falschen Klonen bepflanzt sind oder durch Überdüngung aus dem Gleichgewicht geworfen wurden. Bei vielen Domaines im Burgund hat die ältere Generation durch Mangel an Respekt vor dem Boden der jüngeren eine große Chance geraubt oder zumindest einen Teil dieser Chance, die ihr eigentlich zustünde.

Nach so vielen großen Weinen sind dies deprimierende Gedanken, die ich mit mir herumtrage, als ich vom Keller der Ponsots durch die Weinberge zurück nach Gevrey-Chambertin gehe. Es hängen noch keine Blätter an den Reben, die die sanft nach Osten abfallenden Hänge überziehen, aber wenn die Sonne weiter so scheint wie an diesem Nachmittag, wird es nicht mehr lange dauern. Während der neunziger Jahre hat das Burgund wieder triumphiert, aber es wird noch einige Zeit brauchen, um die im Boden festgemachten Fehler der Vergangenheit vollständig zu überwinden. Dafür werden nicht nur Weitblick und Entschlossenheit, sondern in vielen Fällen auch Geduld nötig sein.

Im weissen Süden

Es war kein Zufall, dass bei der Probe von roten 1978er Burgundern im März 1989, zu der mich Dr. Brad Klein in sein Haus in Bel Air in Kalifornien eingeladen hatte, als Erstes Weine von der Côte de Beaune auf den Tisch kamen. Die südliche und größere Hälfte der Côte d'Or, die nach dem Ort aus dem Mittelalter benannt ist, steht von jeher etwas im Schatten der Côte de Nuits. Die Experten und Enthusiasten streiten sich seit Jahrhunderten über die Rangordnung der verschiedenen Grands crus der Côte de Nuits; etwa ob der Musigny nun über dem Romanée-Conti stehe oder der Chambertin besser sei als der Clos de la Roche. Aber dass die Weine der Côte de Nuits in ihrer Gesamtheit denen der Côte de Beaune überlegen sind, darüber besteht so gut wie Einigkeit. Gewisse Fakten unterstützen diese Ansicht, nicht zuletzt die Tatsache, dass es an der Côte de Beaune nur einen einzigen Grand cru für Rotwein gibt, den Corton, gegenüber einer ganzen Litanei von großen Namen an der Côte de Nuits. Auch existieren zahlreiche Jahrgänge, bei denen die Côte de Nuits wesentlich bessere Weine hervorbringt als die Côte de Beaune – in den letzten Jahren 1991, 1987 und 1980 –, während das Umgekehrte kaum eintritt. Die Rotweine der Côte de Beaune stehen im Ruf, etwas rustikaler und weniger reichhaltig als die der Côte de Nuits zu sein. Die Meinungsverschiedenheiten unter Experten in unserem Jahrhundert und den vorhergehenden betreffen aber eher Nuancen.

So klar und einfach wie auf die Frage, welchen Teil der Côte die Experten bei den Rotweinen als den bedeutenderen ansehen, scheint die Antwort darauf zu sein, woher die größten Weißweine aus der Chardonnay-Traube kommen: von der Côte de Beaune. Es gibt zwar einige hervorragende Weißweine an der Côte de Nuits, zum Beispiel den Nuits St-Georges 1er cru Clos de l'Arlot von der Domaine de l'Arlot, aber diese bilden die Ausnahmen zur Rotweinregel. So wie die Kette von Rotwein-grand-cru-Lagen an der Côte de Nuits sind die Weißwein-grands-crus an der Côte de Beaune aufgereiht: Corton-Charlemagne, Corton, Chevalier-Montrachet, Bienvenues-Bâtard-Montrachet, Criots-Bâtard-Montrachet und Le Montrachet. Die Preise dieser Weine und das Ansehen, das sie weltweit in der Weinpresse genießen, sind Grund genug, um die Behauptung ernst zu nehmen, dies seien die größten trockenen Weißweine der Welt. Doch wie sieht die heutige Wirklichkeit aus?

Im November 1990 sitze ich an einem Tisch im Restaurant des Waldhotels Krautkrämer im westfälischen Münster bei einem Burgunder-Galaabend. Es gibt einige wunderbare Weine, aber der 1986er Chevalier-Montrachet grand cru von der Domaine Leflaive gehört nicht dazu. Spätestens seit Anfang der siebziger Jahre gilt die Domaine Leflaive als erste Adresse für weißen Burgunder. Als meine Tischgenossen an dem Wein riechen, verziehen sie allerdings die Gesichter. «Er duftet nach Dosenspargel», kommentiert einer. «Duft hat er gar keinen, sondern einen Geruch», widerspricht ein anderer. Der Wein schmeckt furchtbar – tatsächlich nach Dosenspargel … Ist dies nur das Problem der Flasche auf unserem Tisch? Einer meiner britischen Kollegen kommt herüber und bestätigt, dass der Wein an seinem

Tisch genau gleich schlecht schmeckt. «Aber du kannst froh sein, dass du nicht bei uns sitzt», fügt er hinzu, «ich bin nämlich neben Vincent Leflaive platziert, dem Direktor der Domaine, und frage mich, was in aller Welt ich zu ihm sagen soll!» Er ist nicht der einzige Journalist, der sich seines Kommentars enthält und es auch unterlässt, die Wahrheit über den mittelmäßigen bis gelegentlich skandalösen Qualitätsstandard bei der Domaine Leflaive Mitte und Ende der achtziger Jahre zu veröffentlichen.

Dabei handelt es sich nicht um einen Einzelfall. Viele andere Domaines und Négociants im Burgund produzierten während dieser Zeit genauso enttäuschende Weißweine. Gerade der Erfolg der weißen Burgunder trieb die Winzer zu immer gierigerem Verhalten im Weinberg, die Qualität fiel mit den steigenden Erträgen, und im Keller wurden immer öfter Abkürzungen eingeschlagen und immer nachlässiger gearbeitet. Während bei manchen Winzern, zum Beispiel Bouchard Père et Fils in Beaune und Jacques Prieur in Meursault, die Qualität während der neunziger Jahre wieder ebenso drastisch angehoben wurde wie bei der Domaine Leflaive unter der Leitung von Anne-Claude Leflaive, gibt es immer noch jede Menge teure weiße Burgunder, die schwer enttäuschen.

Wenn es um den Wein geht, ist jeder Versuch, umfassend, sozusagen enzyklopädisch vorzugehen, zum Scheitern verurteilt. Man kann sich stets nur auf einige Beispiele konzentrieren, eine Auswahl treffen, und die fällt zwangsläufig persönlich aus. Die richtigen Fragen zu stellen und hartnäckig nach den Antworten zu suchen, das ist es, was wirklich zählt. Meine vielen enttäuschenden Erfahrungen mit den Weißweinen der Côte de Beaune berechtigen zur Frage, ob wenigstens einige von ihnen heute dem legendären Ruf und den Behauptungen der Presse entsprechen.

Im Jahr 1997 organisierte eine Gruppe von Berufskollegen, die sich stolz Grand Jury Européen nennen, zwei Verkostungen auf der Grundlage eben dieser Frage. Diese Jury wird vor allem von französischen Weinjournalisten und -experten beherrscht und wurde, was aber natürlich nichts mit den Fähigkeiten oder Intentionen einzelner Mitglieder zu tun hat, ganz offensichtlich zur Wahrung französischer Interessen geschaffen. Sie ist eine Antwort auf das, was die französische Weinpresse als hegemoniale Einflüsse der amerikanischen Weinpublizistik betrachtet, vor allem von Seiten des *Wine Advocate* von Robert Parker Jr. und des *Wine Spectator* von Marvin Shanken. Diese beiden Publikationen sind erheblich erfolgreicher als irgendeine französische Veröffentlichung auf dem Gebiet. Unter dem Eindruck der Bedrohung durch diese beiden atomkraftbetriebenen Flugzeugträger und die sie begleitende Flotte von kleineren Schiffen draußen im Atlantik stellten die stolzen, unabhängigen Franzosen eine Gegenflotte auf. Aus der Besorgnis heraus, die französische Flotte könnte allein zu klein sein, um im Gefecht zu bestehen, suchten sie die Unterstützung von Kollegen in einigen europäischen Nachbarländern. Und so entstand das Sonderkommando unter dem prätentiösen Namen Grand Jury Européen.

Eines muss man der Grand Jury allerdings zugute halten, nämlich dass ihre Verkostungen echte Blindproben und äußerst professionell organisiert sind. Dies verleiht der Tatsache, dass im April 1997 ihre Verkostung von weißen Burgundern und einer internationalen Auswahl von Chardonnay-Weinen aus drei Jahrgängen vom Chardonnay Réserve von Robert Mondavi aus dem kalifornischen Napa Valley gewonnen wurde und fünf der zehn am höchsten bewerteten Weine nicht aus Frankreich stammten, einige Bedeutung. Der amerikanische Weinjournalist Matt Kramer analysierte diese Ergebnisse sehr scharfsichtig in seiner Kolumne im *Wine Spectator* vom 15. September 1997 und kam zu dem Schluss, dass die europäischen Verkoster anscheinend nicht nach dem Terroir-Charakter gesucht hatten, der die großen Weine Burgunds angeblich so außergewöhnlich macht, sondern nach einem bestimmten Weinstil. Er fuhr fort, der gesuchte Stil sei genau derselbe, den zu bevorzugen und zu fördern so viele Franzosen die Amerikaner beschuldigten. Er schloss mit dem Hinweis, die Resultate zeigten, dass «der größte Teil der burgundischen [Weißwein-]Lagen zu hohe Erträge bringt, manchmal gar schändlich hohe. Ihr vielgepriesenes (und ganz klar existierendes) Terroir verliert sich dabei, wird bis zur Langweiligkeit verdünnt. Bloße Fruchtigkeit ist alles, was bleibt, gewürzt von … Kellertechnik. Jeder kann das tun. Und jeder tut es».

Was Matt Kramers Kritik der berühmtesten Weißweine Burgunds noch schwerwiegender macht, ist die Andeutung, dass die Grand Jury den Wein auf dem zweiten Platz – den Meursault 1er cru Charmes der Domaine des Comtes Lafon – nur deshalb so hoch bewertet habe, weil er unter den weißen Burgundern in dieser Verkostung am besten in den Stil passte, den die Weinpresse bevorzugt. Der feinfühlige und ernste Dominique Lafon, der den Betrieb mit seiner Frau Anne leitet, wirkt auf mich zwar nicht unbedingt wie jemand, der zu Wutanfällen neigt, aber ich kann mir nicht vorstellen, dass ihn dies kühl lässt. Angesprochen auf seine Ausbaumethoden bei einer Verkostung in dem tiefen kalten Fasskeller der Domaine, reagiert Dominique Lafon ganz so, als antworte er direkt auf Matt Kramers Artikel: «Ich möchte so unauffällig, so diskret wie möglich vinifizieren. Es wäre eine Fehlinvestition, meine ganze Zeit hier unten zu verbringen statt mit den Reben und Trauben. Ich bin nicht Dominique Laurent!» Laurent ist ein ehemaliger Konditor, der jetzt eine kleine Négociant-Firma in Nuits-St-Georges besitzt, die aufgrund seiner Ausbaumethoden eine Menge Aufmerksamkeit von Seiten der Presse auf sich gezogen hat. Laurents Methode besteht darin, den Wein in «200 % neuer Eiche» auszubauen, das heißt, beim Abstich von einem Fass ins andere während des Reifeprozesses jeweils ganz neue Fässer zu benutzen. Kein Wunder, dass manche seiner Weine sehr stark nach Vanille beziehungsweise Eiche) riechen und schmecken. Aber wen sollte das bei einem ehemaligen Konditor überraschen?

Der 1996er Meursault 1er cru Les Charmes des anderen Dominique trifft mich mit einem massiven Schlag, wie ich ihn eher von einem Chardonnay aus der Neuen Welt erwarten würde – «Bumm», sagt Dominique Lafon, als ich verkoste, und unterstreicht damit, dass der Wein ein Schwergewicht ist –, aber seine Nuss- und Orangennoten gleichen keinem Chardonnay, dem ich je außerhalb der Côte de Beaune begegnet bin (91 Punkte). Andere Jahrgänge dieses Weins zeigen dieselbe Kombination von Gewichtigkeit und eigenständigem Charakter. Ich frage Dominique Lafon, ob er die Trauben vor dem Keltern mahle und sie dann einige Stunden stehen lasse. «Skin-Contact» nennen das die Weinmacher in der Neuen Welt, während ihre französischen Kollegen den Ausdruck «Macération pelliculaire» dafür verwenden. «Oh nein!», antwortet er ziemlich schockiert ob der bloßen Vermutung, «ich bin nicht daran interessiert, Chardonnay zu machen, sondern großen Meursault.» Hier könnte die Antwort auf Journalistenfragen zu den Ergebnissen der Grand-Jury-Probe liegen.

Mit Chardonnay meint er einen trockenen Weißwein aus dieser Rebsorte, der irgendwo auf dem Erdball erzeugt werden kann, wo das Klima dafür geeignet ist. Mit großem Meursault meint er einen vollkommen eigenständigen Wein, der so schmeckt, wie nur ein Wein aus eben dieser Lage schmecken kann, einen Wein mit dem Charakter gerade *dieses* Terroir. Ich habe überhaupt keine Probleme, diesen besonderen Charakter in seinem 1996er Meursault 1er cru Les Perrières zu finden. Er besitzt einen außergewöhnlichen Duft, der an aneinander geschlagenen Feuerstein erinnert oder vielmehr an eine ganze Werkstatt von Feuerstein bearbeitenden Handwerkern. Nichts an diesem Wein ist im ersten Moment besonders anziehend, doch finden sich in ihm eine ganz ungewöhnliche Stärke und Energie, genau wie bei Dominique Lafon (96 Punkte). Und das Beste an diesem Wein ist das, was er hinterlässt, zuerst als Nachgeschmack und dann als Objekt der Sehnsucht in meiner Erinnerung. So beeindruckend Dominique Lafons 1996er Grand cru Montrachet auch ist – wahre Noblesse trotz enormer Mächtigkeit, noch zurückhaltend im Aroma (93 Punkte) –, mit diesem Meisterwerk kann er nicht ganz mithalten.

Die Lafon-Weine sind ebenso unberechenbar wie ihr Erzeuger, der sich einem trotz seiner Offenheit immer wieder entzieht; er ist wie ein Fisch, der einem umso schneller aus den Händen schlüpft, je stärker man versucht, ihn festzuhalten. Mir sind gute Lafon-Weine begegnet, die aber nicht hervorragend waren, und manche aus den achtziger Jahren sind zu schnell gereift.

Das Genie in den gelungensten aber ist unbestreitbar. Und immer noch bleibt die Frage, ob es möglich sei, eine Domaine zu finden, in deren Keller *ausschließlich* beeindruckende Weißweine liegen.

Alles, was der stämmige Gérard Boudot von der Domaine Etienne Sauzet in Puligny-Montrachet sagt, ist sorgfältig überlegt und auf eine sachliche Weise dargelegt, die das Verständnis erleichtert. Seine Keller wirken ebenso professionell und organisiert wie seine Erklärungen, und es kann keinen Zweifel daran geben, dass sein Ziel natürlich begeisternde Weißweine sind, er aber auch deutlich Gefallen an einem ordentlich aufgeräumten Betrieb findet. Ich habe das Glück, dass mein Besuch auf einen Zeitpunkt fällt, als die wunderbar ausgewogenen 1996er sich alle von ihrer besten Seite zeigen. Der 1996er Puligny-Montrachet ist ein lebhafter und charmanter junger Kerl, nicht übermäßig um Gefallen oder Überraschungen bemüht (86 Punkte). Jeder Einzelne der Weine aus den fünf 1er-cru-Lagen in Puligny, die wir verkosten, schmeckt nicht nur beeindruckend, sondern zeigt auch eigenständigen Charakter. Von ihnen begeistert mich der 1996er Puligny-Montrachet 1er cru Combettes am meisten, nicht weil er offenkundig am anziehendsten oder imposantesten ist, sondern weil seine vielseitige Persönlichkeit zu langer Betrachtung einlädt, sie fordert und belohnt (92 Punkte). Vier Weine aus Grand-cru-Lagen folgen und erfüllen alle Erwartungen, die man bei dieser Bezeichnung hegt. An der Spitze steht, ganz wie es die Tradition will, der 1996er Grand cru Le Montrachet, ein immens reichhaltiger und dennoch perfekt proportionierter Wein, aber auch ein Botschafter, der mit seinen Nachrichten langsam auf einen zuschreitet, durch einen Saal nach dem anderen, sodass man sich wie ein König fühlt (94 Punkte). Hier stehen alle Weine genau auf dem Platz, den man ihnen aufgrund der Bezeichnungen auf dem Etikett zuordnet. Es ist also doch möglich, im Burgund einen Keller voller erstklassiger Weißweine zu finden.

Dominique Lafon und Gérard Boudot sind eben genauso wie Lalou Bize-Leroy an der Côte de Nuits nur mit dem Bestmöglichen zufrieden. Das ist das Geheimnis hinter dem Triumph der «anderen Ecke».

SK

Champagne Schäumende Träume und der Abschaum der Träume

Die funkelnden Lichter einer großen Stadt, ihrer Wolkenkratzer, deren Beton- und Stahlbanalität sich nachts in eine blitzende Silhouette verwandelt, das faszinierende Spiel elektrischen Lichts, das sich im nächtlich schwarzen Wasser des Flusses spiegelt. Die Szenerie steht in den Fenstern am andern Ende des Raumes, wo meine Frau und ich an einem langen Tisch sitzen, zusammen mit einer Gruppe von Menschen, deren gute Laune sich wohltuend von der unwirtlich kalten Nässe der Londoner Winternacht abhebt.

Was aussieht wie inszeniert, ist eigentlich reiner Zufall: Als alle ihr Champagnerglas erheben, schießen ein paar Raketen durch den nächtlichen Himmel über der Isle of Dogs am anderen Themse-Ufer. Die Gläser werden auf uns und unsere Zukunft erhoben: Wir haben eben unsere Absicht kundgetan, so bald wie möglich zu heiraten. Unser amerikanischer Gastgeber ist daraufhin in den Keller gesaust und mit einer Flasche 1981er Krug Champagner wieder aufgetaucht, die er sehr freigiebig ohne weitere Umstände öffnet. Meine Frau hat währenddessen mehrmals erst auf ihre Uhr und dann aus dem Fenster geschaut. Es ist schließlich der 31. Dezember und gleich Mitternacht, doch als der Moment kommt, sehe ich, dass sie von den wenigen, mickrigen Raketen enttäuscht ist. Sie ist sich nicht bewusst, dass wir Briten den Jahreswechsel nicht als Anlass für ein Riesenfeuerwerk betrachten. Wir nutzen die Gelegenheit eher für das, was wir hier gerade tun: etwas zu trinken oder vielleicht auch ein bisschen mehr als nur etwas. Doch nachdem meine Frau den ersten Schluck Champagner probiert hat, strahlt ihr Gesicht heller als die Lichter der Stadt. Tatsächlich ist dieser Champagner sensationeller als jedes Silvesterfeuerwerk in Deutschland, an das ich mich erinnern kann. Aromen in allen Farben schießen in sämtliche Richtungen, der Geschmack explodiert mit tausend Sternen, wie es nur bei einem großer Champagner möglich ist, und lässt uns den Nachthimmel im Freien vergessen.

Es ist ein romantischer Augenblick, eine Feier genau wie die, derer sich auch die Champagnerbranche bedient, um den Mythos der Unwiderstehlichkeit und Einzigartigkeit ihrer Produkte aufrechtzuerhalten. Nicht nur, weil der Champagner so gut schmeckt, sondern auch, weil die Erinnerung an diesen Abend zu unserem eigenen Mythos wird, wiederholen wir ihn im folgenden Jahr ein halbes Dutzend Mal. Meine Frau kauft eine Sechserkiste 1981er Krug für eine Summe, die sie mir nicht nennen will. Den letzten Korken lassen wir zu unserem Hochzeitsessen fliegen. Wir sitzen nur zu zweit im Restaurant im Logenhaus in Berlin, nicht weit vom Hotel Bogota, wo wir seit unserer Ankunft aus dem Koffer leben. Wir haben uns bewusst für diesen intimen Rahmen entschieden, weil wir den ganzen Trubel, die Aufregung und Anstrengung einer konventionellen Hochzeit, bei der sich immer irgendwelche Freunde und Verwandte unmöglich benehmen, vermeiden wollten. Unsere Mittellosigkeit, nach diesem Abend in Jürgen Fehrenbachs Restaurant erst richtig vollkommen, war eine gute Ausrede, um jene Art von Feierlichkeit zu umgehen, wo ein großer Teil der jährlich erzeugten rund dreihundert Millionen Flaschen Champagner getrunken werden. Nicht dass wir etwas dagegen hätten, in einer großen Runde Champagner zu trinken, aber es ist doch etwas Besonderes, zu zweit eine hervorragende Flasche zu genießen. Während der Champagner bei großen Gesellschaften oft zu einem bloßen Getränk degradiert wird, ist er im kleinen Kreis ein Wein, in dem sich schwelgen lässt und der ebenso viel Vergnügen bereiten kann wie die anderen großen Weine der Welt. Die meisten kennen Champagner nur von Veranstaltungen her und trinken ihn wie eine teure Alternative zu Sekt, Bier oder Cola, auch wenn sie ihn bei einem Tête-à-tête bestellen. «Genießen sie ihn wirklich?», frage ich mich oft entsetzt, wenn ich beobachte, wie flüssiger Luxus gedankenlos die Kehlen hinuntergeschüttet wird.

«Wen kümmert es!», ist unsere Einstellung an diesem Abend, als wir unsere letzte Flasche 1981er Krug zum ersten Gang trinken, der aus Stör auf einem Bett von verschwenderisch kremigem Kartoffelpüree besteht, auf dem saftigen Fisch ein großzügiger Schlag Kaviar. Die Kombination ist meisterhaft und zudem etwas, das der normale Champagnertrinker wahrscheinlich nie in Erwägung ziehen würde. Die wenigsten Leute, selbst Franzosen, sind sich bewusst, wie perfekt ein voller, reifer Champagner wie dieser ein kräftiges, raffiniertes Fischgericht begleiten kann oder wie himmlisch ein Blanc-de-Blancs-Champagner zu reifem Chaource-Käse schmeckt. Die Franzosen trinken Champagner gelegentlich zum Essen, aber oft killen sie ihn auch mit dem Dessert. Es gibt keinen Zweifel, der Champagner ist ins Getto der Feste verbannt, und wenn er es wagt, auch nur einen Fuß hinauszusetzen, dann ist das Ergebnis meist ein Desaster. Das ist der Preis seines eigenen Erfolgs, was auch für die Probleme seiner Herkunftsregion gilt. Der Mythos ist so überwältigend, dass es einem manchmal notwendig erscheint, daran zu erinnern, dass Champagner nicht nur ein Traum ist, wie es uns die gut betuchten Marketingabteilungen der großen Champagnerhäuser weismachen wollen, sondern dass es tatsächlich 31 191 Hektar Weinberge gibt...

Ernüchternde Gedanken

Die Situation an diesem Märzmorgen ist das Gegenteil von dem, was man normalerweise mit Champagner verbindet. Ich sitze in einem nüchternen, modernistischen Verkostungsraum, und das Einzige, das die Gefühle eines Weintrinkenden anrühren könnte, ist der Blick auf die Weinberge an den steilen Hängen des Marne-Tals in der Ferne, hinter der Dächerlandschaft von Epernay. Doch genau das habe ich gesucht: die Möglichkeit, Champagner auf die kritische und analytische Weise zu verkosten, wie man es als Journalist bei Produzenten von stillen Weinen gewöhnt ist.

Mein Gastgeber ist Richard Geoffroy, einer der leitenden Kellermeister bei Moët & Chandon, jenem Unternehmen, das allein beinahe einen Zehntel der Gesamtproduktion des Gebiets bestreitet. Geoffrey hat alles perfekt organisiert, und dennoch schweifen meine Gedanken plötzlich ab, als ich zu den letzten Probeflaschen auf dem blendend weißen Probiertisch komme. Der Anblick der elegant geschwungenen, flakonartigen Flasche, in welcher Dom Pérignon seit der Lancierung im Jahr 1936 vermarktet wird, ruft eine Flut von Erinnerungen an Ausschweifungen vergangener Jahre wach, allen voran an meine erste Flasche Dom Pérignon, die ich als armer Kunststudent in meiner heruntergekommenen Londoner Sozialbauwohnung getrunken habe. Entschlossen, auch den 1990er Dom Pérignon professionell zu beurteilen, ziehe ich den Vorhang vor inneren und äußeren Fenstern, wende mich ab von Aussicht und Erinnerungen.

«Wir sind die Einzigen, die Pinot noir und Chardonnay zu perfekter Harmonie vermählen ... Das hier ist es», sagt Monsieur Geoffroy mit Nachdruck, als ich das Glas zur Nase hebe. Das klingt wie plumpes Selbstlob, aber die Weinkritiker haben diesen Champagner weltweit mit ähnlich überschwänglichem Lob überschüttet. Ihre Worte scheinen in der leise perlenden, blassgrün bis strohfarbenen Flüssigkeit in meinem Glas zu widerhallen. Die Erwartungen eines Weinkritikers unterscheiden sich von denen eines normalen Konsumenten, aber alle kaufen wir Träume, wenn wir Champagner erstehen, und diese Träume werden geprägt von den Bildern, die die

Champagnergiganten uns eintrichtern. Die große Frage lautet immer, ob die Wirklichkeit den Träumen standhält, und genau das ist in diesem Moment mein Problem. Ja, der 1990er Dom Pérignon ist «zugleich fein im Geschmack und vollmundig», wie mir Monsieur Geoffroy seine Ziele beim Ausbau des Champagners beschreibt. Dies ist sicher ein sehr gutes Erzeugnis, besser als die große Mehrheit der Champagner, aber ich habe Mühe, etwas darin zu finden, das mich faszinieren würde (84 Punkte). Wo bleibt die Magie des Mythos?

«Ja, aber...», lautet ein Urteil, das bei vielen der teuren, in limitierter Auflage erzeugten Prestigecuvée-Champagner wie Dom Pérignon, die angeblich die absolute Spitze der Qualitätsskala darstellen, seine Berechtigung hat. Das bedeutet für das Gebiet ein Problem, doch die äußerst bescheidene Qualität vieler Standardchampagner ohne Jahrgang von den Grandes marques, den großen Häusern, ist noch wesentlich gravierender. Sie bilden die wirtschaftliche Grundlage der Branche und machen 70 % oder mehr der Gesamtproduktion eines Hauses aus. Hier wäre eher ein «Nein, außer...» angebracht, gefolgt von den wenigen Ausnahmen von der enttäuschenden Regel. Viele der meistverkauften Champagnermarken schneiden bei einer Verkostung neben gutem deutschen Sekt, spanischer Cava oder Schaumwein aus Kalifornien oder Australien schlecht ab, sind aber deutlich teurer als diese ernst zu nehmende Konkurrenz. Die Vorherrschaft des Champagners in der Welt der schäumenden Weine ist am Wanken; der Konsument braucht sich dessen nur bewusst zu werden.

Allerdings ist das keine neue Beobachtung. 1991 prangerte der britische Weinautor Oz Clarke die großen Champagnerunternehmen an, weil sie Produkte, die der auswärtigen Konkurrenz qualitativ unterlegen waren, zu überzogenen Preisen vermarkteten. Sie straften ihn für dieses «Verbrechen» mit Missachtung, doch als sich Clarkes Kollegen mit ihm solidarisch erklärten, sahen sich die PR-Leute der Champagnerbranche zum Rückzug gezwungen. Während der folgenden Jahre schienen die Champenois in diesem Promotionsgrabenkrieg dann überlegen, nicht zuletzt aufgrund der guten Qualität der Jahrgänge 1988, 1989 und 1990, die damals auf den Markt kamen. Mit Blick auf die größte Party der Welt, die Jahrtausendwende, war dies ein gut getimter Sieg. 1996 waren die Medien voll mit Gerüchten, im Dezember 1999 würde es nicht genug Champagner zum Feiern geben. Den Konsumenten wurde geraten, früh genug Vorräte anzulegen, um Enttäuschungen zu vermeiden – ein weiteres Champagnermärchen, das mit großer Professionalität verbreitet wurde. Im Juli 1997 reiften immer noch rund 985 Millionen Flaschen Champagner in den Kellern des Gebiets, was bei einem erwarteten weltweiten «Bedarf» von 350 Millionen Flaschen für das Jahr der Jahrtausendwende kaum wie eine drohende Verknappung aussieht.

Die Keller werden längst nicht leer getrunken sein, wenn die Welt am 1. Januar 2000 mit dem größten Kater der Geschichte aufwacht.

Man hört in der Weinwelt allgemein wenig laute Kritik am Champagner. Auch hier hängt man seinen Träumen nach, aber hinter den Kulissen macht der Chor von Weinhändlern, Sommeliers und Journalisten dem Jammer flüsternd Luft. «Sauer», «bitter», «oxidativ», «zu süß», «dünn» und «charakterlos» lauten die Anschuldigungen gegen viele der meistverkauften Champagnermarken. Die Mengen, die in Deutschland davon konsumiert werden, deuten zwar darauf hin, dass viele Konsumenten offenbar nichts dagegen haben, zwischen dreißig und vierzig Mark für eine solche «Qualität» auszugeben, doch die enormen Verkaufszahlen der Billigchampagner großer Supermarktketten erzählen eine andere Geschichte. Diese Produkte sind vielleicht nichts Besonderes, aber sie schmecken meist auch nicht schlechter als die Markenchampagner großer Häuser, und für viele Champagnertrinker scheinen fünfzehn bis zwanzig Mark ein angemessener Preis für Brut-Champagner ohne Jahrgang zu sein. Dies sollte, ganz abgesehen davon, dass die Schaumweine aus anderen Ländern eine Konkurrenz darstellen, für Unruhe in der Champagnerbranche sorgen, da sich so ganz allmählich das Bild des Luxus auflöst, das sie so sorgsam über Jahrzehnte hinweg aufgebaut hat.

Das wirkliche Problem ist also die Qualität oder vielmehr der Mangel an Qualität bei den Standardchampagnern der Grandes marques, denn sie bilden die Grundlage, auf der nicht nur das Image der Schaumweine aus diesem Gebiet basiert, sondern mit der auch das Hauptgeschäft gemacht wird. Eine objektive Betrachtung dieser Champagner führt zu einer Litanei von Enttäuschungen und nur allzu leicht zu der bitteren Frage: «Welcher ist der schlechteste von ihnen?» Dennoch bin ich bei meiner Verkostungstour durch die Champagne bemüht, nüchtern und überlegt vorzugehen, und suche hoffnungsvoll nach positiven Eindrücken, nach wahr gewordenen schäumenden Träumen.

Die brutale Wahrheit

Die Firma Veuve Clicquot weiß, wie man Gäste ordentlich empfängt. Ihr Directeur des caves, Oberkellermeister Jacques Péters, spricht offen und ausführlich über seine Arbeit. Er führt mich durch die ausgedehnten Keller des Unternehmens in den Crayères, den unterirdischen, kegelförmigen, von den Römern angelegten Kalksteinbrüchen, die äußerst beeindruckend sind. Monsieur Péters erläutert, dass die Firma technisch so ausgerüstet ist, dass ein einheitlicher Verschnitt für zehn Millionen Flaschen geschaffen werden kann, was ungefähr einer Jahresproduktion des Unternehmens entspricht.

Dennoch lässt er dabei irgendwie den Eindruck entstehen, als sei selbst der Brut-Champagner Carte Jaune in gewisser Weise ein handwerklich hergestelltes Erzeugnis. Carte Jaune ist der Champagner mit dem orangefarbenen Etikett, das sich als ein derart erfolgreiches Marketinginstrument erwiesen hat. Er macht den größten Teil der Produktion bei Veuve Clicquot aus. Dann stellt er mir eine Reihe von Vins clairs oder Stillweinen vor, wie sie ihm zur Verfügung standen, als er den alljährlichen Verschnitt für den Carte Jaune kurz vor meinem Besuch zusammengestellt hat, sowie auch den tatsächlichen Verschnitt, der dann mit etwas Hefe und Zucker abgefüllt wird und erneut gärt (Méthode champenoise). Schließlich zeigt er mir die aktuelle, zurzeit auf dem Markt befindliche Version des Carte Jaune, für den die Cuvée vor ungefähr drei Jahren zusammengestellt worden ist. Danach folgt eine Einladung zum Mittagessen im firmeneigenen Hotel du Marc nicht weit vom imposanten Hôtel de Ville im Herzen von Reims, das seit seiner kürzlichen Restaurierung in makelloser Belle-Epoque-Pracht glänzt. Bereits auf der Außentreppe empfängt uns ein hoch gewachsener, bärtiger Butler in weißer Jacke und weißen Handschuhen und serviert dann nach dem Aperitif-Champagner Darne de lieu jaune au saffron, Filet de bœuf à la ficelle, Fromages et Salade d'agrumes aux épices, ein Menü, für das der Küchenchef in einem öffentlichen Restaurant einen Michelin-Stern verdient hätte. Dazu werden 1990er La Grande Dame und 1989er La Grande Dame rosé gereicht, die beiden Prestigecuvées, die an der Spitze des Veuve-Clicquot-Sortiments stehen. Die Atmosphäre ist äußerst freundlich und Jacques Péters ein reizender Gastgeber. Es ist schwierig, sich durch all die Aufmerksamkeit und den Luxus nicht allzu geehrt und geschmeichelt zu fühlen. Doch nichts von dem Glanz kann letztendlich meine Enttäuschung über den Veuve Clicquot Carte Jaune mildern.

Das Exemplar, das ich an diesem Tag verkoste, wirkt im ersten Moment ungeschliffen mit etwas aggressiver Mousse (die Bläschen), dann kommt ein sympathischer Anflug von Großzügigkeit, doch danach verabschiedet er sich abrupt, statt einen anhaltenden Nachhall zu hinterlassen (74 Punkte). Draußen in der Alltagswelt ist mir dieser Champagner schon oft als mächtig im Geschmack, aber leicht bitter und durch harte Säure stumpf erschienen (im schlimmsten Fall gerade einmal 70 Punkte). Die «großen Damen», die ich zum Mittagessen bekomme, sind natürlich viel besser. Die 1989er La Grande Dame rosé ist wirklich großzügig und gehaltvoll, ohne aufdringlich oder bemüht zu wirken, und hinterlässt einen angenehm sahnigen Nachhall (85 Punkte). Noch besser ist die 1990er La Grande Dame, sehr geradlinig und klar, das üppige Dekolleté an Fruchtnoten bestens von einem Säure-Wonderbra gestützt (88 Punkte). Mit einem oder zwei Jahren Flaschenreife könnten sich diese Attribute zu einer wirklichen Verführung entwickeln.

Dieser Gegensatz zwischen Spitzenprodukten und Standardqualität ist keineswegs auf Veuve Clicquot beschränkt, sondern nach meinen Erfahrungen typisch für die großen Champagnerfirmen. Und unter den gegebenen Umständen, mit Proben im Idealzustand und der Möglichkeit, falls nötig eine zweite Probeflasche direkt aus dem Keller öffnen zu können, gibt es keine Entschuldigung. Ein Champagner, der trotz alledem nicht besonders gut schmeckt, ist ganz einfach kein sehr guter Champagner. Nirgends ist das auffallender, ja schockierender, als im Hause Taittinger.

Hier gibt es keinen Butler mit weißen Handschuhen und kein üppiges Essen, aber einen Spitzenchampagner: den 1990er Comtes de Champagne, ein Blanc de Blancs, das heißt ausschließlich aus der weißen Chardonnay-Traube erzeugt, im Gegensatz zu dem üblichen Verschnitt aus dieser Sorte mit rotem Pinot noir (Spätburgunder) und Pinot meunier (Schwarzriesling). Seine an getrocknete Pfirsiche und Birnen erinnernden Aromen sind voll und hinreißend ohne übermäßige Üppigkeit, straff anstatt dekadent, und der Nachhall erfüllt mich mit Spannung auf den nächsten Schluck (92 Punkte). Der 1993er Comtes de Champagne rosé ist kaum weniger köstlich, ausgesprochen delikat in den Aromen und fein in der Mousse, vermittelt unzählige Streicheleinheiten, ohne sich deshalb lüstern zu benehmen (90 Punkte). Doch selbst diese beiden Schönheiten lassen mich nicht den deprimierenden Auftakt der Verkostung vergessen, den Brut Réserve, der, wie mir gesagt wird, 70 % der Gesamtproduktion des Unternehmens ausmacht. Alles, was mir René Chervier, der Produktionschef des Hauses, über dieses Produkt erzählt, klingt äußerst plausibel und logisch, das einzige Problem besteht darin, dass die Flüssigkeit in meinem Glas einen anhaltend bittersüßen Nachgeschmack hat. Nach einer Weile im Glas verlieren sich auch die verhaltenen Blüten- und Fruchtnoten, die ihm anfangs noch etwas Charme verliehen haben (68 Punkte). Mir sind früher bereits ähnliche und auch etwas bessere Flaschen begegnet, bei denen der bittere Ton zwar immer noch vorhanden, aber doch weniger ausgeprägt war (im besten Fall 72 Punkte).

Wie kann es sein, dass bekannte große Champagnermarken wie diese so sehr enttäuschen? «Die ganze Kunst bei der Champagnerherstellung ist die Kunst des Verschnitts, also die Kombination aller Elemente [die vielen Grundweine, die zu einer Cuvée verschnitten werden] zu einer Komposition, und die Fähigkeit, sich vorzustellen, wie sich das Ergebnis Jahre später nach der zweiten Gärung in der Flasche präsentieren wird», erklärt Loic Dupont, der Taittinger-Chefönologe, stellvertretend für so gut wie jedes Champagnerhaus, denn im Grunde genommen spielt sich überall das Gleiche ab. Der Verschnitt für den Brut ohne Jahrgang wird aus dutzenden, wenn nicht sogar hunderten von verschiedenen Stillweinen zusammengestellt. Mir scheint, dass bei manchen dieser Häuser der Zwang, bei bestimmten Verschnitten ein gewisses Gesamtvolumen zu erreichen, dazu führt, dass minderwertige Komponenten die Gesamtcuvée «verderben», so wie eine kleine Menge gehackter Zwiebeln im Kühlschrank nach kurzer Zeit allem anderen einen unangenehmen Beigeschmack aufzwingt.

Auch bei G. H. Mumm kann ich mich dieses Eindrucks nicht erwehren. Hier wird der Brut ohne Jahrgang Cordon Rouge genannt und die Prestigecuvée Grand Cordon. Der 1990er Grand Cordon geniert sich nicht, laut «Hier bin ich!» zu rufen, in einer unverhohlen rauchigen und nussigen Art, ein wenig plump, aber doch ausgewogen (85 Punkte). Unglücklicherweise ist der normale Cordon Rouge nur ein schwaches Abbild davon, voller Duft und Geschmack, aber vordergründig und flach. «Wenn man eine Flasche trinkt, sollte einem ein Souvenir bleiben», bemerkt der neue Kellermeister Dominique Demarville und drückt damit auf poetisch-französische Weise aus, dass der Nachgeschmack nahtlos in eine schöne Erinnerung übergehen sollte. Er meint es gut, wie alles andere, was er sagt, aber er ist sehr jung und noch nicht lange auf diesem Posten. Das entlässt ihn aus der Verantwortung für das Andenken, das diese Flasche mir beschert. Es beginnt zwar überschwänglich, hinterlässt aber einen klebrig süßlichen Nachgeschmack, was ich dann doch nicht besonders poetisch finde (70 Punkte).

Diese Klebrigkeit hat natürlich mit dem Zucker im Endprodukt zu tun. Beinahe alle Champagner erhalten nach dem Degorgieren (Entfernen der Hefereste), wenn sie für den Verkauf vorbereitet werden, eine Dosage aus in etwas Wein aufgelöstem Rohrzucker, bis zu fünfzehn Gramm Zucker je Liter für einen Brut-Champagner. Ich würde meinen, dass der Cordon Rouge nicht weit von dieser Höchstgrenze entfernt ist – ein weit verbreitetes Phänomen. Der Zucker kann allerdings nicht allein hinter dem klebrig süßen Eindruck stecken, andere Brut-Champagner mit derselben Dosage schmecken nämlich ausgewogen und klar. Das heißt, dass andere Elemente im Champagner in Verbindung mit dem Zucker zu diesem Ergebnis führen und dass diese Elemente aus den stillen Grundweinen stammen müssen.

Bei Moët & Chandon liegen die Dinge anders. «Was ist der verbindende Faktor des ganzen Sortiments?», fragt Richard Geoffroy rhetorisch, um den Firmenstil darzulegen. «Es sind nicht einzelne Geschmacksnoten, sondern ist eher eine Frage des Mundgefühls… es geht um Gewichtung, Fülle, Struktur und Textur, gezügelte Fülle, positive Präsenz ohne den Eindruck von Schwere.» Das erinnert mich an den McDonald's-Manager, den ich zufällig vor einigen Jahren in Los Angeles kennen lernte, und an seine Beschreibung des idealen Big Mac…

Das Problem ist, dass die meisten Moët-&-Chandon-Champagner einfach langweilig oder sogar fade sind. Dies gilt besonders für den Brut Impérial – der Gipfel der Ausdruckslosigkeit unter den großen Champagnermarken, frisch, sauber und korrekt, aber vollkommen belanglos (72 Punkte). Richard Geoffroy scheint meine Enttäuschung zu spüren und erklärt, der Brut Impérial reife momentan nicht so lange, wie es Anfang der neunziger Jahre üblich gewesen sei. Nach der Jahrtausendwende würde dieser Champagner jedoch wieder länger auf der Hefe reifen. Nun, dann müssen wir wohl ein paar Jahre warten und schauen, ob das einen wesentlichen Unterschied ausmacht. Ich kann mich durchaus an Flaschen vor fünf oder sechs Jahren erinnern, die um einiges besser waren. Der teurere Brut-Champagner Réserve Impériale, ebenfalls ohne Jahrgang, wirkt voller und reichhaltiger im Geschmack, zeigt aber nur wenig echte Persönlichkeit (78 Punkte). Mit Vergnügen würde ich hingegen den 1992er Brut Impérial trinken, bei dem man wirklich all das wiederfindet, von dem Richard Geoffroy spricht, obwohl ich ihn eher als angenehm und harmonisch beschreiben denn als großen Hit bejubeln würde (80 Punkte). Es gibt aber weitaus schlechtere Flüssigkeiten mit der Bezeichnung Champagner auf dem Etikett...

Um die obigen Bewertungen in einen Zusammenhang zu stellen, muss ich vom sauberen, aber säuerlichen bis bissigen Lanson Brut Black Label berichten, einem Champagner mit kaum vorhandener Eigenart (70 Punkte). La Demoiselle von Vranken erinnert mich an süßsaure Bonbons (68 Punkte). Noch unsympathischer ist mir der ungeschliffene, plumpe Fleur de Champagne aus dem Hause Duval-Leroy, dessen dumpf-rustikaler Abgang den Tiefpunkt meiner Champagner-Recherche darstellt (64 Punkte).

Schockierend ist die Tatsache, dass die oben genannten und bewerteten Champagnermarken, die mich alles andere als beeindruckt haben, zusammengenommen einen quantitativ sehr bedeutenden Teil der Gesamtproduktion in der Region Champagne ausmachen. Die produzierte Menge liegt jeweils weit über einer Million Flaschen pro Jahr, in manchen Fällen beträgt sie ein Vielfaches davon. Wir reden hier also nicht über eine kleine Nische, sondern über den eigentlichen Grundstock der Champagne, die tonangebenden Marken mit weltumspannender Distribution. Aus diesem Blickwinkel könnte man den Eindruck gewinnen, Champagner sei reiner Hohn und die Champagne habe nur wenige, teure Produkte zu bieten, die bemerkenswert und begeisternd genug wären, um ihren Ruf als Produzentin von Spitzenschaumweinen zu rechtfertigen. Vielleicht wäre es an der Zeit, den Trinkspruch aus der Zeit Edwards VII. «Champagne for your real friends and real pain for your sham friends» (Champagner für deine wahren Freunde und wahren Schmerz für deine falschen Freunde) abzuändern in «Sparkling wine for your real friends and Champagne for your sham friends» (Sekt für deine wahren und Champagner für deine falschen Freunde), um der Enttäuschung über das Qualitätsniveau der Champagne Ausdruck zu verleihen.

«Sind Sie aber nicht im Ganzen gesehen furchtbar enttäuscht von der Champagne?», fragt mich Antoine Roland-Billecart vom Champagnerhaus Billecart-Salmon in Mareuil-sur-Ay nervös. Seine eigene Enttäuschung ist ihm dabei deutlich anzumerken. Die Frage überrascht mich, denn ich habe ihm gerade erzählt, wie sehr mich die gemeinsam verkosteten Champagner seines Hauses beeindruckt haben. Im Gegensatz zu vielen seiner Kollegen zieht er es aber vor, unangenehmen Wahrheiten offen und direkt gegenüberzutreten, anstatt ein breites PR-Lächeln aufzusetzen und den äußeren Schein zu wahren. Meine Antwort, dass ich mich über die drei bekannten Häuser freue, bei denen alle Champagner beeindruckend gewesen sind, und über einige andere, wo die meisten Weine sich als tadellos erwiesen haben, scheint seine Unzufriedenheit nicht zu besänftigen. «Ja, aber allzu oft ist die Qualität nicht, was sie sein könnte, was die Leute von uns erwarten», kommt es aus ihm herausgeschossen, als würden die Gebietsprobleme all das Lob der internationalen Weinpresse für seine eigenen Champagner schmälern.

Am Nachmittag hat mich ein anderer Antoine Roland-Billecart, der optimistische und fanatische Weinmacher, durch die ausgesprochen unspektakulären Keller des Betriebs geführt, und wir haben dutzende von Vins clairs aus unromantischen Edel- und Emailstahltanks probiert. Ich hatte bereits früher derartige Grundweine verkostet, und es war meistens ein verwirrendes bis schmerzhaftes Erlebnis gewesen. Die meisten der großen Häuser stellen den Vorgang, durch den diese Stillweine zu Champagner werden, als eine Art Wunder dar. Und ein solches ist sicher nötig, um die sauren, ruppigen Weinchen, denen ich vielerorts begegnet bin, in etwas Elegantes oder gar Verführerisches zu verwandeln. Die Vins clairs in den Billecart-Salmon-Kellern sind auch Rohprodukte, aber sie sind gleichzeitig Weine, die man bereits jetzt mit Vergnügen trinken könnte. Sie schmecken lebendig und frisch und duften verführerisch nach reifen Früchten. Als wir von einem Tank zum anderen gehen, entdecke ich nach und nach voller Begeisterung Äpfel, Birnen, Zitronen, Erdbeeren, Himbeeren, Rhabarber, gebackene Bananen und vieles mehr, bis sich mein Kopf wie ein übervoller Obstkorb anfühlt.

«Wie wichtig ist der Fruchtcharakter für den Champagner?», erkundige ich mich und unterbreche damit die Probe, bevor der übervolle Korb platzt. «Frucht ist… puhh!», entgegnet Antoine Roland-Billecart, legt seine zur Faust geballten Hände an die Schläfen, streckt dabei die Zeigefinger nach vorn und mimt – auch akustisch – einen angreifenden Stier. Es folgen Worte wie «wesentlich» und «entscheidend», aber ich habe schon verstanden. Obwohl er in dem Familienunternehmen, das er mit seinem älteren Bruder

François führt, offiziell für den Verkauf zuständig ist, handelt es sich eigentlich doch um viel mehr. 1984 begann er im Keller zu arbeiten und verfeinerte dort Schritt um Schritt den zwei Generationen zuvor entstandenen Hausstil.

«Mein Großvater war Brauer, und seine Idee, den Most sehr langsam bei niedrigen Temperaturen zu vergären, hatte dort ihren Ursprung», erzählt Antoine mir jetzt und macht damit deutlich, dass er keinesfalls der erste Freidenker in der Familie ist. «Ich vergleiche die Gärung immer mit dem Kochen: Wenn man ein Obstkompott zu heiß kocht, dann duftet es in der Küche wunderbar, aber das Kompott schmeckt nicht besonders, weil die Fruchtaromen beim Kochen verflogen sind. Das ist ein weit verbreitetes Problem hier im Gebiet.»

Dieser einfache Grundsatz führt in den Billecart-Salmon-Kellern zu Methoden, die weitab von den ansonsten in der Champagne üblichen Praktiken liegen. Aus diesem Grund gilt Antoine Roland-Billecart unter seinen Kollegen eher als exzentrisch oder verrückt denn als Freigeist. Er scheint sich jedoch in der Rolle des Rebells und Einzelkämpfers wohl zu fühlen, und der Herausforderung, den internationalen Ruf von Billecart-Salmon sozusagen aus dem Nichts aufzubauen, hat er sich seit seinem Eintritt in die Familienfirma ganz offensichtlich mit Begeisterung gestellt. Er legt dabei zwar einiges Gewicht auf das Marketing, kann sich aber natürlich nicht annähernd die riesigen Kampagnen in der Art von Moët & Chandon, G. H. Mumm oder Veuve Clicquot leisten, deren Jahresproduktionen mindestens ein Zehnfaches von Billecart-Salmons 840 000 Flaschen ausmachen: «Ich unternehme in dieser Richtung mehr als mein Vater, aber der Wein muss die Hauptsache bleiben …»

Antoine Roland-Billecarts größte Handhabe in diesem Kampf mit einer Welt, die es in der ersten Regung stets vorzieht, beim Altbekannten zu bleiben, ist der Inhalt der Flaschen. Der normale Champagner ohne Jahrgang von Billecart-Salmon schmeckt wie kein anderer Standardchampagner; der ausgeprägte Fruchtcharakter der Stillweine, aus denen er entsteht, widerspiegelt sich im Endprodukt. Verglichen mit den meisten Mitbewerbern wirkt er fast parfümiert, aber nichts an den Himbeer-, Apfel- und Birnenaromen ist laut, er schmeckt zugleich fein, saftig und lebendig (86 Punkte). «Wir geben nicht vor, in einer Flasche dieser Preiskategorie enorme geschmackliche Komplexität erreichen zu können. Stattdessen suchen wir die Frucht, die richtige Säure, und füllen dann ab», erklärt Antoine Roland-Billecart und macht deutlich, dass er diese Qualität nicht mit irgendwelchen Trauben erreichen könnte. «Ohne saubere, reife Trauben führt der ganze Aufwand, den wir im Keller betreiben, nicht zum richtigen Ergebnis. Manchmal ist es allerdings sehr frustierend, wenn ich mit Traubenlieferanten spreche. Wenn ich die Weinqualität erwähne, starren sie mich verständnislos an.» Es ist ganz offensichtlich keine leichte Aufgabe für Antoine Roland-Billecart, selbst für sein einfachstes Produkt die richtigen Trauben zu finden.

Eines der «Geheimnisse» seines Stils sagt viel über die Probleme der Champagne aus. Der Standard-Brut von Billecart-Salmon wird hauptsächlich aus der Pinot-meunier-Traube gemacht, die in der Champagne auf 36 % der Gesamtrebfläche wächst. Ein typischer Champagnerproduzent erwähnt auf die Frage nach der Zusammenstellung seiner Cuvée beziehungsweise seines Verschnitts den Pinot meunier entweder gar nicht oder versucht, ihn als so nebensächlich wie möglich erscheinen zu lassen. Jede Rebsorte besitzt ihre eigene Persönlichkeit, ihre besonderen Schwächen und Stärken, vergleichbar mit bestimmten Apfel- oder Rosensorten. Der Pinot meunier gibt sich dabei nahezu schizophren: Man könnte den Eindruck gewinnen, er sei nur ein Lückenbüßer zwischen der Eleganz des Chardonnay und dem Körper und Charakter des Pinot noir.

«Ganz sicher ist der Pinot meunier beim Champagner von Interesse», beharrt jedoch Antoine Roland-Billecart, als ich ihn frage, warum seine Kollegen an diese in großen Mengen vorhandene Rebsorte nicht zu glauben scheinen. «Seine Kapazität an Fruchtaromen ist enorm, aber man muss auf gute Reife achten und sehr vorsichtig pressen, sonst kann das Ergebnis schrecklich sein.» Schrecklich bedeutet in diesem Fall bitter und derb, erfahrungsgemäß zwei der Probleme vieler Standardchampagner. Obwohl die Erzeuger den Pinot meunier oft kaum erwähnen, stellt er üblicherweise an die 20 % des Verschnitts dar, oft noch viel mehr. Selbst bei erstklassigen Grundweinen aus den anderen Sorten – Chardonnay und Pinot noir – würde eine maßgebliche Menge Pinot meunier von schlechter Qualität ausreichen, um manche der schweren Enttäuschungen zu erklären, die ich erlebt habe. Denken wir an das Beispiel der gehackten Zwiebeln im Kühlschrank. Die Vertreter berühmter Häuser werden natürlich beteuern, dass sie minderwertige Grundweine grundsätzlich aussondern. Große Unternehmen stellen immer alle möglichen Behauptungen zu ihren Produkten auf, aber ihr Hauptinteresse gilt in erster Linie den vierteljährlichen Verkaufszahlen und den Jahresprofiten statt der Produktqualität.

Champagner ist zum Big Business geworden, bei dem alles in Millionen gemessen wird. Moët & Chandon enthüllt nicht, wie groß die Gesamtproduktion des 1990er Dom Pérignon ist, aber gerüchteweise ist von weit über zwei Millionen Flaschen die Rede. Und das ist angeblich einer der exklusivsten Champagner. Die Produktionsmenge wäre allerdings nebensächlich, wenn der Flascheninhalt dem geweckten Anspruch, dem eigentlichen Mythos, gerecht würde. Doch je größer die Produktionsmenge eines einzelnen

Champagners ist, desto weniger wählerisch kann man bei den Grundweinen für den Verschnitt sein.

Bei den Produktionszahlen der Spitzencuvées von Billecart-Salmon stellt sich dieses Problem nicht. Das einzig Verwirrende ist, dass es eine ganze Reihe von Spitzencuvées gibt. Der 1990er Blanc de Blancs ist eine Kaskade von weißem Moiré-Satin, dessen Falten trotz des dicht gewebten Stoffes schwerelos schimmern, jedoch nicht als Gardinen, sondern als ein Kleid, das die grazile Schönheit von Grace Kelly umhüllt (93 Punkte). Anders bei der 1990er Cuvée N. F. Billecart: Hier führt ein schlanker weiblicher Arm den Pinsel und zieht damit die strengen, wie in Stein gemeißelten Linien einer Zenzeichnung (94 Punkte). Die 1991er Cuvée Elisabeth Salmon rosé ist nicht ganz so überraschend, vereint aber in sich die Zartheit feinster Spitze mit den aromatischsten Erdbeeren und Himbeeren eines englischen Sommers (91 Punkte). Und als sei das nicht schon mehr als genug, gibt es da auch noch die 1988er Grande cuvée. Sie ist die sublimierte Essenz des Billecart-Salmon-Stils, eine Venus aus makellosem weißem Marmor: das Meisterwerk eines großen Bildhauers (95 Punkte).

«Es gibt zwei Dinge im Leben, über die man nicht objektiv diskutieren kann: Geschmack und Farben», sinniert Antoine Roland-Billecart mit einem Glas des letzten Weines in der Hand vor sich hin. Es ist ein ungewöhnlich philosophischer Moment für jemanden, der sich sonst ganz auf konkrete Aufgaben, Herausforderungen und Probleme konzentriert. Eines seiner Probleme ist der Preis für Weinberge in der Champagne, dem Gebiet mit dem höchsten durchschnittlichen Weinbergspreis ganz Frankreichs, nämlich 1,707 Millionen Franc je Hektar. Die besten Lagen kosten hier bis zu fünf Millionen Franc pro Hektar! Das macht es sehr schwierig, den Billecart-Salmon-Besitz auszudehnen, der zurzeit ganze sechzehn Hektar umfasst und nur etwa 15 % der benötigten Trauben liefern kann.

In der Champagne gilt jedoch allgemein, dass die Grundweine für Prestigecuvées wie die Grande cuvée aus eigenen Lagen kommen sollten. Es trifft sicher zu, dass ein Weinproduzent die Bewirtschaftung der eigenen Lagen besser unter Kontrolle hat als bei zugekauften Trauben. Bei der Hälfte der Weinberge, deren Trauben zugekauft werden, bestimmt Billecart-Salmon allerdings die Bewirtschaftung selbst, was nach der Eigenbewirtschaftung die beste Methode ist. Einer der wichtigsten Bestandteile der Grande cuvée stammt jedoch aus Montgeaux in der Aube im Süden des Gebiets, wo wirklich nur die Trauben aufgekauft werden. Diese Ecke hat keinen besonderen Ruf für Qualität, und Antoine Roland-Billecart ist rein zufällig darauf gestoßen.

«Eines Tages habe ich im Keller eine kleine Menge 1982er Jahrgangs-Champagner gefunden, der vergessen worden war. Ohne große Erwartungen probierte ich ihn mit meinem Vater, der trotz seiner vierundsiebzig Jahre immer noch jeden Tag in die Firma kommt und bei der Zusammenstellung der Verschnitte eine große Hilfe ist», erzählt er mit einer Begeisterung, als habe sich dies vor einer Woche zugetragen und nicht vor mehreren Jahren. «Beide waren wir völlig sprachlos vor Verblüffung über das gerade Verkostete.» Der Name Grande cuvée für das neue Kind war keine unproblematische Entscheidung, da der Champagner ohne Jahrgang aus dem Hause Krug ebenfalls so heißt und kein anderes Champagnerhaus höheres Ansehen genießt als das von Henri und Rémi Krug geführte in Reims. «Wir luden die beiden schließlich zum Verkosten ein, um ihre Meinung zu hören. Henri schien den Wein zu mögen, denn er meinte, wenn wir ihm eine Kiste in den Kofferraum packten, gäbe es kein Problem mit dem Namen.» Andere hätten vielleicht das Außergewöhnliche dieses 1982ers durchaus auch erkannt, aber auf dieser Grundlage ein neues Produkt zu lancieren, dazu braucht es schon einiges. Zufall würde ich es nicht nennen.

Oscar Wilde hatte Recht

Caroline Krug ist ganz in Rot gekleidet, aber nichts daran wirkt provokativ, sie macht eher einen vornehmen Eindruck. Mit leisem Lachen wendet sie sich mir zu und meint: «Das ist sicher das erste Mal, dass ein Engländer und eine Französin zusammen in Berlin sitzen und sich auf Deutsch unterhalten.» Die Szene ist aber nicht nur komisch, sondern auch mondän. Schließlich sitzen wir im Restaurant Silberterrasse des KaDeWe bei einer Präsentation der Krug-Champagner, unser zweites Treffen innerhalb weniger Monate. «In zwei Monaten bin ich weg, nach New York, für immer», fährt sie fort, aber es klingt nicht gerade romantisch. Sie klingt, als spräche sie über einen Zug von Reims nach Paris. «Na ja, entweder für zwei Jahre oder für immer. Wenn man dort war, wo geht man dann hin?» Zuerst bin ich recht schockiert über diese sorglos vorgebrachten und doch melancholischen Worte, doch dann fällt mir eine Zeile aus dem Krug-Prospekt ein: «Eine Legende zu sein ist schön. Eine Legende zu bleiben ist anstrengend.» Mit einer journalistischen Hyperbel beschrieb eine deutsche Gastrozeitschrift Caroline Krug einmal als «Champagner-Prinzessin». An ihrer Stelle hätte ich so meine Zweifel, ob ich eigentlich noch zur wirklichen Welt gehöre oder aber eine von PR-Mythen umwobene Existenz lebe, wie eine schöne Prinzessin, die von einer hässlichen bösen Hexe in einem von dornigen Rosen umrankten Märchenschloss gefangen gehalten wird.

Die schlichten Gebäude der Champagnerfirma Krug sind allerdings alles andere als ein Märchenschloss. Das große graue Eisentor in der Rue Coquebert in Reims führt in einen Hof, der von prosaisch soliden Backsteingebäuden umgeben wird, wie sie Industrielle im 19. Jahrhundert für ihre Fabriken bauen ließen und die über ein Jahrhundert brauchten, um zumindest so etwas wie den Charme des Alters zu erlangen. Wohl nicht ohne Grund werden diese Gebäude so gut wie nie in dem PR-Material der Firma oder in Artikeln über Krug abgebildet. Etwas anderes sind die Keller. Es gibt nur sehr wenige im Gebiet, in denen man Reihen von übereinander gestapelten traditionellen 205-Liter-Holzfässern findet, die für die Gärung des Mostes eingesetzt werden. Ein Besuch hier ist ein bisschen wie eine Reise zurück in eine vergangene Zeit, besonders wenn man vorher einen der Edelstahl-High-Tech-Keller gesehen hat, die seit einigen Jahrzehnten in der Champagne die Norm sind. Als ich dort mit Caroline Krug gestanden habe, zwei Monate vor unserem Treffen in Berlin, hat sie auf erfrischend nüchterne Art die Grundsätze des Hauses erklärt: «Nicht Tradition um der Tradition willen, sondern aufgrund der Ergebnisse, des besonderen Geschmacks, den man erhält, wenn man zum Beispiel Champagner im Holz ausbaut… Edelstahl ist o. k., aber er ist *neutral.*»

Und das ist wirklich das Letzte, was man den Krug-Erzeugnissen vorwerfen könnte, was aber nicht heißen soll, dass alle voll des Lobes für Krug sind. Es hat Fachverkostungen gegeben, bei denen die Champagner des Hauses als zu mächtig, zu schwer, ja selbst als zu alt kritisiert worden sind. Das erklärt sich zuallererst durch persönlichen Geschmack. Wie viele Leute, die es sich leisten könnten, fahren Rolls-Royce? Der Champagnermarkt wird jedoch heutzutage beinahe vollständig von Produkten beherrscht, die wesentlich jünger beziehungsweise frischer sind als noch eine Generation zuvor, und das lässt Krug exzentrisch erscheinen. Durch die ausschließlich im Holz stattfindende Gärung und die sieben Jahre Reife vom Verschnitt der sechs Monate alten Grundweine bis zur Vermarktung des Endprodukts haben wir es definitiv mit etwas zu tun, das aus der Reihe tanzt. Erfahrungsgemäß wird das Ungewöhnliche in Blindverkostungen von Fachleuten entweder hoch gelobt oder verdammt bis in alle Ewigkeit. Die jeweilige Richtung wird von der Laune des Augenblicks bestimmt. Das allein genügt, um die Aussage im Krug-Prospekt zu verstehen: «Eine Legende zu bleiben ist anstrengend.» Krug ist wie Voodoo, entweder man unterliegt seinem Zauber oder man versteht überhaupt nicht, worum es eigentlich geht. Ich spreche aus eigener Erfahrung. Seit dem ersten Schluck bin ich ihm verfallen und habe seitdem jede Menge Krug-Flaschen gekauft, die ich mir eigentlich nicht hätte leisten können.

Es ist eine Sache, sein Märchenschloss im Reich der Träume zu lassen, makellos und unantastbar, und eine vollkommen andere, es ganz bewusst der Banalität und dem Schmutz des Alltags gegenüberzustellen. Denn das war mein Besuch bei Krug: Es bereitete zwar Vergnügen, die Krug-Champagner in dem schlichten Probierzimmer zu verkosten, aber das mir selbst auferlegte Exerzitium war von einer gewissen Strenge geprägt, und Caroline Krug in ihrer korrekten Art respektierte das vollkommen. Kaum eine Enttäuschung ist so bitter wie die, sich dem Objekt seiner Begierde gegenüberzusehen und feststellen zu müssen, dass es beziehungsweise sie oder er überhaupt nicht den Erwartungen und Vorstellungen entspricht. Dann verfliegt die magische Anziehungskraft augenblicklich, und eine Leere macht sich breit. Es war ein angespannter Moment, als Caroline Krug Proben der vier Champagner ihrer Familie einschenkte.

Grande Cuvée ist nicht gerade ein bescheidener Name für einen Champagner, er weckt weit mehr als die üblichen Assoziationen von besonderer Qualität und Luxus, die sich mit dem Wort Champagner verbinden. Die Tatsache, dass es sich dabei um das «Standard»-Produkt des Hauses Krug handelt, das 80 % der Produktion darstellt, lässt den Namen noch prätentiöser erscheinen. Doch umgibt den Wein tatsächlich Grandeur. Die Fülle von Details und die Patina aus feinen Schattierungen verleihen der imposanten Fassade einen einladenden Charakter, noch verstärkt durch das aus mehreren Fenstern scheinende Licht und die offene Eingangstür. Beim Eintreten beeindruckt die Üppigkeit des Interieurs. Wohin man sich auch wendet, die Farben sind voll und satt, doch nichts ist übertrieben oder überladen, und ein prunkvoller Raum folgt dem anderen. Das klingt altmodisch und ist es auch, jedoch auf eine großartige, selbstbewusste Weise (90 Punkte).

Manche Gemächer ziehen einen besonders an. So gleicht der Krug Rosé keinem anderen Rosé-Champagner, den ich kenne, nicht zuletzt wegen seiner zarten kupferschimmernden Farbe. Hier nehme ich Platz an einem Tisch, der für zwei gedeckt ist, und nur Sekunden später betritt ein Butler den Raum und trägt auf einer Silberplatte ein überaus erstaunliches Soufflé auf. Selbst aus der Entfernung kann ich bereits den überwältigenden Duft der Früchte riechen, allen voran Himbeeren, und als er den Teller vor mich hinstellt, versuche ich zu erraten, welche Gewürze dieses Soufflé so faszinierend machen (92 Punkte). Nach dieser köstlichen Stärkung erhebe ich mich und gehe in den nächsten Raum, dessen Wände mit goldenen Stoffen bespannt sind, die zu glühen scheinen. Das ist der 1989er Krug, und ich zögere nicht, mich auf das große Samtsofa fallen zu lassen, mich seiner Umarmung und meinen Tagträumen hinzugeben, die hier aufzudecken indiskret wäre, obwohl sie in meinen Gedanken nachschwingen wie eine Liebkosung, die man noch lange nach der eigentlichen Berührung spürt (93 Punkte). Aus Tagträumen in die Banalität der überwachen Welt zurückzukehren ist oft mit einer abrupten Landung verbunden, aber als ich erwache, sehe ich mich zu meiner Überraschung einer atemberaubenden Schönheit gegenüber. Der

1989er Clos du Mesnil betritt den Raum gemessenen Schritts in einem weißen Gewand mit überlanger Schleppe, deren Linie ich von ihrem Saum im nächsten Raum bis zu den kräftigen, cremig-weißen Schultern verfolge, um schließlich von dem festen Blick gefangen gehalten zu werden (96 Punkte).

Es erfordert sehr viel Idealismus, um einen Champagner wie den 1989er Clos du Mesnil zu produzieren. Solcher Idealismus ist selten, und noch seltener ist er mit einem Bewusstsein für die Wirklichkeit und das Geschäftliche gepaart. Vielleicht ermöglicht die Aufteilung der Verantwortlichkeiten zwischen Carolines Vater Rémi, der sich um die geschäftliche Seite des Unternehmens kümmert, und seinem Bruder Henri, der für den Wein zuständig ist, diese ungewöhnliche Verbindung zwischen Idealismus und Realitätssinn. Sonst gäbe es keine Produkte wie diese, denn wie bei anderen Häusern hätte die Rationalisierung etwas so unvernünftig und absurd Gutes wie den 1989er Clos du Mesnil längst abgeschafft. Mit preiswerterem, konventionellen Champagner lässt sich wesentlich einfacher und schneller Geld machen.

«Die Zeit – was ist die Zeit?», fragt eine gelangweilte Frau am anderen Ende des Tisches in der Silberterrasse des KaDeWe und reißt mich aus meinen Gedanken. «Für zwei Jahre oder für immer», geht es mir darauf wieder durch den Kopf. Eine merkwürdige Zeitspanne für eine Krug. Sieben oder zehn Jahre dauert es, um die besten Trauben ihrer Heimat zu fertigem Krug-Champagner werden zu lassen. Ältere Jahrgänge von Krug, zurück bis mindestens 1966, Carolines Geburtsjahr und der Zeitpunkt, wo meine Erfahrungen mit diesem Champagner leider enden, sind immer noch wunderbar und doch schon über dreißig Jahre alt. Krug ist 1843 gegründet worden, nur den Bruchteil einer Ewigkeit ist dies her. Wenn ich auf die Zeit zurückblicke, als ich in Carolines Alter war, begann sich damals alles in meinem Leben zu verändern, ich wurde zu jemandem, den ich vorher nicht gekannt hatte. Vielleicht ist es das, was Caroline Krug in New York suchen will. Zumindest dürfte sie dort kein Problem haben, Krug-Champagner aufzutreiben.

Detlef und die toten Fische

Ich weiß nicht so recht warum, aber ich mag Detlef Obermeyer und empfinde es daher als glücklichen Zufall, dass er mir an diesem Abend in der Silberterrasse gegenübersitzt. Während Caroline Krug mit jemand anders am Tisch ins Gespräch vertieft ist, frage ich ihn nach seiner Meinung über den «Schampus». «Schampus!», schreit er gequält auf, als sei ihm eine Wespe das Hosenbein hochgekrabbelt und habe ihn an einer besonders empfindlichen Stelle gestochen, «das ist für mich ein Affront – einer der schlimmsten Begriffe, die es gibt.» Doch das, was ihn eigentlich gestochen hat, sind wohl eher die Kommentare mancher seiner Kunden in der bemerkenswerten Weinabteilung des Karstadt-Kaufhauses in der Steglitzer Schlossstraße in Berlin oder einer seiner früheren Arbeitsstellen. «Mit Champagner fing es in den Spätfünfzigern an. Da begann man, nach Rimini in den Urlaub zu fahren, und auch damit, Champagner zu trinken», fährt er in abfälligem Ton fort, als handle es sich um unangenehme Kindheitserinnerungen. «Jetzt ist dies durch den Billig-Champagner bei Aldi wieder Mode geworden. Aber ich sage, sie kriegen den Champagner, den sie verdienen. Im ersten Moment hat der Aldi-Champagner ja etwas für sich, aber er ist satt und schnell sättigend, das Wort Finesse hat er nie gehört. Sie sind voll und satt, deswegen kriegen sie den Aldi-Champagner!» Deshalb mag ich Detlef Obermeyer. Diese Vehemenz ist wirklich heldenhaft, weil er damit gegen den Strom der Zeit und der Konvention schwimmt. «Nur tote Fische schwimmen mit dem Strom», hat Mao gesagt.

Seriöser Stoff

Meine erste Flasche eines großen Champagners war nicht ein Krug, sondern der 1970er Bollinger RD, ein nobler und beeindruckender Wein, der bei allem Raffinement eine gewisse Strenge in den Formen aufwies. Bereits damals dachte ich, dass dieser Wein bei einem vornehmen Diner auf den Tisch gehörte, etwa zu einem Steinbutt. Dabei war ich frei von lüsternen Gedanken, wie sie der Krug mit seiner aromatischen Opulenz und üppigen Geschmacksvielfalt geweckt hatte. «Bollinger steht für Qualität und Tradition in positivem Sinn», hörte ich immer von jenen Leuten in der britischen Weinszene, die mich in die Welt der großen Weine einführten. Der Stil dieses Weins und ihr Glaube an Qualität und Tradition schienen wie füreinander geschaffen zu sein. Auf keine andere Flasche schien das Wappen von Queen Elizabeth II. so gut zu passen wie auf den «Bolly», wie wir ihn in England nennen. Und es verstand sich von selbst, dass bei der Hochzeit von Prince Charles und Lady Diana Spencer natürlich 1973er Bollinger RD serviert wurde. Für jeden kultivierten Engländer gab es keinen Zweifel: Welcher Champagner hätte es sonst sein können?

Nicht weniger einleuchtend war es, dass Bollinger 1992, als sich die Champagnerbranche schweren Angriffen seitens der britischen und französischen Presse ausgesetzt sah, eine «Charta für Ethik und Qualität» herausbrachte. Es war das einzige größere Haus, das positiv auf die Situation reagierte, sie als Herausforderung und Gelegenheit begriff und nicht nur als Bedrohung seiner Existenz. Diese Charta hängt in den Empfangsräumen des Betriebes, und wer nach Ay zu einem Besuch der Keller oder einer Verkostung kommt, dem fällt sie sofort ins Auge: auf schwerem, handgeschöpftem Papier gedruckt und in einer Schrifttype gesetzt, die einen an die amerikanische Unabhängigkeitserklärung erinnert. In einer anderen Ecke des Raums hängen die Urkunden, die Bollinger den Status eines königlichen Hoflieferanten zusprechen, für Queen Elizabeth II., ihren Vater George VI. und dessen Vater George V. Das entbehrt natürlich nicht einer gewissen Theatralik. Doch für Etienne Bizot, Mitbesitzer und Co-Direktor der Firma, ist Bollingers «Charta für Ethik und Qualität» nicht einfach PR, sondern eine Frage des Prinzips beziehungsweise Bollingers Antwort auf die Überkommerzialisierung der Champagnerindustrie und ihre Folgen.

Es kommt nicht selten vor, dass Skeptiker die Ideen französischer Winzer mit einem verächtlichen Schulterzucken abtun, etwa die Idee vom Terroir, die sie als bloßes, ins Mystische verdrehtes Verkaufsgeschwätz bezeichnen. Sie sollten einen französischen Winzer wie den nachdenklichen, bedächtigen Etienne Bizot kennen lernen, dessen Ideen ebenso logisch sind wie alles, was Kant je zu Papier gebracht hat. Seinen Gedanken ist die Art von Logik eigen, die man in der Weinwelt nur dort findet, wo mehrere Generationen nacheinander voller Entschlossenheit an der Vervollkommnung einer einzigen Vorstellung von Wein arbeiten. Das ist eine bemerkenswerte Leistung, weil es nur natürlich wäre, wenn während dieser Zeit die unvermeidlichen Spannungen und Konflikte zwischen Vätern und Söhnen alles in tausend Scherben zerbrechen ließen. Es muss also einen Grund für diese Kontinuität geben, einen besonderen Geschmack, der die jüngere Generation nicht weniger faszinierte als die ältere, und diese Situation muss sich immerzu wiederholt haben, und zwar auf der Seite der Kunden ebenso wie bei den Besitzern und Direktoren von Bollinger.

Etienne Bizots Champagnerphilosophie beginnt beim Terroir, und zwar auf einer Ebene, wo man ihm leicht folgen kann. «Was macht Champagner einzigartig?», fragt er rhetorisch. «In der Côte d'Or im Burgund ergibt der Pinot noir einen vollkommen anderen Wein als hier.» Dass er für dieses Beispiel den Pinot noir wählt, ist kein Zufall. Über neunzig der rund 143 Hektar Weinberge im Bollinger-Besitz sind mit dieser Rebsorte bepflanzt. Sie spielt in allen Weinen des Hauses die Hauptrolle. Die Weine fallen in zwei Gruppen, die unterschiedlich behandelt werden. Dabei stammen die Jahrgangs-Champagner ausschließlich aus den hauseigenen Weinbergen und sämtlich aus Dörfern, die in der Klassifizierung des Gebiets als Grand oder Premier cru eingestuft sind. «Die Konsumenten wissen nicht viel über das hiesige Cru-System, aber für uns und für die Qualität des Weins ist es sehr wichtig», fährt Bizot in eindringlichem Ton fort. «Man kann den besten Önologen der Welt haben, und er kann sicher ein gutes Produkt aus den Trauben eines Nicht-cru-Dorfes machen, aber doch nie einen großen Champagner.» Diese Weine verbringen ihr erstes halbes Lebensjahr in den traditionellen 205-Liter-Holzfässern, bevor sie für die zweite Gärung in Flaschen abgefüllt werden und dann zwischen fünf und fünfundzwanzig Jahren reifen, wobei fünf Jahre als Minimum für den Jahrgangs-Champagner Grande Année, fünfundzwanzig Jahre als Maximum für den «RD» gilt. Die Flaschen werden dabei nicht mit einem Kronkorken verschlossen, wie es seit langem im Gebiet die Norm ist, sondern mit einem echten Korken. Die Bedeutung von Holz und Korken liegt nicht im Holzgeschmack, sondern darin, die Weine während des Reifeprozesses atmen zu lassen.

Die Ergebnisse sprechen für sich. Der 1990er Grande Année ist genau das, was ein großer Champagner sein sollte: voll, geschmeidig, doch frisch und kräftig. Ich würde mich am liebsten in sein Aroma fallen lassen und die Welt für einen Augenblick vergessen. Und weil ich das nun wegen der sogenannten Objektivität nicht tue, überrumpeln mich seine Cremigkeit und seine kristalline Klarheit, sie gleiten über meinen Gaumen in einem imposanten Crescendo und nehmen mich gefangen (91 Punkte). Der ganz trockene 1985er RD – «Récemment dégorgé», was bedeutet, dass der Champagner erst kurz vor der Vermarktung degorgiert wurde, also bis dahin auf der Hefe reifte – ist eine ebenso distinguierte Gestalt wie Madame Lily Bollinger, die resolute Chefin der Firma nach dem Krieg (90 Punkte). Ihre legendären Worte – «Ich trinke Bollinger, wenn ich glücklich bin und wenn ich traurig bin. Manchmal trinke ich ihn, wenn ich alleine bin. Wenn ich Gesellschaft habe, halte ich ihn für obligatorisch. Ich nippe an ihm, wenn ich nicht hungrig bin, und trinke ihn, wenn ich es bin. Sonst rühre ich ihn nicht an, außer ich habe Durst.» – treffen auf diesen Champagner besonders zu.

Leider steht der Brut-Champagner ohne Jahrgang Special Cuvée ziemlich abseits dieser Gruppe. Der Bollinger-Stil ist zwar erkennbar, aber nur in seinen gröbsten Zügen. Er ist voll in Körper und Geschmack und zeigt eine ansprechende zitronige Frische, aber er ist nicht nur deutlich süßer als die Jahrgangs-Champagner, er ist auf diese Süße in gewissem Maße sogar angewiesen wie ein Einbeiniger auf seine Krücken. Ohne die Kohlensäure wäre er schwer, und wenn man ihn eine Weile im Glas stehen lässt, dann bewegt er sich in diese Richtung. Es ist ein wirklich gutes Produkt (79 Punkte), aber... «Der schwierigste Teil unserer Aufgabe liegt darin, mit dem Markt und seinen Anforderungen fertig zu werden», bemerkt Etienne Bizot etwas wehmütig, als habe er meine Gedanken gelesen, «es ist nicht unser Ziel, jedermanns Geschmack zu treffen; je neutraler das Produkt, desto größer ist die Chance, den Geschmack der Masse zu treffen. Die Leute sind schockiert, wenn ich das sage, aber es ist die Wahrheit.» Bollingers Special Cuvée ist sicher kein neutrales Produkt wie so viele Grandes-marques-Champagner, aber er schmeckt eben wie ein Zugeständnis an kommerzielle Überlegungen und nur halbwegs wie Bollinger.

Daher überrascht es nicht, dass dieser Champagner ganz anders als die anderen Bollinger-Weine hergestellt und beinahe ausschließlich im Edelstahltank ausgebaut wird. Im Gegensatz zu den Jahrgangs-Champagnern findet hier eine Milchsäuregärung statt, die sogenannte zweite Gärung, die die Säure im Wein weicher wirken lässt. Das mag notwendig sein, weil die Weine nicht die Möglichkeit haben, im Holzfass zu reifen und dadurch runder zu werden, oder weil die weniger exklusive Traubenqualität zu mehr Säure in den Grundweinen führt als bei den Jahrgangs-Champagnern. So oder so ist es zwar aus önologischer Sicht ein konsequenter Schritt, aber gleichzeitig auch ein Kompromiss im Hinblick auf den traditionellen Bollinger-Stil. 5 bis 10 % holzvergorene, ältere «Réserve-Weine» werden dem Verschnitt für die Special Cuvée hinzugefügt, um mehr Körper und Charakter und eine bessere Harmonie zu erreichen; drei Jahre später wird degorgiert und ausgeliefert. Etienne Bizot macht ziemlich viel Aufhebens um die Bollinger-Réserve-Weine. In den Kellern der Firma zeigt er mir die Fassreihen und die Stapel an Magnumflaschen – wiederum mit echtem Korken – und erklärt, dass die Réserve-Weine typischerweise fünf bis zehn Jahre reifen, bevor sie in die Special Cuvée kommen.

Als wir durch die langen Kellergänge gehen, gibt es einen Moment, wo ich nur noch Tunnel sehen kann. Ließe Etienne Bizot mich hier allein, wäre ich völlig orientierungslos.

Ich frage mich, ob Etienne Bizot und Bollinger in ihrem Streben, dem Markt und seinen Anforderungen zu entsprechen und dabei doch den eigenen Prinzipien treu zu bleiben, sich nicht ein wenig im Labyrinth ihrer untadeligen Logik verloren und dabei vergessen haben, dass letztendlich allein der Geschmack des Endprodukts maßgeblich ist. Hat der Wunsch, ein Champagnerhaus von gewisser Größe zu sein, sie von ihren Traditionen und kompromisslosen Prinzipien ein wenig abgebracht? Wie wären ihre Weine, wenn alles in Holzfässern ausgebaut würde? Die Antwort wäre vielleicht deprimierend, nämlich dass dann die Special Cuvée so teuer sein müsste, dass Bollinger nicht genug Kunden finden würde, um ein wirtschaftliches Überleben sicherzustellen.

Logik spielt auch bei Laurent-Perrier im nahe gelegenen Tours-sur-Marne eine große Rolle, wo der schnauzbärtige, gutmütige Alain Terrier für einen Champagner eines ganz anderen Stils verantwortlich ist. «Sehr geradlinig und klar», beschreibt er ihn treffend mit Worten, die er bestimmt seit vielen Jahren benutzt. Im Gegensatz zu Bollinger, deren Traditionen bis auf das Jahr 1829 zurückgehen, ist Laurent-Perrier erst 1948 von Bernard de Nonancourt gegründet worden und seitdem schnell gewachsen. Die gegenwärtige Jahresproduktion beträgt sechs Millionen Flaschen, eine Größenordnung, die für einen Familienbetrieb in diesem Gebiet sehr atypisch ist. Die meisten Häuser dieser Größe sind im Besitz von Großkonzernen. Laurent-Perrier ist besonders erfolgreich, da Terrier seit seinem Firmeneintritt 1965 ganz bewußt moderne Kellermethoden eingeführt hat – etwa die kühle Vergärung im Edelstahltank, um die Fruchtaromen zu erhalten – und prinzipiell Weine aus der Chardonnay-Traube als Grundlage für die Cuvées verwendet. Während der Champagnerkrise Anfang der neunziger Jahre fiel der Presse auf, dass Laurent-Perriers Standard-Brut ohne Jahrgang, L. P., ein ganzes Stück besser schmeckte als viele der Standardprodukte anderer Grandes marques. Die Prestigecuvée des Hauses, Grand Siècle, genießt seit langem hohes Ansehen, wenn sie auch nicht derselbe Mythos umgibt wie zum Beispiel Dom Pérignon. Langsam, aber sicher haben sich Terrier und Nonancourt auf der Überholspur herangeschlichen.

«Meine schwierigste Aufgabe», sagt Terrier mit einem Elan, der durch den Raum zu sprühen scheint wie die Funken einer Hochspannungsleitung, «ist der Verschnitt für den L. P. Brut. Es ist ziemlich einfach, die Grundweine für eine in geringer Auflage erzeugte spezielle Cuvée auszuwählen, aber einem Stil treu zu bleiben, und das bei einer großen Menge und über die Jahre hinweg, das ist eine wirkliche Herausforderung.» Er wartet einen Moment und lässt mich verkosten, dann fährt er fort: «Wein ist zum Trinken da. Ich mache Champagner zum Trinken, nicht für den Spucknapf.» Dazu macht er eine Geste in meine Richtung, denn ich habe gerade meinen ersten Schluck L. P. Brut ausgespuckt. Obwohl ich den Wein in besserer Erinnerung habe, ein wenig ausdruckvoller, muss man zu Terriers Gunsten sagen, dass sich in den fünf Jahren, die seither vergangen sind, weder Stil noch Wesen geändert haben. Die Fruchtaromen (Birne und Grapefruit) wirken lebendig, der Geschmack ist saftig, die Mousse nicht zu stark und der Nachhall angenehm harmonisch (80 Punkte).

Diese Linie zieht sich durch das gesamte Sortiment, vom seidigen 1990er Brut, der an reife Pfirsiche und kandierte Zitrusfrüchte erinnert (89 Punkte), bis zum 1990er Grand Siècle, der üppige Kurven mit einem festen Rückgrat in sich vereint und wie Mae West zugleich lebhaft und sinnlich ist und doch auch einen starken Willen zeigt (92 Punkte). Es ist durchwegs dieselbe Handschrift, die in wunderschöner Regelmäßigkeit über das Blatt fließt. Genau so sollte der Stil eines Champagnerhauses sein: keine feste Form, in die jeder Wein ohne Rücksicht auf Jahrgang, Preiskategorie oder Zielgruppe gepresst wird, wie es oft der Fall zu sein scheint, sondern eine Familienähnlichkeit, die sich leicht erkennen lässt und deren charakteristische Züge in sich attraktiv sind.

Das findet man auch bei Ruinart in Reims, dessen jährliche Produktion nur ungefähr ein Drittel derjenigen von Laurent-Perrier umfasst. Wenn ich den R de Ruinart Brut verkoste oder trinke, verstehe ich, warum so viele

Sommeliers ihn empfehlen. Der Wein passt sehr gut zu leichteren Speisen, dank seiner Ausgewogenheit, durch die er frisch und klar wirkt, dabei aber doch nicht zu leicht und etwas cremig, ohne übermäßig anspruchsvoll zu sein (82 Punkte). Das Feuerwerk, die Prestigecuvées, werden hier Dom Ruinart genannt, und diese Cuvées verdienen es, zu aufwendigem Essen gereicht zu werden. Der 1986er Dom Ruinart rosé kann es dabei auch mit Wild oder einem üppigen Fleischgericht wie Tournedos Rossini aufnehmen: Er hat die dekadenten Herbstaromen eines reifen Burgunders, verbindet damit jedoch eine Lebhaftigkeit, wie sie solche Weine in diesem Alter nur selten zeigen (91 Punkte). Der 1990er Dom Ruinart Blanc de Blancs ist nicht weniger ausgeprägt und elegant und schreit nach edlem Fisch wie Steinbutt, St-Pierre oder Rochen in einer üppigen Sauce als Kontrast zu seiner köstlichen Eleganz (90 Punkte).

Die Zugehörigkeit zu einem großen Konzern, in diesem Fall Louis Vuitton-Moët-Hennessy – die Besitzer von Moët & Chandon sowie Veuve Clicquot –, ist offensichtlich nicht unbedingt ein Hindernis, um hochwertige Champagner zu erzeugen. Klare stilistische und qualitative Richtlinien, wie sie Ruinart-Direktor Roland de Calonne vertritt, scheinen eine weitaus größere Rolle zu spielen als die Frage, wem die Betriebsgebäude und die Weinberge gehören und wer die Jahresberichte absegnet.

Pol Roger in Epernay, ein noch kleineres Haus in Familienbesitz, genießt den Ruf einer gewissen Exklusivität. Obgleich es eher für solide Traditionen steht, sind die Ausbaumethoden seit dem Firmeneintritt des neuen Kellermeisters James Coffinet 1985 deutlich modernistisch, was in Bezug auf die Qualität nur positive Auswirkungen gehabt hat. «Hier machen wir *Wein,* zuerst Wein, und dann daraus einen schäumenden Wein», äußert sich Hubert de Billy, der Wirtschaftsdirektor, mit großem Nachdruck und fügt verwirrenderweise hinzu: «McEnroe verliert vielleicht einen Satz, aber er gewinnt das Spiel. Wir wollen das Spiel gewinnen, ohne einen Satz zu verlieren.» Es ist nicht das einzige Verwirrende bei Pol Roger. Im Wartezimmer hängt ein gerahmtes, undatiertes Telegramm von Winston Churchill, dem bekanntesten Anhänger der Champagner aus diesem Haus, mit der Nachricht vom Erfolg eines gleichnamigen Pferdes: «polroger hat heute glanzvoll gesiegt sodass es einen kleinen gewinn für euch aus beiden rennen gibt grüße = winston.» Daneben gibt es einen großen Orden des 4e Régiment d'artillerie, auf dem etwas abgebildet ist, das wie eine mobile Startrampe für Marschflugkörper aussieht. Es ist ein ziemlicher Kontrast zu der Belle-Epoque-Nostalgie des Raumes, die ihren Höhepunkt im Porträt einer sehr sexy aussehenden dunkelhaarigen Frau findet. Was von alledem soll wohl den Pol-Roger-Stil verkörpern? Oder kann man hier wie durch ein Wunder alles irgendwie zusammenbringen?

Der Brut ohne Jahrgang, allgemein als White Label bezeichnet, entspricht de Billys Worten. Er ist nicht nur ein wirklicher Wein, sondern ein wirklich trockener Wein, vielleicht nicht sehr sexy oder übermäßig explosiv, aber er hat Stoff, Rückgrat und Reife vom Feinsten, und ich denke, dass er sich trotz aller Modernisierungen der Verbindung mit Winston würdig erweist (83 Punkte). Pol Roger ist eigentlich in erster Linie für kräftige trockene Weine auf der Basis von roten Rebsorten bekannt (Pinot noir und Pinot meunier), aber einer ihrer besten Weine der letzten Jahre ist der Brut Chardonnay, obwohl der 1990er jetzt beim Verkosten noch zu jung ist, um an die hervorragenden 1985er, 1986er und 1988er heranzukommen (alle mindestens 90 Punkte in ihrem besten Entwicklungsstadium). Er zeigt bereits dieselben nussigen und buttrigen Aromen der früheren Jahrgänge, ist aber noch zu verschlossen. Mit der Zeit sollte er geschwätziger werden (88 bis 90 Punkte). Beim 1990er Brut ist das weniger ein Problem: eine mächtige Herrscherin und eine komplexe Persönlichkeit, die wie Winston die volle Aufmerksamkeit ihres Volkes beansprucht (90 Punkte). Auch die nach ihm benannte 1986er Cuvée Sir Winston Churchill hätte zweifellos die Billigung des Premiers gefunden, denn sie enspricht der Art von vollem und doch sehr trockenen Champagner, von dem er jeden Tag eine Imperial Pint (0,568 l) trank und der wie er selbst eine für sein fortgeschrittenes Alter erstaunliche Kraft zeigt (91 Punkte). Trotz der vielen Enttäuschungen, die die Champagne einem bereiten kann, gibt es diese Hand voll Häuser, deren Produktion groß genug ist, dass sie eine breite Distribution erlaubt, und deren Erzeugnisse von einer Qualität sind, die die Bezeichnung Champagner wirklich verdient.

Für wahres Genie gibt es keinen Ersatz

Ist es Instinkt oder Dummheit, dass ich an der falschen Adresse auftauche, als ich Roederer in Reims besuchen will? Der geräumige Hof, von steinernen Fassaden umringt, sieht richtig aus, deshalb studiere ich die Karte und den Faxbrief der PR-Dame nicht weiter, sondern marschiere geradewegs hinein, den breiten Marmorgang entlang zum Empfang. Im Vergleich zu den «Wartezimmern» anderer Champagnerhäuser wirkt das Büro, in dem die Sekretärin mich bittet, Platz zu nehmen, allerdings ausgesprochen spartanisch. Daran hätte ich merken sollen, dass ich mich in den Kellereigebäuden der Firma statt in den Büros im luxuriösen Hôtel de Ville am Boulevard Lundy befinde. Durch eine halb offene Tür kann ich einen hageren Mann mit silbergrauem Haar und konzentriertem Gesichtsausdruck sehen, dessen Worte spitzen Pfeilen gleich ihr Ziel bei seinem zwar unsichtbaren, aber doch hörbaren Gesprächspartner zu treffen scheinen. Später erfahre ich, dass es sich um Michel Pansu handelt, Roederers Kellerdirektor. Aber alles, was ich in diesem Moment weiß, ist, dass der eine Blick, den er in meine Richtung wirft, zum Ausdruck bringt, dass ich für ihn ein Ärgernis bin. Doch schon hat mich die Sekretärin an die richtige Adresse weiterdirigiert.

Eine halbe Stunde später sitze ich mit Roederers Directeur des vignobles – Weinbergsverwalter – Christophe Coppolani in einem beeindruckenden Louis-XV.-Saal zusammen, und er erzählt mir, dass es in der Champagne üblich war, die Weinberge mit «composte urbain», Pariser Hausmüll, zu düngen. «Als ich 1990 bei Roederer anfing, habe ich dem sofort ein Ende gesetzt», kommentiert er mit einem Anflug korsischer Leidenschaft. «Während den Fünfzigern und Sechzigern war der Composte urbain ganz gut, weil die Verpackungen hauptsächlich aus Papier bestanden und das Ganze deshalb biologisch abbaubar war. Mit der Einführung von Plastikverpackungen änderte sich das vollständig. Zeitweise fand man sogar Metall und Glas im Müll. Wir sind dazu übergegangen, Gras zwischen den Rebzeilen wachsen zu lassen und Baumrinde auszubringen, um den Humusgehalt des Bodens zu verbessern.» Nun wird mir klar, warum bei meinem ersten Besuch in der Champagne vor über einem Jahrzehnt der Boden vieler Weinberge mit bunten Plastikstückchen übersät war. Offensichtlich messen viele Champenois der Bewirtschaftung ihrer Weinberge wenig Bedeutung bei, ganz zu schweigen vom Respekt vor dem ökologischen Gleichgewicht. Die Vorstellung vom Weinberg als bloßer Produktionsstätte herrscht hier immer noch vor. Glücklicherweise ist der Einsatz von Composte urbain heute ganz verboten.

Nichts an Coppolanis gründlicher Darlegung der Bewirtschaftungsmethoden für die 190 Hektar Weinberge, aus denen der größte Teil der benötigten Trauben bei Roederer stammen, wäre im Burgund oder Bordelais besonders bemerkenswert. Im Kontext eines Gebiets jedoch, in dem mengenmäßig sehr hohe Erträge die Norm sind und kurzfristige kommerzielle Betrachtungen oft dazu führen, dass schlechte Trauben zusammen mit den guten gelesen werden, wirkt seine Einstellung idealistisch. Immer wieder fügt er bei der Erklärung bestimmter Einzelheiten seiner Methoden hinzu: «... im Gegensatz zu vielen anderen großen Häusern.» Dabei scheint ihn der Gedanke, dass sich jemand einbildet, solche unbekümmerten Abkürzungen wären ohne negative Auswirkungen auf das Endprodukt möglich, zu deprimieren. Zum Schluss frage ich ihn, wie ideale Trauben seiner Meinung nach aussehen. «Das Ideale sind die Trauben für unsere Prestigecuvée, den Roederer Cristal, und das bedeutet vollkommen reif und gesund mit hohem Zuckergehalt und gesunder Säure», antwortet er mit einem Funkeln in den Augen, das mir sagt, dass er diese Trauben in genau diesem Moment vor sich sieht und dieses innere Bild ihm gefällt und ihn anspornt.

Wein kann nie besser sein als die Trauben, aus denen er gemacht wird, lautet eine der Binsenwahrheiten der Weinwelt. Ich bin noch dabei, mir alle möglichen Konsequenzen daraus für die Champagne auszumalen, als Madame Katryn Driffield, Roederers PR-Dame, mir klarmacht, es sei Zeit, in die Kellerei zu fahren, um Michel Pansu, den Kellerdirektor, zu treffen und mit ihm die Champagner des Hauses zu verkosten. «Er kann schwierig sein», deutet sie nervös an, «ich hoffe, wir haben Glück und treffen ihn bei guter Laune an.» Aufgrund des einen Blicks vorhin kann ich ihren Worten gut folgen. Nach dem mir bereits vertrauten Hof mit den Steinfassaden folgt der ebenfalls bekannte Marmorgang, und die Sekretärin lächelt bei meinem erneuten Erscheinen ironisch. Madame Driffield führt mich in einen professionell anmutenden Verkostungsraum, und als die hoch gewachsene Gestalt eintritt, die ich vorher durch die halb offene Tür gesehen habe, bin ich sicher, hier endlich richtig zu sein. Michel Pansu stellt sich sehr korrekt vor, aber er wirkt reserviert und vorsichtig. Einen Moment lang fühle ich mich wie eine Mikrobe unter dem Mikroskop.

Ohne viel Aufhebens wird die erste einer Reihe ausdrucksstarker Weinpersönlichkeiten eingeschenkt, allen voran Roederers Standard-Brut ohne Jahrgang, der Brut Premier. Bereits der erste Schluck löst in mir eine Welle der Begeisterung für seine geradlinige Sprache und den sinnlichen Ton aus, der sowohl tiefe wie auch hohe Noten umfasst. Hier ist endlich ein Champagner ohne Jahrgang, der den imposanten historischen – oder pseudohistorischen – Räumlichkeiten entspricht, die nahezu jedes Champagnerhaus zu besitzen scheint. Dass wir uns in diesem Moment in einem vollkommen schmucklosen, laborartigen Raum befinden, unterstreicht dessen Schönheit nur noch. Alles entspringt allein dem Inhalt unserer Gläser (87 Punkte). Plötzlich hat Michel Pansu jede Menge zu erzählen: «Champagner ist Wein, und Wein ist Genuss, Vergnügen, nicht irgendetwas Technisches. Der Brut Premier besitzt Harmonie und Finesse trotz seiner Weinigkeit – genau was wir wollen.»

Das trifft ebenso auf alle folgenden Weine zu. Der 1990er Brut verlangt mir direkte, unmissverständliche Worte ab. Es gibt wohl kaum etwas politisch weniger Korrektes als das Korsett, das in den Augen derer, die kein Gefühl für über das Alltägliche hinausgehende Vorstellungen haben, nichts als ein Symbol männlicher Unterdrückung darstellt. Dieser Wein zeigt die aufrechte Haltung, die geschmeidigen Kurven und die anmutigen Bewegungen, die das Korsett einer Frau verleiht, die es nicht als Last empfindet. Es ist eine Schönheit, die uns durch unsere Besessenheit von dem «Natürlichen» nicht mehr vertraut ist und der Vivienne Westwood mit ihren Korsagen eine zeitgemäße Form gegeben hat. Hier spielt die Säure der Trauben die Rolle des Korsetts, während die hinreißenden Aromen – die Tür zur Patisserie

Maison Bertaux in der Londoner Greek Street hat sich gerade geöffnet wie das Tor zum Kuchenhimmel – der wohlproportionierte Körper darin sind (92 Punkte). «Kraft, Großzügigkeit und auch Fülle», bemerkt Monsieur Pansu, als ich ihn auf die Säure anspreche, und fährt dann fort: «Aber man braucht auch die Säure, sonst gelingt einem nie ein großer Champagner, nie ein großer Wein. Zum Beispiel die Schweiz: Schweizer Weine sind önologischer Sozialismus, weil die Milchsäuregärung (zweite Gärung, die den Wein weicher macht) alle Unterschiede glättet.»

Doch Roederers 1990er Cristal ist noch kompromissloser. Dieser Wein ist wie eine große, vollkommen beherrschte Frau, die bis auf die hochhackigen Schuhe vollkommen nackt ist. Die daraus folgende Haltung unterstreicht ihre Vorzüge, und das ist das Einzige, womit die Kultur eine solche natürliche Schönheit überhaupt noch steigern kann – eine der Holzstatuen der polnischen Bildhauerin Malgorzata Chodakowska. Ich will mich davon nicht trennen, und der Champagner scheint mich auch nicht gehen lassen zu wollen, so anhaltend ist der Nachhall (95 Punkte). Angesichts der Produktionsmenge von beinahe einer halben Million Flaschen ist das eine erstaunliche Qualität. Madame Driffields Mobiltelefon klingelt, doch das ist mir gleichgültig, ich spreche weiter über den Wein, und mein katastrophales Französisch muss jetzt auch noch für schlecht formulierte Lyrik herhalten. Monsieur Pansu verschwindet plötzlich und kommt mit einer Flasche ohne Etikett wieder, die sich als 1982er Brut entpuppt, um zu zeigen, was aus dem 1990er Cristal in optimalem Reifestadium werden wird. Die Reife macht ihn äußerst verführerisch, kein Anflug von irgendetwas Technischem, einfach grazile Gesichtszüge und eine tiefgründige Seele in den Augen – Liebe! (94 Punkte). Das PR-Telefon klingelt wieder, es ist mir immer noch egal. Der Wein überstrahlt diese Belanglosigkeit und auch alles andere.

«Ich muss öfter zu Proben kommen, diese Weine sind so köstlich», fährt Madame Driffield mit ehrlicher Begeisterung dazwischen, nachdem sie ihr Telefonat beendet hat. «Das können Sie gerne», antwortet Monsieur Pansu in plötzlich sehr entschiedenem Ton, «aber nur, wenn Sie Ihr Telefon zu Hause lassen. Und wenn Sie es jetzt nicht ausschalten, werfe ich das verdammte Ding in den Mülleimer.» Ein Moment eisigen Schweigens folgt. «Wenn ich hier mit Monsieur Rouzard verkoste, geht es nie um finanzielle Fragen», setzt der Kellerdirektor das Gespräch fort, als sei gar nichts gewesen. Rouzard ist der Besitzer von Roederer. Dass sich die Keller in einiger Entfernung von den Büros befinden, scheint Pansu gut zu behagen, aber offensichtlich kann er selbst in Gegenwart seines Chefs die Entscheidungen treffen, die für seine Weine gut sind. Der Umstand, dass Jean-Claude Rouzard als ausgebildeter Önologe an der Spitze eines Champagnerhauses steht, was sehr selten vorkommt, und dass Roederer ein schuldenfreies Unternehmen ist, was angeblich in der Branche nicht weniger selten sein soll, erscheint mir in diesem Zusammenhang nicht ohne Bedeutung. Statt Roederer Hals über Kopf zu expandieren, sind die Gewinne der achtziger und neunziger Jahre nicht nur in die Gründung des Sektgutes Roederer Estate im Anderson Valley in Kalifornien geflossen, sondern auch in den Kauf des Portweinhauses Ramos-Pinto, der Crus-bourgeois-Châteaux de Pez und Haut-Séjour im Bordeaux und des Champagnerhauses Deutz. So sind Pansu die Kompromisse zwischen Qualität und Quantität erspart geblieben, zu denen so viele seiner Kollegen durch die Politik ihrer Arbeitgeber gezwungen wurden.

Das ist einer der Gründe für die Zuverlässigkeit des Brut Premier, der mich bei jeder Begegnung während der letzten zehn Jahre beeindruckt hat, ob ich ihn nun verkostet oder getrunken habe. Ein anderer liegt in dem strikten Roederer-Grundsatz, nur selbstvinifizierte Weine zu verkaufen. Man sollte annehmen, dass dies für ein angesehenes Champagnerhaus eigentlich selbstverständlich sein müsste, doch leider ist dies nicht der Fall. Wenn ihnen die Verkaufszahlen davongaloppieren, kaufen viele der großen Champagnerfirmen von anderen Häusern oder Winzergenossenschaften hergestellten Champagner «sur latte» auf – das heißt als beinahe fertiges Produkt – und verkaufen ihn unter ihrem eigenen Etikett. Ich habe keine Ahnung, wie Qualität und Hausstil unter diesen Umständen gewahrt werden sollen, und das erklärt vielleicht auch, warum manche Marken von Flasche zu Flasche so unterschiedlich schmecken.

Obwohl der Jahrgang sicher für die Champagne ein bedeutender war, gibt es für die Brillanz des 1990er Cristal nur eine Begründung, und das ist Genie. Wenn Michel Pansu als schwierig gilt, dann deshalb, weil ihm die Aufgabe, den bestmöglichen Champagner zu machen, viel zu wichtig ist, um seine Zeit zu vertrödeln und sich von anderen von seinem Ziel ablenken zu lassen, mit dem er hier 1974 als Directeur des caves angetreten ist. Kein wirklich großer Wein entsteht ohne diese Art von Perfektionismus oder diese Hingabe an den Genuss im Wein. Bei den meisten großen Champagnerhäusern entscheiden jedoch längst Verkaufszahlen und Profit darüber, wie die Weinberge bewirtschaftet, die Trauben gelesen und die Weine ausgebaut werden. Bei manchen dieser Firmen scheint alles möglich, wenn es nur den Gewinn steigert und nicht illegal ist; Qualität spielt nur noch insofern eine Rolle, als da jemand wie meinesgleichen daherkommen kann und Worte wie diese schreibt. PR ist zu einer hohen Mauer geworden, hinter der man die oft bittere Wahrheit versteckt, zu einem Abwehrschild gegen nur allzu gerechtfertigte Kritik. Bei Roederer ist das alles nicht der Fall, weil hier die Idee von großem Champagner über allem steht. Und deshalb war ich richtig bei Roederer und Michel Pansu, selbst wenn ich anfangs falsch war.

Eine trockene Geschichtsstunde und zeitgenössische Realität

Wenn wir Champagner trinken, setzen wir als selbstverständlich voraus, dass es sich dabei um ein schäumendes *trockenes* Getränk handelt. Historisch gesehen ist trockener Champagner jedoch ein relativ neues Phänomen. Bis in die achtziger Jahre des letzten Jahrhunderts war Champagner meistens ziemlich süß. Abfüllungen für den wichtigen russischen Markt enthielten bis zu 160 Gramm Rohrzucker pro Liter, während den in Westeuropa verkauften normalerweise um die 60 Gramm Süße pro Liter zugesetzt wurden, bevor der endgültige Korken in die Flasche kam und das Ganze versandt wurde. Heute liegt die Grenze für Brut-Champagner bei fünfzehn Gramm pro Liter, und die besten enthalten deutlich weniger.

Die ersten wirklich trockenen Champagner wurden vom Hause Pommery erzeugt, unter anderem ein 1874 Natur – ein Synonym für Brut –, der 1879 zum Verkauf angeboten wurde. Der neue Stil hatte schnell Erfolg, nicht zuletzt weil die Briten, die stets Portwein dem süßen Champagner zum Dessert vorgezogen hatten, die neuen trockenen Weine mit großer Begeisterung aufnahmen. Die ersten Brut-Champagner waren das Werk von Madame Alexandre-Louis Pommery, die dieses Haus ab 1858 bis zu ihrem Tod 1890 führte, eine dynamische Unternehmerin, an die noch heute fünfundzwanzig Hektar von ihr angelegte Weinberge und die von ihr auf dem Hügel Saint-Nicaise in Reims errichteten weitläufigen Firmengebäude erinnern, die trotz ihres industriellen Aspekts wohl als der erste Champagnerpalast gelten können. Sie haben den Hang zu extravaganter und manchmal bombastischer Architektur begründet, den viele Champagnerhäuser seitdem zeigen. «Was Madame Pommery tat, entsprach dem, was Louis XIV in Versailles und Friedrich der Große in Potsdam getan hatten», führt Prince Alain de Polignac, ihr Ururenkel, aus, «sie hat einer Idee ein Gesicht aus Stein gegeben.»

Diese Versessenheit auf die Architektur als Repräsentationsinstrument hält bis zum heutigen Tag an. Dies zeigen auch moderne Bauten wie die von A. Demilly Champagne irgendwo zwischen Mareuil-sur-Ay und Tours-sur-Marne. Im Vorbeifahren sehe ich die französische Fahne und jene der Europäischen Union wehen, aber anders als die blitzenden Spiegelglasscheiben des Eingangs kann man sie nur noch als Fetzen bezeichnen. Das könnte an der Avenue de Champagne in Epernay nie passieren, deren untere Hälfte praktisch nur aus imposanten Firmensitzen von Champagnerhäusern besteht, die sich seit über einem Jahrhundert bemühen, sich gegenseitig architektonisch zu übertrumpfen.

Inzwischen hat sich der Architekturgeschmack enorm verändert, sodass viele dieser Gebäude einen ganz falschen Eindruck vermitteln. Auf ungefähr halber Höhe wirkt die massive Steinfront mit den ziemlich schmalen, vergitterten Fenstern bei Pol Roger wie eine Festung. Der riesige Hof davor ähnelt einem Exerzierfeld und scheint auf ein Bataillon und die zeremonielle Wachablösung zu warten. Mit dem nüchternen, reduzierten Klassizismus der monumentalen Fassade und den Fahnenmasten bei Moët & Chandon an der Nr. 20 bewegen wir uns ein halbes Jahrhundert weiter in der Geschichte und sind jetzt in den dreißiger Jahren unseres Jahrhunderts – unpersönlich, panoramahaft theatralisch wie ein Führerhauptquartier. Trotz dieser ästhetisch fraglichen Aspekte scheint die Straße manchen aus der Elite der Champagnerindustrie sehr viel zu bedeuten. Hubert de Billy von Pol Roger erklärt mir mit nicht geringem Stolz, er sei in Nr. 48 aufgewachsen, habe später in Nr. 42 gelebt, dann aber ein größeres Haus gebraucht und sei deshalb in die Nr. 36 umgezogen.

Ich kenne niemanden in der Champagne, der Architektur ernster nimmt als Prince Alain de Polignac, Chefönologe bei Pommery. Deshalb ist meine Ankunft bei Pommery ein bizarres Erlebnis. Die neogothische Fassade mit Elementen aus der italienischen Architektur des 16. Jahrhunderts könnte kaum eindrucksvoller sein und ist vor kurzem sehr sorgfältig restauriert worden. Die riesigen Doppeltüren am Eingang führen in eine Halle, wo der Einfluss des 19. Jahrhunderts deutlich wird; ein von einer eleganten Stahlkonstruktion getragenes Glasdach schafft Licht und Leichtigkeit. Der Kontrast zu dem massiven Äußeren ist überraschend – oder wäre überraschend, gäbe es da nicht den Inhalt der Halle. Denn die großen knallblauen – die neue Pommery-Werbefarbe – Sonnenschirme und die Gartenmöbel geben mir eher das Gefühl, bei Ikea oder in einem Heimwerkermarkt zu stehen. «Was wollen die mir verkaufen?», frage ich mich, «Gartenmöbel oder Champagner?» Es dauert nur einen Moment, bis mich eine Empfangsdame in einer sehr geschmackvollen Uniform anspricht. Sie erzählt mir später, sie bekämen jedes Jahr ein neues Modell von Christian Lacroix. Das gefällt mir wesentlich besser als die Sonnenschirme, aber eigentlich bin ich wegen der Bläschen hier beziehungsweise wegen der sie umgebenden Flüssigkeit.

«Ich mache Wein wie ein Architekt», erklärt mir der grauhaarige, aber jugendlich wirkende Prince Alain de Polignac, als wir in einem Belle-Epoque-Gemach sitzen, dessen Glanz und leuchtende Farben einigen Zweifel daran aufwerfen, ob wir uns in original historischen Räumen befinden. «Wenn ich die Verschnitte zusammenstelle, dann füge ich nicht den Geschmack von Blüten oder Erdbeeren hinzu, sondern ich schaffe eine bauliche Konstruktion, und es könnte sein, dass in diesem Bauwerk Blüten- oder Erdbeernoten zu finden sind … Der Wein *ist* der Verschnitt und die Zeit der Reife danach», fährt er fort und betont, der Verschnitt der Grundweine sei der Moment, da die architektonische Konstruktion stattfinde. «Zuerst wird der

Verschnitt auf dem Papier zusammengestellt gemäß unseren Eindrücken von den Grundweinen, auf eine intellektuelle, theoretische Weise. Dann stellen wir ihn im Keller zusammen und schauen, wie er schmeckt, probieren so lange, bis er stimmt.»

Der Pommery Standard-Brut ohne Jahrgang, der Brut Royal, ist vielleicht nicht so beeindruckend wie die Architektur bei Pommery, aber es ist ein guter Champagner mit einer gelungenen Balance zwischen ansprechenden Aromen und erfrischender, doch nicht dominanter Säure mit angenehmer Mousse. Er ist auch sofort als Champagner zu erkennen, was man von vielen seiner Konkurrenten nicht unbedingt behaupten kann (78 Punkte). Champagner wie dieser, der jährlich in Mengen von mehreren Millionen Flaschen hergestellt wird, gibt dem Prinz sicher Recht: Ein solches Ergebnis ist nicht möglich ohne das geschickte Zusammenstellen solider Grundweine und ausreichend lange Reife, um diese unterschiedlichen Komponenten ganz miteinander zu verbinden, ihre Kanten abzurunden und so einen Wein zu ergeben, den er zu Recht als lebendig und elegant beschreibt. Erst dem 1990er Brut, recht pompös aus einer Magnum serviert, die in einer silbernen Schale auf einem messingverzierten Wägelchen aus Tropenholz liegt, das wiederum wie ein Requisit aus dem Film «Titanic» aussieht, gelingt dann allerdings das, was der Prinz dem Brut Royal zuschreibt: «Er sollte einen verführen, selbst wenn man ihm nicht viel Aufmerksamkeit schenkt.» Er schmeckt so, wie sich die luxuriösen Stoffe angefühlt haben müssen, die der Innenausstatter für die Räume verwandt hat, zeigt dabei aber keine Spur von Schwere und ist gewissermaßen ebenso diskret wie mein Gastgeber (85 Punkte).

Der Prinz erzählt weiter über Champagner, flüssige und feste Architektur, und ich höre gespannt zu. Plötzlich stelle ich fest, wie rasch die Zeit vergangen ist. Als ich mich erhebe, um mich zu verabschieden, bemerke ich Fotos vom Besuch des Duke of Windsor und von Wallis Simpson bei Pommery im Mai 1939. Angeregt durch mein Interesse beginnt der Prinz mit großer Begeisterung von dem Freundeskreis seiner Mutter in jener Zeit zu berichten, zu denen auch Edward und Wallis zählten. In der Presse ist gerade lang und breit über die bevorstehende Versteigerung des Inhalts ihres Hauses in Paris zu lesen, das er als «belle et triste» beschreibt, wobei beides in seiner Stimme mitklingt.

Der Inhalt dieses Hauses hier ist nicht versteigert worden, sondern von einem Firmenbesitzer auf den anderen übergegangen, da Pommery mehrere Male verkauft wurde, seit die Familie des Prinzen sich 1979 davon getrennt hatte. Er ist immer mitgegangen wie die Fotos und die Möbel und sorgt beim Wein für eine stilistische Kontinuität, die nun seit 1991 mit der Gruppe Louis Vuitton-Moët-Hennessy als Besitzer eher gewährleistet scheint als vor einem Jahrzehnt. Trotz seines Charmes, seiner sympathischen Persönlichkeit und seines Reichtums an Wissen hinterlässt er den Eindruck eines lebenden Fossils aus einer anderen Epoche der Geschichte, ausgestellt wie in einem Glaskasten, inmitten dieses Kulturdenkmals, das Teil des Wirtschaftimperiums des zahlenmäßig größten Weinproduzenten in der Champagne ist. «Wie lange bleiben Sie in Reims?», erkundigt er sich freundlich. «Wenn Sie Zeit haben, müssen Sie sich die Kirche von St-Jacques ansehen. Sie ist klein, aber wunderschön.»

Als ich die Kirche finde, steht dort eine Gruppe von Obdachlosen. Sie trinken und unterhalten sich. Es ist Champagner, den sie trinken, direkt aus der Flasche. Die Champagne unterscheidet sich nicht vom Rest der Welt.

Die Armee der «Kleinen» rückt vor

Glücklicherweise gibt es weltweit immer noch eine bedeutende Gruppe von Konsumenten, die darauf beharren, Champagner als Wein anzusehen, und dabei nach wahrer Größe suchen, wie sie es auch bei stillen Weinen aus dem Bordeaux oder dem Piemont, aus Kalifornien oder von der Mosel tun. Sie interessieren sich für hochwertige Produkte und nicht für aggressive Marketingkampagnen oder verstaubte Mythen. Eine Quelle für guten Champagner, der sich diese Weinliebhaber in den letzten Jahren mehr und mehr zugewandt haben, sind die kleinen Erzeuger des Gebiets, so zum Beispiel der Elf-Hektar-Betrieb Chartogne-Taillet, den Elisabeth und Philippe Chartogne in dem so gut wie unbekannten Dorf Merfy im Nordwesten von Reims führen. Seit 1996 sind ihre Champagner in regelmäßiger Folge von allen führenden Weinpublikationen und -experten auf der ganzen Welt gelobt und teilweise höher bewertet worden als manche sagenumwobenen Prestigecuvées. Kein Wunder, denn hier verbindet sich der stille Ehrgeiz, hervorragenden Champagner zu machen, mit besonnenem handwerklichen Können und führt zu großartigen Weinen, die nichts Prätentiöses zeigen. Mit ihrer Klarheit und Großzügigkeit stellen sie auf ehrliche Weise dar, wozu dieser Teil des Gebiets fähig ist. Selbst der einfachste unter ihnen, der Brut Cuvée Sainte-Anne ohne Jahrgang, weist die verschwenderischen Aromen und die Geschmeidigkeit auf, die man von einem hochwertigen Champagner erwartet. Er ist unkompliziert im besten Sinne des Wortes und fähig, einen wirklich zu verführen, auch wenn man sich nicht um ihn bemüht (86 Punkte).

In Chouilly nahe Epernay in der sogenannten Côte des Blancs, wo die Chardonnay-Traube vorherrscht, ist das Haus R. & L. Legras ansässig. Hier erzeugt Gérard Barbier Champagner eines ganz anderen Zuschnitts: weinig, elegant, geradlinig. Vielleicht gerade aufgrund dieses Stils – «Es ist der Stil von Chouilly, nicht der Stil von Legras», betont der bescheidene Barbier –

sind die Erzeugnisse dieses kleinen Hauses, dessen Jahresproduktion von 250 000 Flaschen zur Hälfte aus eigenen und zur Hälfte aus zugekauften Trauben stammt, besonders erfolgreich in der Spitzengastronomie. Barbier sieht diesen Markt als Herausforderung an: «Ein Champagner, der in einer Sterneküche bestehen kann, muss etwas vorzuweisen haben. Unsere Klientel ist kritisch, aber eben in der Lage, wahre Qualität zu erkennen.» Die 1988er Cuvée St-Vincent hat kein Problem mit dem erstklassigen Steinbutt auf meinem Teller. Sie scheinen füreinander geschaffen zu sein. Genau wie der Fisch ist auch die Cuvée St-Vincent zugleich fest und hochfein (91 Punkte). Auf einem etwas bescheideneren Niveau zeigt auch der normale Blanc de Blancs Brut von Legras eine Balance, die Appetit auf gute Küche macht (82 Punkte).

Die Kritik, die typischerweise von den Mitarbeitern großer Häuser zu hören ist, geht dahin, dass Winzerchampagner zwar gelegentlich gut seien, aber nicht die Beständigkeit in Qualität und Stil bieten könnten wie die Grandes marques. Ein Winzer verfügt nur in einer kleinen Anzahl von Gemeinden über Reben und hat in seinem Bestand vielleicht nicht einmal alle drei Champagner-Rebsorten. Doch Didier Gimmonet vom Champagnerhaus Pierre Gimmonet in Cuis an der Côte des Blancs im Süden von Epernay beweist, dass dies nicht unbedingt ein Hindernis für kontinuierliche Qualität und Stil sein muss. Gimmonets fünfundzwanzig Hektar Weinberge sind ausschließlich mit Chardonnay bepflanzt und befinden sich in nur drei Gemeinden: Cuis, Cramant und Chouilly. In den zehn Jahren, in denen ich Gimmonets Brut-Champagner ohne Jahrgang verfolge, bin ich nicht ein einziges Mal enttäuscht worden; stets habe ich hier die gleiche Direktheit und den gleichen ehrlichen Charakter gefunden (80 Punkte). Seine 1988er Cuvée Fleuron war nach acht Jahren Reife ein vorzüglicher Blanc-de-Blancs-Champagner, der wie alle großen Weine die paradox anmutende Verbindung angeblicher Gegensätze wie Kraft und Eleganz, Sanftheit und Festigkeit zeigt (92 Punkte).

Anselme Sélosse, der den Betrieb Jacques Sélosse in Avize, zwei Dörfer weiter südlich, führt, schreckt vor Kontroversen nicht zurück. Ich habe den Eindruck, dass die häufige Kritik an seinem Champagner von seiner hoch gewachsenen Gestalt abperlt wie die Wassertropfen vom Federkleid einer Ente. Die Kritik richtet sich darauf, dass Sélosse seine Vins clairs oder Grundweine aus der Chardonnay-Traube über zehn Monate hinweg in 228-Liter-Fässern aus neuer Eiche ausbaut, als wären es Weißweine aus den besten Lagen der Côte d'Or im Burgund. Sein durchschnittlicher Ertrag beträgt nur 50 bis 60 % des Gebietsdurchschnitts (60 Hektoliter pro Hektar anstatt der üblichen 100 bis 120 Hektoliter), um den Weinen die nötige Dichte für die Lagerung im Holz zu geben. Unmittelbar nach der Auslieferung können seine Weine einen etwas irritierenden Eichenton zeigen, der aber nach einem halben Jahr Reife oder mehr verschwindet. Dann hat man im Glas einen opulenten, charaktervollen Champagner von großer geschmacklicher Vielfalt (Brut Blanc de Blancs ohne Jahrgang, 85 Punkte). Was zuerst wie ein riskantes Vabanquespiel aussieht, zahlt sich schließlich aus, und die Champagne kann sich eines weiteren Spitzenerzeugers rühmen.

Muss es immer Champagner sein?

Die großen Champagnerhäuser setzen mit ihren PR-Kampagnen alles daran, die Einmaligkeit der Champagne unter Beweis zu stellen. Bei G. H. Mumm in Reims hält mir Olivier Brun, der Forschungsdirektor für Mumm und Perrier-Jouët, einen einstündigen Vortrag darüber, was den Champagner angeblich einzigartig macht. Während die meisten Weinproduzenten, deren Weinberge in kühlen Gegenden liegen, ihren Besuchern versichern, dass ihre Lagen von einem besonders begünstigten, das heißt warmen Mikroklima profitieren, stellt Monsieur Brun diese Argumentation auf den Kopf. Er tut alles ihm Mögliche, um die Champagne in den schwärzesten beziehungsweise kältesten Farben darzustellen. «Ja», sagt er, «der Atlantik übt einen mildernden Einfluss auf die Landstriche an der Küste aus, aber dieser endet irgendwo hinter Paris.» Wie kann er sich dann zweihundert Kilometer weiter östlich an der deutschen Mosel bemerkbar machen?, frage ich mich insgeheim. «Niederschlag haben wir vielleicht nur halb so viel wie das Bordeaux-Gebiet, aber es regnet im Durchschnitt jeden dritten Tag.» Das hört sich an, als beklage sich jemand über das Wetter in London! «Infolge dieses Klimas reifen unsere Trauben sehr langsam und bilden so die feinen Aromen und die hohe Säure, die unerlässlich sind für die Qualität von Schaumweinen», fügt er hinzu. Wenn es um Aromen geht, die sich zu einem sehr späten Zeitpunkt des Reifeprozesses der Trauben bilden, warum werden dann die Trauben in der Champagne meist so früh gelesen, nämlich Ende September, gegenüber Ende Oktober im noch kühleren Gebiet von Mosel-Saar-Ruwer zum Beispiel? «Würden wir uns mit stillen Weinen beschäftigen, wären wir in einer schlechten Position, aber da wir Schaumwein machen, ist es gut», schließt er, «die Rebsorten und die Ausbaumethoden kann man exportieren, aber nicht das Klima oder den Boden.» Trotz der Überzeugungskraft hinter diesen Worten handelt es sich ganz offensichtlich um eine Verteidigungsrede.

Dabei hat sich gerade Mumm selbst schon früh an diesem «Exportieren» beteiligt und 1985 Mumm Napa in Kalifornien gegründet. Ich kann mich erinnern, von einem Journalistenkollegen im kalifornischen Oakland im Sommer 1988 zwei Gläser Schaumwein vorgesetzt bekommen zu haben mit der Frage, welcher von beiden der bessere sei. Ich entschied mich für den ersten und bemerkte, dass der Unterschied beträchtlich sei. Mein Kollege strahlte vor Genugtuung und sagte mir, ich hätte ganz Recht, den Mumm Cuvée Napa dem Mumm Cordon Rouge aus der Champagne vorzuziehen. Der Kalifornier war besser, weil er mehr Charakter hatte als der Franzose, aber doch genug Säure, um erfrischend zu wirken. War ich einfach auf den oberflächlich fruchtigen Stil des Überseeweins hereingefallen? Monsieur Brun sagt mir in Reims, es sei «wichtig, leichte Aromen in den Grundweinen [für Champagner] zu haben, damit die zarten Aromen der zweiten Gärung [in der Flasche] deutlich zutage treten. Das ist nicht möglich, wenn man starke Noten von den Rebsorten oder dem Terroir hat». Und doch übertönen die kräftigen Aromen aus den in der kalifornischen Sonne gereiften Trauben beim Mumm Cuvée Napa keinesfalls die Hefearomen aus der zweiten Gärung im fertigen Produkt. Im Gegensatz dazu wirken die Hefearomen beim Mumm Cordon Rouge dominant im Duft, weil die Traubenaromen hier weder stark ausgeprägt noch besonders attraktiv sind. Nicht der Einzelfall Mumm ist dabei interessant, sondern die Tendenz, für die er nur ein Beispiel darstellt; für die Art, wie viele Champagnerhäuser ihre Produkte und ihr Gebiet darstellen. Sie haben offensichtlich kein Problem damit, Tatsachen so zurechtzubiegen, wie es ihnen passt, um ein bestimmtes Produkt zu verkaufen. Das Verkaufen scheint das Einzige zu sein, das wirklich zählt.

Ganz anders bei Jean-Louis Denois: Er war vollkommen unbeugsam, als er sich entschied, seine Heimat, die Champagne, zu verlassen und ins Languedoc zu ziehen. Er wollte den Auseinandersetzungen mit seinem Vater ein Ende setzen und seinen eigenen Schaumwein produzieren, hätte es sich aber niemals leisten können, in der Champagne einen eigenen Betrieb aufzubauen. Daher gründete er die Domaine de L'Aigle in Roquetaillade im Limoux. Als ich dorthin fahre, von Carcassonne aus auf der D 178, dann ab Limoux auf kleinen Straßen mit halsbrecherischen Kurven immer höher in die beeindruckende Bergkulisse, habe ich das Gefühl, geradewegs in den Himmel zu steigen. Beinahe vierhundert Meter über dem Meeresspiegel schließlich erreiche ich die schlichten Gebäude, in denen die besten Weißweine des Languedoc-Roussillon ausgebaut werden. Denois ist ein fanatischer Perfektionist, der seit 1989, seinem ersten Jahrgang hier, nie aufgehört hat, nach immer noch besseren Methoden für seine trockenen und süßen Weißweine, seine Rot- und Schaumweine zu suchen. So bin ich denn auch beeindruckt von den sechs Jahrgängen seines Chardonnay Les Aigles (ein AC Limoux), die er mir zeigt; besonders der 1995er zeigt die Schlankheit, Leichtigkeit und Kraft eines rennenden Windhunds (88 Punkte). Das sind genau die Eigenschaften, die man normalerweise nur bei Weinen findet, die fünf Grad oder mehr nördlich von Limoux und dem 43. Breitengrad wachsen, zum Beispiel in der Champagne.

Dieses Potenzial ist der Grund für die Schaumweintradition von Limoux, die bis auf das Jahr 1544 zurückgeht, als die erste Blanquette de Limoux erzeugt wurde. Denois' Hauptbeschäftigung ist der Schaumwein, aber er steht der traditionellen Rebsorte für diese Weine, dem Mauzac, skeptisch gegenüber. Sein Crémant de Limoux ist deshalb ein Verschnitt von Chenin-blanc- mit Mauzac-Trauben. Es ist vielleicht nicht der raffinierteste Schaumwein der Welt, aber er ist leicht, auf belebende Weise erfrischend und zeigt unkomplizierte, sehr angenehme Fruchtnoten (75 Punkte). Seine Cuvée Tradition ist etwas ganz anderes: bestechend komplex wie ein fesselnder Redner, dabei reif und rund, wenn auch im Vergleich mit einem Spitzenchampagner vielleicht mit etwas zu wenig Finesse (85 Punkte). Hätte mir eines der großen Champagnerhäuser diesen Wein mit dem Hinweis gezeigt, es handle sich um eine besondere Cuvée oder einen Jahrgangs-Champagner, hätte ich ihm dazu gratuliert. Da er aber «nur» aus der AC Limoux im Languedoc stammt, erhebe ich mein Glas auf den abtrünnigen Champenois, der mit seinem köstlichen Schaumwein über viele Riesen seiner Heimat triumphiert hat. Solange es solche Produkte gibt, *muss* es nicht Champagner sein. Cheerio!

Italien
Das unbekannte Land

Der Kälte des februargrauen Morgens zum Trotz kommen an die hundert Journalisten ins Hamburger Hotel Atlantic zur Präsentation der deutschen Ausgabe des italienischen Weinführers «Gambero Rosso». Auf dem Podium sitzen neben dem Gastgeber und Moderator Dr. Beat Koelliker vom Hallwag Verlag ein Übersetzer und die zwei stämmigen Herausgeber des «Gambero Rosso», Carlo Petrini und Dr. Daniele Cernilli. Nach Dr. Koellikers schlichten einleitenden Worten spricht zuerst Petrini. Er hat eine Menge zu sagen, und das enorme Selbstbewusstsein hinter seinen Worten ist unüberhörbar: «Unsere Winzerporträts sind besser als die von Fremden geschriebenen.» Die höchste Würdigung, die der Gambero Rosso vergibt, sind drei Gläser (Glassymbole), und Petrini schwillt sichtlich an vor Stolz, als er erklärt, dass in dieser zehnten, der Jubiläumsausgabe des Gambero Rosso erstmals über hundert Weine mit drei Gläsern ausgezeichnet worden sind, «ein Zeichen für den bedeutenden Fortschritt in den letzten Jahren und für den großen Respekt gegenüber Landschaft und Boden». Ein Intellektueller und ein brillanter Demagoge, denke ich im Stillen, aber seine dunklen Augen suchen die Journalistenreihen ihm gegenüber ab, als fragten sie: «Was denkt ihr von mir?»

Er bräuchte sich keine Sorgen zu machen, alle sind ganz offensichtlich beeindruckt; ihnen gefällt allein schon, dass der Mann, der 1986 aus Widerstand gegen die Eröffnung des ersten McDonald's-Restaurants in Rom die Slow-Food-Bewegung in Italien gegründet hat, auch im wirklichen Leben eine beeindruckende Persönlichkeit ist. Als wollte er sich der Zustimmung im Saal ganz sicher sein, fügt er zum Schluss schmeichelnd hinzu: «Wir können unseren deutschen, österreichischen und Schweizer Freunden nicht genug danken, dass sie unsere Weine so loyal unterstützen. Unsere amerikanischen Freunde sollten uns nicht böse sein, aber dieser Markt hier ist von Ernsthaftigkeit und Sachkenntnis geprägt.» Womit er impliziert, dass die Amerikaner weder ernsthaft sind noch Sachkenntnis besitzen.

Nun ist Cernilli an der Reihe, der ohne Umschweife kundtut, dass er seinen Doktor auf dem Gebiet der Philosophie gemacht hat, und dann zu einer systematischen Erläuterung der Gambero-Rosso-Slow-Food-Theorie anhebt. Wäre sein Thema Spinoza, der Ton könnte kaum gelehrter sein. «Unsere Bewertungen [der einzelnen Weine] sind immer das Ergebnis eines

Teams. Wir denken anders als die amerikanischen und britischen Weinjournalisten, die alleine arbeiten und deren Urteil deshalb nur persönlich und subjektiv sein kann», beginnt er. «Ein Wein ist jedoch nicht nur eine Frage des persönlichen Geschmacks des Testers, sondern der Typizität. Man kann nicht einen Moscato aus dem Piemont mit einem Rotwein aus dem Trentino vergleichen, wie sie es tun. Die zwei sind vollkommen unterschiedlich, obwohl sie beide aus Trauben erzeugt wurden. Daher sind keine absoluten Bewertungen möglich, wie es die Amerikaner mit ihrem 100-Punkte-System vorgeben.» Wieder scheint es vom Lob der grandiosen Weine Italiens zur Kritik an Amerika überzugehen: «Wir wollen Wein nicht auf amerikanische, sondern auf italienische Weise verkosten. Die Gefahr bei der amerikanischen Einstellung ist, dass Wein keine Beziehung mehr zur Tradition oder zu dem Ort hat, wo er wächst. Für uns kann es keinen großen Wein geben ohne *tipicità, tradizione, storia, territorio.*» Cernilli spricht die letzten Worte – Typizität, Tradition, Geschichte und Boden – mit besonderer Betonung aus, sodass man meint, sie gehörten eigentlich in Stein gemeißelt... Carrara-Marmor natürlich.

Ich habe viel übrig für Cernillis letzte Idee, da alle wirklich großen Weine, die ich kenne, einzigartige Persönlichkeiten darstellen; jeder Einzelne ist unverwechselbar, wenn man ihn erst richtig kennen gelernt hat. Diese Stärke und Eigenständigkeit des Charakters muss einen Ursprung haben. Logischerweise kann das, was diese Weine mit den weniger beeindruckenden, weniger eigenständigen Weinen anderer Winzer desselben Gebiets gemeinsam haben, nicht der Grund für ihre Größe sein. Also müssen Faktoren wie die Geschichte eines bestimmten Weinguts und die Merkmale des Weinbergs, in dem der Wein wächst, entscheidend sein. Typizität ist eine andere Sache, denn wohin man sich auch wendet in der Weinwelt, typisch ist vor allem die Mittelmäßigkeit. Tradition wiederum kann alles Mögliche bedeuten, etwa dass in einem bestimmten Gebiet eine edle Rebsorte vorherrscht, der Großteil der Weinbauern aber keine Bildung irgendwelcher Art genossen hat. Doch genug der Philosophie...

Es ist nicht unbedingt die Pressekonferenz, welche die Journalisten angezogen hat, sondern die Aussicht, im Ballsaal des Hotel Atlantic so gut wie alle Weine, die die begehrten drei Gläser bekommen haben, verkosten zu können. Da ich ein langsamer Verkoster bin, habe ich beschlossen, mich auf die über fünfzig Rotweine zu beschränken. Nach einer Viertelstunde bei den Piemonteser Weinen bin ich allerdings wieder bei der Philosophie angelangt. Schuld daran sind die Weine. Mir ist nicht nur unbegreiflich, dass ein Wein wie Nr. 7, der 1995er Langhe Rosso Monprà von Conterno Fantino, drei Gläser bekommen konnte, ich kann darin auch nichts von *tipicità, tradizione, storia, territorio* entdecken. Ganz deutlich legt sich mir hingegen ein verkohlter Ton auf Nasenschleimhaut und Geschmackspapillen. Solche Noten zeigen Weine nur, wenn sie in kleinen Holzfässern reifen, die stark getoastet, das heißt ausgebrannt wurden, bevor man die Böden anbrachte und die Fässer mit Wein füllte. Der Wein schmeckt «süß» wegen des hohen Alkoholgehalts, ist weich wie eine Handvoll Knete und hinterlässt kaum einen Eindruck; kurz und gut, es ist ein langweiliger, sehr gewollter Wein, der genauso gut aus Kalifornien wie aus dem Piemont stammen könnte (72 Punkte). Im Gegensatz dazu ist Nr. 8, der 1990er Barolo Monfortino riserva von Giacomo Conterno, nicht nur ein würdiger Vertreter der Drei-Gläser-Kategorie, er kann auch wirklich und wahrhaftig nur aus der Nebbiolo-Traube, aus einer der besten Lagen von Barolo und von einem der besten Winzer aus dieser Ecke stammen. Trotz seiner monumentalen Statur und seiner enorm kräftigen Muskulatur ist er ein wahrer Aristokrat, der weder die größten Weine Frankreichs noch die mächtigsten Weinkritiker Großbritanniens oder Amerikas zu fürchten braucht (96 Punkte).

Einen Moment lang denke ich: Cernilli hat doch Recht, alle großartigen Weine Italiens befolgen die vier Gebote von Gambero Rosso und Slow Food, nur ist dem Tester-Team bei der Vergabe der Ehrenzeichen an die Treuen und Tugendhaften der eine oder andere Fehler unterlaufen. Doch als ich mich weiter durch die Rotweine aus dem Piemont und der Toskana probiere, frage ich mich erneut, ob die Dinge nicht ein wenig komplizierter liegen. Wein Nr. 88 aus dem Latium bestätigt schließlich meine Zweifel; der 1995er Montiano von Falesco ist unverhohlen modern und international gemacht, voll und seidig. Nichts an ihm ist typisch oder traditionell, auch gibt es nicht viel Geschichte dahinter, nichts an dem Wein verrät seine Herkunft – aber er ist köstlich (88 Punkte). Selbst wenn ich ihm persönlich nicht das dritte Glas zugebilligt hätte, haben die Gambero-Rosso-Leute doch Recht, wenn sie die Qualität dieses Weines anerkennen. Das einzige Problem dabei ist, dass an ihm nicht der Hauch von *tipicità, tradizione, storia, territorio* zu finden ist, seine Qualität scheint diesen vier Geboten für gute und große Weine sogar zu widersprechen. Diese Situation, die sich mehrmals wiederholt, lässt nur zwei Schlussfolgerungen zu: Entweder ist Cernillis Theorie reiner Bluff, was ich nicht glauben kann, oder er und Petrini können die intellektuelle und die sinnliche Dimension des italienischen Weins genauso wenig auf einen Nenner bringen wie wir Briten oder die unseriösen und unwissenden Amerikaner.

Dass Amerikaner, Deutsche oder Briten den italienischen Wein besser verstehen als die Italiener selbst, ist das Letzte, was ich behaupten würde. Für die Menschen in diesen Ländern ist Italien eigentlich ein Mythos, zu dem auch der italienische Wein gehört, und wenn sie mit der Wirklichkeit konfrontiert werden, dann sehen sie sie durch eine rosa Brille. Die Italiener waren lange Zeit eifrig damit beschäftigt, den Mythos Italien zu vermarkten, und dies erstaunlich erfolgreich. Die umwerfende Pracht der Renaissance, der optimistische Modernismus italienischen Designs, die bodenständige Authentizität der italienischen Küche und die hinreißende Schönheit der toskanischen Hügel sind dabei für die Nordeuropäer und Amerikaner vielleicht die vier wichtigsten Aspekte. Alle vier existieren auf konkrete Weise in Italien und führen zugleich eine mythische Existenz, die nahezu über den gesamten Erdball ausstrahlt. Sie alle bilden die Grundlage bedeutender italienischer Wirtschaftszweige. So lebt der Tourismus von der Renaissance, italienisches Design wird durch die Bekleidungsindustrie und Verwandtes wie Leuchten, Möbel und Küchenutensilien verkörpert, die italienische Küche umfasst alles von der Pizzeria um die Ecke bis zum michelinbesternten Edel-Italiener sowie weite Zweige der italienischen Landwirtschaft, wo Pasta, Olivenöl und all die anderen Sachen produziert werden, die der moderne Mensch heute zwingend benötigt, und schließlich stehen die toskanischen Hügel nicht nur für Chianti, Brunello und Vino Nobile, sondern auch für viele weitere Erzeugnisse und Unternehmen, die vom Image des Toskana-Weins leben.

Hinter diesen vier Aspekten des Mythos Italien verbirgt sich noch ein weiterer, nämlich jener der Italiener als warmherzige Menschen, die zwar nicht unbedingt organisieren oder planen können, aber auf eine Weise spontan und emotional sind, die uns Nordeuropäern scheinbar schwer fällt. Kurzum, Italien und die Italiener sind ein Brennpunkt für die Sehnsüchte der Nordeuropäer und besonders der Deutschen. Dies geht zurück bis mindestens zum Ende des 18. Jahrhunderts, als es für junge Männer als schick galt, sich auf eine «Grand Tour» durch den Süden Europas zu begeben, deren Stationen auch heute das Ziel vieler Reisebusse sind: Venedig, Florenz, Pisa, Rom. Goethes Tagebücher seiner Italienreisen von 1786 bis 1788 und seine «Römischen Elegien» legten den Grundstein zu einer ungebrochenen Tradition literarischer PR für die Italiener, ihre Kultur und ihr Land.

In der neueren Zeit schließlich entdeckten die deutschen Altachtundsechziger für sich und die nachfolgende Generation Italien als Alternative zum Frankreichtraum ihrer Eltern. Als sie nach und nach Kompromisse eingingen und ihre einstigen Ideale gegen wirtschaftlichen Erfolg eintauschten, wurden die Hügel der Toskana zum Ziel ihrer Sehnsucht nach Freiheit. Hier fanden sie eine Gegend, die nicht nur hinreißend schön war, sondern auch vor Authentizität strotzte, was die in aller Eile wieder aufgebauten Städte Deutschlands nicht bieten konnten. Die Hügel der Toskana schienen ein Ort zu sein, wo der Mensch im Einklang mit der unbeherrschten Natur lebte und die Zukunft in friedlicher Harmonie mit der Vergangenheit, was im eigenen Land nicht denkbar war. Vor zwanzig Jahren war die Toskana noch nicht von Touristen überrannt, auch war sie damals noch nicht teuer, was sie selbstverständlich noch attraktiver machte. Es war jedoch keine rückständige Gegend: Eine ganze Reihe dynamischer Menschen war dabei, die Weine des Gebiets zu modernisieren. Die Toskana übte diese besondere Anziehungskraft aus, wie sie nur Gegenden besitzen, in denen ein allgemeiner Pioniergeist herrscht, und so mancher Toskana-Besucher konnte sich zu wirklichen Insider-Entdeckungen beglückwünschen.

Die sogenannte Toskana-Fraktion legte den Keim für die Adoption der Toskana durch die Deutschen und ihre Begeisterung für alles Italienische, die in den späten achtziger und den neunziger Jahren auf die gesamte Nation übergreifen sollte. In der Anfangszeit waren es teure italienische Designer-Erzeugnisse, denen diese Faszination und diese Gefühle galten. Doch bald begannen deutsche Firmen billige Produkte in italienischem Stil auf den Markt zu bringen. Heute stehen wir auf dem Höhepunkt dieser Entwicklung, und für viele Deutsche kann die Italienisierung ihres Lebens gar nicht weit genug gehen.

Durch geschicktes Marketing haben es italienische Großkellereien und ihre deutschen Handelspartner verstanden, einen guten Teil dieser Emotionen auf eine ganze Reihe von Weinen zu übertragen, beispielsweise den Pinot grigio. Dabei ist gleich anzumerken, dass es einige sehr gute trockene Weißweine aus dieser Rebsorte gibt, etwa im Collio-Gebiet in der Provinz Friuli-Venezia Giulia von Winzern wie Silvio Jermann und Mario Schiopetto und im Alto Adige von der Winzergenossenschaft St. Michael Eppan. Was die große Mehrheit der Weintrinker in Deutschland und anderswo jedoch als Pinot grigio konsumiert, ist und bleibt billiger Vino da tavola. Bis 1992 gab es keine Kontrolle, weder theoretisch noch praktisch, ob der Wein in diesen Flaschen tatsächlich aus der Pinot-grigio-Rebe stammte, die in Frankreich und der englischsprachigen Welt Pinot gris und in Deutschland Grauburgunder oder Ruländer heißt. Oft handelte es sich um Pinot bianco, also Weißburgunder, der mit dem Pinot grigio eng verwandt und in Italien weit verbreitet ist; er ist unkompliziert im Anbau und sehr ertragreich. In den schlimmsten Fällen allerdings war es ein Verschnitt aus den Traubensorten, die dem Produzenten gerade billig zur Verfügung standen, ohne Rücksicht auf den Geschmack des Endergebnisses, der oft schrecklich war und teilweise immer noch ist.

Das italienische Dekret Nr. 162 von 1992 hatte zum Ziel, dem ein Ende zu setzen, und verlangt, dass es bei Erwähnung einer Rebsorte auf dem Etikett eines Vino da tavola möglich sein muss, die Ursprünge der Flasche, stehe sie nun im Supermarktregal oder auf dem Tisch eines Restaurants, zu dem mit der genannten Sorte bepflanzten Weinberg zurückzuverfolgen. Damit haben die Gesetzgeber nun zwar einen theoretischen Rahmen geschaffen, aber die Realität hinkt dem weiterhin hinterher. Eine Reihe von Jahrgängen mit geringen Erntemengen hat erneut die große Versuchung ins Spiel gebracht, und wenn die zahlreichen Gerüchte in der Weinbranche wahr sind, dann hat ein nicht geringer Teil von dem in Deutschland als italienischer Pinot grigio verkauften Wein an sich nicht viel damit zu tun. Der Import bedeutender Mengen an deutschem Traubenmost nach Italien zur Zeit der Weinlese, besonders in Jahren, in denen die italienische Weinernte mengenmäßig gering ausfiel, deutet darauf hin, dass die skrupellosesten unter den italienischen Großkellereien nicht davor zurückschrecken, Müller-Thurgau-Traubenmost aus der Pfalz, Baden oder sogar von der Mosel in Pinot grigio oder andere modische italienische Weißweine wie Chardonnay oder Prosecco zu verwandeln und dann zurück nach Deutschland zu exportieren – eine wahrhaft perverse Situation. Mit alten Kellertricks wird versucht, dies zu vertuschen, starke moderne Schönungsmittel befreien schließlich jeden Wein von einem allfälligen verräterischen Eigencharakter, und ein reichlicher Schuss Kohlensäure zum Schluss lässt das Ergebnis frisch schmecken, obwohl es sich eigentlich nur noch um ein lebloses Gerippe handelt.

Nach diesen ganzen Verrücktheiten brauche ich etwas zu trinken, und um halb zwölf vormittags könnte ich mir dafür keinen besseren Ort als Turin vorstellen. Von meiner Bleibe in der Via Gioberti mache ich mich auf den Weg zur Piazza Castello, und an jeder Kreuzung leuchten mir die schneebedeckten Gipfel der Alpen entgegen. «Worin besteht das wahre Italien?», frage ich mich, «kann ich es hier finden?» Nun, zumindest wimmelt diese Stadt nicht von Touristen wie Rom, Florenz oder Venedig. Fremde Besucher tauchen hier in nennenswerten Konzentrationen nur dann auf, wenn Slow Food einen Kongress veranstaltet (alle zwei Jahre) oder das Sindone-Leichentuch öffentlich ausgestellt wird (alle zehn Jahre). Ansonsten scheint die Verbindung Turin–Fiat Fremde abzuschrecken, sie vermuten hier nur Industriehässlichkeit. Etwas davon ist zwar in den Turiner Vororten zu finden, aber die Außenbezirke anderer Großstädte wie Mailand oder Rom haben mehr graue Tristesse zu bieten.

Turin war jahrhundertelang die Hauptstadt des Königreichs Sardegna, von 1861 bis 1864 aber auch Hauptstadt Italiens, und es legt eine Art von Selbstsicherheit an den Tag, wie es nur eine historische Hauptstadt vermag. Die Schönheit des Turiner Stadtkerns entstammt bedächtiger, steter architektonischer Entwicklung. Eine Generation nach der anderen hat das Ihre beigetragen, nur wenig verändert und den größten Teil des Übernommenen an die jeweils nächste Generation weitergegeben. Aus diesem harmonischen Ganzen sticht lediglich die unter Mussolini angelegte Via Roma mit ihrer pompösen Pracht heraus. Doch mir gefallen die Arkaden dieser vornehmen Einkaufsstraße, deshalb gehe ich zu Fuß vom Hauptbahnhof hinunter zur

Piazza Castello. Hier lockt mich aber weder der mittelalterliche Palazzo Madama noch der barocke Palazzo Reale, sondern vielmehr die Herrlichkeit des Caffè Mulassano. Eigentlich ist es eher eine Bar als ein Café, ein Art-nouveau-Juwel, ein würfelförmiger Raum mit aufwendig verzierter dunkler Holztäfelung bis auf Schulterhöhe und an der Decke, dazwischen Spiegel, in denen sich die Bar auf berauschende Weise vervielfältigt. Auf der Theke ist das übliche Büfett mit Canapés, Nüssen, Oliven und anderen Köstlichkeiten zum Knabbern aufgebaut. Eine Touristengruppe würde damit zweifellos kurzen Prozess machen, aber die Stammgäste naschen davon ganz entspannt zu ihrem Aperitif. Hinter der Bar steht eine große Silberschale mit Eis und mehreren Flaschen Schaumwein. Der Anblick ist unwiderstehlich, und ich bestelle ein Glas Spumante von Bruno Giacosa.

Der entspricht kaum der Vorstellung, die der Durchschnittskonsument von italienischem Wein hat, Welten entfernt von Pinot grigio, Chianti oder Barolo. Dennoch bin ich nicht der Einzige, der ihn hier trinkt. Im Moment kann ich eigentlich niemanden entdecken, der gerade Rot- oder Weißwein trinken würde; Wermut und andere klassische italienische Aperitifweine sind die Norm. So unaufdringlich wie möglich höre ich den Gesprächen um mich herum zu. «Man kann einfach keine so guten Gemüse wie vor zehn Jahren mehr kaufen», beklagt sich eine ältere, elegant gekleidete Dame bei ihrer ebenso geschmackvoll aufgemachten Begleiterin. «Du hast ja so Recht», wird ihr beigepflichtet, «aber wenigstens auf das Eis bei Fiorio ist Verlass.» Die andere nickt zustimmend und ich beinahe auch, denn das Semifreddo al marron glacé von Fiorio ist tatsächlich sensationell; Fiorio ist ein eingefrorenes Kulturdenkmal. Wäre mein Glas Spumante nicht noch halb voll, ich würde direkt dorthin eilen. Das Interessante an diesen Alltagsgesprächsfetzen ist die bedeutende Rolle, die dem Essen zugeschrieben wird, was sehr typisch für Italien ist. Und der Wein ist hier nicht vom Essen zu trennen, auch für die einfachsten Leute gehört er dazu. In der Trattoria, wo wir am Vorabend gegessen haben, standen auf jedem Tisch Weinflaschen, und nach den Etiketten zu urteilen, die ich erkennen konnte, war kein Wein dabei, den ich nicht gern zu meinen Spaghetti getrunken hätte.

Auch in Turin merkt man, dass die Qualität des italienischen Weins im Allgemeinen während der letzten dreißig Jahre einen revolutionären Aufschwung erlebt hat. Klar auf der Hand liegt aber auch die Tatsache, dass diese Revolution ohne das Interesse der Außenwelt nicht so schnell oder so gründlich verlaufen wäre. Carlo Petrini hatte ganz Recht mit seinem Dank an die Deutschen, Österreicher und Schweizer und mit seiner Erwähnung «unserer amerikanischen Freunde», denn sie haben diese Revolution zu großen Teilen auf dem allerdirektesten Weg finanziert, indem sie die neuen Weine zu Preisen kauften, die weitere Investitionen und Entwicklungen ermöglichten. Die Begeisterung der Italiener für die Weinrenaissance in ihrem eigenen Land nahm erst nennenswerte Formen an, als sie ab Mitte der achtziger Jahre von den Exporterfolgen hörten. Selbst wohlbetuchte Italiener bestellen im Restaurant auch heute noch eher einen bescheidenen Wein, während die teuren, hochwertigen Flaschen häufig an Touristen gehen.

Flüchtig betrachtet erhält man trotzdem den Eindruck, als ginge es der italienischen Weinbranche prächtig. Besucht man die Weinmesse Vinitaly im April in Verona, lassen die dichten Besucherschwärme aus aller Welt einschließlich Italien kaum auf eine Krise schließen. Doch eine solche ist gerade im Entstehen begriffen. So schrieb zum Beispiel Dagmar Ehrlich in dem jährlichen Beitrag «Die 100 besten Weine der Welt, die man noch kaufen kann» im *Feinschmecker* (Ausgabe 1/97): «Nach den erheblichen Qualitätssteigerungen der letzten zehn Jahre scheinen sich Italiens Winzer auf ihren Lorbeeren auszuruhen... Ansprüche an ihre Weine stellen weder die meisten Winzer noch, wie es aussieht, die italophilen Weinfreunde.» Bei Letzterem irrte sie jedoch, denn genau zu diesem Zeitpunkt drehte sich die Stimmung bei einem wesentlichen Teil der Deutschen, die seit den frühen Achtzigern loyale Verfechter des «Neuen italienischen Weins» gewesen waren, um hundertachtzig Grad. Das hat meiner Ansicht nach zwei Gründe. Einerseits öffneten die Weinfreaks allmählich die toskanischen Flaschen, die sie zehn Jahre zuvor stapelweise in den Keller gepackt hatten. Schließlich hatten die Weinhändler ihnen erzählt, dass die Weine diese Reifezeit ebenso bräuchten wie ein guter Bordeaux. Der Flascheninhalt hielt dann keinesfalls immer den Erwartungen stand. Im Fall von Kultweinen wie Tignanello und Flaccianello schmeckten auch manche hoch gelobten Jahrgänge nur noch müde und alt. Seit 1995, als die 1985er zehn Jahre alt waren, hört man immer öfter negative Stimmen.

Andererseits ist Wein der Mode unterworfen. Ein grundlegend neuer Trend beim Rotwein entsteht zwar weniger schnell als eine neue Rocklänge, aber alle paar Jahre ändern sich die Interessen der Konsumenten. Dieses Mal waren es die reizvollen neuen Weine aus Spanien, die einen großen Nagel in den Sarg der italienischen Weinmode trieben. Das Ausmaß der prospanischen Stimmung in der deutschen Weinszene lässt sich an einer Unterhaltung ablesen, die ich mit einem Berliner Weinhändler führte, ursprünglich ein Italienspezialist. Er sprach begeistert von den neuen spanischen Weinen und ihrem guten Preis-Qualitäts-Verhältnis im Vergleich zu den jetzt «völlig überteuerten Italienern». In seinem Laden sind immer noch viele Regale voll von guten italienischen Weinen. Ich wandte ein, dass, um nur ein Beispiel zu nennen, der 1993er Fontalloro von Felsina aus der Toskana ein hervorragender Wein sei, der immer noch unter fünfzig Mark zu haben sei, also deutlich günstiger als eine ganze Reihe der neuen spanischen Weine, die er gerade so bejubelt hatte. Er beharrte jedoch darauf, dass die Spanier besser seien und ein besseres Preis-Qualitäts-Verhältnis böten. Außerdem gebe es auch billigere, «wirklich gute Rotweine um die dreißig Mark». Ich stimmte ihm zu, fügte aber hinzu, dass er in seinem Laden den wirklich guten Chianti classico von Felsina für etwas über zwanzig Mark habe. Plötzlich wechselte er das Thema, meine Argumente passten einfach nicht in seine gegenwärtige Weinweltanschauung.

Die Frage ist natürlich, ob sie Recht haben, wenn sie die italienischen Weine als überteuert bezeichnen, oder ob es sich einfach um eine Mode handelt. Hat die Qualität «des italienischen Weins» in den neunziger Jahren nachgelassen, oder existiert diese Flaute nur in den Herzen der deutschen Trendsetter? Was ist aus der außerordentlichen Dynamik der italienischen Weinbranche der siebziger und achtziger Jahre geworden? Ist es vorstellbar, dass sie genau in dem Moment versickerte, als sie auf dem Höhepunkt zu sein schien? Oder hat die Weinwelt den italienischen Wein missverstanden, so wie die Welt an sich Italien und seine Kultur «missversteht»?

Dies alles geht mir an der Bar im Mulassano durch den Kopf, und während ich den letzten Schluck Spumante trinke, erscheint mir die letzte Frage am drängendsten, weil mir Zweifel kommen, ob ich die Welt um mich herum überhaupt verstehe. In seiner Geschichte «Das kälteste Land der Welt» erzählt Martin Mosebach von einem jungen Mann, der nach Rom reist, wo er in einem kultivierten Kreis sehr wohlwollend aufgenommen wird. Als er sein Loblied auf Rom und Italien mit den Worten – wie sie jeder von uns wählen könnte – beschließt: «Wichtiger aber noch: die Menschen! Ihre Herzlichkeit, ihr Enthusiasmus, ihre Leidenschaft! Ihre Wärme!», unterbricht ihn die gastgebende Dichterin abrupt: «Italien ist das kälteste Land der Welt.» Einer nach dem anderen gehen die Gäste, darunter ein Komponist, ein Maler und ein Architekt, daran, das Bild des jungen Mannes von Italien und den Italienern zu widerlegen: die Italiener, die, beharren sie, «den Krach geradezu suchen!» und an der «Angst vor der Stille» leiden, die Räume mit einer «eiskalten Lichtdusche von der Zimmerecke» bevorzugen, mit «steifen Möbeln, meist an der Wand aufgereiht, als sollten sie versteigert werden», und besessen sind von Marmor, aus dem «das Lebendigste, was ein Bildhauer… erreichen kann, ein wächserner Leichenton ist». Sie stimmen alle darin überein, dass der junge Mann einfach nur seine eigenen Gefühle auf Land und Leute projiziert hat. Der Architekt versetzt ihm schließlich den Gnadenstoß: «Hat nicht selbst diese Hitze, die heute Nacht nicht weichen will, in ihrer Erbarmungslosigkeit etwas Kaltes?» Der Besucher fühlt sich vernichtet. «Unversehens stand der junge Mann alleine auf der Straße. Ein Motorrad raste auf ihn zu. Im letzten Augenblick sprang er in ein Haustor. So wachte er auf.»

«Bin ich wirklich in Italien?», frage ich mich, unschlüssig, ob ich mich kneifen soll, um aus diesem Traum oder Tagtraum aufzuwachen, wenn es sich denn um einen solchen handelt. Italienische Orte und Städte sind lärmig, unzählige Motorroller lassen die Straßen für den Fußgänger viel lauter erscheinen als in Deutschland. Wenn ich Italiener bei ihren lauten Unterhaltungen und dem Gestikulieren – genau passend zu unseren Vorstellungen – aufmerksam beobachte, fällt mir oft auf, dass sie damit eher auf einen bestimmten Effekt abzielen, als dass sie Gefühle zum Ausdruck bringen. Sie sitzen gerne in Cafés und Bars, die von Nordeuropäern und Amerikanern als grell beleuchtet, nüchtern und bar jeder Gemütlichkeit empfunden werden. Auch wirkt italienisches Design in Italien selbst ganz anders als anderswo. Hier habe ich die modernsten Leuchten und Möbel manchmal in Räumen gesehen, die ihr Alter nicht verleugneten. Niemand hat in Italien irgendwelche Hemmungen, Neues und Altes zu mischen, ohne sich um Stil in nordeuropäischem oder amerikanischem Sinn zu kümmern. Die Designerläden stellen ihre Waren in fröhlichen, bunten Räumen aus, nicht vor kahlen Wänden, wie wir es von zu Hause gewohnt sind. Die schönsten Dinge sind in kleine Lädchen gestopft, und man fragt sich, wie das Personal hier an einem heißen Tag überhaupt atmen kann.

Vielleicht befinde ich mich ebenso auf dem Irrweg wie der junge Mann, aber ich mag diese laute, leuchtende, dreiste Art. Sie ist anregender, dynamischer, inspirierender und hat mehr Sex-Appeal als das, was Nichtitaliener mit importierten italienischen Produkten und der Kultur dahinter anstellen. Nordische Introvertiertheit tötet sie und schafft eine nekrophile Beziehung zwischen Konsument und Produkt, die die Einsamkeit des Ersteren noch zu verstärken scheint. Nun, hier unter den Arkaden an der Piazza Castello lässt sich das leicht sagen, und es wird unweigerlich eine Reaktion auslösen, schließlich habe ich die Nekrophilie ins Spiel gebracht, eines der letzten Tabus in unserer Gesellschaft. Vielleicht ist das ebenso ein falsches Verständnis des nordischen Geists wie meine Wahrnehmung des südlichen? Doch jetzt ist nicht der Moment, um sich philosophischen Gedankengängen hinzugeben, denn es gilt, systematisch Antworten auf die Reihe von aufgestauten Fragen zum italienischen Wein zu suchen. Es sind nur zwei Gehminuten zum Caffè Elena an der Piazza Vittorio Veneto, Ecke Via Po. Sie haben dort so eine gute Weinkarte, ich denke, ich werde erst noch ein Glas trinken, bevor ich meine Aufgabe in Angriff nehme …

SK

Toskana
Vom Fiasco zum Erfolg

Ich bin mit zwei englischen Weingutsverwaltern und ihren Familien zum Abendessen in Gaiole in Chianti verabredet. Das Lokal hat nichts von der nüchternen Eleganz mancher italienischen Restaurants in Deutschland. Als wir das tunnelförmige Plastikzelt betreten, das provisorische Restaurant des Fußballclubs von Gaiole, verfliegt meine Vorfreude auf die Pizza. Hier ist die Hölle los, laute Gespräche an langen Tischen mischen sich mit dem Geschrei unzähliger Kinder und dem Getöse der Heizung. Wir setzen uns und bestellen. Der Rotwein, der gleich darauf vor uns auf den Tisch gestellt wird, erinnert mich an meinen ersten Schluck italienischen Wein als Kind in einem Restaurant namens Gran Sasso im Londoner Vorort, in dem ich aufgewachsen bin. Es war das erste Restaurant, für das ich richtig schwärmte; die dunklen Holzbalken, die Grissini auf dem Tisch, die schwarzen Jacken der Kellner und die langen Reihen bastumhüllter Fiaschi mit Chianti begeisterten mich bei jedem Besuch mehr. Es machte mir nichts aus, mich dafür fein anzuziehen, mit Jacke und Krawatte, und ich ertrug bereitwillig die ewigen, langweiligen Gespräche der Erwachsenen. Der Schluck Chianti, den mein Vater mir eines Tages gab, war für meinen Geschmack zu säuerlich, aber so schlecht kann er nicht gewesen sein, denn ich trank daraufhin ein halbes Glas. Heute Abend in Gaiole schaffe ich diese Menge in Sekunden, nicht zuletzt, weil der Wein um einiges besser ist als damals im Gran Sasso. Selbst beim Fußballclub von Gaiole sind die Fortschritte in Weinberg und Keller der letzten fünfundzwanzig Jahre zu spüren.

Wenn irgendwo auf der Welt etwas auf den ersten Blick als italienisch zu erkennen ist, dann ist es Pizza. Das Paradoxe daran ist, dass kein anderes italienisches Gericht so unterschiedlich schmecken kann, je nachdem, wo man ihm begegnet, wie es zubereitet worden ist und von wem. Das Italienischsein der Pizza ist wie «Rosebud» in Orson Wells' Film «Citizen Kane»: Es ist allgegenwärtig, und doch scheint es unmöglich, sein Wesen zu definieren. Fast überall schmeckt Pizza anders als ein gelungenes Exemplar in Italien, außer sie wurde von einem italienischen Einwanderer zubereitet, der noch an italienische Gäste denkt, anstatt an das Geld in den Taschen der Ausländer um ihn herum. Und es gibt kaum ein größeres kulinarisches Desaster als eine schlechte Pizza, was noch dadurch verschlimmert wird, dass die meisten Pizzas auf der Welt schlecht sind.

Ich glaube nicht, dass ich je zuvor so lange auf eine Pizza gewartet habe, und ich habe oft und in den verschiedensten Ecken der Welt extrem lange auf Pizzas gewartet. Endlich aber stehen sie vor uns auf dem Tisch, und es sind die besten, die ich je gegessen habe. Dann geschieht etwas noch Erstaunlicheres. Mit dem ausgesprochen süßlich-säuerlichen Geschmack der Tomaten und der Würzigkeit des einheimischen Olivenöls im Mund trinke ich wieder vom Wein. Der Geschmack verändert sich, wird zugleich pikanter und leichter. Ich erlebe eine der allerbesten Kombinationen von Wein und Essen. Wie so viele dieser harmonischen Kombinationen ist auch diese über Generationen gewachsen. Pizza stammt zwar nicht aus der Toskana, aber Wein aus der Toskana wird seit jeher dazu getrunken, und über die Zeit hinweg hat sich zwischen ihnen eine Symbiose gebildet. Inzwischen gehören sie zusammen, zumindest wenn der Rotwein nicht zu der radikal neuen Art gehört, die sich in den siebziger Jahren in der Toskana entwickelt hat.

Es gibt zwei Extreme beim toskanischen Rotwein. Auf der einen Seite stehen die einfachen Rotweine, vielleicht mit der bekannten und so beliebten Bezeichnung Chianti, aber deswegen nicht weniger rustikal. Auf der anderen Seite gibt es teure neue Weine ohne viel Geschichte, die zwar aus dem Chianti classico, dem Herzen des Chianti-Gebiets, stammen, für die es jedoch keine historischen Vorbilder gibt, die sogannten Supertuscans – ein Begriff, der nicht zufällig amerikanisch klingt, sondern erfunden wurde, um den Absatz dieser Weine in Amerika zu fördern. Wäre die Situation Weinsammlern und -liebhabern nicht derart vertraut, sie würde größte Verwunderung und vielleicht Unverständnis hervorrufen. Da diese Gegensätze aber seit den siebziger Jahren existieren, sind sie inzwischen fester Bestandteil des Toskana-Weinbildes. Damals brachte der Marchese Niccolò Incisa della Rocchetta den ersten Jahrgang, 1968, seines neuen Rotweins namens Sassicaia auf den Markt. Er bestand zu 100 % aus Cabernet Sauvignon, der roten Rebsorte aus dem Bordeaux-Gebiet, und wurde ausschließlich in kleinen Barrique-Fässern aus französischer Eiche ausgebaut. Weder für diese Traubensorte noch für diese Ausbauweise gab es in der Maremma an der Mittelmeerküste oder anderswo in der Toskana eine Tradition. Der Tignanello, den der Marchese Piero Antinori erstmals mit dem Jahrgang 1971 präsentierte, war genauso revolutionär, da er aus einem Verschnitt von 80 % Sangiovese, der traditionellen Hauptrebsorte des Chianti, und 20 % Cabernet Sauvignon besteht, der ebenfalls von Weinbergen innerhalb des Chianti-classico-Gebiets stammt. Da das Weingesetz jedoch damals keinen Cabernet Sauvignon gestattete, der Wein aber auch keine der weißen Rebsorten enthielt, die das Gesetz für Chianti vorschrieb, musste er wie der Sassicaia als Vino da tavola verkauft werden. Beide Weine begründeten neue Weinstile, die im Gebiet bis heute eine entscheidende Rolle spielen. Man könnte daher leicht dem Irrtum verfallen, sie seien der Ursprung des enormen Erfolgs, dessen sich die Rotweine aus der Toskana weltweit erfreuen. Das ist jedoch nicht der Fall. Die Wurzeln dieses Aufschwungs gehen zurück ins Jahrzehnt davor.

Die echte Toskana

Ein Garten wie jener, der das Castello Monsanto auf einem Hügel am westlichen Rand des Chianti-classico-Gebiets umgibt, kann nicht in einem Jahr geschaffen werden. Er ist das Ergebnis von nahezu vierzig Jahren Hege und Pflege, seit der Textilmagnat Aldo Bianchi aus Varese in der Lombardei das Anwesen 1961 gekauft hat. Das war die Zeit, als die ersten einheimischen Bauern, deren Lebensweise sich seit dem Mittelalter kaum verändert hatte, die Dörfer im Chianti verließen und in die Großstädte Norditaliens zogen. «Damals war es hier wie heute in manchen Teilen Siziliens», erzählt Laura Bianchi, Aldos Enkelin, in einem Ton, der deutlich macht, wie sehr sie solche Armut verabscheut. Sie hat mich spontan eingeladen, mit ihr und einer Gruppe amerikanischer Besucher zu Mittag zu essen. In unseren Gläsern steht der 1977er Chianti classico riserva Il Poggio. Er ist jetzt auf dem Höhepunkt seiner Entwicklung angelangt, und er ist von einer unprätentiösen Eleganz und offenen Liebenswürdigkeit wie Laura selbst. Es ist ein Genuss, sich länger mit diesem Wein zu befassen, der zugleich weich und lebhaft, kräftig und subtil wirkt (91 Punkte).

In vielerlei Hinsicht ist die Geschichte von Monsanto ein Bilderbuchbeispiel für die Renaissance des Chianti classico, obwohl die Bianchis bemerkenswert schnell begannen, hochwertige Weine zu erzeugen. Für sie war der Chianti-Wein der Grund für ihr Interesse an diesem Gebiet, und von Anfang an befassten sie sich intensiv und ernsthaft damit. Lauras Vater Fabrizio steht hinter dem internationalen Ansehen, das Monsanto in den sechziger und siebziger Jahren gewann, wobei er im Gegensatz zum Großteil der neuen Gutsbesitzer, die damals ins Chianti-Gebiet kamen, keinen önologischen Berater anstellte. «Es ist besser, wenn ich die Fehler selber mache anstatt jemand anders», sagt er. Zu jener Zeit war Chianti ein blasser, sehr leichter Rotwein mit wenig Charakter oder Charme und aggressiver Säure. Von Anfang an verzichtete Fabrizio Bianchi auf die weißen Sorten Malvasia und Trebbiano, die traditionell Bestandteil des Verschnitts waren, und arbeitete mit dem Ziel, tieffarbige, ausdrucksstarke Rotweine aus der Sangiovese-Traube zu erzeugen. Das Ergebnis waren langlebige Weine wie der 1977er Il Poggio. Das gilt auch für den 1994er Il Poggio. Die Stille ist gar nicht unfreundlich und keinesfalls eine Laune. Ohne sich drängen zu lassen, formuliert sie ihre Antwort auf die Frage nach dem toskanischen Wein, und solange ich den Anblick dieser rosigen Lippen genießen kann, mangelt es auch mir nicht an Geduld (89 Punkte).

Die Bianchis begannen wesentlich später als die meisten ihrer Kollegen, einige Weine in neuen Barrique-Fässern auszubauen anstatt in den *botti*, großen Holzfässern aus neutraler slowenischer Eiche, in denen ihre Chianti-Weine reifen. Selbst heute noch betrachten sie die Barrique-Weine nur als interessante Ergänzung und stellen stets ihre Chianti-Weine in den Mittelpunkt einer Verkostung für Besucher. Der Name, den Fabrizio Bianchi seinem barrique-gereiften Cabernet Sauvignon gegeben hat, sagt alles über die Einstellung, mit der er sich an der Modeströmung für solche Weine im Gebiet beteiligt: «Nemo», das bedeutet niemand – womit impliziert wird, dass ein Chianti immer «jemand» ist. Mehrere deutsche Freunde, die seit Anfang der achtziger Jahre Wein bei Monsanto kaufen, haben bestätigt, dass das Einzige, was sich wesentlich geändert habe, die Preise seien: «Früher haben wir wirklich den Kofferraum voll geladen, was heute nicht mehr möglich ist.»

Die Landschaft um Monsanto gehört zu den wildesten des ganzen Chianti-Gebiets, Wälder und Macchia-Gestrüpp umgeben Inseln von Weinbergen. Die Vorherrschaft des Menschen in dieser rauhen Gegend wirkt immer noch befremdend, obwohl die geschichtlichen Aufzeichnungen bis in die Zeit Petrarcas zurückgehen. Ein Weingut wie Castello Monsanto entspricht zwar genau den Erwartungen der Touristen, die via Autobahn über die Alpen ins Chianti-Gebiet kommen, sobald der Winter vorüber ist, aber eine derart unwirtliche Landschaft malen sie sich gewiss nicht aus. Einige Kilometer Feldweg und Straße weiter Richtung Panzano, im Herzen des Chianti classico, liegt eher, was sie suchen: malerische rebbedeckte Hänge, grüne Täler, alte Dörfer auf Hügelkuppen. Je höher man steigt, desto mediterraner wirkt alles, hier dominieren Olivenbäume und Zypressen, während die Eichenwälder und Hecken unten im Tal eher an Südwestengland als an Italien erinnern. Dazwischen stehen die Reben, oft mit knorrigen alten Stämmen, als habe sich in den Weinbergen seit Jahrhunderten nichts verändert. Außer während der heißen, trockenen Sommermonate sprießt alles derart üppig und kraftvoll, dass Lebensfreude in einem aufsteigt, ob man nun will oder nicht. Die verschlungenen Berge und Täler zwingen die Straßen zu unzähligen Kurven und Steigungen, wodurch sich stets ein neuer Ausblick bietet und man alle zwei Minuten nach einem neuen Radiosender suchen muss. Von den Höhen blickt man über unzählige Reihen von Hügeln, die sich bis zum Horizont hinziehen. Früh am Tag liegt in den Tälern der Morgennebel, und man meint zu träumen. Wer könnte sich dem Charme eines solchen Idylls entziehen?

In gewisser Weise ist das Chianti-classico-Gebiet tatsächlich ein grünes Paradies. Während meiner letzten Reise habe ich dort nicht nur Termine wahrgenommen, sondern auch nach wilden Orchideen gesucht. Diese gehören zu den empfindlichsten aller Pflanzen, sind sehr anfällig und reagieren sofort auf störende chemische Einflüsse aus ihrer Umgebung. Die zahlreichen Exemplare, die ich im Chianti-classico-Gebiet gefunden habe, können nur darauf hindeuten, dass es hier wenig oder gar keine Umweltverschmutzung gibt. Um Panzano und andere Orte des Gebiets gibt es ausgedehnte Rebanlagen, ansonsten liegen die rund 9000 Hektar des Chianti classico über 700 km verstreut, und es dominieren Wälder, Sträucher und Wiesen. Die Rebfläche wäre wesentlich größer, gäbe es nicht seit 1987 ein EU-Gesetz, welches das Anlegen neuer Weinberge verbietet. 1984 ist außerdem eine neue DOCG-Bestimmung für Chianti classico an die Stelle der alten DOC getreten. Das bedeutet, dass seither bis zu 10 % andere Rebsorten wie Cabernet Sauvignon gestattet sind, der vorher erlaubte Verschnitt mit bis zu 15 % Wein von außerhalb des Chianti-classico-Gebiets verboten ist und weiße Trauben nicht mehr zwingend vorgeschrieben sind. Seit Inkrafttreten dieser Bestimmungen ist weder die Rebfläche innerhalb der Gebietsgrenzen des Chianti classico noch die Produktionsmenge an Chianti-classico-Weinen wesentlich gestiegen.

Außerdem hat die strikte Politik der Bau- und Denkmalämter einen starken Einfluss auf das Erscheinungsbild der Landschaft. Es ist kein Zufall, dass die Architektur im Chianti classico den Eindruck der Zeitlosigkeit vermittelt. Jedwede Veränderung bestehender Gebäude, die nicht restaurativen Zwecken dient, ist strengstens verboten. Neubauten unterliegen ebenso strengen Bestimmungen. So muss man oft fünf bis sechs Jahre warten, um die Genehmigung zur Erweiterung eines Weinkellers zu erhalten, selbst wenn nur traditionelle Materialien eingesetzt werden. Dank dieser rigorosen Maßnahmen ist das Gebiet von hässlichen modernen Hotelkästen verschont geblieben, die sonst sicher wie Pilze aus dem Boden geschossen wären, um vom Touristenstrom zu profitieren; das wiederum bedeutet, dass es im Sommer praktisch unmöglich ist, ohne vorherige Reservierung eine Unterkunft zu finden. Einerseits ist hier eine Art Architektur-Reservat geschaffen worden, andererseits kann man sich fragen, ob diese Politik der Erhaltung zusammen mit dem kommerziellen Erfolg das Gebiet nicht mit einem dicken Aspikmantel übergossen hat.

Wenn die Antwort auf diese Frage negativ ausfällt, dann deshalb, weil sich in den letzten dreißig Jahren tausende von Einwanderern im Chianti-Gebiet niedergelassen haben. Sie kommen aus den Großstädten Norditaliens, aus Deutschland, der Schweiz, Österreich, Amerika, Großbritannien und einer Reihe anderer Länder und stehen nicht nur hinter der Renovierung zahlloser Landhäuser, sondern zu einem großen Teil auch hinter dem Aufschwung des Chianti. Es mutet paradox an, dass die «toskanische Weinrenaissance» und die Restaurierung des architektonischen Erbes des Gebiets weitgehend das Werk nichttoskanischer Menschen ist.

Erstarrt und glatt gebügelt

Die Frage nach der Zukunft des Chianti classico geht mir weiter durch den Kopf, als ich die letzten Steigungen auf der Straße von Gaiole über Radda nach Panzano hinaufkurve. Vielleicht sind der graue Himmel und der Nieselregen schuld an meiner Nachdenklichkeit, die gar nicht zu der Stimmung der Touristen passt, die aus dem Norden geflohen sind, um die ersten warmen Tage in der Toskana zu genießen. Ich bin auf dem Weg zu Fontodi, einem sehr erfolgreichen Betrieb, der seit 1980, als Franco Bernabei hier önologischer Berater wurde und Dr. Giovanni Manetti mit seinem Bruder Marco die Leitung übernahm, international einen sehr guten Ruf genießt. Fontodi gehört zu den Namen, die die Experten für Toskana-Weine erwähnen, wenn es darum geht, was Chianti classico sein kann und sein sollte. Das Anwesen ist wirklich so schön, wie es das Etikett andeutet; das Gutshaus ist seit der Übernahme durch die Familie Manetti vor dreißig Jahren auf bewundernswerte Weise restauriert worden. Die Gärten sind formeller angelegt als beim Castello Monsanto, aber kaum weniger beeindruckend.

Bei den Weinen des Hauses sieht es anders aus. Der normale 1996er Chianti classico von Fontodi ist ein klassisches Beispiel für den Chianti-Stil vor fünfzehn bis zwanzig Jahren, und so passt es auch, wenn ich ihn mit der Weinsprache jener Zeit beschreibe: von mittlerer Farbdichte, mit an rote Johannisbeeren und Sauerkirschen erinnernden Aromen, mittlerem Körper und einer erfrischenden Säure. Er schmeckt bestimmt gut zu Pasta mit Tomatensauce oder Pizza, ist aber keinesfalls überdurchschnittlich (78 Punkte). Der 1994er Chianti classico riserva ist bedeutend besser, mit einer Textur, die zugleich voll und fein wie Puder wirkt und dem eleganten Wein so eine gewisse Eigenständigkeit verleiht (83 Punkte).

Fontodi macht zwei Weine, die des öftern in den Schlagzeilen zu finden sind. Der erste ist der Chianti classico riserva Vigna del Sorbo, ein in Barrique-Fässern ausgebauter Wein aus der Einzellage Sorbo, der mit dem Jahrgang 1994 die begehrten drei Gläser des Gambero Rosso ebenso bekam wie in einer Reihe von Jahrgängen zuvor. Doch so sehr ich mich auch bemühe, der Wein inspiriert mich nicht, und mir wollen keine poetischen Worte einfallen. Er ist zwar voll und ziemlich weich, erinnert im Aroma an rote Pflaumen und Kirschkuchen und hinterlässt am Gaumen einen süßlichen Eindruck. Der Umstand, dass mir nichts Interessanteres einfällt als die üblichen Floskeln der Weinjournalisten, deutet jedoch darauf hin, dass ich keine bemerkenswerte Persönlichkeit kennen gelernt habe, sondern eher ein gutes

Produkt (82 Punkte). Man sagt mir, dieser Wein entstehe aus 90 % Sangiovese und 10 % Cabernet Sauvignon, alles aus der Lage Vigna del Sorbo. Nun, der 1994er Vigna del Sorbo schmeckt so weich, dass man annehmen muss, die 10 % Cabernet hätten einen über das Mengenverhältnis hinausgehenden geschmacklichen Einfluss oder der Anteil an Cabernet sei eher größer gewesen. Wie auch immer, das Ergebnis begeistert mich nicht. Von individuellem Charakter, wie man ihn von einem Lagenwein erwartet, kann nicht die Rede sein.

Der zweite «Starwein» von Fontodi, Flaccianello, besteht zu 100 % aus Sangiovese und reift ebenfalls in Barrique-Fässern. Hier steht der harte, rauchige Ton der neuen Eiche oft neben dem Rest des Weins. Bei aller Mächtigkeit ist der 1990er Flaccianello deshalb immer noch ein kantiger, nicht vollständig harmonischer Wein, der Zeichen vorzeitiger Alterung zeigt (83 Punkte). Dagegen ist der 1995er eine üppig ausgestattete Schönheit mit einer gewissen Klasse, wenn sie auch etwas an Ausstrahlung vermissen lässt (85 Punkte). Zwar ist der Einsatz neuer Holzfässer bei diesen Prestigeweinen inzwischen feiner abgestimmt, aber ansonsten scheint sich hier in den letzten Jahren wenig verändert zu haben. Sie sind stehen geblieben, was in der Welt des Weins immer einem kleinen Rückschritt gleichkommt. Alle Manettis, die ich kennen gelernt habe, sind sehr sympathisch, gebildet und freundlich, deshalb stimmt es mich ein wenig traurig, feststellen zu müssen, dass die Weine ihrem Ruf nicht gerecht werden. Leider ist das nicht der einzige Fall von önologischer Erstarrung im Gebiet; es gibt davon eine ganze Reihe.

Trotz aller Zweifel und Kritik sind die Fontodi-Weine aber zumindest unverkennbar toskanisch. Das Schlimmste, was hier passiert ist, ist ein Nachlassen der Ambitionen. Wesentlich gravierender und grundlegender erscheinen mir die Probleme bei Antinori, dem berühmtesten aller toskanischen Weinproduzenten. Ich besuche die Firma im Palazzo Antinori an der Piazza Antinori im historischen Zentrum von Florenz. Von der Empfangshalle führt eine Tür in einen Garten, der sich seit Dantes Zeiten nicht verändert zu haben scheint. Von den Wänden blicken Ahnen des gegenwärtigen Firmenchefs, Marchese Piero Antinori, selbstbewusst aus lebensgroßen Porträts aus dem 16. und 17. Jahrhundert herab. Persönlich finde ich es zwar beruhigend, dass meine Familie ihre Ursprünge nicht weiter als ein Jahrhundert zurückverfolgen kann, dennoch faszinieren mich solche Gemälde, Blicke aus der Vergangenheit. Ich bleibe jedoch nur einige Minuten mit ihnen allein, dann kommt Bette Ann Bierwirth, die PR-Chefin.

Wir haben in den vorangegangenen Tagen mehrmals miteinander telefoniert, doch teilt sie mir zu meiner Überraschung mit, sie habe nichts vorbereitet, wir würden improvisieren. Ich folge ihr über einen Hof, dessen friedliche Ruhe die nachmittägliche Geschäftigkeit der Stadt außerhalb der

Mauern des Palazzos vergessen lässt, in einen ziemlich vollgestopften, stickigen Verkostungsraum, während sie erzählt, dass Antinori jetzt vierzehn Millionen Flaschen jährlich produziere. Diese Zahl sei so gut wie stabil, Wachstum gäbe es nur bei den vom Unternehmen selbst bewirtschafteten Rebflächen und beim Anteil der aus eigenen anstatt zugekauften Trauben erzeugten Weine. Meine Frage, ob dieses Kulturdenkmal, der Palazzo Antinori, die Firmenzentrale sei, führt zu einer kurzen Verlegenheit: «... nein, der Firmensitz ist nach Lugano verlegt worden», kommt die zögerliche Antwort, «aus strategischen Gründen.» Der Begriff Steuern fällt mir spontan ein, und als könne sie Gedanken lesen, fügt Frau Bierwirth schnell hinzu: «... und aus steuerlichen Gründen.» Und als ob sie befürchte, dies könnte einen schlechten Eindruck hinterlassen, geht sie dazu über, vom Erfolg der Firma auf der letzten Vinitaly zu berichten: «Es gab einen Moment, an dem vierzig unserer Angestellten am Stand waren, und es reichte immer noch nicht aus. Als ich eines Morgens mit Piero Antinori ankam, war es, als liefe man mit Michael Jackson in ein Kaufhaus.»

Inzwischen ist es ihr zwar gelungen, eine Verkostung zusammenzusuchen, aber nicht, vier identische Probiergläser aufzutreiben. Die Weine, die ich verkosten möchte, rafft sie aus allen möglichen Ecken zusammen, dabei handelt es sich lediglich um die Chiantis, die Antinori zurzeit im Verkauf hat. Es interessiert mich eigentlich nicht, wo das Unternehmen Antinori seine Steuern bezahlt oder ob der hoch gewachsene und weltgewandte Piero Antinori der Michael Jackson der Weinwelt ist, sowenig wie es mich anficht, dass es hier trotz eines Jahresumsatzes von 63 Millionen Dollar nicht möglich ist, anständige Probiergläser auf den Tisch zu stellen. Solange der Wein in den Gläsern mich begeistert, spielen solche Dinge gar keine Rolle. Leider tut er das nicht. Am enttäuschendsten ist der 1995er Chianti classico vom Weingut Badia a Passignano, das seit 1987 im Besitz der Antinoris ist. 1995 war vielleicht der beste Jahrgang für Chianti classico seit dem exzellenten 1988er. Dieser dürftige Wein ist jedoch blass in der Farbe, dünn und ziemlich sauer und nur mit etlichem Wohlwollen als frisch zu bezeichnen (72 Punkte). Der 1995er Villa Antinori Chianti classico riserva ist nicht viel besser, ein ordentlicher, gut gemachter Rotwein mit etwas Substanz, der aber so austauschbar wirkt, dass er ebenso aus irgendeinem Überseeland stammen könnte (76 Punkte). «Wozu die Mühe?», denke ich bei mir. Nun, Antinori macht sich die Mühe, weil die Firma jedes Jahr beinahe eine Million Flaschen dieses Weins verkauft.

Der 1995er Tenute Marchese Antinori riserva ist ein samtiger, reichhaltigerer Wein, doch «10 % Cabernet Sauvignon» haben hier wie bei Fontodi alles glatt gebügelt und daraus einen Rotwein in internationalem Stil gemacht, in dessen Seele nichts Toskanisches steckt (79 Punkte). Das Problem dabei ist, dass dieser Wein als einer der besten Chianti-classico-Weine gilt und sein Preis dementsprechend hoch ist.

Es überrascht mich nicht, dass das Etikett des Badia a Passignano riserva von einem Schweizer Designer entworfen wurde, irgendwie erinnert es mich an Schweizer Banknoten – zur Bezahlung von Schweizer Steuern? Frau Bierwirth erklärt, der Wein sei als hochwertiger Chianti classico konzipiert worden, der nicht unmittelbar als Antinori-Produkt zu erkennen sein sollte. Man befürchte, das Vorurteil unter den Weinkonsumenten gegenüber Erzeugnissen großer Firmen könnte seinem Erfolg im Wege stehen. Der Jahrgang 1994 dieses Weins zeigt einen ausgeprägten Chianti-Charakter – «endlich!», denke ich erleichtert. Er schmeckt ziemlich entwickelt für sein Alter, doch habe ich es hier zumindest mit einem Toskaner aus gutem Hause zu tun, mit Ahnen im Hintergrund (83 Punkte). Dem folgte allerdings der deprimierende Gedanke, dass dieser Stil anscheinend bewusst als Alternative zum üblichen Antinori-Stil gewählt worden ist, der sich nicht mehr wesentlich von dem vieler anderer großen Firmen abhebt, die sich weltweit auf die Produktion von «Premium»-Rotweinen spezialisiert haben. Wie Frau Bierwirth eingangs bemerkte: «Antinori ist jetzt international.» Gebietscharakter scheint nur noch eine Option für gewisse Nischenprodukte zu sein.

Plötzlich weiß ich nicht mehr so richtig, in welcher Ecke der Erde ich mich eigentlich befinde: mir gegenüber Frau Bierwirth, die Statistiken und Verkaufszahlen der verschiedenen Antinori-Marken auf Amerikanisch hervorsprudelt, um mich herum ein Raum, dessen Einrichtung italienischem Design um 1980 entspricht und doch in jeder beliebigen Stadt stehen könnte. Mir werden weder Tignanello noch Solaia, die beiden Spitzenweine des Antinori-Sortiments, zur Verkostung angeboten, obwohl man mir mitteilt: «Die Produktionsmenge beim Tignanello ist, mmh, ich muss das checken, mmh, ja, 180 000 Flaschen im Jahr.» Zumindest bin ich froh, dass diese Weine überall auf der Welt so leicht zu finden sind. Ich kann sie also verkosten, wo immer ich möchte (siehe Anhang), und das Einzige, was ich im Moment will, ist hinaus in die toskanische Sonne zu kommen. Obwohl sie bereits am Untergehen ist, ist es immer noch heiß. Ich ziehe meine Jacke aus und bestaune die historischen Gebäude. Die Touristen stören mich nicht weiter, sie und die Architektur beweisen zumindest, dass ich mich wirklich in Florenz befinde. Ich trinke einen Espresso im Caffè Giacosa an der Via Tornabuoni, wo die Kellner kein Englisch sprechen. Hier – endlich – werden mir ein Aroma und ein Geschmack geboten, wie man sie sonst nirgends findet (95 Punkte)!

Big and Beautiful

Es ist nur ein kurzer Spaziergang über den Arno von der Piazza Antinori zu den Büros der Marchesi de' Frescobaldi in der Via Santo Spirito. Hinter diesen trutzigen Mauern gibt es nicht viel palastartige Pracht, aber auch kein Problem mit Probiergläsern, alles ist sehr professionell organisiert. Das Unternehmen Frescobaldi ist nicht gerade klein, sechs Millionen Flaschen werden pro Jahr auf den neun Weingütern im Besitz der Familie erzeugt. Keines davon liegt im Chianti-classico-Gebiet, sodass ein direkter Vergleich mit Antinori nicht möglich ist, aber das ist auch nicht der Grund meines Besuchs. Nein, die Frescobaldi-Weine sind so eigenständig, dass ich mir eine Reise in die Toskana einfach nicht ohne einen Abstecher hierher vorstellen könnte.

Ich schaue den Wein vor mir an. Welche Rolle spielt das Auge in Zusammenhang mit Wein? Beim Essen isst das Auge bekanntlich mit, beim Trinken ist es ebenfalls von Bedeutung, doch würde eine plötzliche Erblindung den Weingenuss sicher weniger stark beeinträchtigen. Der Anblick leuchtender Farben in schönen Gläsern würde fehlen, sozusagen der Rahmen um das Bild, das sich im Kopf aus den Empfindungen von Duft, Geschmack und Tastsinn im Mund formt. Der 1995er Pomino rosso sieht wunderschön aus in dem großen eleganten Glas, das tiefe, glänzende Rubinrot hebt sich strahlend vom Cremeweiß der Tischdecke ab. Er verströmt den Duft eines roten Fruchtpürees und gleicht darin keinem anderen toskanischen Rotwein, dem ich hier bisher begegnet bin. Seine Frische scheint eine nördliche Herkunft anzudeuten (84 Punkte). Wie kann das sein? Leonardo de' Frescobaldi bemerkt mit dem ihm eigenen, auf jahrzehntelanger Erfahrung beruhenden lakonischen Charme, dass dieses Weingut in den toskanischen Apenninen liegt, 35 Kilometer östlich von Florenz, auf einer Höhe von 400 Metern, wo ein kühleres Klima herrscht als im Chianti-Gebiet. Außerdem sei der Wein ein Verschnitt aus Sangiovese mit Pinot noir, Cabernet Sauvignon und Merlot, was allerdings nicht mehr als innovativ zu betrachten sei, da diese drei französischen Sorten seit 1855 auf dem Gut wüchsen. Dies ist ein untypischer toskanischer Rotwein im besten Sinne des Wortes.

Im Gegensatz dazu ist der 1995er Castello di Nipozzano riserva genau der Rotwein, den man aus der Toskana erwartet, mit den an Lakritz und rote Pflaumen erinnernden Aromen, dem Kennzeichen reifer Sangiovese-Trauben. Hoch gewachsen wie Leonardo de' Frescobaldi und mit einem ähnlich sinnlichen Lächeln ist der Wein jedoch ein ganz anderer Kerl, denn im Gegensatz zum weltgewandten Marchese kommt er unverkennbar vom Land. Er ist lebhaft und generös, aber seine Manieren sind ein wenig rustikal (84 Punkte). Dieser Wein ist das wichtigste Produkt des Nipozzano-Guts, mit 184 Hektar Reben das größte des Chianti-Rufina-Gebiets. «Der 1936er lässt sich noch gut trinken», erzählt Leonardo de' Frescobaldi, «leider ließ die Qualität in den sechziger Jahren nach, weil die Weinberge mit den falschen Klonen nachgepflanzt wurden, und es dauerte einige Zeit, um diesen Fehler wieder zu beheben.» Solche selbstkritischen Kommentare über die Fehler der Vergangenheit gegenüber Besuchern, die man eigentlich beeindrucken möchte, sind nur möglich, wenn die gemachten Fehler inzwischen nicht bloß behoben sind, sondern sich auch das eigene Selbstbewusstsein davon erholt hat.

Leonardo de' Frescobaldi mangelt es heute gewiss nicht an Selbstbewusstsein, und dies zu Recht, wie die nächsten Weine eindrücklich beweisen. Vom Castello di Nipozzano werden in Spitzenjahrgängen zwei Einzellagen-Weine erzeugt. Der 1995er Montesodi ist ein reiner Sangiovese, der in Barrique-Fässern aus französischer Eiche reift. Trotz dieses «modernistischen» Ausbaus ist ihm eine elegante, absolut toskanische Herbheit eigen. Er spielt bei dieser Verkostung bei weitem nicht alle seine Trümpfe aus, man sieht sozusagen nur die Rückseite der Karten, ihre Vorderseite hält er noch eng an die Brust gedrückt. Ich bin gespannt auf weitere Gelegenheiten, um diese schweigsame Gestalt kennen zu lernen. Mit jedem Mal wird sie ein paar weitere Karten auf den Tisch legen und so allmählich die Elfenbeinhaut ihres Dekolletés enthüllen (90 Punkte). Der 1995er Mormoreto ist ganz anders, ein Cabernet Sauvignon, der ebenfalls in Barrique-Fässern reift. Er erinnert mich mit seiner Kraft und Bestimmtheit an gewisse berühmte Mitglieder einer anderen Florentiner Dynastie, deren Palazzo auf der anderen Seite des Arno liegt, die Medici. Auch er wird sich erst Anfang des nächsten Jahrhunderts von seiner besten Seite zeigen, aber man darf sich bereits jetzt auf Grandeur, Blut und Donner im Medici-Stil gefasst machen (91 Punkte).

«Wir müssen dem Sangiovese treu bleiben, denn schon wenige Prozent Cabernet Sauvignon in einem Sangiovese-Wein nehmen der Rebe ihre Klarheit», fährt der Marchese fort, was erklärt, warum Frescobaldi diese beiden Rebsorten strikt getrennt hält und dadurch beiden eine Chance gibt, für sich allein zu glänzen. Als ich erwähne, dass viele der Chianti-classico-Weine mit Cabernet-Sauvignon-Anteil, denen ich begegnet bin, nach einem guten Stück mehr als den vom Gesetz maximal zugelassenen 10 % Cabernet schmeckten, kommt seine Antwort mit einem besonders breiten Lächeln: «Nun, wir sind hier in Italien, da sind die 10 % ziemlich elastisch.» Seine Handbewegung lässt darauf schließen, dass aus den zehn leicht zwanzig, dreißig oder mehr Prozent werden können, aber das Funkeln in seinen dunklen braunen Augen sagt, dass man das alles nicht zu ernst nehmen sollte.

Der letzte Wein der Verkostung ist der Luce, ein Vino da tavola aus dem Brunello-Gebiet. Er besteht aus einem Verschnitt zweier Rebsorten, Merlot und Sangiovese, und ist das Produkt eines Joint Venture von Frescobaldi und Robert Mondavi aus dem kalifornischen Napa Valley. Das Etikett in Form eines barock anmutenden Sonnenemblems in Gold und Rostrot gehört zu den pompösesten, die ich je gesehen habe, und als die Flasche bei Frescobaldi vor mir auf dem Tisch steht, wünsche ich mir insgeheim, der große Gott des Weins möge mich vorübergehend mit Blindheit schlagen. Auch der Geschmack des Weins ist nicht mein Fall. Der 1995er Luce ist auf die international verbreitete Vorliebe für volle, plüschige, zwar trockene, aber «süß» schmeckende Rotweine zugeschnitten. Er ist all das auf einem hohen Niveau, aber ihm fehlt die hartnäckige Eigenständigkeit der anderen Frescobaldi-Weine (88 Punkte). 1995 ist erst der dritte Jahrgang des Luce, und vielleicht werden spätere Jahrgänge zulegen wie einst der Opus One, Mondavis Joint Venture mit Mouton-Rothschild, einem der 1ers crus im Bordeaux. Wie auch immer die Ambitionen und Ziele der Frescobaldis aussehen mögen, sie bleiben fest in den natürlichen Gegebenheiten und Traditionen ihrer Heimat verwurzelt. Nur ihr Joint Venture mit Mondavi geht darüber hinaus und somit an der Politik vorbei, das ganze Qualitätspotential auszuschöpfen, das ihnen die Familienweingüter und ihre Geschichte bieten. Ob es die richtige Entscheidung war, wird man frühestens in fünf oder zehn Jahren beurteilen können.

Geduld

Gedankenverloren starrt Luca Di Napoli durch das offene Fenster des Familienanwesens Castello dei Rampolla im Dörfchen Santa Lucia in der Nähe von Panzano auf die Hügel draußen. Er wirkt in sich gekehrt, genau wie die düstere Erscheinung des Geistlichen Abbas de Stanislais Rampolla, eines seiner Vorfahren, auf dem Gemälde aus dem frühen 18. Jahrhundert an der Wand gegenüber – als könne ihn nichts aufregen, peinigen oder erheitern. Doch als er sich mir zuwendet und die Reaktionen schildert, die der 1996er Vigna d'Alceo von Castello dei Rampolla auf der Vinitaly-Weinmesse einige Wochen zuvor hervorgerufen hat, blitzt in seinen Augen plötzlich Leben auf: «Viele Leute kamen nur wegen dieses Weins an unseren Stand. Es war faszinierend zu beobachten, wie sie den Wein in den Mund nahmen, dann ihre erste unbewusste Reaktion, oft von Überraschung geprägt, und schließlich ihre Kommentare.»

Auf dem Tisch vor mir steht ein großes Glas mit einer kleinen Menge des violettschwarzen 1996er Vigna d'Alceo. Ich habe ihn gerade probiert und starre nun genauso versunken auf meinen Schreibblock wie Luca Di Napoli vorhin aus dem Fenster. Nichts hat mich auf diesen Wein vorbereitet, weder die vielen ausgezeichneten Weine von Castello dei Rampolla, die ich bereits verkostet habe, noch irgendein anderer toskanischer Wein, ungeachtet der Rebsorte, des Jahrgangs oder des Produzenten. Er ruht vollkommen in sich selbst. «Schwarzer Tanz der Gewürze, schwarze Erinnerungen im Glas der Phantasie, die Wonne, sich nachts aus dem Fenster zu lehnen und hinauf in den sternenübersäten Zenit und in das Tal darunter zu blicken (96 Punkte)», habe ich geschrieben und dabei an das Fenster dieses Raumes gedacht. Nun frage ich mich, ob nicht eine konventionellere Beschreibung angebracht wäre, all die Adjektive, wie sie Weinjournalisten üblicherweise scheinbar mühelos in den Sinn kommen. Doch je angestrengter ich nachdenke, desto weniger Konventionelles fällt mir ein.

Die Rampolla-Weine aus den achtziger Jahren, die ich getrunken habe, bevor ich Luca kennen lernte, sagen viel über den Fanatismus und das Weinempfinden seines Vaters Alceo Di Napoli aus. Der 1983er Sammarco, ein Vino da tavola di Toscana, ist ein grandioser, vornehmer Wein, ein Aristokrat von einer Großzügigkeit, wie sie vom Bordeaux-Weinadel nur selten gezeigt wird (93 Punkte). Noch großartiger ist die fast zeitlose Gestalt des mächtigen 1988er Sammarco, der in klarem, reinem Sopran singt (94 Punkte).

Als ich beim Castello dei Rampolla ankam, drangen durch die geschlossenen Fenster eines Nebengebäudes die Klänge einer Verdi-Arie. Das Hauptgebäude zeigte keine Anzeichen von menschlichem Leben, und so klingelte ich hier. Bald erschien, umhüllt vom Verdi-Sopran, die schlanke, lange Gestalt von Luca Di Napoli in Sandalen, ausgeleiertem handgestricktem Pullover und einer Wollmütze, die ihm über das eine Ohr hing und mit der er gut in ein Gemälde von Bruegel oder Hieronymus Bosch gepasst hätte. Ich war zu früh, was angesichts der Tatsache, dass er mitten beim Essen war, plötzlich ein schwereres Vergehen zu sein schien als die ewigen Verspätungen, für die Weinjournalisten berüchtigt sind. «Fünf Minuten», sagte er und verschwand wieder. Die Sopranstimme wurde von einem Tenor abgelöst. Wenigstens war ich hier am richtigen Ort.

Ich wartete und schaute mich um. Weiter unten, am Fuße einer Mauer, stand bewegungslos ein Esel und sah in die Weinberge hinaus, als gucke er seit Jahren den Reben beim Wachsen zu. Genau diese Geduld braucht jeder ehrgeizige Winzer. Dann fiel mein Blick auf eine Reihe von Terrassen, die wesentlich dichter bepflanzt waren, als es sonst im Chianti üblich ist. «Die neuen Anlagen sind ganz anders als die alten; mein Vater hat dort bis zu 10 000 Reben pro Hektar gesetzt, während die traditionelle Pflanzdichte hier maximal 3800 pro Hektar beträgt», erklärt Luca. Seine Mittagspause schien jetzt endgültig beendet. Auf einigen dieser Terrassen stehen die letzten Reben, die sein Vater Alceo vor seinem Tod 1991 gepflanzt hat und die der Ursprung des Weines sind, den sein Sohn nach ihm benannt hat und der mich anderthalb Stunden später derart in Erstaunen versetzen sollte. Bei Rampolla stehen Cabernet Sauvignon, von Alceo Ende der siebziger Jahre auf dem Gut eingeführt, und Petit Verdot nebeneinander, wie dies sonst nur im Bordeaux zu sehen ist. Dort macht der Petit Verdot allerdings selten mehr als ein paar Prozent aus, da diese launische, spät reifende Sorte entweder voll ins Schwarze trifft oder irreparabel daran vorbeifliegt, sodass ein größerer Anteil mit zu vielen Risiken verbunden wäre. Hier, im wärmeren und trockeneren Klima von Chianti, hat Alceo Di Napoli es riskiert, 20 % Petit Verdot in die neuen Weinbergsterrassen zu pflanzen, ein einzigartiges Novum in der Weinwelt. «Mein Vater hatte viele Ideen», bemerkt Luca mit einer Stimme, die zärtlich klingt und von weit her zu mir zu kommen scheint, als stünde er gar nicht direkt neben mir.

Diese Ideen und die Weinberge, die einige dieser Ideen verkörpern, sind ganz eindeutig jener Teil des Erbes, der ihm sehr am Herzen liegt, der Gärkeller des Betriebs dagegen weniger. Ich folge ihm an einer kleinen Barockkapelle und einem großen Swimmingpool vorbei durch eine Tür, die in eine riesige Betonkiste und hinauf zu einer Galerie führt. «Der Keller wurde vor vierzig Jahren gebaut, als der Betrieb viermal so viel Wein wie heute produzierte und alles als Fassware verkauft wurde», erklärt Luca, «heute füllen wir alles selbst ab.» Alceo Di Napoli begann 1975, Wein auf dem Gut abzufüllen, und von diesem Jahrgang wurde ein Drittel der Ernte unter dem Namen Castello dei Rampolla vermarktet. In den folgenden sechzehn Jahren nahm er viele Veränderungen vor, kam aber nie dazu, den Gärkeller umzubauen. Lucas verächtlicher Blick auf die monumentale graue Hässlichkeit lässt wenig Zweifel daran, dass deren Tage jetzt gezählt sind. Der Kontrast zum Fasskeller, der zum großen Teil direkt in den Fels gehauen ist, auf dem Rampolla liegt und dessen Ursprung bis ins 13. Jahrhundert zurückgeht, könnte kaum größer sein; längst vergangene Epochen prallen mit der Gegenwart zusammen.

«Mein Vater war mein Lehrmeister im Keller, und mein Interesse an biodynamischer Bewirtschaftung brachte mich dazu, mich mit dem Boden zu befassen», fährt Luca im Probierzimmer fort, während er Gläser auf den Tisch stellt und den ersten Wein einschenkt. Die biodynamische Bewirtschaftung basiert auf den Ideen des deutschen Philosophen Rudolf Steiner und orientiert sich an den Zyklen des Kosmos. Einige der größten Weine der Welt sind das Ergebnis biodynamischer Bewirtschaftung (siehe Domaine Leroy, Seite 85), aber die so erzeugten Weine sind selbstverständlich nicht automatisch bemerkenswert, da Nachlässigkeit im Keller die besten Trauben ruinieren kann. Der 1995er Chianti classico beeindruckt nicht so sehr durch seine erhebliche Kraft – in diesem hervorragenden Jahrgang sind im Chianti viele mächtige Rotweine entstanden –, sondern durch seine Fülle an Ausdruck. Während manche Weine aus dem Chianti-classico-Gebiet schmecken, als könnten sie von irgendwoher kommen, und viele andere zwar als Chianti erkennbar sind, aber wirkliche Eigenständigkeit vermissen lassen, schmeckt dieser hier wie kein anderer Chianti. Welches Gewürz ist das nur? Wie soll ich die feste und sich doch windende Linie beschreiben, die sich durch den Wein zog von dem Moment an, als er die Zungenspitze berührte, bis die letzten Tropfen meine Kehle hinunterflossen (86 Punkte)?

Dieser Wein stammt aus dem ersten Jahr, in dem die Leitung Rampollas von Anfang an Luca Di Napoli und seiner Schwester Maurizia oblag. Sie übernahmen das Gut im Juni 1994 nach dem plötzlichen Aufbruch ihres Bruders Matteo, der den Betrieb seit dem Tod des Vaters geführt hatte. Ich kann nichts zum mehrfach gehörten Gerücht sagen, wonach Matteos Führung den Betrieb an den Rand des Ruins gebracht haben soll, aber die Weine aus dieser Zeit entsprechen zweifellos weder dem vorherigen Niveau des Gutes noch seinem Ruf. Luca sagt nur, sein Bruder habe «den Beruf gewechselt». Ein wilderes Gerücht der Art, wie sie im fruchtbaren Boden kleiner ländlicher Gemeinden lebhaft sprießen, besagt, dass Matteo versteckt im Castello lebt, aber ich würde hier eher erwarten, dem Geist eines Di-Napoli-Vorfahren zu begegnen …

1994 war nicht nur ein schwierigeres Jahr als 1995, Luca und Maurizia konnten auch die Entwicklung der Trauben in diesem Jahr nur bedingt beeinflussen. Trotzdem ist ihr 1994er Chianti classico riserva kaum weniger beeindruckend als das Castello selbst, oben auf dem sich nach Süden erstreckenden Hügel, dessen perfekte Ausrichtung dem Wein seine großzügigen Ausmaße verliehen hat. Das könnte unter Umständen zu überwältigend wirken, gäbe es da nicht diese Verbindung aus Kraft und Anmut, die man auch in den Bewegungen eines begabten Balletttänzers findet (89 Punkte). Dieses Bild stammt von mir, hätte aber auch von Luca kommen können, der später sagt: «Ich mag es, wenn Wein ein Tanz zwischen mehreren Elementen ist.»

Der Sprung, ein Jeté vom Hintergrund der Bühne ganz nach vorne ins Rampenlicht, den Lucas und Maurizias Weine mit dem Jahrgang 1995 vollbrachten, wird im Chianti classico riserva aus diesem Jahrgang deutlich, ein großer Tänzer, dessen Füße beim Spitzentanz den Boden nur zu streifen scheinen wie die Haare eines Pinsels die Leinwand. Der Wein ist wie jeder wahrhaft große Wein äußerst stark durch seine Herkunft geprägt. Er ist ein wenig schwierig zu verkosten, da er gerade erst an diesem Tag abgefüllt wurde, was jeden Wein mehr oder weniger durcheinander bringt; manche brauchen mehrere Monate, um diesen Schock zu verdauen. Aber der 1995er Chianti classico riserva wird langsam reifen, über ein Jahrzehnt hinweg, und dabei seinen großen Aromenteppich nach und nach ausbreiten (92 Punkte).

Ein anderer von Lucas und Maurizias Brüdern, Marco, der 1982 bei einem Hubschrauberabsturz ums Leben kam, steht hinter dem Namen von Alceo Di Napolis revolutionärstem Wein, dem Sammarco. Dabei handelt es sich um einen Verschnitt aus Cabernet Sauvignon mit einem kleinen Teil Sangiovese, dessen erster Jahrgang, 1980, gerade in den Verkauf kommen sollte, als die Tragödie geschah. Cabernet Sauvignon und Sangiovese zu verschneiden klingt vielleicht wie der Versuch, den erfolgreichen Tignanello zu kopieren, dessen erster Jahrgang ein Jahrzehnt zuvor lanciert worden war. Beim Tignanello sind die Anteile der beiden Rebsorten jedoch umgekehrt, und beim Verkosten ähneln sich die beiden Weine nur sehr oberflächlich. Der 1994er Sammarco betreibt keine Täuschungsmanöver, und man glaubt keine Sekunde, sich woanders als hier auf diesem Berg in der Toskana zu befinden. Er widerspiegelt originalgetreu diese imposante Landschaft, in der weder der Mensch die Natur noch sie ihn beherrscht (91 Punkte).

Die Eigenständigkeit von Weinen wie diesem lässt sich nur langsam erreichen und ist stets das Ergebnis eines Verfeinerungsprozesses, der sich über Jahrzehnte oder Generationen hinzieht. Sammarco ist das Werk einer Generation, und eine zweite setzt es nun fort und gibt ihm einen neuen Klang, wie auch ein großer Pianist Mozarts Klaviersonaten unweigerlich einen neuen Klang verleiht, selbst wenn er sie auf längst etablierte Weise spielt. Vigna d'Alceo ist weit mehr als das. Er ist eine neue Interpretation des Themas «Toskanischer Rotwein», so radikal wie Glenn Goulds Interpretation der Mozart-Klaviersonaten, und die Geister werden sich an diesem Wein ebenso scheiden, wie sie es bis heute im Fall des kanadischen Pianisten tun. Zwei Generationen, eine für das Gebiet vollkommen neue Rebsorte und eine ganz andere Methode beim Pflanzen der Reben stecken dahinter. Es dauerte lange, bis der Wein endlich Form annahm, da die Ernte sowohl 1994 als auch 1995 mengenmäßig zu gering ausfiel, um getrennt ausgebaut zu werden. Doch ein ehrgeiziger Winzer braucht bekanntlich Geduld. Angesichts der Intensität und Wildheit der Fassproben von Cabernet Sauvignon und Petit Verdot, aus denen der 1997er Vigna d'Alceo entstehen wird und die Luca mir am Ende der Verkostung zeigt, kann ich mir vorstellen, dass es damals bis mehrere Monate nach der Lese 1996 nicht sicher war, welche Gestalt – bestürzend oder berauschend – der neue Wein überhaupt annehmen würde.

«Selbst für junge Leute ist es extrem schwierig, sich von der Vergangenheit zu lösen», sagt Luca nachdenklich. Dieser Wein stellt keinen Bruch mit der Familienvergangenheit dar, obwohl ebenso viel von ihm wie von seinem Vater in ihm steckt, aber er ist zweifellos ein Bruch mit der Vergangenheit des Chianti classico; nicht nur mit den blassen, dünnen Rotweinen in Strohflaschen von einst, sondern auch mit der großen Mehrheit der modernen Weine aus dem Chianti-classico-Gebiet. Luca und Maurizia Di Napolis

Weine sind der vollkommene Ausdruck ihrer Herkunft, während die meisten Rotweine aus der Toskana, selbst sehr gute, die Landschaft und den Boden, aus denen sie stammen, nur ansatzweise wiedergeben. «Was ist mit der Tradition?», frage ich Luca ein wenig provozierend. Seine unerschrockene Antwort folgt prompt: «Im Burgund gibt es Jahrhunderte von Tradition, wir aber haben nur dreißig Jahre und ganze fünfzehn auf dem jetzigen Kurs. *Genuss* ist wichtiger.» Ich hatte selber ans Burgund gedacht, als ich die Frage stellte, da dort der Herkunftsort im Wein am allerdeutlichsten zum Ausdruck kommt. Seine Antwort überrascht mich, er ist damit bereits einen Schritt weiter als meine Gedanken. Das Problem mit vielen modernen Rotweinen aus dem Chianti-classico-Gebiet ist, dass sie auf fast abstrakte Weise beeindrucken, aber wenig wahren Charakter haben und überdies nur in begrenztem Maße richtigen Genuss bereiten; sie sind mehr Produkt als gewachsener Wein. Nicht so die Ergebnisse der Arbeit auf Castello dei Rampolla, die von Weitblick, Visionen, Sensibilität zeugen. Doch solche Eigenschaften besitzen überall auf der Erdkugel Seltenheitswert.

Als ich gerade zur nächsten Frage ansetze, stürmt Lucas Sohn mit einem Freund ins Zimmer, Pfeil und Bogen in der Hand, und lenkt uns ab. Doch er bringt mich auf ein Bild, das ich treffend finde, auch wenn es ein wenig pathetisch klingt. 1996 hat Luca den Bogen angesetzt (die Ideen und Reben, die sein Vater ihm vermacht hat), er hat den Bogen gespannt (die von ihm eingeführten neuen Methoden bei der Bewirtschaftung der Weinberge), ins unsichtbare Schwarze gezielt (über das hinaus, was bekanntermaßen bei toskanischen Rotweinen möglich ist) und auf ein Ziel geschossen, von dem er glaubte, dass es irgendwo dahinter liegen müsse. Und 1996 hat sein Pfeil mitten ins Schwarze getroffen. «Schwarzer Tanz der Gewürze, schwarze Erinnerungen im Glas der Phantasie …»

Inspiration und Investitionen

Im Probierzimmer von Querciabella bei Ruffoli nahe Greve steht ein großer brauner Pappkarton an die Wand gelehnt, ein weiterer, kleinerer Karton liegt in einer Ecke. Beide tragen den Aufdruck «Design Jean Nouvel». Nach der Form und den Ausmaßen zu schließen, muss sich darin ein Tisch befinden, obwohl die Möblierung dieses Raumes – ein Tisch mit einer großen quadratischen Holzplatte in der Mitte, darum und an der Wand entlang moderne Stühle mit Armlehnen, außerdem eine beleuchtete Vitrine mit den verschiedenen Weinen des Gutes – kaum Platz für einen weiteren Tisch bietet. Allerdings waren die Keller, die ich gerade besichtigen durfte, so tadellos sauber und haben mit den roten Ziegelsteinwänden und -böden so anheimelnd gewirkt, dass dort ein Designertisch gar nicht fehl am Platz wäre. Die Barrique-

Fässer aus französischer Eiche mit den besten Weinen des Betriebs stehen auf kleinen Rollen, damit sie ohne Kraftaufwand gedreht werden können – eine Konstruktion, die auch von einem Designer wie Jean Nouvel stammen könnte. Es war ein seltsames Gefühl auf dem Weg hierher: Gerade als ich mich gefragt hatte, ob ich auf diesem holprigen Feldweg wohl richtig sei, ging er in eine geteerte Straße über, und ich stand plötzlich auf dieser Insel von imposanter Architektur und teurem Design.

Unter den Weingütern auf den Hügeln des Chianti-classico-Gebiets scheinen einige weder Mühe noch Kosten zu scheuen, bemerkenswerte Weine zu erzeugen. Im Fall von Querciabella hat der Besitzer, Giuseppe Castiglioni, Geld aus seiner Tätigkeit als Direktor eines mexikanischen Stahlunternehmens investiert. Es muss sich dabei um etliche Millionen Mark handeln, doch selbst wenn man Erfolg ausschließlich in anerkennenden Pressestimmen misst, hat sich diese Investition gelohnt: Querciabellas Weine sind mit Lob förmlich überschüttet worden, und der wirtschaftliche Erfolg des Unternehmens bestätigt das Lob der Presse noch.

Der technische Direktor, Guido di Santi, macht einen äußerst professionellen und sympathischen Eindruck, genau so, wie ich ihn von früheren Verkostungen her kenne. Die von ihm erzeugten Rotweine sind unverhohlen modern, und es gibt Spitzenwinzer in Kalifornien oder Australien, deren Prinzipien in Weinberg und Keller den seinen stark ähneln; doch hier sind die Ergebnisse ganz klar toskanisch. Trotz neuartiger Ideen und moderner Kellerausrüstung zeugt die Gesamteinstellung auf Querciabella vom Respekt gegenüber der Integrität der Weine. Der 1996er Chianti classico verkörpert dies mit seinem tiefen Rubinrot, dem verführerischen Geschmack nach reifen Brombeeren und seiner lebendigen, harmonischen Art (82 Punkte). Der 1995er Chianti classico übertrifft ihn noch, ein Granat, dessen Facetten in vielen Rotschattierungen schimmern (85 Punkte).

Der 1995er Chianti classico riserva erscheint wie aus ganz anderem Stoff, mit dem Glanz und der übernatürlichen Anschmiegsamkeit mancher moderner Textilfasern, die Baumwollsamt nicht bieten kann. Nur sollte der lange Schweif von Luxus nicht gerade da abbrechen, wo man einen Abglanz von Unendlichkeit erwartet (87 Punkte). Dem 1994er Camartina kann man diesen Vorwurf hingegen nicht machen. Dieser Verschnitt von Sangiovese mit etwas Cabernet Sauvignon und Cabernet franc ist ein Vino da tavola und der üppigste, sinnlichste und mächtigste Wein aus dem Chianti-Gebiet in diesem schwierigen Jahrgang. Aus den opulenten Aromen der Trauben – jene getrockneten Feigen und Datteln, die in meiner Kindheit nur zu Weihnachten auf den Tisch kamen – und dem süßen Vanilleduft der neuen Eichenholzfässer, in denen der Wein über drei Jahre verbracht hat, ergibt sich eine für das Gebiet geradezu dekadente Komposition. Der Name des Betriebs, «schöne Eiche», kommt von den Wäldern um die Weinberge, doch in diesem Fall könnte er auch auf Eichenaroma und -geschmack im Wein hinweisen (90 Punkte). Dieser Wein hat durch den Aufenthalt in französischen «Möbeln» nur profitiert, und die Investition in all die runden «Schränke» hat sich gelohnt. Er verkörpert eindeutig *italienisches* Design und schmeckt keineswegs wie die Kopie irgendwelcher französischer, kalifornischer oder australischer Weine.

Auf beinahe 500 Metern über dem Meeresspiegel hat man von der Terrasse vor den Kellern von Castello di Ama zwischen Brolio und Vagliagli einen der imposantesten Blicke über das Chianti-classico-Gebiet, aber kaum weniger beeindruckend ist ein Rundgang durch die Keller, die mit der modernsten Technik und mit nahezu tausend Barrique-Fässern (die genügend Platz für die gesamte Rotweinproduktion bieten) ausgestattet sind. Ganz offensichtlich haben auch hier die Besitzer keine Kosten gescheut in ihrem Streben nach dem Besten für ihre Weine. Man könnte leicht den Eindruck gewinnen, es handle sich nur um den Zeitvertreib einer reichen Familie, das Spielzeug verwöhnter Kinder. Desgleichen könnte die offenkundig technokratisch-moderne Ausstattung zu der Annahme verleiten, die Ama-Weine seien austauschbare Weine von internationalem Zuschnitt. Doch nichts könnte weiter von der Wahrheit entfernt sein. Die Weine von Castello di Ama widerspiegeln auf verblüffende Weise die extreme Landschaft, in der sie wachsen. Von dem Moment an, als Ama vor fünfzehn Jahren die Aufmerksamkeit der italienischen Presse auf sich zog, fiel der elegante, duftige Stil der Weine auf. Hinter diesen ersten Erfolgen steckten nicht PR-Kampagnen oder die Sehnsucht einiger Neureicher nach Ruhm, sondern viele Jahre des behutsamen Renovierens, Wiederaufbauens und Modernisierens auf dem Betrieb, der 1968 von vier römischen Familien gekauft worden war. Erst mit dem Jahrgang 1980 erschienen die ersten Weine unter dem Namen des Weinguts auf dem Markt, vorher hatte man nur die Trauben verkauft. Das Streben nach immer höherer Qualität und noch mehr Verfeinerung, das zu diesen ersten Weinen geführt hat, dauert bis zum heutigen Tage an und ist mit den Jahren immer ambitionierter geworden.

Nach dem Rundgang durch die Keller führen mich Dr. Marco Pallanti, der Kellermeister von Ama, und Fabrizio Nencioni, der kaufmännische Direktor, zu einem Verkostungssaal in das Geisterdorf Ama, eine Ansammlung alter, verlassener Häuser. Sowohl der hoch gewachsene Pallanti mit seinen dunklen Augen und dem durchdringenden Blick als auch der untersetzte, ernsthafte Nencioni, der vor gebündelter Energie zu sprühen scheint, strahlen Ehrgeiz aus. Als sie die Flaschen und Gläser auf den Tisch stellen und anfangen, die Weine genauer zu erklären, die ich ihrer Meinung nach probieren sollte, fällt mir auf, dass sie zwar ihr Selbstvertrauen in Bezug auf Ama deutlich zum Ausdruck bringen, jedoch nur wenig zu den Weinen selber sagen – als könnten zu viele Worte meine Kommentare beeinträchtigen, und auf die warten sie mit spürbarer Spannung. Die Weine müssen mich beeindrucken, nichts anderes.

Der Beginn der Verkostung hätte leicht zu einer Enttäuschung werden können. «Ab 1996 erzeugen wir nur noch einen einzigen Chianti classico pro Jahrgang», erklärt Nencioni trocken. Der Grund, warum ich gekommen bin, ist eine Reihe unvergesslicher Chianti-classico-Weine von Castello di Ama aus drei einzelnen Weinbergen oder Crus: Vigneto Bellavista, Vigneto San Lorenzo und Vigneto La Casuccia. Erstaunt darüber, dass diese Weine, die auch seitens der Presse so viel Lob erfahren haben, in einem großen Verschnitt verschwinden sollen, frage ich ängstlich, ob dies jedes Jahr der Fall sein würde. Vielleicht verbirgt sich hinter dieser Frage meine Sentimentalität oder die Gier der Weinsammler nach exklusiven Abfüllungen in begrenzter Auflage, die nur von wenigen ergattert werden können. Wie auch immer, Nencionis Antwort beruhigt mich: «Hin und wieder werden wir eine kleine Menge von den Crus produzieren, aber nur in sehr guten Jahrgängen. Es ist uns wichtiger, den Castello di Ama Chianti classico vorwärts zu bringen.» Zuvor hatte das Gut ein Sortiment von dreizehn verschiedenen Weinen angeboten, dazu Olivenöl und einen Aquavit. Es gelingt mir nicht herauszufinden, ob der Aufwand eines derart umfangreichen Programms oder aber die Frage der Weintrinker, welches denn nun der bedeutendste der vielen Ama-Weine sei, den Ausschlag für diese Entscheidung gegeben hat. Jedenfalls rechtfertigt der erste Jahrgang dieser neuen Ära die getroffene Entscheidung.

1996 entstanden im Chianti frische, schlanke Rotweine mit lebendigen Aromen, dazu prädestiniert, als junge Weine getrunken zu werden. Einige unter ihnen zeigen etwas von der Statur oder der Eleganz der hervorragenden 1995er. Der 1996er Castello di Ama Chianti classico besitzt den zarten Touch, die exakt herausgearbeiteten Formen und die leuchtend klaren Farben eines Vermeer, und wie die Werke dieses großen Meisters ist er kein Charmeur, der sich einem schnell und vollkommen erschließt. Im Gegenteil, je mehr Aufmerksamkeit ich ihm widme, desto mehr von seinen Mysterien gibt er preis, in denen etwas sinnlich Trockenes liegt (87 Punkte). Und von diesem Wein gibt es wirklich und wahrhaftig 200 000 Flaschen!

Der Castello di Ama und die zwei nachfolgenden «Cru»-Chianti classico sind ganz eindeutig moderne toskanische Rotweine. Chianti classico dieses Stils hat es vor Ende der achtziger Jahre einfach nicht gegeben, bis die Winzer erkannten, wie sie tieffarbige Weine machen konnten, in denen samtige Fülle die natürliche Festigkeit und Säure der Sangiovese-Traube umhüllt. Doch sind die neuen Ama-Weine weit mehr als nur das, wie der 1995er Chianti classico riserva Vigneto Bellavista deutlich zeigt. Er ist ein glänzender Stern, der Beteigeuze, dessen roter Schein selbst die nächtlichen Lichter der Stadt durchdringt, obwohl er nur ein Punkt am Himmel ist (91 Punkte). Die kühlen Winde in dem Teil des Himmels, zu dem Ama zu gehören scheint, haben ihren Weg in den 1995er Chianti classico riserva Vigneto Casuccia gefunden, und wenn der Wein langsam über den Gaumen fließt, scheint er sie alle in einem unglaublich langen Seufzer von sich zu geben (94 Punkte). Ich bin einen Moment wie verloren, es herrscht vollkommene Stille, dann erlöse ich meine Gastgeber mit beglückwünschenden Worten. In diesen drei Weinen von fast übernatürlicher Klarheit können sich die steinigen Hügel und das hier besonders intensive Sonnenlicht mit einer Kraft und Reinheit ausdrücken, die mich atemlos machen, als stünde ich plötzlich in dünner Luft auf einem Alpengipfel.

Doch das ist nicht alles. Bevor mich diese Schönheiten hypnotisiert haben, ist mir eine Flasche 1995er L'Apparita auf dem Tisch aufgefallen, der Merlot von Castello di Ama. Ich erinnerte mich dabei an einen Abend in Berlin im Dezember 1993, der mir eine genussvolle Bekanntschaft mit einer Flasche des Jahrgangs 1989 dieses Weins und beinahe eine traurige Bekanntschaft mit dem finanziellen Ruin beschert hatte. Der 1995er L'Apparita lässt einen keine Sekunde im Zweifel, er überwältigt die Sinne von dem Augenblick an, da man das Glas zu Nase und Mund führt. Bei dieser Verkostung erscheint er mir wie der Rubin in der Mitte der britischen Herrscherkrone, der zwar von vielen anderen Edelsteinen umgeben und längst nicht so raffiniert geschliffen ist wie diese, aber dennoch das stärkste Element einer erstaunlichen Komposition bildet (95 Punkte).

Es war die Kletterei wert, obwohl ich völlig erschöpft bin, als ich auf dem Gipfel stehe und den Ausblick genieße, der bis zu einem Horizont reicht, dessen Entfernung ich nur erahnen kann. Beim Abstieg hinunter zur Hauptstraße beschleicht mich die leise Befürchtung, dass die Weine, denen ich in den folgenden Tagen begegnen werde, eigentlich nur weit unter diesem Gipfel liegen können.

Langstreckenläufer

«Finito!!», ruft Dr. Giuseppe Mazzocolin mit der einzigen großen Geste eines langen Abends aus. Sonst gibt es nichts an seiner in sich gekehrten Art oder der bedächtigen Genauigkeit, mit der er seine Gedanken zum Ausdruck bringt, das den «Italiener» verraten würde. Während und nach dem Abendessen bei der Fattoria di Felsina in Castelnuovo di Berardenga, die er seit Anfang der achtziger Jahre leitet, sprechen wir ausgiebig über die Weine. Aber das Thema Poesie scheint den ehemaligen Literatur-Dozenten für Italienisch und Latein mindestens ebenso zu reizen. «Ich wünschte, ich hätte mehr Zeit zum Lesen… und um Texte auswendig zu lernen», sagt er sehnsüchtig. Mit 55 Hektar Weinbergen gehört Felsina zu den relativ großen Betrieben im Gebiet, dazu kommen noch die 30 Hektar des 1995 gekauften Guts Pagliarese und die 65 Hektar von Castello di Farnetella in den nahe gelegenen Colli Senesi, gekauft 1981, die sich wie Felsina im Besitz von Mazzocolins Schwiegervater befinden. Nicht nur die Größe dieser Unternehmen, sondern noch mehr die erhebliche Anstrengung, die zur Erzeugung und Vermarktung von hochwertigen Weinen notwendig ist, lässt vermuten, dass Mazzocolin wenig Zeit für andere Dinge wie die Poesie bleibt. «Am Anfang habe ich versucht, beides zu verfolgen, aber das war sehr schwierig. Es fiel mir jedoch sehr schwer, meine Dozentenstelle aufzugeben, weil ich diese Tätigkeit so geliebt habe.» Dennoch muss er Felsina auch sehr lieben, denn das «Finito!!» galt nicht etwa dem Tag, an dem er sich vom Wein ab- und wieder seinen Büchern und den Studenten zuwenden würde, sondern jenem Tag, als der letzte Trebbiano-Rebstock auf dem Gut verschwand.

Trebbiano ist ein Name, den man heute von Chianti-classico-Winzern kaum noch zu hören bekommt, doch vor zwei Jahrzehnten oder mehr kamen in die meisten hiesigen Rotweine auch weiße Trebbiano- und/oder Malvasia-Trauben. Ab dem Jahrgang 1983, als Franco Bernabei für Felsina als beratender Önologe zu arbeiten begann, wurden alle Chianti-classico-Rotweine des Betriebs zu 100 % aus Sangiovese-Trauben gemacht. Wie Mazzocolin selber sagt, war es «damals gesetzlich nicht gestattet, einen Wein aus 100 % Sangiovese als Chianti classico zu verkaufen… es war nicht einmal sicher, was es für die Weine bedeuten würde, da wir mehr über Sangiovese-Rotweine aus Montalcino [weiter südlich, wo Brunello di Montalcino erzeugt wird] als aus dem Chianti wussten». Mazzocolin und Bernabei waren jedoch überzeugt, dass dies der einzige Weg nach vorne war, und wurden in dieser Überzeugung zweifellos durch die Erfolge vereinzelter Winzer im Gebiet bestärkt, die diesen Schritt bereits gewagt hatten. Während der folgenden dreizehn Jahre wurden die Trebbiano-Trauben separat ausgebaut und der daraus erzeugte Weißwein unter dem Namen Pepestrino verkauft, bis zu dem Tag im Jahr 1996, als die letzte Trebbiano-Rebe das Feld räumen musste.

Der Aufschwung bei den Chianti-classico-Weinen des Betriebs, der aus diesem Schritt resultierte, war für Mazzocolin kaum überraschend, es war genau die von ihm erhoffte Steigerung in Farbtiefe, Körper und Geschmacksintensität. Gleich mit dem ersten Jahrgang machte er jedoch eine überraschende Entdeckung: Die Sangiovese-Weine aus verschiedenen Lagen waren nicht nur von unterschiedlicher Güte, sondern hoben sich auch im Charakter deutlich voneinander ab. Zwei von ihnen stachen derart heraus, dass er sich entschloss, sie separat abzufüllen und so zwei Einzellagenweine beziehungsweise Cru-Chianti zu schaffen, nämlich den Vigneto Rancia, einen Chianti classico riserva, und den Fontalloro, der als Vino da tavola di Toscana vermarktet wird, da der größte Teil dieses Weinbergs gerade außerhalb der Grenzen des Chianti-classico-Gebiets liegt. Obwohl der Schriftzug des Fontalloro mehr als nur flüchtig an jenen der Zigarettenmarke Marlboro erinnert, sind beide Weine innerhalb weniger Jahre zu neuen Klassikern geworden. Der Grund dafür liegt nicht nur in ihrer beeindruckenden Qualität, sondern in ihrer äußerst ausgeprägten Eigenständigkeit. Fontalloro ist ein für einen reinen Sangiovese sehr reichhaltiger Rotwein, mit einer Würze und Geschmeidigkeit, die diese Rebsorte selten zeigt, während der Vigneto Rancia fest und direkt im Ausdruck ist und mit seinen rauchigen, erdigen und an Tabak erinnernden Aromen keinem anderen Chianti classico ähnelt. Das ist die Sprache, zumindest die Weinsprache, mit der diese beiden Weine von Kritikern und Weinhändlern häufig beschrieben werden. Im Grunde besitzt jeder eine eigene Poesie, die aus dem Weinberg kommt – eine Poesie des Ortes.

Es ist ein langes Abendessen, das wir beide sehr genießen, und da Giuseppe Mazzocolin mir viele Weine zu zeigen hat, ist es bereits spät, als der Vigneto Rancia und der Fontalloro auf den Tisch kommen. Vorher gab es den Jahrgang 1996 des Felsina Chianti classico, der so gut wie jedes Jahr den größten Teil der Produktion des Betriebs ausmacht. Er ist ein Fels, der in der Abendsonne in langsam wechselnden Farben glüht, in denen man seine Augen badet und dabei vergisst, dass er eigentlich gar nicht weich sein kann (84 Punkte). Beim 1995er Vigneto Rancia meinen wir auf den ersten Blick in der toskanischen Sonne zu stehen, die auf die reifenden Früchte scheint, aber eigentlich sind wir schon bei den Wurzeln der Rebe tief unten in der Erde im dunklen Reich der geologischen Geheimnisse (90 Punkte).

Der 1995er Fontalloro hat ebenfalls etwas Geheimnisvolles. In manchen von Michelangelos Skulpturen scheinen die Figuren sich selber aus dem Stein zu ziehen, sich selber zu gebären. «Unfertig» haben einige Kunsthistoriker sie genannt, was man auch von diesem Wein behaupten könnte – aber was für eine Figur kommt da langsam zum Vorschein! (93 Punkte).

Beim ersten Schluck des 1990er Fontalloro schreite ich gerade in dem Moment in die Mailänder Scala, als sich der Vorhang hebt und das Licht der Scheinwerfer auf die grandiose Bühnenausstattung fällt, die mich überwältigt. Hier gibt es nur Luxus, satte Farben, Vergoldungen und Ornamente, doch wirkt dieser Überfluss in keiner Weise erschlagend oder einschüchternd (93 Punkte). «Er wird gerade erst trinkbar», bemerkt Mazzocolin vorsichtig, aber mein Glas ist schon fast leer. Ich freue mich über das Nachschenken ebenso, wie ich mich über eine Karte für «Die Hochzeit des Figaro» in der Scala freuen würde.

Fontalloro ist ein untypischer «Supertuscan», weil er ein reiner Sangiovese ist und nicht der übliche Verschnitt von Sangiovese mit Cabernet Sauvignon oder Merlot beziehungsweise reiner Cabernet Sauvignon oder Merlot. Es gibt andere Ausnahmen wie den Pergole Torte von Montevertine. Die Geschichte dieses Weines begann mit dem Kauf eines Anwesens bei Radda als Feriendomizil im Jahr 1967 für eine heutzutage grotesk niedrig erscheinende Summe. Der neue Besitzer war ein Industrieller aus der Stahlbranche und hieß Sergio Manetti. Zuerst gab es nichts für die damalige Zeit Außergewöhnliches am Verlauf, den die Dinge nahmen. Viele Weingüter im Gebiet tasteten sich durch die Dunkelheit der Weinbereitungstraditionen, die nicht nur in ihren Methoden, sondern auch in ihren Prinzipien mittelalterlich waren; so führt etwa die Halbpacht schließlich nicht nur zur Produktion von Menge, sondern auch dazu, dass der Pächter die mindere Qualität eines Teils der Ernte – jenes Teils, den er abgibt – in Kauf nimmt. Giacomo Tachis, der seit 1961 für die Antinori-Weine verantwortlich ist und viele neue Ideen im Gebiet eingeführt hat, war auf diesem Gut ebenso als Berater tätig wie auf vielen anderen führenden Betrieben im Chianti-classico-Gebiet. Sein ganzes Streben ging dahin, die toskanische Weinbranche von «Quantität» auf «Qualität» umzuorientieren.

Als Manettis Schwiegersohn Klaus Johann Reimitz die Bühne betrat, setzten noch größere Veränderungen ein. Scharen deutscher Auswanderer kamen damals ins Chianti-Gebiet, angezogen von Landschaft, Klima, erschwinglichen Grundstückspreisen und dem Traum vom eigenen Wein. Für Reimitz ergab sich der Umzug ganz einfach aus seiner Heirat mit Manettis Tochter, aber es dauerte nicht lange, bis ihn der Wein zu kitzeln begann und schnell zur Leidenschaft in ihrer heutigen Form wurde. «So-hat-es-mich-natürlich-interessiert-den-Caymus-Special-Selection-zu-probieren-weil-es-wirklich-einer-der-berühmtesten-Cabernet-Sauvignon-aus-dem-Napa-Valley-und-ganz-Kaliforniens-ist» – die Geschwindigkeit, mit der Reimitz redet, übertrifft meine Denkgeschwindigkeit um Längen –, «und-er-roch-und-schmeckte-so-stark-nach-Zimt-dass-ich-mich-fragte-ob-sie-vielleicht-im-Weinberg-Zimt-anbauen-und-der-Ton-von-daher-stammt-weil-ich-denke-dass-Weine-nach-dem-Ort-riechen-und-schmecken-müssen-an-dem-sie-wachsen-wenn-sie-qualitätsorientiert-an-und-ausgebaut-werden.» Er klingt wohlgelaunt, lässt aber keinen Zweifel daran, dass ihn der Caymus Special Selection Cabernet Sauvignon aus dem Napa Valley nicht im Geringsten beeindruckt hat. «Amerikaner-mögen-weiche-Weine-was-einen-nicht-wundern-sollte-wenn-man-bedenkt-dass-die-meisten-von-ihnen-alles-weich-mögen», fährt er fort, «man-denke-nur-an-ihre-Turnschuhe-mit-den-gepolsterten-Sohlen-in-denen-sie-über-diese-dicken-Teppiche-laufen!» Es überrascht mich nicht zu erfahren, dass dieser schlanke, silberhaarige Mensch im Dreiteiler und mit offenem Hemdkragen, der sich mit der Unerbittlichkeit eines Hochleistung-Schlagbohrers mit der Welt um ihn herum auseinandersetzt, Philosophie studiert hat. Er sieht weit eher wie ein Philosophieprofessor aus als Umberto Eco.

Seit Klaus Reimitz auf Montevertine lebt, widerspiegeln die Weine immer stärker seine kompromisslose Einstellung. Es begann damit, dass der Betrieb am 1. Januar 1981 aus dem Consorzio Gallo Nero, der wichtigsten Vereinigung von Chianti-classico-Erzeugern, austrat. Grund dafür war die von ihm und Manetti getroffene Entscheidung, zukünftig reine Sangiovese-Weine zu machen, was gegen die offizielle Politik des Consorzio verstieß. Der neue Wein wurde vom ersten Jahrgang – 1982 – an als Vino da tavola vermarktet, um etwaigen Konflikten mit dem Weingesetz aus dem Weg zu gehen, und trägt den Namen der Weinbergslage: Le Pergole Torte. Der Künstler Alberto Manfredi wurde beauftragt, jedes Jahr für das Etikett einen Holzschnitt mit einem Frauenkopf zu entwerfen; es sind Bildnisse, in denen Schwarz zu einer vollen, satten Farbe wird und die abgebildeten Schönheiten mit ihren eckigen Zügen eine erotische Spannung ausstrahlen, zu der die bescheidenen Ausmaße der Bilder in keinem Verhältnis stehen. Das Rückenetikett ist konventioneller, ein cremefarbenes Rechteck mit Namen und Beschreibung des Weins in klassischen Lettern.

Der Wein in der Flasche entspricht beiden Etiketten. Einerseits ist Le Pergole Torte überhaupt kein protziger Kerl mit übertriebener Gestik und Sprache. Andererseits strahlt er eine unwiderstehliche Anziehungskraft aus, etwas, das man nicht vergessen kann, wie die Erinnerung an einen Blick. «Irgendwie voll, süß, hart und säuerlich zugleich, aber eigentlich doch nichts von alledem, sondern ganz und gar Le Pergole Torte und kein bisschen etwas anderes», schreibe ich über den Jahrgang 1995 in mein Notizbuch. Der Wein ist noch in meinem Mund, und Reimitz bemerkt, dass ich nach einer Ecke auf dem Hof vor den Kellergebäuden suche, um ihn ausspucken zu können. «In-die-große-Blumenvase», witzelt er und meint damit die Toskana im Ganzen und das Gras und die wilden Blumen neben mir im Einzelnen. Das ist der Moment, wo mich der Wein richtig trifft, denn im Gegensatz zu Mode- und Designerweinen, die fast immer schlechte Mode und schlechtes Design darstellen und aus Gefallsucht anfänglich einen starken Eindruck machen und nach dem Schlucken oder Ausspucken schnell verblassen, steigt dieser Wein zu einem Crescendo im Nachgeschmack an, und zwar ohne jede Zuhilfenahme von Kesselpauken oder Ähnlichem (92 Punkte).

Dem 1988er Le Pergole Torte, den ich mehrere Male getrunken habe, ist die Schönheit einer Frau eigen, die das erreicht hat, was die vom Traum ewiger Jugend besessene Welt abschätzig «mittleres Alter» nennt, ohne von ihren eigenen Vorstellungen abzulassen, und deren Züge durch die Erfahrungen immer ausgeprägter geworden sind (91 Punkte). Sie sitzt an ihrem Tisch, ihre Blicke ziehen von allen Seiten Bewunderer an, aber sie weigert sich hartnäckig, sich einem von ihnen hinzugeben. Und wie Recht sie hat, denn was bedeutet es, «sich hinzugeben»? Nichts anderes, als jemandem das Recht zuzubilligen, über sie zu bestimmen, Unterwerfung. Sie hält ganz im Gegenteil ihre eigene Freiheit fest in der Hand und ist entschlossen, sie sich von niemandem nehmen zu lassen. Le Pergole Torte ist hegelsche Dialektik in der Gestalt eines toskanischen Rotweins.

Absturz oder Neuanfang?

Viele Weingüter befinden sich im Besitz einer größeren Familie und werden von einem Mitglied dieser Familie geführt. Da ist es sicher nicht immer einfach, dem Betreffenden wirklich freie Hand zu lassen. So auch bei der Familie des Turiners Paolo de Marchi, die 1956 das Anwesen Isole e Olena zusammen mit einigen Verwandten gekauft hat. Wenn es jedoch darum geht, was in die Flaschen kommt, dann hat Paolo de Marchi das Sagen. Er versucht dabei keinesfalls, die Natur als solche zu beherrschen, sondern die Missgeschicke zu meistern, die sich negativ auf den Wein auswirken könnten, das heißt, folgenschwere Fehler und Schwächen zu vermeiden, die den Wein des Charakters berauben könnten, den er sonst zeigen würde. Ihn fasziniert genau das, was übrig bleibt, wenn sämtliche ungünstigen Zufälle vermieden werden. Er sucht nach etwas Wesentlichem, Ursprünglichem und scheut keine Mühe, um diesem «Heiligen Gral» auf die Spur zu kommen, den er nicht genau benennen und von dem er sich nur ganz allmählich ein geistiges Bild machen kann.

Allerdings bekommt man einen etwas anderen Eindruck, wenn man als Besucher zum Weingut fährt wie das junge Paar aus Berlin, das auftaucht, während ich mit Paolo de Marchi verkoste. Für die meisten ist er der dynamische, liebenswürdige junge Toskana-Winzer mit dunklem Haar und einnehmendem Lächeln. Das trifft zwar alles auf ihn zu, aber es sind nur seine auffälligsten äußeren Züge. Seine ersten Worte an mich zeigen, dass er nicht gewillt ist, die ihm von den Medien zugedachte Rolle zu spielen: «Die Entwicklung hier im Gebiet während der letzten zwanzig Jahre war großartig, aber wir haben noch einen langen Weg vor uns.» Ich habe einfach nur eine Weinprobe und ein Gespräch über die Weine erwartet, einen harmlosen Nachmittag mit einem netten Kerl. «Die Leute sagen zum Beispiel immer, das Problem beim Sangiovese sei die Adstringenz und Säuerlichkeit der Weine», fährt er fort, «wenn man jedoch in einen Apfel beißt, der herb und sauer schmeckt, dann nennt man das *unreif.* Die Winzer hier reden voller Stolz über ihre alten Reben und die kleinen Erträge, was eigentlich der Qualität zuträglich sein sollte, aber oft ist das Blödsinn, weil jede einzelne Rebe viel zu viele Trauben trägt, die dann nicht alle richtig ausreifen! Das Beunruhigende daran ist, dass auf dem Fassweinmarkt derselbe Preis für schlechten Chianti classico wie für guten geboten wird, als ob Qualität keine Rolle spielte, nur der Name.»

«Schlechter» Chianti classico ist zweifellos für viele Leser eine ungewohnte Vorstellung. Wer sich an die bekannten Namen hält, kommt mit den minderwertigen Exemplaren so gut wie nie in Berührung. Mir wird jedoch gerade eine Crashkurs-Lektion in Chianti-Wirklichkeit erteilt. Plötzlich ist keine Rede mehr von Kellerführung mit Reihen von Holzfässern und blitzenden Edelstahltanks, vor denen Paolo de Marchi genau die Figur abgegeben hätte, die die Welt in ihm sieht: «Die Veränderung, die bei den Weinen notwendig ist, kann nur aus dem Weinberg kommen. Dort liegen die Probleme des Chianti-classico-Gebiets, auch die von Isole e Olena.» Ganz offensichtlich ist eine Tour durch die Weinberge unabdingbar, um dieser Frage weiter nachzugehen. Als wir uns in den bescheidenen alten Fiat zwängen und über Stock und Stein durch die Parzellen fahren, erklärt Paolo, dass die traditionellen Anpflanzungen typischerweise eine Dichte von 2800 Stöcken pro Hektar haben, bei nachlässiger Bewirtschaftung jedoch nach zwanzig Jahren oder mehr eher bei nur 2000 Reben pro Hektar liegen. So gesehen ist ein Ertrag von 45 Hektolitern pro Hektar, der sich gut anhört, weil er dem Ertrag bei großen roten Bordeaux-Weinen nahe kommt, eigentlich schlecht, denn er bedeutet, dass jede Rebe drei Flaschen Wein im Jahr produziert. Im Bordeaux kommt diese Erntemenge aus Weinbergen mit über 6000 Rebstöcken pro Hektar, was einer Flasche pro Rebe und Jahr entspricht – ein gesundes Verhältnis für hochwertige Weine. «Wir haben mit unterschiedlichen Pflanzdichten experimentiert, seit wir 1987 die erste Versuchsparzelle angelegt haben. Nach meinen Erfahrungen liegt das Optimum hier bei 7350 Reben pro Hektar. Mit einem Maximum von einem Kilo Trauben [ungefähr eine Flasche Wein] pro Stock können wir eine hervorragende Reife und Weinqualität erreichen und auch genügend Menge, um noch rentabel zu arbeiten.»

Vom Weingut im Weiler Isole fahren wir Richtung Olena, wo Paolo den ersten Gang einlegen muss, um ein unglaublich steiles Stück Straße zu meistern, die eigentlich nur ein holpriger Feldweg ist. Der Regen hat die Erde größtenteils weggeschwemmt und den Fels darunter freigelegt. Durchgerüttelt und -geschüttelt kommen wir bei de Marchis neuen Weinbergen oberhalb Olena an. Als ich von einer bereits rebbedeckten Seite des Hügels, den der kleine Fiat gerade mit störrischer Bravour gemeistert hat, hinunterschaue, tut sich darunter eine mondartige Landschaft mit riesigen Felsbrocken auf. «Wir mussten dreitausend Lastwagen voll Fels wegschaffen, um diese sieben Hektar zu pflanzen, das sind nur noch die Reste», lautet der nüchterne Kommentar, «glücklicherweise haben wir eine Firma gefunden, die Uferbefestigungen baut; sie ist froh über den Fels und holt ihn kostenlos ab.» Dieser enorme Aufwand scheint in keinem Verhältnis zu der Menge Wein zu stehen, die hier wachsen wird. Bedenkt man jedoch, dass gute und große Weine die Landschaft ihrer Herkunft wiedergeben, dürfte dieser extreme Ort äußerst dramatische Weine hervorbringen. «Die Leute denken, wir seien verrückt, wenn sie das hier sehen, und wahrscheinlich bin ich es auch. Aber wir müssen immer besser und besser werden, und für mich bedeutet das, Wein zu produzieren, der immer eigenständiger ist, sich immer mehr von den anderen unterscheidet. Deshalb haben wir hier gepflanzt.»

Die neuen Weinberge von Isole e Olena fangen gerade erst an, Qualität und Charakter der Weine des Gutes zu beeinflussen, doch diese zeigen bereits eine beeindruckende Charakterstärke. Der 1997er Chianti classico hat einen übernatürlich intensiven Duft nach schwarzen Beeren und genau die Geschmeidigkeit und Seidigkeit, die Paolo de Marchi der Adstringenz und Säuerlichkeit vorzieht (88 Punkte). Sein Cepparello wird allgemein als «Supertuscan» bezeichnet, obwohl er ihn selbst einfach den «großen Bruder des Chianti classico» nennt. 1997 ist hier sein bisher bester Jahrgang und in jeder Beziehung der große Bruder des vorhergehenden Weins, nicht nur von der bloßen Größe her, er wirkt auch erwachsener; ein Genie, dessen großes Talent sich erst langsam zu entfalten beginnt (91 Punkte). Seine Schwester, der 1995er Cepparello, ist ebenfalls hoch gewachsen, von einer natürlichen Schönheit, die durch zu viel Make-up – was beim Rotwein dem Geruch und Geschmack neuer Eiche entspricht – nur beeinträchtigt würde. Glücklicherweise ist sie nicht dazu gezwungen worden, sodass ihre feinen Züge voll und ganz zur Wirkung kommen können (90 Punkte).

Manche Weinerzeuger in der Toskana scheinen jedoch nicht gewillt oder daran interessiert zu sein, die Qualität der Trauben zu steigern, um diese Art von Weinen zu erhalten, und bevorzugen «Abkürzungen». «Es gibt kein Gesetz, das die Zugabe von Tannin in Pulverform zum Rotwein regelt», sagt de Marchi sehr ernst und bringt damit das Gespräch auf die neueste zweifelhafte Mode, die sich in den Kellern ausbreitet. Je mehr Tannin ein Rotwein enthält, desto schwerer und kräftiger schmeckt er, und in Italien nimmt wie überall sonst auf dem Erdball der Trend zu mächtigen Rotweinen zu. «Aber das verändert den Charakter und die Harmonie der Weine grundlegend», fährt er fort, «das ist kein Weinmachen, das ist *Trickserei*!» Er ist jetzt wirklich aufgeregt und zeigt nicht einmal mehr den Anflug eines Lächelns. Während so viele seiner toskanischen Kollegen sich selbst und einander gegenseitig auf die Schultern klopfen für ihre Erfolge Ende der achtziger und Anfang der neunziger Jahre, hat er bereits die Schwächen der toskanischen Weine in aller Deutlichkeit erkannt. Inzwischen sieht er sich nicht nur von vielen Kollegen umgeben, deren Weine in den letzten Jahren kaum Fortschritte gemacht haben, sondern auch von manchen, die den Inhalt einer Tüte der Anstrengung vorziehen. Sie pumpen ihre Weine mit Tanninpulver auf, um sie mächtiger wirken zu lassen, als sie von Natur aus sind.

Es gibt eine andere Möglichkeit, Rotweine aufzuputschen, die sehr viel älter ist und von Paolo de Marchi nicht zur Sprache gebracht wird. Sie ist altmodisch, scheint sich aber unter toskanischen Weinproduzenten neuer Beliebtheit zu erfreuen. Schon ein kleiner Anteil von Trauben oder Wein aus Süditalien beschert einem toskanischen Rotwein mehr Körper. Wie die Zugabe von Tanninpulver verändert jedoch auch dies den Charakter und die Harmonie der Weine grundlegend, da die Rebsorten im Süden fast immer andere als Sangiovese sind und die Sonne dort wesentlich intensiver wirkt als in der Toskana. Hartnäckige Gerüchte deuten darauf hin, dass nicht nur gewisse große Weinfirmen in der Toskana in diese Praktiken verwickelt sind, sondern auch manche Chianti-classico-Weingüter, die einen guten Ruf zu verlieren haben. Ich kann keine Namen nennen, weil mir die notwendigen Beweisstücke fehlen. Die Auswirkungen auf die Weine dürften allerdings ziemlich offensichtlich sein, aber nur selten denkt ein Weinkenner so weit, dass er zu dem Schluss kommt: «Der hoch gelobte Toskana-Wein X schmeckt nicht nur wie der Y aus Sardinien, es *ist* derselbe Wein!» Das kommt daher, dass wir beim Chianti keine klare Vorstellung vom Gebietscharakter haben, anders als beim roten Bordeaux. Oder wie es de Marchi in einem anderen Zusammenhang ausdrückt: «Die Frage, was für ein Wein der Chianti ist, hat man noch nicht gelöst.»

Eine Geschichte aus der Lesezeit ist besonders erschreckend. Um das illegale Brennen von Grappa (italienisch für Trester) zu verhindern, verlangt der italienische Gesetzgeber von allen Weinproduzenten des Landes, dass sie den Trester – Traubenhäute, -kerne und -stiele, die nach dem Pressen übrig bleiben – bei staatlichen Sammelstellen abliefern. Der Trester wird dort gewogen, was den staatlichen Organen zugleich ermöglicht, im Hinblick auf die steuerliche Erfassung eine Übersicht über die erzeugten Mengen zu bekommen. Selbst manche der besten italienischen Weingüter kaufen aber oft kleine Mengen Wein von Nachbarn, was an sich recht harmlos ist, da es den Weincharakter nicht wesentlich verändert. Um jedoch den Anschein zu wahren, dass alles aus eigener Produktion stammt, gehen sie zur Trester-Sammelstelle mit dem entsprechenden Formular, keinem oder weniger Trester als angegeben, dafür einigen Banknoten, die unter dem Tisch den Besitzer wechseln. Ihr Formular wird abgestempelt, und schon ist der zugekaufte Wein in ihren eigenen Weinbergen gewachsen. Da es normalerweise um eher kleine Mengen geht, können die jeweiligen Beamten alles problemlos vertuschen, doch habe ich aus verlässlicher Quelle gehört, dass es 1997 Probleme gab. Die Medien stimmten schon zu Beginn der Lese große Lobeshymnen auf den neuen Jahrgang an, was manche Produzenten in der Toskana dazu veranlasst zu haben scheint, große Mengen anderer Weine zuzukaufen, und zwar überall, wo sie einigermaßen akzeptable Qualitäten auftreiben konnten, auch im Süden des Landes. Natürlich erwies sich das bei den getürkten Tresterablieferungen auch für die bestechlichen Beamten als äußerst lukrativ, nur sahen sie sich plötzlich mit dem Problem konfrontiert, dass die tatsächlich abgelieferten Trestermengen und die Zahlen auf dem Papier erheblich voneinander abwichen. Ihre kreative Lösung des Problems soll angeblich darin bestanden haben, dem Beispiel der Weinproduzenten zu folgen und Trester aus Süditalien zu importieren... Wenn solche Machenschaften weiter um sich greifen, dürfte der Ruf des Chianti und des toskanischen Weins im Allgemeinen bald einmal vor dem Kollaps stehen.

Inselleben

Steht man in der Abenddämmerung auf einer der höchsten Erhebungen im Chianti-classico-Gebiet, so wird die Schönheit der Szenerie, Hügelkette nach Hügelkette bis zum Horizont, durch die Vertrautheit dieses Anblicks noch unterstrichen – man kennt das alles spätestens seit Beginn dieses Kapitels, wahrscheinlich aber schon sehr viel länger. Diese Vertrautheit kann uns aber auch daran hindern, alles wahrzunehmen, was es zu sehen gibt; oft sehen wir nur das, was wir erwarten oder was wir sehen wollen. Dann gibt es auch physiologische Grenzen der menschlichen Sicht, die es uns vielleicht verunmöglichen, in den Reihen von Hügelketten vor uns einen Archipel, ein Inselmeer zu erkennen, wo sich die Hügel in der glatten Oberfläche eines für uns unsichtbaren Sees spiegeln, der sie voneinander trennt. Einen ähnlichen Eindruck gewinnt man auch, wenn man viele verschiedene Chianti-Betriebe besucht, ihre Weine sorgfältig verkostet und mit den Besitzern und deren verantwortlichen Mitarbeitern spricht, so wenig scheinen sie gemeinsam zu haben. Man trifft in der Toskana selten auf einen seit Generationen ansässigen Betrieb, meist sind es zugezogene Familien aus den Großstädten Norditaliens, Nordeuropas und Nordamerikas. Die stilistische Vielfalt des Chianti und anderer toskanischer Weine muss in diesem Zusammenhang gesehen werden, sie ist das direkte Ergebnis der heterogenen Ideen und Vorstellungen vom Wein, die diese Menschen mitgebracht und hier entwickelt haben. Jeder von ihnen hat sich seine eigene Weininsel geschaffen.

Natürlich sind die Hügelspitzen und damit die Inseln im «Lago del Chianti classico» von unterschiedlicher Höhe. Eine der höchsten befindet sich nahe bei Gaiole. An ihren Hängen, 500 Meter über dem Meeresspiegel, liegt das Wein und Oliven produzierende Anwesen von Riecine. Als John Dunkley seinen durchaus einträglichen Job in der Londoner Werbebranche aufgab und 1971 mit seiner italienischen Frau Palmina hierher zog, steckte die toskanische Weinrenaissance in ihren Anfängen, die großen Veränderungen bei den Weinen des Gebiets standen alle noch bevor. Doch Dunkley vertraute seinem Instinkt und verwendete für seinen Chianti classico nur sehr reife rote Trauben aus dem etwas über zwei Hektar großen Weinbergsbesitz des Betriebs. Seine Weine waren folglich wesentlich tiefer in der Farbe, voller und tanninreicher als damals üblich. 1973, 1977 und 1979 wurden sie in die Auswahl für die Lega del Chianti aufgenommen. Als dies bekannt wurde und immer mehr seiner Kollegen die Weine verkosteten, gab es betroffene Gesichter und auch einiges an Kontroverse, ob dieser Weg wirklich der richtige für Chianti classico sei. Es folgte jedoch viel Lob seitens der italienischen und internationalen Weinpresse, und Riecines Chianti classico war bald einer der gefragtesten und teuersten Weine des Gebiets. Palminas Tod im August 1991 setzte der Pionierarbeit von zwei Jahrzehnten ein Ende, und John Dunkley erkannte, dass er Partner brauchte, wenn sich Riecine weiterentwickeln sollte. Noch im gleichen Sommer fing Séan O'Callaghan als Gutsverwalter bei Riecine an und wurde ein Jahr später Teilhaber, womit diese Insel noch britischer wurde als zuvor.

«Der Stil der Riecine-Weine hat sich nicht geändert, seit ich hier angefangen habe, es fließt nur der Ehrgeiz einer zusätzlichen Person in sie hinein», erzählt mir Séan O'Callaghan, «aber die Einstellung der Presse hat sich zweifellos geändert. Genau dieselben Leute, die Johns Weine vor zehn Jahren so überschwänglich gelobt haben, ziehen heute wesentlich weichere Weine vor. Als Reaktion darauf scheinen viele Produzenten ihrem Chianti heute einen Anteil von 15% oder mehr Cabernet Sauvignon oder Merlot beizugeben, um den herben Geschmack zu kaschieren, genau das, was den Sangiovese auszeichnet.» Riecine ist immer gegen den Strom geschwommen; am Anfang, weil Dunkley einen neuen Weg ging, und heute, weil sich der Betrieb nicht der Mode unterwirft. Die Riecine-Weine sind derart eigenwillig, dass man sie nur lieben oder ablehnen kann. Tannin und Säure stammen natürlich aus der Sangiovese-Traube, aber im gleichen Maße auch aus der besonderen Lage der Weinberge. Während manche anderen Weinberge nur 150 Meter über dem Meeresspiegel liegen, sozusagen am Strand des «Lago del Chianti classico», gehören diejenigen von Riecine zu den höchst gelegenen des gesamten Gebiets. Außerdem wird der felsige Boden hier vom Albarese geprägt, einem an Quarzit reichen Gestein, das sich von dem sonst vorherrschenden Galestro abhebt. Die Weine sind also nicht nur anders, weil diese Insel schon so lange eine britische Kolonie ist, sondern weil die Bedingungen am westlichen Rand des Gebiets, im Schatten der Monti del Chianti, extrem verschieden sind.

Séan O'Callaghan bahnt sich vorsichtig einen Weg durch den Baustellenschlamm auf Riecine, und ich folge in seinen Fußstapfen, um möglichst wenig von dem regendurchweichten Erdmatsch abzubekommen. «Hier entsteht ein neuer Fasskeller», erklärt er, «eine nette Abwechslung zu dem Hin und Her zwischen zwei Kellern.» Riecines Jungweine aus dem Jahrgang 1997 liegen in zwei verschiedenen Kellern, wovon sich der eine auf dem Gut selbst und der zweite an einem anderen Hügel einen Kilometer entfernt befindet. Nachdem wir die nackten Betonwände und den Stein, mit dem sie verkleidet werden sollen, angeschaut haben, gehen wir hinauf, um die erste Hälfte der jungen Weine des Jahrgangs 1997 zu verkosten. Der Chianti classico ist dick und mächtig, doch wie die großen 1982er des Betriebs birgt er in sich einen eisernen Kern (87 Punkte). «Er hat 14% Alkohol, und wenn ich ein guter Italiener wäre, dann würde ich 12,5 aufs Etikett schreiben!» Sieben Jahre Toskana konnten Séans britischem Humor nichts anhaben.

Dann fahren wir mit dem Auto zum zweiten Keller, von dem man einen wunderschönen Blick auf Riecine und die in mehreren Stücken darum herum liegenden Weinberge hat. Der neue Besitzer, Gary Baumann aus New York, hat gerade das letzte dieser Stücke gekauft, sodass Riecine nun ein «Cru» ist. Wir verkosten viele verschiedene Partien von Wein aus Barrique-Fässern, da aber noch nicht endgültig entschieden ist, welche Fässer in den Verschnitt für den Chianti classico riserva kommen und welche den Vino da tavola La Gioia ergeben, ist es nicht möglich, richtige Bewertungen vorzunehmen. Alles sind sehr intensive, feste Weine (und bewegen sich zwischen 87 und 92 Punkten). Der 1995er Chianti classico riserva zeigt, welche Form sie annehmen könnten. Er ist noch ungestüm aromatisch, doch am Gaumen auf eine Weise streng wie jemand, der seine Jacke von zuunterst bis zuoberst zugeknöpft hat (90 Punkte). Der 1995er La Gioia ist durch die lange Lagerung in Barrique-Fässern aus neuer Eiche noch schwieriger einzuschätzen, seine Opulenz verbirgt beinahe das wilde Tier in ihm (91 Punkte). Am Abend sehe ich mich im Landhaus der O'Callaghans mit einer Blindverkostung von fünf Chianti classico aus dem Jahrgang 1988 konfrontiert, dem besten Jahrgang der achtziger Jahre im Gebiet. Der beste in dieser Reihe dunkler Schönheiten ist der 1988er La Gioia, wo die Süße perfekt ausgereifter Trauben und eine steinerne Festigkeit eins geworden sind (92 Punkte).

Lange nachdem sich die Spannung der Blindprobe gelegt hat, sitzen wir um den Tisch und reden uns tief in die Weite der Nacht hinein, wo Richtungen ihre Bedeutung verlieren und die Kompassnadel im Kopf sich dreht, als habe sich der Nordpol plötzlich aufgelöst. Bei der Frage, welche Richtung Riecine einschlagen soll, wirkt Séan etwas verunsichert. Der neue Besitzer dürfte daran nicht ganz unschuldig sein. «Vielleicht sollten wir unsere ganzen 1997er verschneiden und einen einzigen Wein machen?», sinniert Séan im Schein des Kaminfeuers, «auf diese Weise machen die Australier nuancenreiche Weine.» Ich weise darauf hin, dass die Komplexität eines großen Weines – denn das ist es, was ihn faszinierend, unwiderstehlich macht – ihren Ursprung in seiner Herkunft hat, also darin, wo und wie er gewachsen ist. Séan sieht nachdenklich aus. Nach sieben Jahren Arbeit auf Riecine steht er erneut am Anfang, am Anfang einer kritischen Phase seiner Karriere, die rückblickend vielleicht ein Höhepunkt sein wird. Die letzten Jahrgänge von Riecine zeigen allmählich seine Handschrift, deren charakteristische Bögen immer deutlicher hervortreten. Sie stellt aber nur eine neue Nuance, das Ergebnis einer neuen Dynamik dar. Während mancherorts im «Lago del Chianti classico» die Weine zu blassen Spiegelbildern internationaler Moden geworden sind und anderswo die Integrität der Weine auf dem Altar der Kommerzialisierung geopfert wird, bleibt dieser Ort immer noch eine Bastion toskanischer Eigenständigkeit.

SK

Piemont
Die versunkene Welt

Wenn ich gewisse Winzer, Weinhändler, Journalisten und Weinfreunde beim Weinprobieren und Diskutieren beobachte und den freudlosen Ausdruck auf ihren Gesichtern studiere, frage ich mich, ob der Wein ihnen überhaupt Genuss bereitet. Ihr technisches Geschwätz, das endlose Name-Dropping, ihr oberflächliches, eitles Gehabe nehme ich nur in Kauf, weil der Wein mich interessiert, doch in solchen Situationen leide ich aufgrund meiner Faszination. «Der Wein wird dich nie loslassen», sagte ein befreundeter Winzer mir einmal, als wir uns an einem dunklen, nassen Winterabend nach dem Abendessen in einem Londoner Restaurant verabschiedeten. «Wart ab», antwortete ich und dachte dabei an das, was ich ihm gerade über meine Malerei erzählt hatte.

Immer wenn ich mit Leuten zu tun habe, wie ich sie oben beschrieben habe, wird mir zweierlei bewusst: dass er – Malerei hin, Malerei her – mit seiner Prophezeiung richtig lag und dass dies nicht nur Vergnügen, sondern auch Frustration und Gefangenschaft bedeutet. Am schlimmsten ist es, wenn diese Leute, anstatt ein oder zwei großartige Weine zu genießen, darauf bestehen, eine ganze Reihe von Weinen zu bestellen, die sie alle probieren, aber keinen wirklich trinken. Am Ende des Abends ist der Tisch dann übersät mit halb und dreiviertel vollen Flaschen, was meiner Meinung nach beweist, dass keiner der Weine ihnen wirkliches Vergnügen bereitet hat. Wenn aber Wein, wie gut auch immer, für sie kein Genuss mehr ist, genießen sie dann überhaupt noch etwas außer dem Gefühl, wegen ihrer Kenntnisse bewundert zu werden? «Ich kann mich nicht erinnern, wann ich das letzte Mal in den Keller gegangen bin, eine gute Flasche geholt und sie mit meiner Frau zusammen getrunken habe», äußerte sich neulich ein befreundeter Weinhändler. Zumindest schwang in seiner Stimme ein Anflug von Traurigkeit mit, was zeigt, dass sein Vergnügen am Wein durch all das, was sich inzwischen für ihn damit verbindet, zwar stark gedämpft ist, er aber die Fähigkeit dazu nicht eingebüßt hat und deshalb noch nicht zu den verlorenen Weinseelen gehört.

Es gibt Weine, deren Schicksal darin zu liegen scheint, zu Kultobjekten der verlorenen Weinseelen und zu wichtigen Requisiten ihrer Treffen zu werden. Das sind stets Weine, die sich dem normalen Weintrinker nur schwer erschließen, da sie sich kompliziert oder sehr streng zeigen. Dem Barolo und dem Barbaresco, den berühmten Rotweinen von der Nebbiolo-Traube aus den Langhe im Piemont, bin ich erstmals Mitte der achtziger Jahre in Deutschland begegnet. Damals gehörten sie für mich genau zu jener Art von Wein, die solch todernsten, freudlosen, pedantischen «Weinfreunden» am besten gefällt, kompliziert und streng. Man musste diesen Weinen mit Geduld und Verständnis entgegentreten, sie hießen einen nicht mit offenen Armen willkommen; oft schienen sie sich gar schmollend in einer Ecke zu verkriechen. Kurzum, die Spitzenrotweine der siebziger Jahre aus dem Piemont waren oft sehr adstringierend. Von mehreren verlorenen Seelen wurde mir gesagt, dieses Harte und Mürrische sei wie die Festigkeit großer roter Bordeaux, und die Weine bräuchten Zeit, um zu reifen. Von Anfang an empfand ich jedoch die Rotweine aus dem Piemont als etwas vollkommen anderes, aber es war schwierig, dies in Worten auszudrücken, die von den Todernsten, Freudlosen und Pedantischen ernst genommen und nicht als lächerlich abgetan würden. Dann tauchten die ersten weicheren Rotweine aus dem Piemont auf und wurden von vielen Kritikern mit überschwänglichem Lob bedacht. Andere stellten die skeptische Frage: «Ja, jung trinken sie sich besser, aber werden sie auch altern wie die Weine vor ihnen?» Ich zog zwar durchaus den Geschmack der neuen Weine vor, aber diese Zweifel schienen mir berechtigt. Das Ergebnis war, dass ich nur selten Rotweine aus dem Piemont trank. Daher wurde ein Erlebnis an einem Abend im November 1994 im Restaurant Sissi in Meran für mich zur Offenbarung.

Damals befand sich das Restaurant von Andrea Fenoglio und seiner Frau in einem ehemaligen Ladengeschäft in der Via Plankenstein 5. Weiches Licht schien durch die weißen Vorhänge der einstigen Schaufenster, und als ich die Tür öffnete, flogen mir Gesprächsfetzen und Lachen entgegen und überzeugten mich, dass ich an der richtigen Adresse war. Nicht zufällig hatte sich hier ein bunter Haufen von Winzern, Weinhändlern, Journalisten und Weinfreunden versammelt. Die Fenoglios hatten die kulinarischen Traditionen ihrer Heimat Piemont mit nach Südtirol gebracht, die Trüffelsaison war in vollem Gange, im Keller des Restaurants lagen dutzende der besten Piemonteser Weine, und die Preise für all diese guten Dinge waren höchst attraktiv. Ich setzte mich an einen Tisch mit einer Clique österreichischer Kollegen, die bereits mehrere Flaschen vor sich stehen hatten.

Zunächst befürchtete ich, in einen trockenen Sog von Weinprobiererei und -geschwätz gerissen zu werden, der meine gute Laune immer tiefer sinken lassen würde. Doch sehr rasch wurde mir klar, dass die Stimmung hier ganz anders war. Der Wein *floss*, und an allen Tischen wurden Flaschen *geleert*. Hatte vielleicht Italien, selbst wenn wir uns hier im deutschsprachigen Landesteil befanden, die sonst ernsten und nüchternen Deutschen und Österreicher, die den größten Teil der Restaurantgäste ausmachten, angesteckt?

Hatten sie beim Überqueren der Grenze vielleicht unbewusst entschieden, sich alle Arten von Genuss und Vergnügen zu gönnen, die sie sich zu Hause versagten? Jedenfalls brachte selbst der Langweiligste der Gruppe ein Lachen zu Stande und trank noch ein Glas aus dieser Flasche. «Schenk nach!», rief ein ansonsten engstirniger, verbissener Kollege an einem anderen Tisch.

An die Weißweine kann ich mich nicht mehr erinnern, und bestimmt gab es auch ein paar andere Rotweine vor dem Fleischgang, einem wunderbaren Rinderbraten in einer glänzenden, äußerst reichhaltigen Sauce mit einem von Butter schweren Kartoffelpüree. Aber der Rotwein, den wir zu diesem Gang tranken, überstrahlte alles, was bis dahin in meinem Glas gewesen war. Er war nicht außergewöhnlich oder besonders beeindruckend in der Farbe und verströmte doch eine einhüllende Duftwolke von Aromen, die sich für mich noch nie zuvor auf diese Weise verbunden hatten: Lakritze, Veilchen, Pilze – meine Gedanken trugen mich immer weiter weg von dem Teller vor mir. Obwohl ich den Lärm des Restaurants um mich herum weiter wahrnahm, erreichte er mich wie aus weiter Ferne, so wie es manchmal auf dem Land bei vollkommen ruhiger Luft möglich ist, Geräusche von einem Hügel zum nächsten zu hören. Gegenstände und Menschen um mich herum schienen wesenlos, dennoch war mir bewusst, wie konkret sie waren. Schon die reine Erzählung lässt in mir von neuem diese Versunkenheit aufsteigen, sodass ich beinahe vergesse zu erwähnen, wie der Wein über meinen Gaumen floss und dabei keinem anderen Wein glich, zugleich fest und voll und doch nahezu schwerelos. Mir war, als striche ich über einen tieffarbigen, dichtgewebten antiken Stoff, der wie durch ein Wunder die Jahrhunderte überlebt hatte, die ihn eigentlich zu Staub hätten zerfallen lassen müssen. Doch der Alterungsprozess hatte das Gewebe stattdessen in etwas Ätherisches verwandelt. Trotzdem besaß der 1989er Barolo Cannubi Boschi von Luciano Sandrone eine jugendliche Energie, die ihn förmlich aus dem Glas springen ließ – ein berauschendes Paradoxon, das ich immer noch zu begreifen versuche (95 Punkte).

Es war jedoch nicht der letzte Wein oder das letzte Paradoxon des Abends. Die nächste Flasche brachte mich zurück auf den Stuhl, auf dem mein Körper die ganze Zeit gesessen hatte. Im Gegensatz zu der kargen Modernität des Sandrone-Etiketts, das ich in diesem Moment überhaupt erst wahrnahm, trug die neue Flasche ein altmodisches Etikett mit einem Wappen und gotischen Schriftzügen in Golddruck. Auch in Aroma und Geschmack hätten die Unterschiede zwischen den beiden Weinen kaum größer sein können: Die ätherische Anmut des ersten wurde beim zweiten zu Mächtigkeit und Erhabenheit. Der Neuankömmling am Tisch war der 1985er Barolo Monfortino riserva speciale von Giacomo Conterno, und bevor ich dies alles entziffert hatte, waren bereits mehrere meiner österreichischen Kollegen spontan aufgestanden, das Glas in der Hand, die Augen entflammt, das Haar wirr. Wild gestikulierend stießen sie ekstatische Worte aus, ohne nachzudenken. Sie schwankten leicht vor Aufregung, ein unbewusster Freudentanz … hurra! Der Wein war von einer so direkten und unverhohlenen Sinnlichkeit, wie es ein Rotwein nur sein kann. Das Paradoxon bestand darin, dass er trotz seiner monumentalen Ausmaße nichts von der dominierenden Strenge zeigte, die sonst von Denkmälern ausgeht, dieser beharrlichen Forderung nach Stille und Respekt, die einen erbarmungslos an die eigene Bedeutungslosigkeit erinnert. Nein, ganz im Gegenteil. Hier gab es Wärme und Großzügigkeit in einem Maße, dass es einen schier überwältigte (96 Punkte). Die Rotweine des Piemont hatten mich aufgespürt, und seit jener Nacht haben sie mich nicht mehr losgelassen.

Der Berliner Künstler Dieter Karadzic ist ein Weinfreund, dem jedwede Spur von pedantischem Ernst oder eitler Cleverness abgeht. Die Flasche 1985er Barolo riserva von Giuseppe Mascarello, die er eines Abends in seiner Wohnung hoch über dem schicken Wahnsinn und der touristischen Banalität des Kurfürstendamms öffnet, erinnert mich nicht nur an den Abend in Meran, sie löst auch seine Zunge: «Wenn man sich den Langhe nähert, entdeckt man über dem Fluss Tanaro auf einmal eine versunkene Welt.» Und je besser ich die Rotweine der Langhe kennen lerne, desto treffender finde ich dieses Bild. Obwohl die Grundprinzipien und -methoden von Mode und modernem Design hier ebenso Einzug gehalten haben wie überall in Italien, umgibt die Weine nach wie vor etwas hartnäckig Eigenständiges. Sie schmecken wie kein anderer Rotwein, ob aus Italien oder sonst einer Ecke der Welt. Die Nebbiolo-Traube, aus der die höherwertigen Rotweine der Langhe erzeugt werden, wurde früher im ganzen Piemont angebaut. Doch ging der Bestand dieser launischen Sorte bereits zurück, noch bevor Plagen wie Peronospora, Oidium und Reblaus, die den europäischen Weinbau Ende des 19. Jahrhunderts beinahe vollkommen zerstört hatten, das Piemont erreichten. Heute spielt der Nebbiolo nur in Barolo, Barbaresco und einigen anderen «Enklaven» im Nordwesten Italiens wie Ghemme, Gattinara und Carema eine bedeutende Rolle. So gesehen sind die Langhe wirklich eine versunkene Welt, in der ein lebendes Fossil aus einer vergangenen Epoche des Weinbaus überlebt.

Zugleich tragen die Langhe einen modernistischen Zug, denn nirgendwo sonst in Italien wurde während der vergangenen zwanzig Jahre so viel und so ernsthaft und weitläufig mit neuen önologischen Methoden experimentiert. Auf Weingütern, die auf den ersten Blick einen bescheidenen und ländlichen Eindruck machen, als habe sich seit Jahrhunderten nichts verändert, wird einem dann im Keller derart modernes technisches Gerät gezeigt, dass man meint, es sei aus dem Forschungslabor dorthin gebeamt worden.

Ein guter Teil der durch die hohen Preise für Barolo und Barbaresco erzielten Gewinne wurde in die Keller investiert, und das Piemont ist in dieser Hinsicht vielleicht das bestausgestattete Anbaugebiet Italiens. So gesehen sind die Langhe auch eine futuristische Enklave ohne jede Verbindung zu den profanen wirtschaftlichen Zwängen, denen sich die meisten Weinproduzenten in Italien und auf der ganzen Welt, welche Wein nach einer bestimmten Methode machen und zu einem bestimmten Preis verkaufen müssen, zu unterwerfen haben.

Mit diesen Gedanken überquere ich den 45. Breitengrad nach Süden, erleichtert, die verlorenen Weinseelen im Norden hinter mir zu lassen, die mir einen so irrigen ersten Eindruck von Barolo und Barbaresco vermittelt haben, und voller Spannung auf den ersten Blick, den ich auf die Hügel der Langhe, der «versunkenen Welt» des Piemont, werfen werde.

Der grosse und unbekannte Angelo

«Die Leute sagen, dass wir unsere Traditionen *über Bord werfen*», erklärt Angelo Gaja, Barbarescos Spitzenwinzer, mit großem Nachdruck; «ein Aspekt dieses Konflikts ist das Barrique[fass]. Sobald es in Italien benutzt wird, sagen die Leute, das sei *Scheiße* und wir *zerstörten* unsere Weine!» Er ist sich wohl bewusst, dass ich alles mitschreibe, was er sagt, er will, dass ich das ganze Ausmaß der Entrüstung erkenne, die sich in ihm angesammelt hat. Angelo Gaja hat seine ersten Barrique-Fässer aus französischer Eiche 1969 gekauft und seit diesem Moment das Gefühl, Opfer ignoranter Vorurteile zu sein. «Ich habe keines der Vorurteile gegenüber italienischen Weinen je akzeptiert!», fügt er entschieden hinzu und meint damit ebenso die Vorwürfe an seine eigenen Weine als auch an die seines Heimatlandes im Allgemeinen. Ich erinnere mich an den letzten Gaja-Wein, den ich probiert habe, den Barbaresco Sorì Tildìn aus dem wenig bemerkenswerten Jahrgang 1987, und fühle Verständnis in mir aufsteigen, denn der Wein hatte sich entgegenkommend und charaktervoll gezeigt und keineswegs so, als habe die Lagerung im Barrique irgendetwas zerstört. Er war auch unverkennbar piemontesisch, was sollte da über Bord geworfen worden sein?

So ablehnend er sich gegenüber Vorurteilen verhält, so offen scheint Angelo Gaja für die Wahrheit über die italienischen Weine zu sein, seit er 1961 nach dem Abschluss der Weinschule in Alba angefangen hat, für das Familienweingut zu arbeiten. Er schildert, wie in den sechziger Jahren eine Gruppe von Masters of Wine – höchst qualifizierte britische Weinhändler – die Gaja-Weine während eines Besuchs auf dem Gut auseinander genommen hatten: «Es waren fünfundzwanzig bis dreißig Personen. Die Verkostung begann mit Dolcetto, der zwei Jahre im Holzfass gelegen hatte, dann kam Barbera, der zwischen zwei und vier Jahre im Holz verbracht hatte, und schließlich Barbaresco, nach fünf bis acht Jahren Fassreife abgefüllt. Sie sagten, die Weine seien zu trocken, zu tanninhaltig, zu alkoholisch, enthielten zu viel flüchtige (Essig-)Säure und schmeckten nach *Hühnersuppe* oder *Salamihaut*. Für mich war das alles sehr erstaunlich und faszinierend.» Seine Überlegungen zu diesen «erstaunlichen und faszinierenden» und zweifellos auch schmerzhaften Worten der Kritik, die keinesfalls nur die Gaja-Weine, sondern den größten Teil der piemontesischen Rotweine betrafen, sollten der Ursprung eines leidenschaftlichen Kampfes werden, Barbaresco zu einem Wein zu machen, der neben den anerkannten großen Weinen der Welt würde bestehen können. Das war der einzige Grund für seinen ersten Einkauf von Barrique-Fässern und die vielen anderen Veränderungen, die er von da an vornahm.

Damals arbeitete der junge Angelo Gaja zuerst einmal in den Weinbergen, und so begann dort auch seine Revolution. 1966 fing er an, die Reben zurückzuschneiden, um die Ertragsmengen drastisch zu senken, und ließ bei der Lese gezielt nur die reifen Trauben pflücken, was für die Lesehelfer während der Lesezeit mehrere Durchgänge durch jede Parzelle bedeutete. Ab 1968, als ihm auch die Verantwortung für den Ausbau der Weine übertragen wurde, gewann seine Revolution an Schwung. Im Februar 1970 wurde Kellermeister Guido Rivella, der die Gaja-Weine bis zum heutigen Tag macht, engagiert, 1969 bis 1972 wurden neue Kellergebäude errichtet, 1974 begann Angelo Gaja die Kellerräume zu heizen, um die malolaktische Gärung kontrollieren zu können, die für die Harmonie und Stabilität von Rotweinen unerlässlich ist, und seit 1978 werden die Weine während der alkoholischen Gärung gekühlt, um besser steuern zu können, welche Art von Tanninen die Weine aufnehmen. All das sorgte für viel Erstaunen unter den anderen Winzern im Piemont, welche prophezeiten, die Reduzierung der Erntemenge werde zu Gajas Bankrott führen und das Heizen der Keller führe zu einer für den Wein schädlichen Luft wie im afrikanischen Dschungel. Die Kritik seitens der Journalisten, Händler und Sammler wirkte vergleichsweise verhalten. Sie warfen ihm lediglich vor, seine Weine würden nicht ebenso lange wie traditionelle Barbarescos altern, und er würde sie zu teuer verkaufen.

Angelo Gaja erschienen Veränderungen unausweichlich, weil in der Vergangenheit so vieles für selbstverständlich gehalten oder dem Zufall überlassen worden war und genau diese Einstellung zu den Problemen geführt hatte, die die Masters of Wine und viele andere Experten kritisierten. Einer von Gajas Kollegen formuliert es so: «In den sechziger Jahren mussten Barolo und Barbaresco einen gewaltigen Eindruck im Mund machen, aber niemand erwartete Klarheit, Harmonie oder Anmut.» Gajas Veränderungen, die ursprünglich darauf abzielten, negative Einflüsse auf die Weine auszuschalten, nahmen bald auch eine positive, ästhetische Dimension an. «Anfang der siebziger Jahre entwickelte ich durch meine Reisen eine Weinvision», erklärt er; «ich hörte immer den Leuten zu, besonders jenen, die unsere Weine kritisierten.» Seine erste Reise in die USA, 1974, bot ihm viele Gelegenheiten hinzuschauen und zuzuhören, besonders bei Robert Mondavi im kalifornischen Napa Valley. Dieser Betrieb war damals erst acht Jahre alt, und Robert Mondavi folgte einfach seinem Instinkt und verwendete französische Ausbautechniken, weil er überzeugt war, dass sie zu besseren Weinen führen würden. Seine Unbekümmertheit in Bezug auf das «Über-Bord-Werfen» kalifornischer «Traditionen» – die damals immerhin 130 Jahre zurückreichten – beeindruckten den 34-jährigen Gaja sehr nachhaltig. Er war nicht weniger erstaunt zu erfahren, dass Mondavis Kellermeister, Zelma Long, nicht nur eine Kellermeisterin, sondern auch jünger als er selber war. Die Weine, die Long für Mondavi machte, waren revolutionär, von einer Eleganz, wie man sie noch nie zuvor bei kalifornischem Wein erlebt hatte. Angelo Gaja kehrte mit der Entschlossenheit nach Hause zurück, die Verwirklichung seiner Vision des großen Weins, der der Barbaresco seiner Überzeugung nach sein konnte, ohne jeglichen Kompromiss voranzutreiben.

Die Art, wie die für mich vorbereitete Verkostung vor mir auf dem Tisch aufgebaut ist, sagt alles über seine Vorlieben. Die zehn Gläser stehen in zwei Fünferreihen, von denen die erste aus Gajas Weinen der von ihm gepflanzten französischen Rebsorten besteht – Cabernet Sauvignon aus dem Bordeaux, Chardonnay aus dem Burgund, Sauvignon blanc von der Loire – sowie dem Sitorey und dem Sito Moresco, Rotweinen rein aus Barbera beziehungsweise einem Verschnitt aus Barbera und Nebbiolo. Diese «anderen» Weine werden ausgeschenkt, verkostet und besprochen, bevor es an die schwerwiegende Aufgabe der zweiten Reihe geht, die sich aus seinem 1993er Barolo und den vier Barbarescos aus dem Jahrgang 1995 zusammensetzt. Selbst der geringste dieses Quartetts, der «normale» 1995er Barbaresco ohne Lagenbezeichnung, ist ein großer Wein, der in dieser Art damals, 1974, nirgendwo existierte. Am Gaumen fühlt er sich an, als trüge man perfekt sitzende Samthosen – in Rostrot – und sitze in einem tiefen Chesterfield-Ledersessel, in einem eichengetäfelten Raum, mit einem Hauch von Zigarrenrauch in der Luft (90 Punkte). Der Erste der Einzellagen-Barbarescos, der 1995er Costa Russi, ist ein Spätaufsteher, die Samtvorhänge – in Mitternachtsblau – seiner imposanten Residenz sind noch fest zugezogen, aber die vornehme Fassade dieses Gebäudes gibt mir die Sicherheit, dass sein Bewohner nicht weniger elegant wirken wird (92 Punkte).

Ich empfinde den Ruf des Orients am verlockendsten in seinen Re-Interpretationen der Phantasien des Okzidents, etwa in dem wie eine Moschee anmutenden Swimmingpool von Hearst Castle in Kalifornien oder der Essenz von Gewürzen und exotischen Früchten in Gajas 1995er Sorì Tildìn (94 Punkte). Und wenn meine Phantasie durch einen Wein wie diesen angeregt ist, dann träume ich von Sinnlichkeit, Erhabenheit und Rätselhaftem, wie sie der 1995er Sorì San Lorenzo in sich birgt. Ich verliere mich mit Wonne in diesem Wein (95 Punkte) und würde sofort wieder alles «über Bord werfen», in der Gewissheit, dass dabei höchstens Dummheit, Banalität und Langeweile untergehen würden.

«Ein Hügel hat vier Seiten, und dummerweise liegen nicht alle nach Süden», entgegnet Angelo Gaja mit feiner Ironie in der Stimme auf meine Frage, wie er diese Weine gemacht habe. «Ich hatte Glück, als ich der Familienfirma 1961 beitrat. Mein Vater, Giovanni, genoss einen exzellenten Ruf, im Keller lagen gute Jahrgänge, die Gerätschaften waren in sehr gutem Zustand. Zwischen 1945 und 1961 hatte er 21 Hektar erstklassige Weinberge um Barbaresco erworben, was damals ein sehr kluger Schachzug war.» Sein Vater hatte durch das Aufkaufen der Trauben von dutzenden von kleinen Bauern im Ort über viele Jahre hinweg umfassende Kenntnisse darüber erworben, wo die besten Trauben wuchsen, und dies schlug sich in seinen Weinbergskäufen nieder. Angelos Kommentar zu den Seiten eines Hügels deutet an, dass Giovanni Gaja Weinberge mit der begünstigten südlichen Ausrichtung gekauft hatte, die für die Nebbiolo-Traube unerlässlich ist. 1961 kam die Lage Bricco hinzu, an deren oberem Rand Angelo mit seiner Frau Lucia lebt, 1964 der Masuè, 1967 der Roncagliette, 1988 die Lage Sperss in Barolo, 1994 Pieva Santa Restituta in Montalcino und 1966 Ca' Marcanda in Bolgheri. Inzwischen befindet sich ein ganzes Weinlagen-Imperium im Gaja-Besitz.

Angelo Gaja ist sicher etwas Herrschaftliches eigen in der Art, wie er Besucher durch sein Weingut führt. Er läuft mit kurzen, präzisen Schritten und halsbrecherischer Geschwindigkeit, die seine Gäste zum Dauerlauf zwingt, wenn sie den Anschluss nicht verlieren wollen. Dabei hält er zweistündige Vorträge über Weinmarketing, anscheinend ohne auch nur einmal Luft zu holen. Sein großer Kopf zeigt die vornehmen Züge und das unerschütterliche Selbstbewusstsein, das Michelangelo seinen frühen Figuren verliehen hat. Allerdings hat er zugleich einen trockenen, beißenden Humor. Der kommt wieder zum Vorschein, als er mir eine Sammlung alter Gaja-Flaschen zeigt. Sie beweisen, dass die Ausstattung seiner eigenen Weine, deren schwarzweiße Schlichtheit so revolutionär wirkt, eigentlich nur der nächste Schritt in einer Entwicklung ist, die ihren Ursprung im Jahr 1937 hat. Damals begann sein Großvater, der ebenfalls Angelo hieß, GAJA in großen Buchstaben ganz oben aufs Hauptetikett zu schreiben, wo es bis zum heutigen Tage steht. «Vielleicht war es Selbstbewusstsein. Alle in der

Gaja-Familie sind eitel. Aber damals gab es keine DOC oder DOCG [Appellation], sodass der Name auch eine Art Qualitätsgarantie darstellte… es ist vielleicht nicht die beste Garantie, aber das ist mein Name, und der Wein hat meinen Stil.»

Angelo Gaja hält einen Moment inne – die erste Pause dieser Art seit meinem Eintreffen vor zwei Stunden –, verschwindet plötzlich und kehrt ebenso schnell mit mehreren Fassproben seiner 1997er-Weine zurück. «Ich denke, dass dies der größte der letzten Jahrgänge ist», sagt er ohne jedes Zögern. Der normale 1997er Barbaresco wirkt zugleich wild und extravagant – der junge Jimmy Hendrix, der seine musikalischen Muskeln in vollem Bewusstsein ihrer Kraft spielen lässt (91 bis 93 Punkte). Der 1997er Barolo ist eine in den schwarzen Himmel schießende Feuerwerksrakete, kaum groß genug, um die von Menschenhand erzeugte Sternenexplosion zu bergen (96 bis 98 Punkte). Wie an dem Abend im Restaurant Sissi vier Jahre zuvor bin ich einen Augenblick völlig verblüfft.

Als Angelo Gaja am Beginn seines Lebenswerks stand, litt er im wahrsten Sinne des Wortes unter dem schlechten Ruf, den der Barbaresco und die Piemonteser und italienischen Weine allgemein in der Welt besaßen, und seine ganzen Bemühungen waren darauf gerichtet, dies zu ändern. «Von Anfang an war mein Ziel internationales Ansehen», sagt er, und sein entschlossener Gesichtsausdruck auf dem Foto, das ihn bei der Entgegennahme seines Önologie-Abschlussdiploms in Alba im Jahr 1960 zeigt, deckt sich mit dieser Aussage. Viele Jahre ging es auf diesem Weg nur nach oben, seinem Ziel entgegen, und selbst Worte der Kritik, die er neben dem vielen Lob zu hören bekam, halfen ihm; sie sorgten für den Nervenkitzel. Irgendwann jedoch kommt ein Punkt – das kann jeder seit langem anerkannte Spitzenkoch aus eigener Erfahrung bestätigen –, an dem die beste über einen geschriebene Schlagzeile nur noch eine negative sein kann, weil alle lobenden Worte so oft benutzt wurden, dass sie einem wie ausgelaugt vorkommen. Im Blick von Angelo Gaja schwingt ein Hauch von Melancholie mit. Ob er wohl nachdenkt über das unausweichliche Näherrücken des Moments, in dem er genau jenes Ansehen genießen wird, dem er von Anbeginn an entgegengearbeitet hat? Oder über den Tag, an dem er sich zurückziehen und seiner jetzt zwanzigjährigen Tochter Gaia die Führung der Firma überlassen wird? Ich kann es nicht sagen, denn obwohl ich Stunden damit zugebracht habe, ihm zuzuhören und seine Weine mit ihm zu verkosten, kenne ich Angelo Gaja kaum. Eines allerdings weiß ich nach diesen Stunden bestimmt: dass er ein beeindruckender Mensch ist, den ich gerne kennen würde.

Eine Geschichtsstunde mit Aldo

«Rom ist erstaunlich: Man biegt um eine Ecke und geht von der Zeit des Römischen Reichs ins Mittelalter, und um die nächste Ecke befindet man sich mitten im Barock...», erzählt Aldo Vacca, der Direktor der Winzergenossenschaft von Barbaresco, den Produttori del Barbaresco. «Und was ist mit dem 20. Jahrhundert?», frage ich naiv. «Och, das liegt wahrscheinlich irgendwo am Rand der Stadt», antwortet er und kehrt mit einem Lächeln aus der Stadt in seinem Geist zurück in die Trattoria in Barbaresco, in der wir bei dem besten Teller Pasta sitzen, die ich je gegessen habe. Ich frage mich, ob er die unkonventionelle Theorie über Rom kennt, die Andy Warhol in seinem Buch «Von A nach B und wieder zurück» darlegt: «Man nennt Rom *die Ewige Stadt*, weil alles so alt ist und alles noch steht. Man sagt immer *Rom wurde nicht an einem Tag erbaut*. Nun, ich sage, vielleicht hätte man das tun sollen, denn je schneller man etwas baut, desto weniger lange hält es, und je weniger lange es hält, desto früher haben die Leute Arbeit, um es zu ersetzen... die Männer tun nichts, weil die Gebäude schon stehen und nicht einstürzen. Ihre Gebäude sind von vorneherein zu solide gebaut worden, und sie haben das nie korrigiert. Deshalb sieht man so viele Männer in den Straßen von Rom, Italien, rund um die Uhr, Tag und Nacht.»

Die Landschaft um Barbaresco nördlich der Stadt Alba oder um Barolo südlich davon könnte zu der Annahme verleiten, es handle sich hier um das weinbauliche Pendant zur Ewigen Stadt Rom. Im Gegensatz zum Chianti classico in der Toskana, wo ausgedehnte Flächen mit Gestrüpp und Wald, Wiesen und Felsen einzelne Weinbergsinseln umschließen, hat die Rebe hier seit langem so gut wie alle geeigneten Hügel erobert, während Haselnuss- und Kirschbaumplantagen die Täler beherrschen. Erst seit den fünfziger Jahren unseres Jahrhunderts verarbeitet Ferrero in Alba ihre Früchte industriell zu «Nutella» und «Mon Chéri», aber Kirschbäume und Nusssträucher gibt es hier schon seit Jahrhunderten. Julius Cäsar berichtet in seinen «Commentarii», wie er auf seinem Rückweg aus den Gallischen Kriegen nach Rom in La Morra im Barolo-Gebiet Halt machte und von dem Wein so beeindruckt war, dass er vom besten, den er bekommen konnte, mit nach Rom nahm. Trotzdem ist die Weinkultur der Langhe nicht so solide gebaut wie Rom und hat deswegen im Laufe der Jahrhunderte, seit Julius Cäsar die hiesigen Weine lobte, Zeiten des Verfalls ebenso erlebt wie Höhepunkte. Ende der sechziger Jahre brachte Angelo Gaja seine Revolution ins Rollen, und inzwischen hat sich der Aufschwung in Barolo und Barbaresco mehr oder weniger auf den Großteil der Produzenten des Gebiets ausgebreitet. Hier wird zielstrebig am Aufbau gearbeitet, und in den Straßen sieht man nur alte Männer.

Seit 1720 gehörten die Langhe zum Königreich Sardinien. Bereits zuvor waren die Rotweine aus der Nebbiolo-Traube jedoch am Hof von Turin hoch geschätzt; ein dortiger Connaisseur nannte den Nebbiolo 1606 «die Königin unter den roten Trauben». Als Thomas Jefferson 1787 durch Turin kam, probierte er einen «Nebiule»-Wein, den er als «so süß wie der seidige Madeira, so adstringent am Gaumen wie Bordeaux und so lebhaft wie Champagner» beschrieb. Nebbiolo-Weine waren damals süß und leicht schäumend und nicht die mächtigen Rotweine, wie wir sie heute kennen, aber andere große Weine haben über die Jahrzehnte hinweg nicht weniger große Verwandlungen durchgemacht.

Thomas Jefferson besuchte Turin einfach ein wenig zu früh, um die neuen, stillen trockenen Nebbiolo-Rotweine kennen zu lernen, die Anfang des 19. Jahrhunderts in Erscheinung traten. Hinter dieser Revolution stand Juliette Colbert Maulévrier, eine Nachfahrin von Colbert, dem Finanzminister Ludwigs XIV., die 1807 den Herzog Carlo Tancredi Falletti heiratete. Zu seinem Besitz gehörte das Castello di Barolo und umfangreicher Weinbergsbesitz, während sie das Wissen um die Weine aus Bordeaux und Burgund und um deren Herstellungsweise mit sich brachte. Dieses übertrug sie mit solchem Erfolg auf die Nebbiolo-Traube, dass König Carlo Alberto von Sardinien, als er das erste Mal ihre Weine verkostete, umgehend das Castello di Verduno mitsamt den Weinbergen im Norden des Barolo-Gebiets erwarb und selbst Weinproduzent wurde. Auf diese Weise wurde der Name Barolo in der ersten Hälfte des 19. Jahrhunderts zum Synonym für hochwertigen Rotwein aus dem Piemont und führte zum wirtschaftlichen Aufschwung des Gebiets während der zweiten Jahrhunderthälfte.

Ursprünglich teilte Barbaresco diesen Erfolg nicht und blieb als Wein – wie die meisten übrigen Rotweine des Piemont – weiterhin einfach oder primitiv in seiner Art. Wenn die Weine gelungen waren, wurden sie entweder einfach als «Nebiolo» (die damals gebräuchliche Schreibweise) verkauft oder betrügerischerweise als Barolo ausgegeben. Erst Domizio Cavazza, der damalige Direktor der Weinschule in Alba, dessen Sommerresidenz das Castello di Barbaresco war, erkannte das ungenutzte Potential dieser Gegend. 1894 überzeugte er acht Winzer in Barbaresco, mit ihm zusammen einen Genossenschaftskeller zu gründen, dessen Direktor und Kellermeister er wurde. Es war ihnen bewusst, dass dank seiner önologischen Fähigkeiten Weine entstehen mussten, für die ganz andere Preise erzielt werden konnten, als die oft skrupellosen Weinhändler in Alba ihnen für ihre Trauben bezahlten. «Zuerst versuchte Cavazza zu erreichen, dass Barbaresco Teil des Barolo-Gebiets würde, doch die Leute aus Barolo wollten das nicht, vielleicht weil wir auf der anderen Seite von Alba liegen», erklärt Aldo. Wir sind inzwischen von der Trattoria die Via Torino hoch gelaufen und stehen nun im

Probierzimmer der Produttori. Die Fensterläden sind zum Schutz gegen die Mittagshitze beinahe ganz geschlossen, und es herrscht ein angenehmes Dämmerlicht. «Auf der falschen Seite?», frage ich, während Aldo mehrere Weine aus der aktuellen Liste zum Verkosten einschenkt. «Könnte sein», antwortet er ganz unverbindlich. Sein Interesse an der Vergangenheit ist groß, was eigentlich nicht überrascht, gehörte doch sein Urgroßvater Giuseppe Vacca zu den Gründungsmitgliedern der Genossenschaft. Andererseits möchte er die Animositäten und Streitigkeiten der Vergangenheit ruhen lassen. «Cavazzas Antwort auf diese Ablehnung bestand darin, den Namen Barbaresco auf das Etikett zu schreiben.» Hier gab es also zu jener Zeit bereits Etiketten; die Cantina Sociale di Barbaresco, wie die Produttori sich damals nannten, verkaufte ihren Wein auch in Flaschen und nicht nur in den sonst üblichen großen Glasballons.

Cavazza war in vielen Dingen seiner Zeit weit voraus. So arbeitete er auf dem Gebiet der Klonenselektion und studierte den Einfluss von Mikroklima und Boden auf Charakter und Qualität der Weine. 1898 veröffentlichte er eine Karte der Lagen von Barbaresco mit den besten Standorten für die Nebbiolo-Rebe. Im Jahr zuvor hatte er gezeigt, dass seine Überlegungen im Bereich des Marketings nicht weniger revolutionär waren als beim Weinbau: Er verfasste eine Hymne auf den Barbaresco, in der er ihn mit dem Chambertin grand cru im Burgund und mit Château Margaux im Bordeaux verglich. Mit Cavazzas Tod im Jahre 1913 wurden diese grundlegenden Entwicklungen jäh beendet, dann führten der Erste Weltkrieg, Faschismus, die Wirtschaftskrise am Ende der zwanziger Jahre und ein erneuter Krieg zum Verfall der gesamten Piemonteser Weinbranche. Nach dem Zweiten Weltkrieg wurde im Barbaresco-Gebiet nur noch auf 50 % der Rebfläche von 1913 Wein erzeugt, und der weitaus größte Teil davon war von minderwertiger Qualität.

Erst durch den wirtschaftlichen Aufschwung Ende der fünfziger Jahre gewann der Gedanke des Qualitätsweinbaus wieder an Reiz. Barbarescos Genossenschaft wurde 1958 von neunzehn Mitgliedern neu gegründet, mit Aldos Großvater Giuseppe Vacca als Direktor und Kellermeister. Er brachte gleichzeitig mit Angelo Gaja im Jahrgang 1967 die ersten Einzellagen-Barbarescos auf den Markt – aus den Lagen Rabajà und Moccagatta. «Heute genauso wie damals liegt das Geheimnis unseres Erfolgs darin, dass unsere Mitglieder einige der besten Lagen hier besitzen», bemerkt Aldo, während er andeutet, dass ich jetzt mit dem Verkosten beginnen könne.

Den 1995er Barbaresco riserva Moccagatta könnte man als Beweismittel heranziehen, um zu belegen, dass Barbaresco nicht zwangsläufig ein harter, schwerer Wein ist. Aber solch ein pseudojuristischer Einsatz entspräche ganz und gar nicht seiner reinen, verträumten Sinnlichkeit (90 Punkte). Florale und animalische Duftnoten sind eigentlich widersprüchlich, doch genau solche Kontraste sind es, die einem großen Parfüm seinen unwiderstehlichen Reiz verleihen. Auch beim 1995er Barbaresco riserva Asili sind sie zu einer Einheit verwoben, und der Meisterparfümeur steht stolz und souverän vor uns (92 Punkte). Die Wissenschaft hat der Menschheit viel Macht in die Hände gelegt, wovon ohne Frage auch ich profitiere. Ich empfinde jedoch nur Verachtung für ihre Unverbindlichkeit, wenn ich voll Staunen vor einem so großzügigen Wein wie dem 1995er Barbaresco riserva Montestefano stehe (93 Punkte).

Neben diesen Weinen erzeugen die Produttori auch einen normalen Barbaresco und ein wenig Nebbiolo di Langhe, jedoch keine Weine aus den anderen roten Traditionsrebsorten, Barbera und Dolcetto, oder den Neuankömmlingen aus Frankreich, wie Cabernet Sauvignon oder Chardonnay. «Die sechzig Mitglieder sind aber verpflichtet, uns ihre gesamten Nebbiolo-Trauben zu verkaufen, und wir bezahlen sie nach dem Reifegrad. Wir machen den Ausbau und das Marketing, doch ohne gute Trauben hätten wir nicht Weine wie diese», fügt Aldo mit Nachdruck hinzu. «Manchmal ist es wichtig zu selektionieren. 1991 gab es so viel Fäule, dass wir 20 % der Ernte zum Destillieren gegeben haben. Die Weine hatten die Farbe dieses Tisches.» Er weist verächtlich auf die Platte des großen walnussbraunen Tisches, an dem wir verkosten. Barbaresco stellt an sich bereits eine strenge Selektion der Piemonteser Weine dar, da nur 484 Hektar innerhalb der Grenzen des Gebiets mit der Nebbiolo-Rebe bepflanzt sind, die als einzige Sorte zur Erzeugung von Barbaresco zugelassen ist. Das Barolo-Gebiet ist mit seinen 1176 Hektar vergleichsweise groß, macht aber dennoch nur einen kleinen Bruchteil der gesamten Weinbergsfläche des Piemont aus, die 36 454 Hektar umfasst.

Aldo Vaccas ausdrücklicher Hinweis, dass die Traubenqualität für die Weinqualität entscheidend sei, ist keineswegs nur eine großzügige Geste gegenüber den Genossenschaftsmitgliedern, sondern eine realistische Einschätzung der Situation. Doch erklärt sich dadurch nicht, warum die Weine der Produttori im Stil so ganz anders sind als die von Angelo Gaja, dessen Keller nur ein paar Häuser weiter unten an der Via Torino liegen und dessen Weinberge oft direkt an diejenigen der Produttori-Mitglieder angrenzen. Die Unterschiede sind noch bemerkenswerter, wenn man bedenkt, dass Aldo Vacca von 1985 bis 1991 für Angelo Gaja gearbeitet hat. Er war in dieser Zeit für ausländische Gäste und Besucher zuständig und hat seinen Arbeitgeber bei Weinveranstaltungen vertreten, was bedeuten muss, dass er sich auch mit den Gaja-Weinen identifiziert hat. Die Weinwelt, also die Weinjournalisten, -händler und -freunde, haben für diese Unterschiede im Weinstil eine einfache Erklärung: Angelo Gaja ist ein Modernist, vielleicht sogar *der* Modernist, und die Produttori sind Traditionalisten. Grob gesehen hat das auch eine gewisse Logik, da Gaja eine Menge moderner Technologien für die Vergärung seiner Rotweine benutzt und die besten davon in Barrique-Fässern aus französischer Eiche lagert, die vor ihm in diesem Gebiet niemand benutzt hat. Die Produttori hingegen haben keinen Hightech-Gärkeller und lassen ihre Weine in Botti reifen, den großen Fässern aus geschmacksneutraler Eiche, die hier im Gebiet weit verbreitet sind. Wenn man die Weine verkostet, erscheinen diese Erklärungen jedoch sehr vage. Um die Weine in Barbaresco und Barolo ganz zu verstehen, müssen wir uns eingehender mit den Begriffen «Modernisten» und «Traditionalisten» beschäftigen. Von der Geschichte haben wir einiges gelernt. Trotzdem stehen wir beim Wein erst am Anfang.

Zurück zu den Wurzeln

Seit Beginn seiner Laufbahn als Winzer war Angelo Gaja eine Titelstory, die nur darauf wartete, geschrieben zu werden. Seine revolutionären Weine und die nicht weniger radikalen Ideen dahinter, seine jugendliche Dynamik und später seine souveräne Haltung an der Spitze einer neuen Generation von Winzern im Piemont, sein beeindruckender Betrieb mit dem Eingangstor aus Stahl, das dem Besucher zu sagen scheint: «Wem es gelingt, mich zu passieren, der ist wichtig», vor allem aber seine nicht nur raum-, sondern saalfüllende Persönlichkeit und die Fähigkeit, in druckreifen Schlagzeilen zu sprechen – all das machte ihn für die Presse einfach unwiderstehlich. Ohne in irgendeiner Weise einem Stereotyp zu entsprechen, erfüllte er genau die Erwartungen, die man in ihn als neuen Medienstar der Weinmachergilde gesetzt hatte. Angelo Gaja posierte in Designer-Strickjacke und Hemd mit offenem Kragen statt in Jeans und Stiefeln wie die Macho-Weintypen der Neuen Welt oder im obligaten Tweedjackett mit Krawatte, wie es die meisten führenden Winzer und Gutsdirektoren der Alten Welt für die Kamera bevorzugen. Europaweit ebenso einzigartig war das lockere Selbstvertrauen, mit dem er die Preise für die Weine seiner Heimat um eine Stelle vor dem Komma nach oben trieb.

Bruno Giacosa ist eine völlig gegensätzliche Persönlichkeit, und doch konnte er zur gleichen Zeit, als Gajas Stern unaufhaltsam am Steigen war, Erfolge feiern, die kaum weniger bemerkenswert waren. Meine eher kurzen Zusammentreffen mit ihm bestätigten alles, was ich zuvor über ihn gehört hatte: er sei nicht unfreundlich, aber sehr reserviert, Erklärungen und Diskussionen nicht abgeneigt, aber ein Mann der wenigen und bedächtigen Worte. Nun, er war weder arrogant noch pedantisch, aber in seinem Wesen lagen eine Strenge und ein unerschütterliches Vertrauen in seine Prinzipien, die mir gut zu der oft gehörten Beschreibung der Piemonteser als «Preußen Italiens» zu passen schienen. Rein journalistisch betrachtet gab es an dieser hoch gewachsenen Gestalt mit der großen Brille nichts Interessantes, außer dass Bruno Giacosa im selben Maße pressescheu war, wie Angelo Gaja die Aufmerksamkeit der Medien genoss. Auch gaben seine Prinzipien nicht viel für eine Story her, da er stets betonte, traditionelle Methoden zu bevorzugen, und es in seinem Keller weder modernes technisches Gerät noch importierte Barrique-Fässer gab. Er lehnte französische Rebsorten wie Cabernet Sauvignon und Chardonnay als überflüssig ab und beharrte darauf, dass Nebbiolo *die* edle Rebsorte der Langhe sei. Das einzig Aufregende an Bruno Giacosa waren seine Weine, und als ich vor fünfzehn Jahren anfing, piemontesische Rotweine zu verkosten und zu trinken, waren sie es, die mich wirklich begeisterten. Giacosas Weine aus den späten sechziger, siebziger und achtziger Jahren wurden zu den größten Weinen Italiens gerechnet, und im Falle seines 1978er Barbaresco Santo Stefano di Neive riserva – draußen in den Obstgärten und Wäldern nach dem Regen, wenn langsam die Dunkelheit und die Kühle der Nacht einbricht (92 Punkte) – stimmte ich dem zu. Wenn die Weinwelt Angelo Gaja als «*den* Modernisten» unter den Winzern des Piemont ansieht, dann war Bruno Giacosa «*der* Traditionalist».

Ich muss im Fall von Bruno Giacosa in der Vergangenheitsform schreiben, da ab einem gewissen Zeitpunkt seine Stellung und sein Ansehen in Frage gestellt wurden. Manche Weine der späten achtziger und frühen neunziger Jahre wurden nicht im selben Maße gelobt wie frühere Jahrgänge, und einige wichtige Journalisten wanden sich förmlich, um nicht zugeben zu müssen, wie enttäuscht sie tatsächlich waren. Als ich dann Giacosas 1990er Barolo Falletto di Serralunga riserva verkostete, war ich zwar wiederum sehr beeindruckt – hinter verschlossenen Türen bereitet sich der Herrscher auf seinen großen Auftritt vor, Brokat, Spitze, Juwelen und ein silbernes Schwert (91 Punkte) –, aber nachdem ich seinen 1990er Barbaresco Asili erlebt hatte – die Würze des Waldhonigs und das Nussige eines alten Portweins, aber weder ihre Fülle noch ihr Charakter, sondern einfach Härte (77 Punkte) –, musste ich die Enttäuschung der Kritiker teilen. Bruno Giacosa hatte zu einem großen Teil das Wesen des traditionellen Barolo und Barbaresco bestimmt, und jetzt waren einige der besten Vertreter dieser Weinstile verschwunden. Daraufhin gab es für viele keinen Zweifel, dass die Brüder Giovanni und Aldo Conterno inzwischen für die in positivem Sinne traditionellen Piemont-Weine standen, und sie gewannen als Folge der Unzuverlässigkeit der Giacosa-Weine an Ansehen.

Für all jene, die «traditionellen Barolo» beinahe als Reliquie vergangener Herrlichkeit verehren, verkörpert Giovanni Conterno in Monforte diesen althergebrachten Stil. Diese Barolo-Gemeinde will einen Barolo, wie ihn

Mitte des 19. Jahrhunderts der vom führenden Piemonteser Weinproduzenten Camillo Graf Benso di Cavour angestellte französische Önologe Louis Oudart beschrieben hat: Junger Barolo ist «rauh, abweisend, nach drei, vier Jahren der Verfeinerung [Reifung im Fass] präsentiert er sich weich, samtig, von vollem, angenehmem Geschmack». Alle nicht dieser Beschreibung entsprechenden Weine werden von dieser Gemeinde schnell als Hochstapelei, Täuschung oder zumindest als untypisch, also nicht authentisch und daher uninteressant, abgelehnt. Solche Barolo-Puristen sind sicher zum größten Teil in Italien beheimatet, doch gehören ihr auch viele deutschsprachige Weinfreunde an. Für die Traditionalisten unter ihnen ist Barbaresco oder Barolo, der bereits in seiner Jugend harmonisch wirkt und zum Trinken einlädt, verdächtig und bestenfalls gut genug, um rasch konsumiert zu werden, ohne die Zeremonie und die Ehrfurcht, die die «wahren» unter diesen Weinen verdienen. Barrique-Fässer sind für sie der Sarg, in dem der Nebbiolo beerdigt wird, und die großen Botti-Fässer das einzige dieser Rebsorte angemessene Domizil. Auch für manche Weinjournalisten zählen nur die Holzfässer als Kriterium, um einen Produzenten als «Modernisten» oder «Traditionalisten» zu klassifizieren.

Das mag auch der Grund sein, warum Giovanni Conterno jetzt mit seinen Worten so überaus vorsichtig ist, als wolle er sich schützen vor dem Bestreben vieler Journalisten, die Wirklichkeit in von ihnen geschaffene, ihren Zwecken dienende und ihren Vorurteilen entsprechende Schubladen zu zwängen. Diese Art von pseudojournalistischer Mühle verwandelt die schillernde, sich stets verändernde, asymmetrische Vielfarbigkeit der Welt in einen einförmigen, trüben Brei, der nur den Trübsinn des Schreibenden widerspiegelt. Für jemanden wie Giovanni Conterno, der versucht, etwas ganz Bestimmtes so gut zu machen, wie er nur kann, tut einem dies besonders Leid. Er hat zweifellos kein Problem damit, wenn nötig auch nein zu sagen, aber er ist genau der Typ Mensch, den eine bestimmte Art von großen, eingebildeten Männern – nicht selten sind das Weinjournalisten – sehr leicht verletzen können. Das Gefühl, in jemandes Schublade gesteckt und öffentlich zu trübem Brei verarbeitet worden zu sein, ist schließlich nicht sehr angenehm.

Unter den hohen Giebeln seines Weinguts wirkt Giovanni Conterno noch kleiner als sonst, doch das verstärkt nur den Eindruck einer Persönlichkeit, deren innere Stärke in keinem Verhältnis zu ihrer Körpergröße steht. Seine felsenfeste Überzeugung, die ihn während der letzten dreißig Jahre diesen einen bestimmten Weg verfolgen ließ, ist heute so stark wie eh und je. Der von Giovanni Conterno eingeschlagene Weg hat ohne jede Frage viel damit zu tun, wie sein Vater Giacomo, dessen Name auf dem Etikett erscheint, und sein Großvater Giovanni Wein gemacht haben und wie dieser

Wein geschmeckt hat. Es ist aber keineswegs alles so einfach, wie man meinen könnte, wenn man vor den alten, fünf- bis zehntausend Liter fassenden Botti steht, in denen die Weine zwischen neun Monaten und sechs Jahren reifen. Das taten sie zweifellos auch am Anfang des Jahrhunderts, als der Großvater einer der ersten Barolo-Winzer war, welcher Wein in Flaschen verkaufte. Das Ziel dieses Vorgehens ist die Verfeinerung des Weins, die Louis Oudart vor anderthalb Jahrhunderten beschrieben hat. «Besonders Barolo sollte ein Wein sein, der zwei Monate nach dem Abfüllen gut zu trinken ist, sich aber dreißig Jahre hält», erklärt Giovanni Conterno – eine indirekte Antwort auf meine bewusst naive Frage nach dem Zweck der Fässer. Dann lässt er eine Probe aus dem ersten Fass laufen.

Der 1995er Barolo Casina Francia aus Serralunga ist kein riesiger oder dramatischer Wein, doch ist er in vieler Hinsicht beeindruckend. Für mich gleicht er dem Menschen dahinter; auch dieser wirkt auf den ersten Blick alt – graues Haar und etwas eingesunkene Augen –, doch sobald Giovanni Conterno zu reden beginnt, sieht man sich einem jungen Mann gegenüber, und genauso ist es mit diesem Wein. Er ist zugleich «süß» und trocken und doch sehr unzulänglich beschrieben mit diesen beiden alltäglichen Wörtern. Ihm ist das vielschichtige Wesen aller großen Weine eigen (90 Punkte).

Solche Fassverkostungen können leicht etwas Theatralisches haben, das hier beinahe wie ein religiöses Ritual wirkt. Giovanni Conterno geht von Fass zu Fass und gibt, während der Wein in den weiten Kelch meines Probierglases fließt, jeweils nur einen knappen Kommentar dazu ab. Beim 1996er Barolo Casina Francia sagt er: «Dieser Jahrgang ähnelt dem 1970er.» Der Wein zeigt die Intensität der winzigsten und seltensten Waldbeeren und ist so kultiviert, wie ein Werk aus Menschenhand und -geist nur sein kann. Zu solch übernatürlichen Höhen steigt die Natur nicht von selbst auf. Es ist die Aufgabe des Winzers, sie dazu zu bringen. Doch dies kann nur im Einklang mit der Rebe gelingen, nicht durch Zwang. Ich könnte Seiten mit der Beschreibung des Nachgeschmacks dieses Weins füllen, ein sich hinziehender Abschied, der kaum zu enden scheint (94 Punkte). Zufällig hat mir ein Freund in Lugano vor wenigen Wochen den 1970er Barolo riserva Monfortino kredenzt, und die Familienähnlichkeit zwischen den beiden Weinen ist tatsächlich erstaunlich, obwohl ich überzeugt bin, dass der 1996er mit kleinem Abstand der größere ist. Zwischen dem 1996er und dem 1997er Barolo Casina Francia könnte es kaum einen stärkeren Kontrast geben. Letzterer scheut keineswegs davor zurück, seine üppigen Muskeln zu zeigen, und braucht sicher noch Jahre, um zu der Finesse zu finden, die zur Zeit noch von der allzu offensichtlichen Wucht überdeckt wird (91 bis 93 Punkte).

«Natürlich entsteht der Wein im Weinberg», fährt Giovanni Conterno fort, während ich ihm in den Gärkeller folge, «dort ist der Ursprung der

Qualität.» Der Gegensatz zwischen den beiden Kellern ist verblüffend, die Gärtanks aus Edelstahl funkeln wie eine Kette aus geschliffenen Edelsteinen. Für einen angeblichen Traditionalisten könnten sie kaum moderner sein. «Vorher wurden die Weine in Holzbottichen vergoren, und die einzige Methode, sie zu kühlen, bestand darin, Eisblöcke in Nylonsäcken in den gärenden Wein zu hängen, was schrecklich anstrengend war», erläutert er und bringt damit deutlich zum Ausdruck, dass die Kontrolle der Gärtemperatur und damit des Gärverlaufs hier nicht neu ist. «Jetzt läuft das Kühlen automatisch ab, und ich kann hier in Jackett und Krawatte stehen, das freut mich.» Ich frage mich insgeheim, ob ihn jene Ecke des Kellers, in der sein Sohn Roberto eine Reihe 2000-Liter-Fässer aus neuer Eiche stehen hat, ebenso freut. Jedenfalls wanderte sein Blick beim Vorbeigehen auch nicht eine Sekunde in diese Richtung, obwohl Roberto dort mit einer Gruppe Journalisten stand. Vielleicht gehörte einer dieser Männer in die Kategorie «groß und eingebildet», der andere gern in seine Schubladen steckt und alles zu trübem Einheitsbrei zermalmt. Und warum sollte man in eine Richtung schauen, wo jemand steht, der einen nur gängeln will?

«Heute ist alles anders, und das ist gut, weil die Weine besser sind», sagt Aldo Conterno, «manche Leute werden Ihnen zwar das Gegenteil erzählen, aber das stimmt nicht. Wenn man die Weine verkostet, merkt man, dass sie anders sind als früher.» Er nennt keine Namen, aber aus seinen Worten und seinem Tonfall spürt man deutlich, dass er dabei vielleicht vor allem an seinen Bruder Giovanni denkt. Es liegt jedoch nichts Bitteres in seiner Stimme, denn in den dreißig Jahren seit ihrer Trennung hat Aldo die Cascina Favot zwischen Monforte und Castiglione-Falleto, in deren Hof wir stehen, zu einem einmaligen Château-artigen Anwesen ausgebaut, und seine Barolos aus der Lage Bussia in Monforte gehören zu den angesehensten Rotweinen Italiens. Zur Trennung der Brüder kam es wegen «Differenzen in Fragen des Ausbaus», so wie Popgruppen aufgrund «musikalischer Differenzen» auseinander gehen: Aldo wollte im Keller einschneidende Veränderungen vornehmen, während Giovanni alles beim Alten belassen wollte. Im Rückblick erscheinen diese Veränderungen nicht mehr so gravierend. Wir sind inzwischen in die ausgedehnten Keller hinuntergestiegen und stehen jetzt vor einer Reihe von 5000 Liter fassenden alten Eichenfässern. Insgeheim frage ich mich: «Wo liegt der Unterschied zwischen den beiden Brüdern?»

«Der Wein muss atmen, deshalb ist das Holz unerlässlich. Als ich fünfzehn oder sechzehn war, begleitete ich meinen Vater beim Fasskauf. Er betrachtete es immer als Fehler, wenn das Fass an den Wein eine Eichennote abgab.» Diese Worte könnten genauso gut von Giovanni stammen, auch wenn er sie nicht im hervorragenden Englisch mit ausgeprägtem amerikanischen Akzent vortragen würde, das Aldo sich bei seinen Aufenthalten in

Kalifornien in den fünfziger und frühen sechziger Jahren erworben hat. In anderer Hinsicht fallen jedoch ganz deutliche Unterschiede zwischen den beiden auf: «Früher dauerte die Gärung beim Barolo manchmal vierzig oder fünfzig Tage, sodass die Weine viel zu viel Tannin aus den Traubenhäuten und -kernen absorbierten. Es war *furchtbar*, die Weine waren manchmal dermaßen hart.» Die verächtliche Art, mit der Aldo Worte wie «furchtbar» ausspricht, steht in krassem Gegensatz zu dem behutsamen, bedächtigen Wesen seines Bruders. Seine Antwort auf das Problem der unausgewogenen, harten Weine, die nie eine zufriedenstellende Balance erlangten, wie lange man sie auch reifen ließ, bestand zunächst darin, die Gärungsdauer zu verkürzen. Dadurch wurden die Weine harmonischer und waren auch jung gut trinkbar. Trotzdem war immer noch eine gewisse Adstringenz vorhanden. «Wir sind vor kurzem zum Schluss gekommen, dass diese aus den Traubenkernen stammt.» Zwei Drittel der Phenole beziehungsweise der Farbe und der Tannine einer Traube sitzen in den Kernen und bloß ein Achtel in den Häuten, wo der kundige Weinliebhaber den Ursprung des Tannins im Rotwein vermutet. Seit dem Jahrgang 1995 vergärt Aldo Conterno seine Barolos daher in Tanks mit einer tiefen Bodenrinne, in die die Kerne sinken, wodurch sich der Kontakt zum gärenden Wein stark verringert. Für die Bewunderer des traditionellen Barolos ist dies zweifellos ein weiterer Schritt in Richtung Untergang, hin zur endgültigen und vollständigen Zerstörung dieses Kulturdenkmals. Aldo Conterno sieht in dieser Entwicklung jedoch einen Weg zur Demokratisierung des Weins. «All die Veränderungen bei den Ausbaumethoden in den letzten Jahren beruhen darauf, dass Leute, ganz normale Leute, Weine auch kurz nach dem Kauf trinken möchten, und sie haben angefangen, auch Barolo zu trinken.»

Obwohl sich Aldo Conternos Auffassungen beim Ausbau stark von denen Angelo Gajas unterscheiden, haben beide aus denselben Gründen neue Techniken eingeführt; sie hatten erkannt, dass mit den alten Verfahren manche Probleme, vor die die Natur den Kellermeister stellte, nicht bewältigt werden konnten. Das gilt auch für Giovanni Conternos Eisblöcke und seine neue Kühltechnik für Weine, die während der Gärung gefährlich hohe Temperaturen entwickeln. Schließlich ist es auch sein Ziel, einen Wein herzustellen, der auch kurz nach der Abfüllung bereits trinkbar ist.

Aldo Conternos 1995er Barolo Bussia Soprana stellt den Höhepunkt von dreißig Jahren Arbeit an der Vervollkommnung des Weinstils dar, der ihm vorschwebte, als er 1969 auf der Cascina Favor mit dem Weinmachen begann. Der Wein lässt mich in eine vollkommen einhüllende und verzaubernde Umarmung fallen, die für einen langen Moment alle Härte der Welt verbannt (92 Punkte). Eine Ausnahmeerscheinung wie der 1993er Barolo Romarisco wird leicht missverstanden – ihm ist nicht nur die für jungen Barolo typische Pflaumennote eigen, sondern auch ein Duft nach Maracuja, der mit nichts zu vergleichen ist, was mir je in einem Rotwein begegnet ist –, aber wer seine Erhabenheit nicht spürt, ist wohl nicht in der Lage, jemals die Größe eines Weines zu erkennen (93 Punkte). Aldo Conternos Söhne bauen einen Nebbiolo-Rotwein im Barrique aus, Il Favot, den Aldo als «ihren Wein» bezeichnet. Was wird hier passieren, wenn Aldo abdankt und plötzlich sämtliche Weine des Betriebs «ihre Weine» sind?

Bei Bruno Giacosa ist der Generationenwechsel bereits weiter fortgeschritten und hat zu erstaunlichen Ergebnissen geführt. Der neue Önologe Dante Scaglione, der seit 1992 im Betrieb arbeitet, hätte kaum einen schlechteren Start haben können, da in den Kellern zwar einige gute Weine aus dem Jahrgang 1990 für die Abfüllung bereitlagen, 1991 und 1992 aber im gesamten Gebiet so schlecht waren, dass Giacosa sämtliche Barolo- und Barbaresco-Weine dieser Jahrgänge als einfachen Nebbiolo di Langhe verkaufte. 1993 fiel besser aus, doch dann gab es mit 1994 wieder ein schwieriges Jahr ohne Barolo oder Barbaresco. Scaglione hat sich sicher gelegentlich gefragt, ob die Welt je von seiner Arbeit Notiz nehme und ob er den durch enorme Investitionen modernisierten Rotweinkeller des Betriebs jemals voll würde ausnutzen können. Diese Neuerungen sind das Werk von Bruna Giacosa, Brunos Tochter, die in den letzten Jahren zunehmend an der Führung des Unternehmens beteiligt ist.

Als ich sie in der Via XX Settembre in Neive treffe, dem Sitz der Firma, ist es unglaublich heiß und feucht, wenn auch nicht ganz so heiß wie zuvor in Sizilien, wo das Thermometer bis auf 48 Grad gestiegen ist. Unter kühleren Bedingungen wären meine Reaktionen schneller, doch auch so registriere ich Brunas bemerkenswerte Erscheinung und bin, innerlich auf die strenge Gestalt ihres Vaters vorbereitet, völlig verblüfft. Reichlich Goldschmuck, knappes weißes Chanel-Ensemble, tief gebräunte Haut und weißblondes Haar – auf den ersten Blick wirkt sie barbiehaft, doch sie entpuppt sich nach und nach als wahre Lady.

Wir fahren zu den Kellergebäuden, die ein paar Straßen weiter liegen, und von dem Moment an, als sie mir Dante Scaglione vorstellt, unterbricht sie uns nur, um das zu übersetzen, was ich nicht vollständig mitbekomme. Sie ist sich ganz offensichtlich bewusst, dass sein Wissen und Können das ihre bei weitem übertrifft und sie auf ihn angewiesen ist. Obwohl vor kurzem gewaltige Investitionen in den Kellern vorgenommen worden sind, scheint sich dadurch der Ausbau der Weine nicht wesentlich verändert zu haben. Der Giacosa-Barbaresco verbringt immer noch ein bis drei Jahre in großen Holzfässern, der Barolo zwei bis vier Jahre, und die Fässer haben dieselbe Größe wie in den Kellern von Aldo oder Giovanni Conterno. Viele dieser Fässer sind erst einige Jahre alt, weil alte Fässer ersetzt werden mussten. Sie sind aus französischer statt der im Gebiet üblichen slowenischen Eiche, da dort besseres Holz zu haben war. Eine wirklich große Veränderung liegt darin, dass Giacosa bis vor zehn Jahren alle verarbeiteten Trauben aufkaufte, während heute um die 70 % des Leseguts für die Rotweine aus den eigenen Weinbergen stammen. «Alle diese Veränderungen wurden mit dem Ziel der Qualitätssteigerung vorgenommen und nicht, um den Weinstil zu verändern», erzählt Scaglione sehr sachlich, als sei dies selbstverständlich, doch anderswo im Piemont ist diese Zielsetzung gar nicht so klar. «Der Giacosa-Stil erleichtert den Export nicht gerade», fügt Bruna hinzu, «weil unsere Weine sich nur sehr langsam entwickeln und viel Zeit benötigen, manchmal Jahre, um sich von ihrer besten Seite zu zeigen. Doch wir bleiben dabei.» Ich muss bei ihren Worten an die enttäuschenden Giacosa-Weine denken, denen ich vor einigen Jahren begegnet bin, was mich umso gespannter auf die Verkostung macht.

Das Probierzimmer ist nicht klimatisiert, und trotz heruntergelassener Rollos beneide ich Scaglione um seine Kleidung, die aus Jeans und einem grünen Baumwoll-Arbeitskittel besteht. So südländisch attraktiv wie er würde ich allerdings darin längst nicht aussehen. Der 1995er Barolo Falletto di Serralunga, auch er ein Schönling, hat einen hinreißenden Duft nach Veilchen und Trüffeln, ist athletisch gebaut und dennoch vollkommen gelassen, sodass er trotz all seiner Muskeln nicht schwer, sondern elegant wirkt (90 Punkte). Der 1995er Barbaresco Santo Stefano aus Neive ist vielleicht nicht ganz so außergewöhnlich, aber er verströmt den Duft reifer Himbeeren. Darunter verbirgt sich eine Festigkeit, die meinen Gaumen bei dieser Hitze vor gehörige Anforderungen stellt, doch zusammen mit dem richtigen, reichhaltigen Essen wird der Wein viel gefälliger wirken (89 Punkte). Spätestens 2001, wenn der 1996er Barbaresco Asili auf den Markt kommt, werden Dante Scaglione und Bruna Giacosa der Welt beweisen, dass Giacosa wieder Weine macht, die zu den größten Rotweinen der Langhe und Italiens gehören. Wo kann ich nur die Blume finden, deren Duft diesen hypnotischen Zauber besitzt? Wo sonst ist Macht so schüchtern, dass ich unwillkürlich meine Hände schützend um sie halte, als wäre sie eine zarte Blüte? Wo sonst kann ich die Zartheit der Unendlichkeit schmecken? (93 Punkte). Und wenn sich die Macht mit einer Rüstung schützt und darüber einen blauen Samtumhang wirft, braucht sie weder Krone noch Zepter, um majestätisch zu erscheinen. Beim 1996er Barolo Falletto werden dies alle erkennen und bewundern (95 Punkte).

Dies sind würdige Nachfolger für Brunos Meisterwerke, und obgleich sie ein wenig anders schmecken als seine Weine, bleiben sie seinen Prinzipien treu. Natürlich hätte man sie anders, «modernistisch», vinifizieren können, aber so, wie sie sind, beweisen sie, dass große Piemonteser Weine die Lagerung in Barrique-Fässern und die dazugehörigen Ausbaumethoden keinesfalls *brauchen*. Welchen Ausbaustil der Winzer auch immer wählt, entscheidend für eine überdurchschnittliche Qualität ist, dass die Trauben, wenn sie in den Keller kommen, die durch sorgfältige Rebpflege und Lese entstandene Harmonie besitzen und im Keller nichts geschieht, was diese Harmonie stören oder gar zerstören könnte. Wenn dies Traditionalismus ist, dann kann Bruno Giacosa stolz darauf sein, wie sich seine Tochter für die Traditionen einsetzt, die er so lange gepflegt hat.

Inspiration und Überraschungen in Barolo

Außer der Hausnummer 57 gibt es nicht den kleinsten Hinweis auf Luciano Sandrones unauffälliges Haus und Weingut am Rande des Städtchens Barolo. Das ist verständlich, wenn man bedenkt, dass er sich meistens im Weinberg oder in seinem beim Castello di Barolo gelegenen Fasskeller aufhält und ohnehin so gut wie keinen Wein zu verkaufen hat. «Als wir Ende der Siebziger unseren eigenen Wein abzufüllen begannen, war alles ganz anders als heute, es gab keine Touristen, und niemand kannte unseren Namen», erzählt Lucianos Frau, als wir beim Haus auf ihren Mann warten, «es war nicht einfach, wir mussten bei Null anfangen.» Es dauert nicht lange und ihr Mann kommt auf einem Moped angedüst, eine Zigarre im Mundwinkel. Seine nonchalante Art wirkt auf den ersten Blick, als könne ihn nichts auf dieser Welt bekümmern, doch der Schein trügt. Wenn Sandrone anfängt, über Wein zu sprechen, blitzt in seinen Augen eine sehr deutliche Schärfe auf, und die unbeirrbare Leidenschaft für den Wein, die ihn anspornt, ist nicht zu übersehen.

Wir fahren in den Fasskeller, wo die Weine liegen. Es ist nur eine kurze Fahrt von wenigen hundert Metern, doch als ich den Keller betrete, der eigentlich das Souterrain eines großen alten Hauses ist, fühle ich mich um Jahrhunderte zurückversetzt. Der Boden aus gestampfter Erde, die Steinwände mit den kleinen Fenstern zur Belüftung ganz oben unter der Decke – so stelle ich mir einen Barolo-Keller Anfang des 19. Jahrhunderts vor, als hier im Gebiet die ersten großen Rotweine entstanden. Das Einzige, das nicht in dieses historische Bild passt, ist die Größe der Fässer. Sie fassen alle nur um die 500 Liter anstatt der traditionellerweise mindestens 5000.

Auch die strahlende Klarheit des ersten Weines, des 1997er Nebbiolo d'Alba aus den Hügeln von Roero auf der anderen Seite des Tanaro-Flusses, erscheint mir wirklich modern. Hatten die größten Weine vor zwei Jahrhunderten solche Brillanz und geschmackliche Reinheit? Es fällt mir schwer, das zu glauben, aber wer bin ich, dass ich diese Frage beantworten könnte? Die wenigen so alten Weine aus anderen Gebieten, denen ich begegnet bin, schmecken heute natürlich ganz anders als in ihrer Jugend... Diesen Wein hier durchzieht eine Note, die an den Duft beim Backen von Marzipan- und Schokoladekuchen erinnert – ein Duft, der auf mich als Kind eindeutig erotisierend wirkte. Anstatt wie ein wild gewordener Stier auf mich loszustürmen wie so viele heutige Nebbiolo-Weine, bewegt dieser sich auf Zehenspitzen durch meine Phantasie, von einer Kammer in die nächste, lässt alle Türen hinter sich weit geöffnet, und ich folge ihm auf leisen Sohlen... (88 Punkte).

Bis vor nicht allzu langer Zeit betrachteten die Winzer im Piemont den Barbera als primitive Rebsorte, von der lediglich rustikale Alltagsweine zu erwarten waren, in der Art, wie ich mir allgemein zweihundert Jahre alte oder noch ältere Weine vorstelle. Erst Giacomo Bologna in Braida bewies Anfang der achtziger Jahre, dass das Landei Barbera durch das Lagern in neuen Eichenholzfässern in einen kultivierten, weltgewandten Kerl verwandelt werden kann. Heute versuchen einige ehrgeizige Piemont-Winzer, den Barbera zu überzeugen und notfalls auch zu zwingen, die Rolle eines großen Weines zu übernehmen. Doch zu Höhenflügen ist diese Sorte nur selten fähig, und das Ergebnis solcher Zwänge sind meistens übertriebene oder aufdringliche Weine. Sandrones 1997er Barbera d'Alba ist nicht das nervöse, melodramatische Produkt einer önologischen Sturm-und-Drang-Phase, sondern ein gelassener und geschmeidiger Wein, ein Gaumenschmeichler im besten Sinne des Wortes (89 Punkte).

«Sehr sanft und in vollkommenem Gleichgewicht» – Luciano Sandrones Stimme klingt bei dieser Beschreibung seines Barolo ebenfalls sehr sanft und ausgewogen, während wir zu den Fässern hinübergehen, in denen die 1996er und 1997er liegen. Seine Worte überraschen mich sehr, gelten sie doch einem Wein, der normalerweise zu den mächtigsten Rotweinen überhaupt gezählt wird. Zuerst kommt der 1997er Barolo Cannubi Boschis, noch wild und jugendlich, seine enorme Vitalität noch vollkommen ungezähmt und die Tiefen, die er in sich birgt, noch Schwindel erregend (94 Punkte). Der nachfolgende 1997er Barolo Le Vigne, ein Verschnitt von Weinen aus vier verschiedenen Lagen, wirkt ein wenig ruhiger und ist deshalb einfacher zu verkosten. Er schmeckt wie eine Essenz aus wilden Erdbeeren und Brombeeren, deren Intensität noch zuzunehmen scheint, nachdem ich den Wein ausgespuckt habe – ein Echo, das mir nahezu den Atem raubt (95 Punkte). «Der einzige Unterschied zwischen diesen beiden Weinen ist ihre Herkunft, die unterschiedlichen Weinberge», betont Sandrone ganz nüchtern, «alles, was ich mit ihnen gemacht habe, war *identisch*.» Zwischen dem letzten Wein und dem 1996er Barolo Le Vigne besteht eine deutliche Ähnlichkeit, auch er erinnert mich im Duft etwas an Erdbeeren, doch wirkt er anmutiger und zarter, ein junger Adliger aus bester Familie, dessen Erziehung tadellos war

(96 Punkte). Es gibt eine besondere Art von Würze, die man nur in Weinen aus großartigen Weinbergslagen in einem großen Jahrgang findet. Der nächste Wein besitzt sie in einem sehr hohen Maße, zusammen mit einer Menge von diesem Rüstzeug – Körper, Alkohol, Tannin, Säure –, das ein großer Nebbiolo-Wein benötigt, wenn er sich auf die lange Reise zur Perfektion, zum perfekten Trinkerlebnis macht. Doch obwohl alles in Hülle und Fülle vorhanden ist, wirkt die Gesamtkomposition unglaublich sanft und vollkommen ausgewogen (97 Punkte).

Luciano Sandrone sieht, wie er so mit seinen Shorts, dem weißen, von Rotweinflecken übersäten T-Shirt und den Birkenstock-Sandalen vor mir steht, kaum wie der große Winzer aus, der er mindestens seit dem 1989er Barolo ist und der mir damals in Meran zum ersten Mal die Größe der piemontesischen Rotweine vor Augen geführt hat. Seine aufrechte Haltung, seine entschiedene Art und sein fester Blick machen ihn jedoch zu einem auffallenden Menschen, der keinem seiner Kollegen gleicht. Ich sage ihm, dass seine Weine besser sind als viele der besten Bordeaux-Weine aus diesen zwei Jahrgängen, was keinesfalls eine Übertreibung ist, und er ist ganz offensichtlich geschmeichelt. Das Stichwort Bordeaux bringt ihn auf das Thema Fässer: «Manche Leute – gewisse Kollegen und Journalisten – sagen mir, dass diese Fässer eher den in Bordeaux üblichen Fässern ähneln als den traditionellen Weinfässern des Piemont, aber das stimmt nicht. Die großen, 5000 Liter und mehr fassenden Botti aus slowenischer Eiche, die man heute in so vielen Kellern sieht, gibt es hier erst seit der zweiten Hälfte des 19. Jahrhunderts.» Ich bin vor Verblüffung wie erstarrt, meine Ohren sind weit aufgesperrt. «Davor gab es 600-Liter-Fässer, die Carrà genannt wurden. Sie waren aus heimischer Eiche, und ich denke, dass die französische Eiche, die ich verwende, dem näher kommt als die slowenische, die seit einem Jahrhundert weithin verbreitet ist.» Das bedeutet, dass Sandrones Methoden sich nicht wesentlich von denen der Juliette Colbert Maulévrier unterscheiden, die die ersten trockenen Barolo-Stillweine machte, als sie 1807 ins Castello di Barolo gleich um die Ecke von Sandrones Keller einzog. Dieser Tatbestand passt kaum zu der Vorstellung eines «Modernisten». Als ich aus dem Keller trete, ist mir jedoch vollkommen egal, wer Luciano Sandrone als was einordnet. Ich bin einfach nur dankbar, dass ich die Gelegenheit gehabt habe, seine überraschenden, inspirierenden Weine zu verkosten.

Die zwei Schubladen

Der Blick von Elio Grassos neuem Weingut und Haus könnte kaum malerischer sein: Auf seinem Hügel thront das mittelalterliche Städtchen Serralunga mit dem Castello und den runden und eckigen Türmen, die dem Ort seinen ganz eigenen Charakter verleihen. Doch die neuen Gebäude hier sind so beeindruckend, dass ich die Szenerie kaum beachte. «Das Haus ist zweihundert Jahre alt, war aber in einem ziemlich guten Zustand, sodass wir es eigentlich nur säubern mussten. Die Kellergebäude sind dagegen fast vollständig neu», erklärt Grassos Frau. Das ist nicht unbedingt auf den ersten Blick zu erkennen, so geschickt und ohne sichtbare Übergänge sind alte und neue Elemente des Anwesens miteinander verbunden worden. Als wir in das Probierzimmer gehen, bestätigt sich der von außen gewonnene Eindruck; hier wurde kein Versuch unternommen, die Architektur französischer oder irgendwelcher anderer Weingüter nachzuahmen. Dieses neue Gebäude ist durch und durch italienisch.

Ich setze mich an den langen Holztisch mitten im Raum. Mir gegenüber sitzt die vertraute Gestalt von Elio Grasso, doch ist sein Verhalten ganz anders, als ich erwartet habe. Sechs Monate zuvor habe ich ihn bei einer Weinprobe in Deutschland gesehen, wo er mich herzlich eingeladen hat, ihn «jederzeit» zu besuchen: «Rufen Sie einfach nur vorher an, oder schicken Sie ein Fax.» Jetzt wirkt er jedoch nervös, übervorsichtig, und ich fühle mich wie eine Mikrobe unter dem Mikroskop.

«Meine Familie hat immer Wein gemacht, doch wir haben ihn stets im Fass verkauft», fängt er unvermittelt an zu erläutern. «Ich war bei einer Bank beschäftigt, hatte dann aber irgendwann die Nase voll vom Stadtleben in Turin, kam hierher und begann in den Weinbergen zu arbeiten. Und von den Weinbergen kam ich zum Wein. Vorher habe ich keinen Wein getrunken. 1979 fing ich an, unseren eigenen Wein abzufüllen.» Mit einer solchen Vergangenheit und einem neuen Anwesen wie diesem kann es wohl keinen Zweifel geben, dass der Mann mir gegenüber der «modernistische» Piemont-Winzer ist, wie er in all den Büchern dargestellt wird. Es gibt hier zwar offensichtlich eine Weinbau-Tradition, aber keine nennenswerte *Wein*-Tradition. Als ersten Wein verkoste ich den 1997er Dolcetto d'Alba, der überschwänglich duftig daherkommt – die Piemontkirsche ohne ihren Schokoladeüberzug! – und angenehm säuerlich und herb schmeckt (81 Punkte). «Er ist im Stahltank gemacht», erklärt Elio nüchtern, «ein Tank ist ein Werkzeug, genauso wie ein Fass oder dieses Probierglas.» Mir fallen seine Handbewegungen auf, sie lenken mich von dem ab, was er zum nächsten Wein sagt. Er zerrt mit beiden Händen an seinem Hemd, er legt sie zusammen, er verknotet die Finger ineinander: alles andere als das melodiöse Gestikulieren, das man von einem Italiener erwartet. «Der große Unterschied zwischen einem toskanischen und einem piemontesischen Weinproduzenten liegt darin, dass ersterer ein Industrieller ist, der Leute anstellt, die die Weine erzeugen und verkaufen, während wir hier die meiste Arbeit selber machen», sagt Elio plötzlich und bestätigt damit meine eigenen Eindrücke.

Jetzt bin ich wieder ganz bei der Sache, und wir stürzen uns in eine Diskussion über die Unterschiede zwischen den zwei berühmtesten und erfolgreichsten Rotweingebieten Italiens, obwohl ich eigentlich aus ganz anderen Gründen hergekommen bin. Er scheint das zu spüren, denn während unser Gespräch in psychologische Fernen abschweift, gießt er mir den 1996er Barbera d'Alba Vigna Martina ein, sodass ich gleichzeitig mit der «Arbeit» fortfahren kann. Obwohl ich mich ganz auf Elios Worte und seinen leidenschaftlichen Gesichtsausdruck konzentriere, bin ich vom Wein beeindruckt. Er hat eine herrliche Beschaffenheit, die Würze aus den neuen Eichenholzfässern, in denen er gelagert wurde, scheint buchstäblich in den «Stoff» des Weins, den vollen Pflaumen- und Schokoladegeschmack, eingewoben. Es sind zwei gegensätzliche und doch unzertrennliche Zwillinge, die gleichzeitig meinen Gaumen streicheln (87 Punkte).

«Wunderbar», sage ich mit einer Begeisterung, die sich über den Wein hinaus auf den Ort, an dem wir sitzen, und auf Elios Worte erstreckt, «der Wein ist in sich vollständig schlüssig, es fehlt ihm einfach nichts.» «Ja», nickt er zustimmend und fährt dann fort, «jeder Mensch lebt in seinem eigenen Gebilde von Zeit und Raum. Wir kennen einander nicht und haben nichts gemeinsam. Doch nachdem wir fünf Minuten über den Wein gesprochen haben, den wir *beide* im Glas haben, beginnen wir zu kommunizieren. Dann können wir über Philosophie oder irgendetwas anderes reden.» Die Entfernung zwischen uns über den Tisch hinweg beträgt nicht viel mehr als einen Meter, aber zu Beginn der Probe trennte uns eine psychologische Distanz, die weit größer war. Das erinnert mich an jene Stelle in Elias Canettis «Masse und Macht», wo er die Isolation des einzelnen Menschen beschreibt: «Wie eine Windmühle auf riesiger Ebene, so steht er da, ausdrucksvoll und bewegt, bis zur nächsten Mühle ist nichts ... Regungen und Gegenregungen versickern wie in einer Wüste.»

Jetzt enthüllt Elio Grasso auch den Grund für seine Nervosität bei meiner Ankunft: «Manche Journalisten versuchen die Winzer des Piemont aufgrund einiger weniger Kriterien als modern oder traditionell abzustempeln, manchmal nur schon wegen der Fässer, die jemand benutzt.» Es frustriert ihn ganz offensichtlich bis zur Verzweiflung, dass er oft bereits als Modernist eingestuft wird, bevor man überhaupt seine Weine verkostet hat, und die Geschmackseindrücke beim Probieren der Weine letztlich nur in den Rahmen des vorher gefassten Urteils gepresst werden. Alles liegt schon fertig bereit, wenn diese «Kenner» das Glas zum Mund führen, eine Geste, die eigentlich nur als Beweis dafür dient, dass sie die Weine verkosten. Sie sind nicht gekommen, um neue Eindrücke zu gewinnen. Glücklicherweise scheint mich Elio Grasso nicht solcher Tendenzen zu verdächtigen, sonst würde er nicht in dieser Weise mit mir reden. «Sagen Sie mir, was Sie wissen möchten», fordert er mich jetzt sehr freundlich auf, «bitte stellen Sie mir alle Fragen, die Sie möchten.»

Doch so willkommen und schmeichelhaft dieser Vertrauensbeweis auch ist, er hilft mir eigentlich nicht weiter; schließlich möchte ich wissen, was er zu sagen hat; doch ich weiß nicht, wie ich ihm das verständlich machen soll. Ich stehe auf und gehe zum Schrank, der hinter ihm an der Wand steht. «Diese Journalisten, die die Piemont-Winzer klassifizieren wollen, haben einen Verstand wie diese beiden Schubladen», sage ich und öffne die linke Schublade, während ich das Wort «Mo-der-nist» sage, und schließe sie wieder, öffne dann die rechte Schublade zu dem Wort «Tra-di-ti-o-na-list» und schließe sie wieder. «In meinem Kopf geht es nicht so zu, aber vielleicht ist er wie dieser Schrank, weil ich außer diesen beiden Schubladen auch noch diese Fächer habe», fahre ich fort und öffne und schließe alle Fächer des Schrankes, eins nach dem anderen. «Das ist zwar mehr als die «Zwei-Schubladen-Mentalität», aber immer noch begrenzt aufgrund meiner Erwartungen und früheren Erfahrungen mit Piemont-Weinen. Bitte sagen *Sie* mir, was *Sie* möchten, denn nur so kann ich vielleicht etwas erfahren, das ich wirklich noch nicht weiß.»

Schweigend geht er hinaus. Als er wieder kommt und den 1994er Barolo einschenkt, fängt er an zu erzählen: «Ich war ein paar Mal in Amerika mit meinen Weinen, aber ich verkaufe sie lieber in Nordeuropa, weil die Leute sich hier mehr für den Geschmack des Weins interessieren als für die Punktzahlen der Journalisten.» Ich blicke auf die Bewertungen, die ich gerade neben meine Beschreibungen der verkosteten Weine geschrieben habe, und weiß nicht so recht, was ich von mir denken soll. Sein 1994er Barolo verdient auch eine gute Note, aber wichtiger ist, dass ihn Lebendigkeit, Ausdruck und Geschmeidigkeit zu einem Wein machen, der sehr viel Vergnügen bereitet (86 Punkte). Elio erzählt, er habe in diesem Jahrgang nur diesen einen Barolo abgefüllt, weil die Bedingungen bei der Lese so schlecht waren, dass er nur mit Glück überhaupt genug Wein zusammenbekam, der die Bezeichnung Barolo verdiente. «Wir konnten nur 30 % der Trauben verwenden, weil die Fäulnis so schlimm war», sagt er, und man hört ihm dabei immer noch die Enttäuschung an.

1995 hat er wie in früheren guten Jahren mehrere unterschiedliche Barolos ausgebaut, die jeweils nach der Lage benannt sind, aus der sie stammen. Der 1995er Barolo Rüncot ist so selbstsicher, dass er beinahe schon dominant wirkt, nimmt kein Blatt vor den Mund und ruft pausenlos: «Gewürze! Gewürze! Gewürze!» Ich könnte eine halbe Stunde damit zubringen, durch seine Gewürzsammlung zu gehen und jedes einzelne beim Namen zu nennen, doch schreit schon der nächste Wein nach meiner Aufmerksamkeit, sodass ich fürs Erste nur «Anis, Pomeranze, Vanille» notiere. Der Wein braucht ohnehin noch Zeit, um sich zu beruhigen und abzurunden (90 Punkte). Der 1995er Barolo Casa Maté könnte kaum gegensätzlicher sein mit seiner zarten Art und dem mächtigen Körper, der von sieben tanzenden Schleiern verführerischer Rosendüfte umhüllt wird (92 Punkte). «Ich weiß nicht, welche Unterschiede Sie bei diesen beiden Weinen schmecken, aber sie sind auf verschiedene Weise ausgebaut worden», sagt Elio Grasso, und sein Ton macht die Feststellung gleichzeitig zur Frage. Da ich aber den Unterschied nicht weiß, kann ich ihm nur meine Beschreibungen vorlesen. «Der erste hat die zwei letzten Jahre in Barrique-Fässern gelegen, während der zweite nur in traditionellen großen Botti gelagert wurde.» Das würde bedeuten, dass, zumindest in den Augen der klassifizierenden Kritiker, der erste ein «moderner» und der zweite ein «traditioneller» Wein ist oder vielleicht, dass Elio Grasso, als er mit dem ersten beschäftigt war, ein «Modernist» war und bei der Arbeit am zweiten ein «Traditionalist». Diese Weine und dieser Mann beweisen, wie absurd solche vereinfachenden, besserwisserischen Unterscheidungen sind. Ich möchte seine Weine in keine dieser Schubladen stecken, weil es gerade ihre vielen feinen Unterschiede sind, die diese Verkostung zu einem so faszinierenden Erlebnis gemacht haben. Nach dieser Erfahrung wäre es eine Beleidigung, Elio Grasso irgendwo anders einzuordnen als dort, wo er zu Hause ist, in seinem neuen Weingut und Haus mit Blick über das mittelalterliche Städtchen Serralunga auf seinem Hügel.

Begegnung mit viel «Neuem»

Niemand könnte Domenico Clerico fehlendes Interesse am Wein vorwerfen. An meiner Person scheint er allerdings im Moment nicht besonders interessiert zu sein. Ich stehe ihm an der Tür seines Hauses bei Monforte d'Alba gegenüber, und sein Blick ist derart misstrauisch und abweisend, dass ich nicht sicher bin, ob er mich überhaupt hereinlassen wird. Nach einer langen, unangenehmen Pause – ich beginne mich zu fragen, wozu ich hergekommen bin – murmelt er schließlich etwas wie «zuerst brauche ich mal ein Glas Spumante» und deutet mir an, mit ihm zu kommen.

Das Probierzimmer sieht eher wie ein Hobbyraum aus, außer dass auf den zwei großen, zusammengeschobenen Tischen in der Mitte des Raumes die Flasche Spumante, einige Sektgläser und mein Notizblock liegen. Er öffnet die Flasche, die von Rocche dei Manzoni ein paar Häuser weiter stammt, ohne jede Zeremonie, schenkt zwei Gläser ein, schiebt eines zu mir herüber und zündet sich eine Zigarette an. «Ich mag das …», fügt er nach dem ersten Zug hinzu und nimmt einen Schluck, «cin, cin!» Während ich am Spumante nippe und er anfängt, über seine Weinberge zu erzählen, betrachte ich die vielen modernen Gemälde mit piemontesischen Landschaften an den Wänden und die Reihen leerer Weinflaschen aus dem Piemont. «Früher haben die Händler, die unsere Trauben aufgekauft haben, so gut wie alles gekriegt, und wir Winzer haben beinahe nichts bekommen. Sie haben die Sahne genommen, und wir konnten uns nicht einmal eine Waschmaschine oder einen Fernseher leisten. Es gab keinen Anreiz, für bessere Qualität mehr zu arbeiten. 1976 habe ich meine Trauben zum letzten Mal verkauft. Als ich den Händler nach dem Preis fragte, den er mir zahlen würde, war alles, was er mir zur Antwort gab, ‹vertrau mir›. Da wusste ich, dass ich mich selbständig machen muss. Heute wollen alle Winzer große Weine machen, und alles ist anders.»

Jetzt ist er nicht mehr aufzuhalten, und die zögerlich tröpfelnden Worte verdichten sich zum Strom: «In Italien haben wir drei große Winzer: Nummer eins, Angelo Gaja; Nummer zwei, Angelo Gaja; Nummer drei, Angelo Gaja. Er ist der große Meister des italienischen Weins und der, der uns gezeigt hat, was möglich ist … Das enorme Plus ist, dass das Gebiet eine große Weintradition besitzt, trotzdem machen die meisten meiner Kollegen und ich erst seit zwanzig Jahren oder so Wein. Unseren Mangel an Erfahrung müssen wir mit einem extremen Willen zum Erfolg wettmachen.» Ich kann diesen Willen in seinem wettergegerbten Gesicht erkennen, dessen Furchen wohl im direkten Kampf mit den Elementen geschrieben worden sind, und der Fanatismus, der ihn alle Hindernisse hat überwinden lassen, blitzt in seinen Augen. «In Jahren wie 1996 und 1997 sollte jeder Winzer gute Weine machen können, das ist keine große Leistung; die wahre Herausforderung besteht darin, jedes Jahr einen großen Wein zu machen …» Er ist aufgestanden und bedeutet mir, ihm wiederum zu folgen. Er öffnet eine Tür, und wir gehen aus den etwas engen, altmodischen Räumen des Hauses in einen ultramodernen und äußerst weitläufigen Keller.

Kleine neue Fässer beherrschen das Bild, nirgendwo ist ein größeres Fass zu sehen. Neben den gebräuchlichen, 225 Liter fassenden Barrique-Fässern gibt es andere mit 160 Litern, deren schmale, lange Form sehr merkwürdig aussieht. «Ich muss sie ausprobieren, um zu sehen, ob sie für unsere Weine von Interesse sind», erklärt Clerico. Er hält sich nicht mit den anderen Rebsorten auf, sondern gibt mir als ersten Wein gleich den üppigen 1997er Nebbiolo zum Verkosten, der im Verschnitt mit mehreren anderen Partien Nebbiolo und ein wenig Barbera den Arte ergeben wird, einen Wein, den er 1983 erstmals gemacht hat. Für diesen Wein ist Clerico am bekanntesten, und das ist verständlich, weil der Wein, wenn er auf den Markt kommt, ansprechend geschmeidig wirkt, was bei hochwertigen piemontesischen Rotweinen immer noch nicht häufig der Fall ist. Dann gehen wir direkt zum ersten Barolo über, dem 1997er Ciabot Mentin Ginestra. Er ist extrem saftig und aromatisch, und die gotische Strenge der Nebbiolo-Traube steigt im Nachgeschmack auf (90 Punkte). Ein großer Haufen frisch gepflückter Brombeeren, die aus einem Weidenkorb auf den Tisch und von dort auf den Boden kullern – der 1997er Barolo Pajana zeigt eine körnige Beschaffenheit unter seiner Überschwänglichkeit, und dieses Wechselspiel ergibt einen faszinierenden Wein (91 Punkte). «Ein großer Wein ist einfach», sagt Clerico, nachdem ich meine Notizen zu diesem Wein geschrieben habe, «man braucht nur eine Flasche zu öffnen und ihn zu trinken. So sind Angelo Gajas Weine. Ein großer Wein ist wie eine Frau, die mit siebzehn, zwanzig, dreißig, vierzig, fünfzig und sechzig schön ist.» Ich kann natürlich nur ahnen, ob sein 1997er Barolo Per Christina Moscani in fünfzig oder sechzig Jahren noch schön sein wird, aber es ist zweifellos nicht nur ein mächtiger und opulenter, sondern auch ein schöner Wein, eine große Operndiva, die mit ihrer Stimme und Anziehungskraft die Mailänder Scala ohne das geringste Problem füllt (92 Punkte).

Nach diesen Proben ist mir klar, dass Clerico sich nicht scheut, Weine zu machen, die stark nach den neuen Eichenfässern riechen und schmecken, in denen sie heranreifen und aus denen wir sie jetzt verkosten. Ich stelle mich innerlich auf diese besondere Situation ein, denn bei solchen Weinen wirken die Eichennoten nach der Abfüllung immer diskreter als bei den Proben, die direkt aus dem Fass gezogen werden. Mehrere Freunde haben mir erzählt, das Problem mit Clericos Weinen sei, dass sie viel zu weich seien, was sie untypisch und einseitig «süß» erscheinen lasse. Für seinen 1996er Barolo Pajana gilt das auf gar keinen Fall. Auf ein Duftfeuerwerk von schwarzen Pflaumen, Schokolade und Tabak folgt eine große, harte Welle, die mich mit ihrer Wucht beinahe umwirft (91 Punkte). Möglicherweise ist das ein wenig zu weit in die entgegengesetzte Richtung, aber man wird abwarten müssen.

Jetzt folgt ein imposanter Wein dem anderen, und Clerico überlässt ihnen das Wort. Die Finesse des 1996er Barolo Ciabot Mentin Ginestra ist schwer mit Clericos bäuerlicher Erscheinung zu vereinbaren, aber dasselbe könnte ich von seinen Äußerungen am Anfang der Verkostung sagen. Dieser Wein ist ein schöner Italiener in einem violettroten Anzug, dessen Farbe ohne den bestechend einfachen Schnitt übertrieben wirken würde (91 Punkte). Als Clerico nun eine Probe vom 1996er Barolo Per Christina Moscani aus einem Edelstahltank zieht, schmunzelt er über das ganze Gesicht. Offensichtlich ist der Wein dorthin umgelagert worden, weil er genügend lange im Holzfass zugebracht hat. Seine Ausgewogenheit ist für einen so jungen Rotwein mit dieser Kraft und Intensität äußerst erstaunlich. Er schmeckt, als präsentiere ein großer Patissier seine Interpretation von Mon-Chéri-Pralinen, und seine dunklen, verführerischen Augen lassen die Frage nach dem Alter vollkommen irrelevant erscheinen; seine Liebkosung ist eine gefährliche Versuchung… (93 Punkte). Clerico geht direkt zum nächsten

Edelstahltank und gibt mir den 1995er Barolo Per Christina Moscani, der kaum weniger unanständig sinnlich wirkt; das Dekolleté mag ein wenig zu tief ausgeschnitten sein und das Hemd ein wenig zu weit offen, aber der erzielte Effekt ist alles andere als unangenehm (92 Punkte).

Clericos neue Weine verkörpern wirklich etwas Neues beim Barolo. Gajas Weine gehen beim Barbaresco in eine ähnliche Richtung, wenn auch nicht ganz so weit. Ob sie einen im positiven Sinne direkt ansprechen oder man sie als zu aufdringlich empfindet, ist eine Frage des persönlichen Geschmacks. Eins steht jedoch außer Zweifel: Sie sind entstanden, weil ein Winzer seiner Leidenschaft nachgegeben und mit einem enormen Erfolgswillen auf sein Ziel hingearbeitet hat. Das Merkwürdige ist, dass viele Italiener, wie auch eine pro-italienische, vorwiegend deutschsprachige Fraktion außerhalb Italiens so verstört auf diese Weine und diesen Winzer reagieren. Sie haben Clerico zwar keinesfalls beschuldigt, im Keller irgendetwas Illegales, Unehrenhaftes oder auch nur Zweifelhaftes getan zu haben. Aber er ist aufgrund seiner Einstellung – «So mache ich es, denkt davon, was ihr wollt» – zur Zielscheibe all jener geworden, die behaupten, «modernistische» Weinerzeuger in den Langhe würden «die Traditionen über Bord werfen und die Weine zerstören». Dies, obwohl es sich um vollkommen legitime, anderswo als normal geltende kellerwirtschaftliche Methoden handelt. Wenn solche Vorwürfe imstande sind, die Bewunderung für den Erfolgswillen von Winzern wie Clerico zu überschatten, muss man echte Sorge um die italienische Kultur haben. Ähnliche Besorgnis ist übrigens auch in Frankreich festzustellen, wo man oft geradezu paranoid auf das reagiert, was als Zerstörung der eigenen Kultur durch ausländische Einflüsse empfunden wird.

So verschieden diese beiden Kulturen sind, der Unterschied zwischen Franzosen und Italienern ist ebenso groß wie der zwischen ihren Weinen: Es sind beides alte Kulturen, die sich in den letzten fünfzig Jahren drastisch verändert haben – eine Entwicklung, die immer schneller voranzugehen scheint. Die meisten Menschen können geistig damit offenbar nicht Schritt halten. Weil die Auseinandersetzung mit der Veränderung der eigenen Kultur hinterherhinkt, reagiert man auf das Neue eher mit trotziger Ablehnung. So wird auf dem Gebiet der Weinkultur oft nur mit den Augen entschieden, was sich mit der Tradition verträgt und was nicht. Hätte Clerico nur große Fässer im Keller und würde behaupten, die Weine wie sein Großvater auszubauen, dabei aber die gleichen Weine erzeugen wie heute, könnte er sich eine Menge Ärger mit der Weinpresse und den Weinfreunden ersparen, von denen die meisten nicht in der Lage sind, sich mit dem Wein an sich auseinanderzusetzen. Daher widmen sie den Weinbereitungsmethoden, die sie auf wenige Punkte wie Fassart und Dauer der Gärung reduzieren, viel zu viel

Aufmerksamkeit. Sie wollen einfach nur ein reines Gewissen haben, was die Erhaltung des italienischen Kulturerbes betrifft. Der Wein selbst ist zweitrangig.

Wahre Grösse oder wirkliches Desaster?

Der Rundgang durch die Keller von Prunotto am Stadtrand von Alba zusammen mit dem sympathischen jungen Önologen Danilo Drocco überzeugt mich einmal mehr davon, dass die Weinbranche des Piemont – oder zumindest jener Teil davon, der sich der Qualität verschrieben hat – eine vielversprechende Zukunft vor sich hat. Seitdem der toskanische Weingigant Antinori diesen Betrieb 1990 gekauft hat, sind offenbar große Summen investiert worden, um die 1973 erbaute Kellerei, die sich unter einem hohen Giebeldach über zwei Etagen erstreckt, von Grund auf zu modernisieren. Was ich von hier aus nicht sehen kann, sind die 27 Hektar Weinberge, die Antinori ebenfalls gekauft hat, darunter volle sieben Hektar in der Barolo-Lage Bussia in Monforte d'Alba. «Die Philosophie von Antinori besteht nicht darin, einen neuen Stil zu entwickeln, sondern die sich hier bietenden Möglichkeiten auf *piemontesische* Weise voll auszuschöpfen», erzählt Drocco und wirkt dabei sehr tatkräftig, «ich mache lieber Weine, die nicht jedem gefallen, aber dafür den Charakter aus Rebsorte und Lage zum Ausdruck bringen. Ich will Weine mit Persönlichkeit, nicht Weine, die wie hundert andere schmecken, sodass man sich nicht an sie erinnert.» Nach meinen Erfahrungen bei Antinori in Florenz (siehe Seite 171), wo nahezu alle verkosteten Weine hundert anderen glichen, hört sich dies vielversprechend an, ist aber ein wenig schwer zu glauben.

Der erste Barbera, den ich hier verkoste, heißt Fiulot, was junger Kerl bedeutet, und stammt aus dem Jahrgang 1997. Ich bin jetzt froh, dass ich alles Obige vor diesem Wein notiert habe, denn er ist ein ziemlich langweiliger junger Kerl und könnte aus irgendeiner Ecke der Welt stammen. Es überrascht nicht, dass er mit seiner fruchtigen, weichen Art «ein richtiger Verkaufsschlager in den USA» ist. Die Amerikaner nennen solche Weine «nobrainer», Gehirnlose, und meinen damit, dass die Hirntätigkeit bei ihrem Konsum nicht erforderlich ist (74 Punkte). Vom technischen Standpunkt her ist der Wein allerdings ohne Fehl und Tadel, und der 1996er Barbera d'Alba Pian Romualdo entpuppt sich als echte Überraschung. Er ist eine sehr ausgeprägte Persönlichkeit, zugleich fest und großzügig, und hält die Balance zwischen Adstringenz und Charme (86 Punkte). Der 1996er Nebbiolo d'Alba Occhietti von einer Einzellage in den Hügeln von Roero ist nicht weniger eigenständig. Er verströmt den Duft eines englischen Rosengartens in einer der seltenen warmen Sommernächte meiner Heimat, und auf der Zunge wird er zu einer Puccini-Arie, gesungen von einem geübten Sänger in einem großen Opernhaus. Seine Geschmeidigkeit ist nicht aufgesetzt wie ein «önologisches Make-up», sondern dringt bis ins Innerste des Weins (89 Punkte). Bei meinem Antinori-Besuch in Florenz habe ich nichts Derartiges verkostet, nichts, das mich so begeistert hätte, und ich schließe daraus, dass Drocco tatsächlich die Möglichkeit hat, bei Prunotto nach *seinen* piemontesischen Ansichten zu arbeiten.

Drocco liegt viel daran, mir seine Barbarescos und Barolos vorzustellen, aber leider sind es – Anweisungen aus Florenz? – nur die bereits abgefüllten Weine. Der 1995er Barbaresco ist ein typisches Beispiel seiner Art, ziemlich mächtig und mit ausreichend Struktur, um noch einige Jahre zu reifen, mit Kräuter- und Blütenaromen, doch genügt dafür diese langweilige Beschreibung: Er ist gut, aber nichts Besonderes (84 Punkte). Der 1994er Barolo ist zwar ein wenig anders, wirkt würziger und rauchiger, aber ansonsten gilt für ihn dasselbe, und er endet in einem rapiden Decrescendo (81 Punkte). Insgeheim denke ich, Drocco müsste mit den neuen Weinbergen, die ihm zur Verfügung stehen, doch wirklich Besseres zustande bringen, und der letzte Wein der Probe, der 1994er Barolo Bussia, belegt das nun auch. Die Anstrengungen des Kellermeisters in diesem schwierigen Jahrgang waren sicher erheblich, doch für den Weingenuss sind sie irrelevant; diese volle, melancholische Elegie aus den Langhe spricht denn auch ganz für sich selbst, ohne Hintergrund oder Erklärung (88 Punkte). Glücklicherweise riecht oder schmeckt nichts an diesem Wein nach den wirtschaftlichen Absichten und der Zielstrebigkeit eines großen Weinkonzerns.

Alba ist nicht nur eine Stadt mit Geschichte, wo neben einigen modernen Bauten viele alte Gemäuer zu finden sind, die den Erwartungen der Touristen gerecht werden; es ist auch das historische Zentrum der piemontesischen Weinbranche, der traditionelle Sitz der Weinhändler des Gebiets. Bis vor kurzem oblag ihnen die Verantwortung für Ausbau und Vermarktung des größten Teils der Langhe-Weine und damit auch für den guten oder schlechten Ruf von Barolo und Barbaresco. Anders als Prunotto, der an Auswärtige verkauft und gleichzeitig aus dem Zentrum an den Stadtrand verlegt wurde, ist Pio Cesare seit der Gründung im Jahre 1881 an derselben Adresse im Herzen von Alba ansässig und auch weiterhin im Besitz derselben Familie. In den Kellern unter dem Haus aus dem 18. Jahrhundert trifft man auf mitteralterliche Steinsäulen, und ein Teil des Kellers sitzt auf den Überresten der römischen Stadtmauern. Im Verkostungsraum mit seiner Backstein-Gewölbedecke und dem Terrakotta-Boden habe ich das Gefühl, buchstäblich auf Grundmauern aus massiver Tradition zu sitzen. Ich warte auf Pio Boffa, Direktor und zusammen mit seinem Vater Giuseppe Besitzer der Firma. Mein Blick schweift über eine Reihe leerer Pio-Cesare-Flaschen aus berühmten Jahrgängen, die bis ins letzte Jahrhundert zurückreichen und dadurch den Eindruck der imposanten, traditionsreichen Architektur unterstreichen. Der zurückhaltend gekleidete, ernsthafte Mann, der jetzt den Raum betritt, schnellen Schrittes zu mir herüberkommt und sich ganz formlos vorstellt, lebt jedoch offensichtlich nicht in der Vergangenheit, denn das Erste, worüber er spricht, ist Veränderung.

«Früher betrachtete man die Weinbranche in Italien nicht als Herausforderung, und das Weinmachen war nicht an eine Vision geknüpft, sondern gehörte zum Alltag. Wein war eine Gewohnheit, nicht Teil der Kultur oder Wissenschaft. Erst im Lauf der letzten Jahrzehnte haben wir Italiener begonnen, es auf diesem Gebiet den Franzosen gleichzutun und etwas Geheimnisvolles um den Wein zu schaffen. Das war äußerst wichtig, denn ohne diese grundlegenden Veränderungen gäbe es die italienischen Weine in ihrer heutigen Form nicht. In meiner Jugend tranken die Leute in anderen Ländern italienischen Wein meist, weil sie etwas wiederholen wollten, das sie hier im Urlaub erlebt hatten, aber es musste billig sein. Selbst in Italien fragten die Kunden vor dreißig oder vierzig Jahren nur nach dem Alkoholgehalt und dem Preis, während heute der Genuss, den der Wein bereitet, im Vordergrund steht. Das ist wunderbar für uns.» Er holt Atem, und ich frage ihn nach den Veränderungen der letzten paar Jahre. «Ich denke, dass ungefähr ab 1990 überall auf der Welt ein ganz anderer Eindruck von unseren Weinen entstanden ist. Seitdem werden Barolo und Barbaresco wirklich zu den großen Weinen der Welt gerechnet. Bei vielen der großen Weinsammler mit Wein im Wert von einer Million Dollar oder mehr im Keller stehen jetzt auch viele Kisten Barolo und Barbaresco, was enorme Auswirkungen auf das Image unserer Weine bei den normalen Konsumenten hat. Für mich ist das vollkommen neu und außergewöhnlich.»

Das Paradies? Es ist absurd, dass ich im Wein immer noch nach Inspiration suche, denn weder Wein noch irgendetwas anderes kann kontinuierlich für Inspiration sorgen. Aber der 1995er Barbaresco entspricht meiner unsinnigen Erwartung aufs Großzügigste. An einem warmen Sommerabend kann man in den Straßen von Alba viele junge Frauen sehen, die genauso elegant gekleidet sind wie dieser Wein, und man erkennt an ihrer Art, sich zu bewegen, dass sie bei weitem nicht das erste Mal schicke Kleidung und hohe Absätze tragen (90 Punkte). Wäre ich allein und nicht glücklich verheiratet, würde ich sie anzusprechen versuchen, in der Hoffnung, dass ihre Herzen dieselbe leidenschaftliche Wärme und denselben kühlen Schatten erkennen ließen wie Pio Boffas 1995er Barolo (92 Punkte), der dem Paradies ziemlich nahe kommt.

Natürlich bringen einen solche Gedanken letztendlich nur in Schwierigkeiten, und prompt gratuliere ich ihm wie ein Idiot zu diesen hervorragenden Weinen: «Bemerkenswert für normalen Barolo beziehungsweise Barbaresco», womit ich meine, für Weine, die keine Lagenbezeichnung auf dem Etikett tragen, wie es bei den meisten Spitzenweinen aus dem Piemont heute der Fall ist. «Diese Weine normal zu nennen, ist für mich wie ein Dolchstoß mitten ins Herz», sagt er, aber dann breitet sich ein Lächeln auf seinem Gesicht aus, weil er spürt, dass mein Lob aufrichtig gemeint ist. Der Barbaresco stammt aus eigenen Weinbergen von Pio Cesare in der Lage Bricco in Treiso und der Barolo zu einem großen Teil aus eigenen Weinbergen in Serralunga. Im Ganzen umfasst der Weinbergsbesitz der Firma in diesen beiden Gebieten über 28 Hektar. Obwohl die Jahresproduktion hier nur um die 360 000 Flaschen beträgt, was mit manchen Châteaux im Bordeaux vergleichbar ist, gilt Pio Cesare nicht nur in Italien als ein großes Weinunternehmen. Weinjournalisten und -liebhaber erwarten von Unternehmen dieser Größe keine außergewöhnliche Qualität. Dabei ist es nicht die Größe alleine, sondern auch die allgemeine Auffassung, Firmen wie Pio Cesare seien unbeweglich und nicht dynamisch, die verhindert, dass ihre Weine die ihnen gebührende Anerkennung erfahren; was wiederum absurd ist, da ja die größte Befürchtung vieler Liebhaber italienischer Weine darin besteht, die Tradition könne aufgrund von Modernisierung abhanden kommen …

«So viel hat sich zum Besseren verändert, selbst wenn manche Dinge im Gebiet ein wenig zu weit gegangen sind», fährt Pio Boffa fort, und statt nachzuhaken, was er im Einzelnen damit meint, beschließe ich, dass es interessanter ist, ihm einfach in seinen Überlegungen zu folgen. «Solange die Preise in den nächsten Jahren nicht allzu verrückt spielen, sehe ich für die piemontesischen Weine eine große Zukunft. Gegenwärtig erreichen wir allerdings die Spitze einer Welle, und dann besteht die Gefahr, dass einen die nächste Welle mitten ins Gesicht trifft und vielleicht sogar umbringt.»

Diese unerwartet heftigen Worte lassen mir nun keine Wahl, ich muss genauer wissen, was er mit diesem Bild einer Surf-Katastrophe meint. «Nun, australische Weine, neuseeländische Weine, südafrikanische Weine und selbst südamerikanische Weine stehen jetzt an der Stelle, die die italienischen Weine Ende der siebziger Jahre einnahmen, und anders als wir können die Winzer dort pflanzen, was sie wollen. Was soll ich tun – hier sterben? Was ist mit meiner sieben Monate alten Tochter, wie sieht ihre Zukunft aus, wenn diese Länder uns überholen?» Wieder ist ein Nachhaken unumgänglich. «Die hiesigen Grundstückspreise sind der reine Wahnsinn. Man kann in Barolo keine großen Weinbergsflächen kaufen, aber manchmal kommt eine kleine Parzelle auf den Markt. Der Preis liegt jedoch bei 800 Millionen Lire pro Hektar, was überhaupt keine Logik hat, weil bei diesem Preis von Anfang an jede Wirtschaftlichkeit ausgeschlossen ist! Noch schlimmer: Wenn ich ein Stück Land im besten Teil von Barolo habe, nach

Süden gerichtet, perfekter Boden, und darauf keine Reben stehen, dann darf ich es nicht bepflanzen, ohne Pflanzrechte von einem Winzer gekauft zu haben, der zuvor dieselbe Rebfläche gerodet hat. Wenn ich keine Pflanzrechte kaufen kann, dann darf ich keine Reben pflanzen. Das ist *Kommunismus* in einer Welt, die nicht mehr kommunistisch ist! Wir haben unsere Freiheit verloren.» Und was werden die Folgen sein? «Wenn man uns nicht erlaubt, gute Lagen hier anzulegen, dann werden wir zum Beispiel der steigenden Nachfrage aus Fernost nicht nachkommen können, und die Weinproduzenten aus Übersee werden diese Märkte übernehmen.»

Man könnte dieselbe Frage in vielen anderen Anbaugebieten Europas stellen, wo die Nachfrage das Angebot übersteigt, doch im vorliegenden Fall erreicht die gesamte Jahresproduktion von Barolo und Barbaresco zusammen oft nicht einmal zehn Millionen Flaschen, und die weltweite Nachfrage liegt weit darüber, sodass die Situation sich verschärft darstellt. Das Gesetz, das Neuanlagen innerhalb der Grenzen der Europäischen Gemeinschaft untersagt, ist mit dem Ziel geschaffen worden, die Flut billiger Fassweine einzudämmen, behindert aber jetzt die Weiterentwicklung eines Gebiets, das hohe Preise erzielt, aber zu wenig Wein produziert. Zugleich führt in Ländern wie Frankreich und Italien die sinkende Nachfrage nach Konsumweinen von selbst zu einer Verringerung der Rebfläche, aus der solche Weine kommen, da die Bauern sich neuen Produkten zuwenden oder einen anderen Beruf ergreifen. Pio Boffa lächelt nun wieder, als sei diese Zukunftsvision seiner Heimat übertrieben gewesen, aber ich weiß, dass sie todernst gemeint war.

Meine Gedanken wirbeln wild durcheinander, als ich beim dritten der in Alba ansässigen großen Produzenten auftauche, bei Ceretto. Die Brüder Marcello und Bruno Ceretto fingen 1971 an, den Familienbetrieb von einer Handelsfirma in ein Weingut umzuwandeln. Es begann mit fünf Hektar in Barbaresco, dann folgten zwölf Hektar in Barolo, dreißig Hektar mit Arneis in den Roero-Bergen (sowie sechs Hektar in Pacht), fünfzehn Hektar bei Santo Stefano Belbo mit Moscato für Spumante und Frizzante (und weitere 16,5 Hektar in Pacht), zehn Hektar in Rossana bei Alba mit Dolcetto, außerdem einundzwanzig gepachtete Hektar in den Langhe sowie ihre eigenen zwölf Hektar hier in La Bernardina – wenn ich nichts vergessen habe. La Bernardina gehörte einst zum Besitz der königlichen Familie, heute befinden sich auf diesem Gut die Firmenbüros und die Hauptkellergebäude. «Hier gibt es seit mindestens einem Jahrhundert Weinberge», teilt mir die PR-Dame nach der Begrüßung mit, «die Gebäude waren in gutem Zustand, sodass wir sie nur sandstrahlen mussten.» Die Reihen von Edelstahltanks, die ich im einen Flügel sehen kann, deuten an, dass es daneben auch ein umfangreiches Investitionsprogramm gegeben haben muss, und die Designer-

Einrichtung des loftartigen Verkostungsraumes bestätigt diesen Eindruck. Die Ausstattung der Ceretto-Flaschen ist nicht weniger cool und selbstbewusst modern. Wie man beim Kochen sagt: «Das Auge isst mit.»

Wohl deshalb und weil sie heute ausschließlich Wein aus Weinbergen erzeugen, die sich in ihrem Besitz oder unter ihrer Kontrolle befinden, scheinen die Ceretto-Brüder bei vielen Weinjournalisten einen sehr guten Ruf zu genießen. Oder hat es vielleicht mit dem komfortabel ausgestatteten Gästehaus zu tun, wo ich, wie mir ein Kollege sagte, sicher wohnen könne, wenn ich nur höflich genug frage? Es gibt gewiss noch andere Gründe, zum Beispiel den Einzellagen-Barolo Bricco Rocche-Bricco Rocche, der viele Leute schwer beeindruckte, als er mit dem Jahrgang 1982 erstmals auf den Markt kam. Damals schienen die Cerettos mit an der Spitze der neuen Piemont-Winzer zu stehen, deren Ziel elegantere Barolo-Weine waren. Sie gaben in den Medien eine gute Figur ab, nicht zuletzt, weil sie von dem, was sie taten, wirklich begeistert waren. Wenn alles, was ein Winzer tut, den Reiz des Neuen besitzt, fällt es ihm leicht, Begeisterung dafür aufzubringen, umso mehr, als Presse und Weinfreunde diese Begeisterung gerne teilen. Wenn dieses erste Strohfeuer jedoch erlischt, weil es nicht durch weitere sensationsheischende Veränderungen genährt wird, kann man sich dem eigenen Tun nicht mehr mit Begeisterung widmen. Doch ohne diese Hingabe wird nie ein großer Wein entstehen. Als ich 1994 und dann wieder 1995 auf dem Weinfestival in Meran eine Auswahl der besten Ceretto-Weine verkostet hatte, gingen mir diese Gedanken durch den Kopf, da ich damals von keinem der Weine begeistert war. 1995 hatte ich den 1990er Barolo Bricco Rocche-Brunate – nicht zu verwechseln mit dem Bricco Rocche-Bricco Rocche – in meinen Notizen als nach Hustensaft riechend, bereits alt schmeckend und dabei doch immer noch brutal hart beschrieben (68 Punkte). Und nun bin ich hier, um herauszufinden, ob ich mich damals geirrt habe oder ob Ceretto auf dem Gebiet der Öffentlichkeitsarbeit einfach viel besser ist als beim Weinbau und im Keller.

Der erste Schluck des leblosen 1996er Nebbiolo d'Alba Lantasco bestätigt meine düsteren Vorahnungen, es ist eine lethargische Masse von Wein mit sehr adstringierendem Nachgeschmack (66 Punkte). Ich überlege, was in aller Welt ich zu der PR-Dame sagen könnte, um höflich zu bleiben, als der 1996er La Bernardina Monsordo Rosso in mein Glas fließt und mich aus meinen Nöten rettet. Obwohl er aus der französischen Rebsorte Syrah erzeugt wird, ist er ein wirklicher piemontesischer Rotwein, fleischig und herb (80 Punkte). Doch als die Barolo- und Barbaresco-Weine auf den Tisch kommen, stecke ich wieder im gleichen Schlamassel. Ich muss mich sehr bemühen, um am 1994er Barolo Bricco Rocche-Prapò etwas Positives zu finden, doch eigentlich würde ich lieber alles andere tun, als mich mit diesem breiten, recht ruppigen Wein abzumühen, der kaum Charakter zeigt (67 Punkte). Der 1995er Barbaresco Bricco Assili-Bricco Assili – wieder ein prätentiöser Doppelname – lässt zumindest Rückschlüsse auf reife Trauben zu, obwohl auch er eher streng als sinnlich schmeckt und ich mich frage, wie viele Jahre man wohl warten muss, bis er weicher und zugänglicher wird, und ob sich dieses Warten überhaupt lohnen wird (72 Punkte).

Jetzt taucht der junge Kellermeister, Giacolino Gillardi, an unserem Tisch auf und stellt sich mir vor, wobei er entschuldigend hinzufügt, dass er nicht viel Zeit für mich hat, weil gleich eine Gruppe wichtiger Journalisten eintreffen wird. Er will wissen, warum ich hier bin, und ich erzähle ihm von meinem Buchprojekt. Die Erwähnung Frankreichs löst bei ihm eine wahre Attacke auf die Franzosen aus: «Ihre Revolution war nicht unbedingt eine gute Sache, schließlich haben sie ihre Köpfe genauso wie Marie Antoinette verloren... heute spielt die Weinwelt wegen Weinen verrückt, die kaum existieren, maximal ein paar tausend Flaschen. Dabei ist es für ein Anbaugebiet extrem wichtig, dass es gute Weine in ausreichenden Mengen gibt.» Natürlich hat er im letzten Punkt Recht, und wir trinken alle lieber gute als schlechte Weine, aber seine Worte zielen ganz eindeutig darauf ab, mich davon zu überzeugen, Ceretto sei der Retter des Piemont. Mir kommen Zweifel, ob er seine Weine je mit denen seiner Kollegen verglichen hat, ganz zu schweigen von einer Blindprobe.

Nicht nur, dass ich von den schlechten Weinen enttäuscht bin, die ich hier verkostet habe, ich bin auch deprimiert wegen meiner Zweifel, was die Zukunft der Qualitätsweinerzeugung im Piemont betrifft. Denn wenn es möglich ist, mit minderwertigen und uninteressanten Weinen wie diesen Erfolg und Anerkennung zu ernten, woher soll dann der Ansporn kommen, Spitzenweine zu produzieren, wie ich sie in den letzten Tagen kennen gelernt habe? Glücklicherweise kann ich mir nicht vorstellen, dass jemand wie Pio Boffa, der den großen Weinen der Langhe so verbunden ist, je Marketing-Leute engagieren würde wie die Cerettos und mit mittelmäßiger Qualität zufrieden wäre, wie sie es anscheinend sind. Noch unwahrscheinlicher ist für mich, dass die selbständigen Winzer, deren Weine mich während der vergangenen Tage so inspiriert haben, einen solchen Weg auch nur in Erwägung ziehen. Täten sie es, wäre das für dieses Gebiet der sichere Anfang vom Ende.

Allerdings ist das nicht der einzige Weg zum Desaster; Versuchung und Täuschung sind ein anderer. 1986 starben in Italien einundzwanzig Menschen, nachdem sie Wein getrunken hatten, der vorsätzlich mit Methylalkohol versetzt und als Barbera etikettiert worden war. Im folgenden Jahr wurden in Norditalien vierundsechzig Menschen angeklagt, weil sie versucht hatten, die Europäische Union mit achtzig Millionen Litern künstlichem

Wein aus Wasser, Zucker und Chemikalien zu betrügen. Angesichts ihrer Ausmaße ist es erstaunlich, wie schnell diese Straftaten von den Weintrinkern außerhalb Italiens verdrängt wurden. Nur diese Vergesslichkeit konnte dazu führen, dass der Barolo- und Barbaresco-Skandal am 1. Dezember 1998 wie ein Schlag aus heiterem Himmel hereinbrach. Damals wurde in der Schweizer Fernsehsendung «Kassensturz» berichtet, dass eine chemische Analyse bei sieben Barolo-Weinen einen Gehalt an künstlichem Glyzerin von 0,5 ml oder mehr ergeben hatte. Zu den untersuchten Weinen gehörte auch ein 1993er Barolo des Starwinzers Paolo Scavino.

Es sollte einen vielleicht nicht überraschen – obwohl es keinesfalls zu entschuldigen ist –, dass so mancher Winzer der Versuchung erlag, der Natur ein wenig nachzuhelfen, und auf diese Weise anfing, seine Kunden zu täuschen. Die Barolos und Barbarescos aus den exzellenten Jahrgängen 1989 und 1990 wirken geschmeidig, während den Weinen aus den schwierigen Jahrgängen 1991 bis 1994 diese natürliche Harmonie oft fehlt. So verlockend es allerdings ist, sich jeden gepanschten Wein als schlecht schmeckend und gesundheitsgefährdend vorzustellen, so falsch ist auch dieses Bild. Das Problem mit dem Zusatz von Glyzerin in piemontesischen Rotweinen liegt im Schaden, welcher dadurch der Integrität der Weine zugefügt wird. Wie ist es möglich, so mit einem Wein zu verfahren und gleichzeitig zu behaupten, es handle sich um ein handwerklich erzeugtes, natürliches Produkt höchster Qualität, das seinen entsprechend hohen Preis wert ist? Hier liegt die eigentliche Schande. Diese Praxis lässt erkennen, wie manche Winzer der Langhe trotz wachsender Erfolge in den letzten Jahren ihren Weinen nicht voll und ganz vertrauen, genauso wenig wie der Fähigkeit von Presse und Kunden, die Weine so zu nehmen und zu verstehen, wie sie gewachsen sind. Bei aller Klasse und Eigenständigkeit der besten piemontesischen Rotweine macht dieser Mangel an Vertrauen deutlich, dass die Weinkultur der Langhe trotz vieler Fortschritte noch nicht ganz auf festen Grundlagen steht. Nach allem, was ich hier erlebt und erfahren habe, glaube ich aber dennoch, dass diese in den kommenden Jahren geschaffen werden. Die Vorstellung, die Welt der Langhe könnte eines Tages versinken, fällt mir sehr schwer.

Spanien und Portugal
Neue und alte Grössen

«Und Wein Nummer sieben ist der 1994er Roda I», ruft Jochen Blass aufgeregt den Gästen zu, die an einem langen Tisch mitten in der Weinabteilung von Karstadt in der Schloßstraße in Berlin-Steglitz, seinem Arbeitsplatz, sitzen. Wir haben uns hier zu einer Blindprobe der «neuen» spanischen Rotweine versammelt, was sich wie eine ziemlich ernste Sache anhört, doch nicht nur Blass selber, Spanienweinexperte und Organisator dieser Veranstaltung, hat ganz offensichtlich viel Spaß dabei. Und von den Mienen der mich umgebenden Journalisten und Weinfreunde kann ich ablesen, dass dieser Wein wirkliche Begeisterung ausgelöst hat. Ich muss zugeben, dass ich heute Abend zum ersten Mal von Roda I höre, obwohl dieser Wein aus Rioja stammt, einem Gebiet, dessen Weine ich unzählige Male verkostet und getrunken habe. Allerdings kümmert mich der Name im Moment überhaupt nicht, ich bin noch wie gebannt von dem fesselnden Geschmack, weil er ganz anders ist als bei allen anderen Rotweinen, an die ich mich erinnern kann. Dies ist nicht der einzige Wein der Probe, dessen Duft an Pflaumen erinnert, doch meistens war es eher Pflaumenkompott oder -konfitüre, während der Roda I so fein ziseliert wirkt wie der botanische Stich einer alten Pflaumensorte aus dem 18. Jahrhundert. Es ist die Verbindung von Kraft und Zartheit, die den Wein so hinreißend und köstlich macht – und so überraschend für einen spanischen Rotwein (92 Punkte).

Als ich vor über zwanzig Jahren anfing, spanische Weine zu trinken, waren die Weißweine, denen ich dabei begegnete, zum größten Teil oxidiert und süß. Zuweilen konnten sie auch unsauber ausfallen, und wenn ich zu einer Party eingeladen war und feststellen musste, dass im Kühlschrank nur ein billiger Spanier lag, war das immer deprimierend. Die Roten waren damals entweder frisch und rustikal bis an die Grenze zum Ordinären oder aber weich und von sehr reifem und mehr oder weniger uniformem Geschmack. Im letzteren Fall stand auf dem Etikett meist Rioja, und die Weine waren günstig genug, dass auch ein Londoner Student sie sich ab und zu leisten konnte. Diese Rioja-Abende waren für mich ein Genuss, aber sie vermittelten mir den Eindruck, ein richtig guter spanischer Rotwein könne nicht frisch schmecken. Erst als ich Mitte der achtziger Jahre die Rotweine der Firma Torres aus dem Penedès-Gebiet entdeckte, ahnte ich, dass offenbar auch anderes möglich war. Und nun sitze ich hier bei Karstadt vor einem

Wein, der nicht bloß gut ist; es ist ein großer Wein, ebenso lebendig wie ein junger Bordeaux oder toskanischer Rotwein desselben Alters.

Doch ist das nicht der einzige Wein der Verkostung, der Grandeur und Eleganz zeigt und mich die Plastiktrauben an den Weinregalen und die kitschigen Wandgemälde darüber rasch vergessen lässt. Wein Nummer zwei, der 1996er Torres Gran Murallas aus dem Priorat in Katalonien, steht leider nicht mehr auf dem Tisch, weil er zur ersten Sechser-Gruppe der verkosteten Weine gehörte. Er war ebenso außergewöhnlich und dramatisch wie die zerklüfteten Berghänge dieses Gebiets, die ich bisher leider nur von Fotos kenne (91 Punkte). Glücklicherweise habe ich noch einen Schluck von Wein Nummer neun, dem 1994er Mauro aus Tudela de Duero, der im Glas vor mir tanzt wie ein Schmetterling und sticht wie eine Biene, ganz wie der junge Muhammed Ali (90 Punkte). Wein Nummer vier, der 1995er Crianza von der Hacienda Monasterio aus Ribera del Duero, hat uns nicht viel weniger überrascht. Er ist, wie manche von Picassos Figuren, großzügig in Körper und Charakter (88 Punkte). Von diesem Wein hatte ich schon gehört, da sich dahinter eine Story verbirgt, über die einige meiner Kollegen bereits geschrieben haben. Der Wein wird von einem jungen Dänen namens Peter Sisseck gemacht. Die Situation entbehrt nicht einer gewissen Komik, da ich selbst die Frage hasse, wie denn ein Engländer dazu komme, sich mit Wein zu beschäftigen. Jetzt könnte ich den Spieß umdrehen und fragen, warum in aller Welt ein Däne spanischen Rotwein macht.

Während ich noch meinen Gedanken nachhänge, werden vor uns die Weine Nummer dreizehn bis achtzehn eingeschenkt. Rund um den Tisch gibt es laute Diskussionen und Dispute über die bereits verkosteten Weine, über die Renaissance der spanischen Weinbranche in den letzten zehn Jahren und die dortige neue Generation von Winzern. Wahrscheinlich lösen diese Schlagworte inzwischen nur noch Langeweile aus, weil die Weinpresse – und ich schließe mich dabei ausdrücklich mit ein – so oft über eine «Wein-Renaissance» hier und eine «neue Winzer-Generation» dort berichtet. Was Spanien betrifft, ist es jedoch nicht nur eine hohle journalistische Floskel, sondern ein Phänomen von beträchtlichen Ausmaßen, wobei die meisten Vertreter dieser neuen Generation nicht aus Dänemark oder irgendwelchen anderen ausgefallenen Ländern kommen, sondern Spanier sind. In den letzten Jahren hat man in der Weinwelt über dieses Thema oft und ausführlich diskutiert, doch nur selten standen wie hier die entsprechenden Weine auf dem Tisch. Aber nun mahnt Blass zu Ruhe und Konzentration.

Ich werde hier keinesfalls alle Weine ausführlich beschreiben, doch ist es durchaus von Interesse, dass Wein Nummer fünfzehn mich in Duft und Geschmack an etwas Metallisches erinnert und auch die entsprechende geschmackliche Härte zeigt, was man kaum als vorteilhaft bezeichnen kann.

Manche Verkoster murmeln noch viel Schlimmeres, doch besitzt der Wein trotz seiner Härte auch echten Charakter. Da er noch viel zu jung ist und mit der Flaschenreife sicher etwas harmonischer wird, beschließe ich, ihm 83 Punkte zu geben. Klar, dass neben seiner ziemlich mageren, reizlosen Erscheinung die Nummer siebzehn wie ein junger Gott daherkommt, ein Herkules unter den Weinen; nichts an seiner Kraft wirkt brutal, angeberisch oder dominant. Seiner Präsenz kann man sich nicht entziehen, und jetzt herrscht wirklich am ganzen Tisch konzentrierte Ruhe, weil alle versuchen, diesen berauschenden Wein zu ergründen (95 Punkte). Normalerweise hat bei einer Blindverkostung der letzte Wein einer Reihe immer einen gewissen Vorteil gegenüber den vorhergehenden, weil man automatisch von einer Steigerung ausgeht, eine Annahme, von der man sich nur sehr schwer lösen kann. In diesem Fall hat der Wein Nummer achtzehn jedoch einen schwierigen Stand, da er eher durch seine vornehme Art als durch Wucht besticht und somit im Schatten seines monumentalen Vorgängers steht. Aber je länger ich seinen feinen Duft einatme und dem trockenen Humor seines beredten Monologs lausche, desto beeindruckter bin ich (92 Punkte).

Wieder erwarten wir alle voller Spannung die Auflösung durch Jochen Blass. Und als er jetzt verkündet: «Nummer fünfzehn ist der 1994er Château Pétrus aus Pomerol...», erhebt sich noch während er spricht ein Aufschrei der Empörung. «Mit der Flasche muss etwas nicht in Ordnung gewesen sein, so kann er nicht wirklich schmecken», ist ein ziemlich aufgeblasener Weinfreund auf der anderen Seite des Tisches zu vernehmen, doch der Rechtsanwalt neben mir, bei dem ich sicher bin, dass er weiß, wovon er redet, entgegnet, er habe den Wein bei anderen Gelegenheiten verkostet, und er habe genauso geschmeckt: «So ist der Wein.» Der Kerl gegenüber ist nicht überzeugt und versucht zu begründen, warum der Wein nicht in Ordnung sein kann. Schon recht erschöpft entscheide ich mich, nicht zur Verteidigung des Anwalts einzuschreiten, es ist bereits Mitternacht. Als sich der Lärm etwas gelegt hat, fährt Jochen Blass fort, und es schwingt wieder etwas von der beinahe kindlichen Aufregung in seiner Stimme mit: «Wein Nummer siebzehn ist der 1994er L'Ermita von Alvaro Palacios aus dem Priorat und Nummer achtzehn der 1992er Valbuena von Vega Sicilia.» Jetzt kann ich verstehen, warum die spanischen Weine in den letzten Jahren weltweit für so viel Aufsehen gesorgt haben.

1986, als Spanien der EU beitrat, wurden fast alle *großen* Weine des Landes vom Weingut Vega Sicilia in der Nähe der Stadt Valladolid in Ribera del Duero erzeugt. Die Spitzenweine des Betriebs kommen unter der Bezeichnung Unico auf den Markt, die etwas weniger majestätischen und schneller trinkreifen als Valbuena. Alvaro Palacios ist der bekannteste der jungen Winzer, die nicht nur das heruntergekommene Priorat-Gebiet in den neunziger Jahren zu neuem Leben erweckt, sondern gleichzeitig erheblich dazu beigetragen haben, die schiere Gleichgültigkeit gegenüber spanischen Weinen weltweit in Begeisterung umzuwandeln. Rund um den Tisch sind die Gesichter jetzt von Staunen erfüllt, da die meisten angenommen hatten, Wein Nummer achtzehn oder neunzehn müsse einfach der vorher angekündigte eingeschmuggelte französische «Pirat» sein. Stattdessen ist der französische Wein mit dem klingenden Namen von allen verdonnert worden. Um genau diese Art von Überraschung zu erleben, werden Blindverkostungen veranstaltet, nicht um irgendwelche absoluten Rangfolgen mit anschließender Medaillenverleihung aufzustellen.

Die letzten sechs Weine werden eingeschenkt, und ich bin wirklich froh, dass die Probe sich ihrem Ende nähert. Alle diese Weine strotzen nur so vor Alkohol und Gerbstoff, eine Folge der heißen, trockenen Sommer in den Gebieten Nordspaniens, aus denen sie stammen. Obwohl ich so gut wie alles ausspucke, ist die Kombination und Menge dieser beiden Substanzen im Überfluss zwangsläufig ermüdend, und ich ahne, dass meine Konzentration in gut zwanzig Minuten unwiederbringlich dahin sein wird. Ein kurzes Schnüffeln an jedem Glas sagt mir, dass es sich bei allen Proben um mächtige, verführerische Weine handelt. Gleich die Nummer neunzehn zählt zu jener Art von Highlights, wie sie nur wenige je ins Glas bekommen, was mich ein wenig traurig stimmt. Jeder Weinfreund sollte zumindest einmal die Freude und Inspiration erleben, die einem ein großer Wein auf dem Höhepunkt seiner Entwicklung bereitet. In seiner Jugend muss dieser Wein hier eine tintenschwarze, zähe Flüssigkeit gewesen sein, doch anstatt einfach nur weich und geschmeidig zu werden wie so viele der Riojas, die ich vor fünfzehn oder zwanzig Jahren getrunken habe, hat er an Finesse gewonnen und präsentiert sich jetzt als Gobelin in leuchtendstem Granatrot, Preußischblau und Gold in so perfekter Ausgewogenheit, dass ich mich vor seiner Grandeur nur verbeugen kann (94 Punkte).

Die drei folgenden Weine sind allesamt beeindruckend, doch müssen sie gegen meine Erinnerungen an die Nummer neunzehn ankämpfen. Erst als ich zum Glas mit Wein Nummer dreiundzwanzig komme, nimmt mich plötzlich eine Wolke von Gewürzdüften gefangen, die jedoch in ständig wirbelnder Bewegung sind, sodass ich keinen von ihnen richtig greifen kann. Zu der traditionellen Weichheit und Geschmeidigkeit gesellt sich hier eine Spannung, die ich in einem Wein dieses Stils noch nie gefunden habe. Ich kann nicht anders, ich muss einige Tropfen davon hinunterschlucken, denn sie erscheinen mir wie ein Stück Ewigkeit. Die Aromen werden immer intensiver und transparenter, noch lange nachdem der Wein aus meinem Mund verschwunden ist. Da ich mich nicht entscheiden kann, ob dieser Wein genauso gut, besser oder schlechter als der erste der Reihe ist, gehe ich zwischen beiden Gläsern hin und her und beschäftige mich mit den beiden Persönlichkeiten, frage mich immer wieder, welche Vorzüge der eine gegenüber dem anderen hat. Beides sind jedoch große Weine, und ich gebe beiden 94 Punkte.

Jochen Blass zieht jetzt einen Schlussstrich unter die Spekulationen. Alle sind gespannt, um welche Weine es sich bei diesen beiden Prachtstücken handelt, nur deshalb kehrt noch einmal Ruhe ein. «Wein Nummer neunzehn ist der 1991er Janus von Alejandro Fernández... und Wein Nummer dreiundzwanzig der 1986er Unico von Vega Sicilia!» Das heißt, dass beide aus demselben Gebiet stammen, Ribera del Duero. Irgendwo haben diese beiden vollkommen gegensätzlichen Weine einen gemeinsamen Ursprung, eine Art kollektives Gedächtnis, das es aufzuspüren gilt. Doch als ich dann die Treppen hinaufstolpere in eine menschenleere Steglitzer Seitenstraße, führt die einzige Spur erst einmal nach Hause...

Dieser Abend war für mich ein echtes Schlüsselerlebnis, aber dieses Jahr bleibt mir keine Zeit für weitere Weinreisen. Vorher hätte ich kaum etwas Interessantes über spanischen Wein schreiben können, da mir die Motivation für eine monatelange Recherche fehlte. Jetzt läuft mir die Zeit davon, und ich stehe erst ganz am Anfang. Für mich fängt Spanien mit den Porträts der königlichen Familie an, die Velazquez Mitte des 17. Jahrhunderts gemalt hat, und endet mit den Filmen von Pedro Almodovar. Dazwischen liegt ein stark alkoholisiertes Wochenende in Barcelona vor fünfzehn Jahren. Doch sind dies nur funkelnde Fragmente, die mir vielleicht dabei helfen können, die Spur zu verfolgen, die ich gerade gefunden habe, oder vielmehr, die sich mir zu erkennen gegeben hat.

Letzte Nacht habe ich geträumt, ich sei zu Hause – dort, wo ich vor zehn Jahren zu Hause war – und packe in aller Eile meinen Koffer, den Koffer von vor zehn Jahren. Ich war in Panik, jener Art von Panik, die einen nur im Traum befällt, weil ich zu spät war und ein Flugzeug nach Madrid erwischen musste. Das Madrid, in dem ich bereits einen kurzen Augenblick später eintraf, sah überhaupt nicht aus wie die Stadt, die ich aus Almodovars Filmen kannte, und glich doch keiner anderen mir bekannten Stadt.

Ich hätte bereits vor zehn Jahren nach Spanien fahren sollen, um die spanische Wein-Renaissance hautnah zu erleben und um viele weitere Reisen zu unternehmen, so wie es Jochen Blass getan hat. Dann könnte ich jetzt von den zögerlichen Anfängen berichten, als die neue Generation spanischer Winzer sich nervös vorangetastet hat, unsicher, ob sich ihre Hoffnungen erfüllen und ihre Anstrengungen lohnen würden. Das würde sicher eine gute Story geben. Das Problem ist, dass meine Kenntnisse über spanische Weine alle auf Verkostungen wie der obigen beruhen. Bei den Gebieten in Frankreich und Italien, die wir bereits zusammen besucht haben, kannte ich mich vorher mehr oder weniger aus. Spanien steht nun ganz oben auf meiner Liste wichtiger Projekte, doch für dieses Mal ist es zu spät.

Bei Portugal sieht die Sache anders aus. Ganz zu Beginn meiner Leidenschaft für den Wein bekam ich den 1955er Vintage Port von Taylor zu verkosten und war ihm sofort verfallen. Während meines Studiums der Malerei in London folgten diesem Wein viele andere Vintage Ports, die mich nicht daran zweifeln ließen, dass Portwein zu den größten Weinen der Welt gehören konnte. Meine Begegnung mit diesen Weinen war allerdings kein echter Zufall, da meine Landsleute in der Portweinbranche seit drei Jahrhunderten eine wichtige Rolle spielen. Das hat den Port zu einem traditionellen englischen Getränk gemacht, zum unvermeidlichen Abschluss eines richtigen Dinners für jeden Engländer, der Wert auf die Traditionen seines Landes legt. Durch meine Begeisterung für den Wein lernte ich mehrere solcher Engländer kennen, sodass nicht nur einiges an Portwein, sondern auch viel Wissen über den Portwein in mich floss. Bis zu meiner ersten Reise in dieses Gebiet, das Douro-Tal und die Stadt Oporto, dauerte es zwar ein bisschen länger – Bordeaux, das Burgund, die Toskana oder die Mosel gingen vor –, aber nach diesem ersten Mal bin ich oft zurückgekehrt. Die trockenen Rotweine Portugals entpuppten sich dabei als ebenso spannend wie der Portwein, und ich beschäftigte mich auch mit ihnen ausführlich. Im gleichen Maße, wie Spanien und seine Weine für mich ein Rätsel bleiben, sind die Weine Portugals ein Geheimnis, das über meine Augen, meine Nase und meinen Gaumen in die tiefsten Winkel meiner Gedanken eingedrungen ist. Dorthin und nach Oporto werden wir jetzt reisen.

Douro
Schwarze Magie

Wieder ein Abend in der kleinen Londoner Wohnung von John Boys, Master of Wine, der wie immer hoch erfreut über die Gelegenheit schien, einige seiner alten Flaschen in Gesellschaft trinken zu können. Wäre ich an seiner Stelle und hätte die kostbaren Tropfen jahrelang in meinem Keller liegen gehabt, hätte Jahrzehnte auf den richtigen Anlass gewartet, um sie zu öffnen, dann würde es mich auch freuen, sie mit jemand zu teilen, der sie so richtig zu schätzen weiß. Ich kann kaum den Anspruch erheben, ein Experte für alte Weine zu sein, mit einem Gedächtnis, das einer großen Bibliothek gleicht, angefüllt mit den Aromen und Geschmacksnoten der großen Jahrgänge der Vergangenheit, ein jeder alphabetisch geordnet und griffbereit im Regal. Dennoch bereiten mir diese Aromen und Geschmacksnoten jedes Mal großen Genuss, und dank großzügiger Zeitgenossen wie John füllt sich meine Bibliothek der Weinerinnerungen ganz allmählich, bis sie vielleicht irgendwann nicht mehr dem gewaltigen leeren Lesesaal der British Library im British Museum unmittelbar nach seiner Schließung gleicht.

Das Essen war einfach, aber wie immer köstlich, und die Tatsache, dass dieses Mal meine Frau dabei war, machte den Abend noch angenehmer, da die Anwesenheit einer Frau immer Johns beste Seiten zum Vorschein bringt. Bei solchen Gelegenheiten verwandelt das Vergnügen, mit dem er seine Rolle als Koch, Kellermeister, Gastgeber und Butler spielt, den Abend in ein Ritual. Und wie üblich bestand der Abschluss dieses Rituals aus einem großen Stück Stilton-Käse und einer Kristallkaraffe mit Portwein, die John vor uns auf den kleinen Tisch stellte. Er setzte sich, und sein Lächeln erfüllte den Raum mit einer wohligen Stille, die uns alle umhüllte und uns die Hektik, die Oberflächlichkeit und den Lärm der Stadt vergessen ließ.

Ohne die geringste Eile schenkte John den tiefgranatroten Wein in drei geschliffene Kristallgläser, die bei vielen Weinfanatikern von heute, die spezielle Weinprobiergläser als unerlässlich betrachten, heftiges Stirnrunzeln ausgelöst hätten. Über den Inhalt der Karaffe war bis jetzt kein Wort gefallen, es bestand also immer noch die Möglichkeit, dass es sich nicht um Vintage Port handelte. Mich hat einmal ein britischer Freund mit einer Mischung aus schwarzem Johannisbeersaft, Sherry und Wodka hereingelegt; alle am Tisch warfen sich fragende Blicke zu, und meine Mutmaßung, es handle sich nicht um Port als solchen, sondern um irgendeinen anderen Südwein, wurde von den Verschwörern mit viel hämischem Gelächter quittiert. Doch trotz Johns ausgeprägt britischem Humor konnte ich mir nicht vorstellen, dass er uns einen solchen Streich spielen würde, dazu ist Portwein für ihn eine zu ernste Angelegenheit. Und das erste Schnuppern lieferte die Bestätigung: Dieser Duft, zugleich weich, tief und edel, konnte nur von einem reifen Vintage Port stammen. Obwohl die Verkaufszahlen für Portwein weltweit rasant steigen, vor allem in Nordamerika, haben immer noch viel zu wenig Weintrinker Erfahrung mit solchen Weinen. Die meisten kennen nur die Billigvarianten des Portweins, einfachen Ruby und Tawny. Diese können äußerst kläglich ausfallen und nach einiger Zeit in der angebrochenen Flasche in einer Ecke der Anrichte oxidiert und klebrig süß schmecken. Der Port in unseren Gläsern war vollkommen anders, es war der Portwein-Himmel im Vergleich zur eben geschilderten Portwein-Hölle.

John brauchte kein Wort zu sagen, das Funkeln in seinen Augen bedeutete, dass wir raten sollten. Es war lange ganz still, wir schnupperten ein ums andere Mal und nahmen schließlich den ersten Schluck. «Mmh ... die siebziger Jahre, vielleicht sogar 1970», lautete meine erste zögerliche Vermutung. John blieb stumm und wartete wohlerzogen auf die Meinung meiner Frau. Nach ein wenig mehr Bedenkzeit und einem weiteren Schluck sagte sie überzeugt: «Aus den Sechzigern.» «Sehr gut», lautete Johns Kommentar, und es klang, als lobte er seine Tochter für eine besonders bemerkenswerte Leistung, was es schließlich auch war. «Ich kenne mich aber nicht gut genug mit Vintage Port aus», schickte sie jedoch gleich hinterher. Auch ich wagte mich nicht weiter, obwohl ich eigentlich hätte wissen sollen, dass von der Logik her ein derart vornehmer Wein nur aus dem besten Jahrgang jenes Jahrzehnts stammen konnte. «Ihr braucht nicht mehr zu raten», sagte John freundlich, «und es ist ein Kompliment für den Wein, ihn jünger zu schätzen, als er ist, Pigott. Es ist Graham's '63.» Portwein liebende Engländer wie John Boys sprechen von Weinen wie dem 1963er Vintage Port aus dem Haus Graham nur als dem «Graham's '63», und alle wissen, wovon die Rede ist.

Wir stießen an und tranken auf unsere Gesundheit und die des Weins, der das Alter meiner Frau, fünfunddreißig Jahre, in so vitalem Zustand erreicht hatte. Man konnte also zuversichtlich annehmen, dass er in zehn oder zwanzig Jahren zwar ein wenig reifer, aber immer noch köstlich und beeindruckend schmecken würde. Vielleicht wird er auch mit über siebzig Jahren, dann so alt wie John Boys jetzt, noch gut zu trinken sein. Wein wird oft als lebendiges Erzeugnis bezeichnet. Bei den meisten billigen Weinen trifft dies überhaupt nicht zu, da sie das Ergebnis industrieller Weinherstellung sind, die ihnen jegliches Lebenszeichen, das sie vielleicht einmal von sich gegeben haben, nimmt und es durch den bloßen Anschein von Leben ersetzt. Im

Vergleich mit diesen Wein-Zombies, diesen lebenden Leichen, ist ein Wein wie der 1963er Vintage Port von Graham's zweifellos ein lebendiges Erzeugnis im wahrsten Sinne des Wortes; wenn er richtig behandelt, abgefüllt und gelagert wird, ist er in der Lage, ebenso lange wie ein Mensch zu leben. Port gehört für John Boys ganz selbstverständlich zum Leben, und jedes Mal, wenn er eine Flasche wie diese öffnet, wird sie ausgetrunken, ungeachtet der Anzahl Gäste am Tisch. Einmal haben wir nach dem Essen zu zweit eine ganze Flasche 1927er Vintage Port von Rabello Valente (eine zum Portweinhaus Robertson's gehörende Marke) vertilgt. Diese Art von Hedonismus scheint John keinerlei Schaden zugefügt zu haben, eher im Gegenteil. In Anbetracht des Alkoholgehalts von 20 % und der neueren medizinischen Erkenntnisse ist das ziemlich erstaunlich. Auch dieses Mal leerte sich die Karaffe unaufhaltsam, bis meine Frau auf ihre Uhr deutete. Ein wundervoller Abend ging zu Ende.

Mich betrübt der Gedanke an den Tag, an dem ich erfahren werde, dass John uns verlassen hat, obwohl er selbst dazu sicherlich den alten englischen Spruch wiederholen würde, «alte Soldaten sterben nicht, sie verschwinden nach und nach». Wir verabschiedeten uns in aller Eile, um die letzte U-Bahn zu erreichen, und als sich die Tür geschlossen hatte, standen wir am Ende des langen Flurs des Appartmenthauses in St John's, dem Anfang unseres Heimwegs. Als ich mir vorstellte, wie John am nächsten Abend bei einem einsamen Dinner for one sitzen würde, ohne Port in der Karaffe, ging es mir plötzlich schlecht.

Die Stadt am Fluss der Zeit

Eine Stadt des Weines ohne Reben? Das hört sich rätselhaft und paradox an, solange man die Antwort nicht kennt. Ich bin an diesem Morgen ein wenig früh für meinen ersten Termin in Porto, deshalb bitte ich den Taxifahrer, mich am nördlichen Ufer des Douro bei Eiffels gewaltiger Brücke aussteigen zu lassen, die sich in zwei Ebenen über den Fluss spannt, die obere derart hoch, dass sie fast im Himmel zu schweben scheint. Als ich über die Brücke laufe, merke ich, wie der Wind trotz des strahlenden Sonnenscheins eiskalt vom Atlantik her durch das Tal fegt, und ziehe fröstelnd Jacke und Schal fester um mich. Man kann den Ozean von hier nicht sehen, aber an einem Tag wie diesem hat das Licht etwas Maritimes, und man hat plötzlich den Wunsch, den Anker zu lichten und zu neuen Ufern aufzubrechen – vielleicht um eine ganz neue Welt zu entdecken?

Es lohnt sich, diesen Wind zu ertragen, denn der Blick auf Porto im Norden und am anderen Ufer im Süden auf die Vorstadt Vila Nova de Gaia, wohin ich unterwegs bin, ist umwerfend. Beide sind mit unzähligen Dächern und halb verdeckten Fassaden übersäte steile Hänge. In Porto sind viele Gebäude mit Keramikfliesen in maurischen Mustern verziert – ein einziges buntes Mosaik –, während in Vila Nova Steinmauern mit nur wenigen Fenstern und Ziegeldächern das Bild prägen. Es ist eine architektonische Landschaft, die sich dem Betrachter zu entziehen scheint, fast wie eine Reihe von geschlossenen Klöstern, die an den steilen Hang so dicht wie möglich aneinander gebaut wurden. Diese Gebäude sind jedoch des Rätsels Lösung beziehungsweise der Schlüssel zu dem scheinbaren Paradoxon dieser Stadt des Weines ohne Reben. Denn Gaia, wie die Einheimischen sie nennen, ist eine Stadt aus überirdischen Fasskellern, den Lodges, in denen Portweine drei, dreißig oder auch hundert Jahre und mehr lagern.

Als ich die Av. Digoleite zum Ufer hinunterlaufe, an dem sich die Av. Ramos Pinto erstreckt, komme ich an den Büros des Port-Hauses Noval vorbei, einem uralten, aber bescheidenen Gebäude, passiere Ramos Pinto in einem beeindruckenden Stadtpalais aus dem 18. Jahrhundert und danach eine Reihe von Cafés und Fischrestaurants, an denen die Zeit spurlos vorbeigegangen zu sein scheint. Dann folgen die Port-Häuser Sandeman und Gonzalez-Byass, halb versteckt hinter dem Convento de Corpus Cristi, und schließlich biege ich links in die Rua sera Pinto ein, die den Hang hinaufsteigt. Mit diesen Schritten betrete ich die Welt der Port-Lodges, obwohl es nur wenige Hinweise darauf gibt, welche Häuser ihre Weine wo lagern. Die Straße verläuft zwischen mächtigen Granitmauern, deren Eintönigkeit nur hin und wieder von einem kleinen, hoch oben angebrachten Fenster oder ein paar farn- und moosbewachsenen Steinen unterbrochen wird, die zu ihren schattigen Füßen liegen. Ich komme an einem geheimnisvollen dunkelgrünen Stahltor vorbei, über dem die Nummer 278 prangt, doch ich habe keine Zeit zu ergründen, welche Weine sich dahinter verbergen. Bei der nächsten Abzweigung nach links weist ein Schild den Weg zu den Lodges und Büros der Portwein-Handelsgruppe Symington, wo ich später einen Termin habe. Ein Auto fährt vorüber und lässt das Rauschen der Reifen auf dem Kopfsteinpflaster hinter sich in der Luft hängen.

Ich muss bis zur ersten Abzweigung nach rechts zur Rua Valente Perfeito weitergehen, wo ich bei den Port-Häusern Cockburn und Martinez Gassiot erwartet werde. Man bittet mich, einen Moment am Empfang zu warten, dann taucht die kleine, drahtige Gestalt von Antonio Graca auf. Er begrüßt mich mit einem breiten Lächeln, das auf seinem schmalen, arabisch anmutenden Gesicht gerade genug Platz findet. Wir steigen eine Treppe hinunter und betreten die Welt, die ich bis jetzt nur von außen gesehen habe. Es ist ein langer, lagerartiger Raum mit grob zugehauenen Deckenbalken, auf denen das Dach aus dicken Tonziegeln ruht. Die Luft riecht nach Sägemehl, und überall stehen Fässer, Stapel von Holzlatten und Werkbänke herum.

«Das ist die Cockburn-Küferei!», erklärt Graca mit einem Stolz, der zu der Szene vor uns in keinerlei Verbindung zu stehen scheint – als zeigte er mir das Schlafgemach eines Königs.

«Heute werden hier vor allem Fässer repariert. Seit das portugiesische Parlament 1974 angeordnet hat, dass sämtlicher Portwein hier vor Ort in Flaschen abgefüllt werden muss, verschicken wir nichts mehr im Fass, und der Bedarf an neuen Fässern ist deshalb heute wesentlich geringer.» Ich stehe also in einem lebenden Museum. «Das Holz ist Eiche aus dem Memelgebiet in Litauen; in unserem Archiv haben wir noch die erste Rechnung für dieses Holz von 1816.» Wir gehen durch die Halle, damit er mir jeden Vorgang zeigen kann, den ein Fass bei seiner Entstehung durchläuft. «Zuerst werden die Dauben gesägt, dann werden sie eine Woche lang in Wasser eingeweicht und danach mindestens fünf Jahre übereinander gestapelt gelagert. Dann biegt sie der Küfer mittels Dampf, eine ganz andere Methode als in Frankreich oder Spanien, wo die Fassdauben mit Hilfe von trockener Hitze, von Feuer, gebogen werden. Der Dampf kam früher aus dieser Maschine.» Wir stehen jetzt neben einem eisernen Ungetüm, das wie eine kleinere Lokomotive ohne Räder aussieht und mehr oder weniger auch ist. Eine daran befestigte Tafel verkündet, dass die Maschine von Roby & Co. Lincoln, England, gebaut wurde. Es ist kein Datum angegeben, aber allem Anschein nach muss sie aus derselben Zeit wie Eiffels Brücke stammen – solide, weltreich-errichtende britische Handwerkskunst im Vergleich zu der filigranen Anmut, die der Franzose Eiffel dem Stahl verliehen hat.

«Das Port-Fass wird Pipe genannt, und es gab ursprünglich drei Arten davon: das Douro-Pipe mit 550 Litern Inhalt, das oben im Douro-Tal verwendet wurde, das 600-Liter-Lodge-Pipe, das in den Lodges hier in Gaia zum Einsatz kam, und das 534-Liter-Versand-Pipe, das es natürlich nicht mehr gibt.» Mit einer freundlichen Geste bedeutet mir Graca, in einen anderen Teil der Küferei mitzukommen. Er bleibt vor einer merkwürdigen Vorrichtung stehen, die wie eine Kreuzung zwischen einer altmodischen Waage samt Schalen und einer riesigen Pumpe aussieht, und ich vermag seinen Erklärungen zur Funktionsweise nicht so richtig zu folgen. Er erläutert, dass diese Maschine dazu dient, den Inhalt der fertigen Fässer zu messen, doch als ich mich verwundert frage, warum dies bei Fässern mit einheitlichen Größen notwendig ist, scheint er meine Gedanken zu lesen und bricht mitten im Satz ab: «Ja, ich weiß, was Sie jetzt fragen wollen, aber Sie müssen bedenken, dass die Küfer die Fassdauben nach Augenmaß zugeschnitten haben, ohne irgendwelche Messinstrumente, und das Dämpfen die Größe der Holzlatten verändern kann, deshalb ist ein Eichen der fertigen Fässer unerlässlich. Sehen Sie sich diese Skala an: Der Inhalt des Fasses ist nicht in Litern, sondern in Almude angegeben. Das rührt daher, dass es vor hundert

Jahren in Portugal 308 verschiedene Maße für den Liter gab; der Douro-Liter zum Beispiel maß 1,06 metrische Liter. Die Almude, eine arabische Maßeinheit, war jedoch im ganzen Land gleich: 25,44 metrische Liter. Ein Versand-Pipe fasst ziemlich genau 21 Almude. Nur zwei Dinge werden in Portugal heute noch gelegentlich in Almude gemessen, nämlich Wein und Olivenöl – ein maurischer Einfluss, der sich bis zum heutigen Tag erhalten hat. Ein Drittel meines Blutes ist arabisch, ein weiteres Drittel jüdisch und der Rest griechisch», schließt er mit seinem breitesten Lächeln.

Voller Erstaunen stelle ich fest, dass wir hier ganz und gar nicht in einem Museum stehen, das darauf abzielt, die Seelen der Besucher in einer Eichen-, Eisen- und Dampfnostalgie einzulullen, damit etwas davon auf die später zu verkostenden Weine abfärbt. Vielmehr handelt es sich um eine Art Zeitmaschine, die dem aufmerksamen Gast nicht nur einen Blick auf eine Facette der Portweinbranche der Vergangenheit ermöglicht, sondern auch etwas von der Logik begreiflich macht, die in dieser untergegangenen Welt durch die Kunst der Küferei herrschte. Als Graca mit seinen Erläuterungen fortfährt, wird mir allerdings bewusst, dass sich mir diese Welt trotz seiner Bemühungen nur bruchstückhaft erschließen kann. «Früher gab es hier fünfzig Küfer, und der Küfer, der ein Fass baute, reparierte es auch immer selbst – oder aber sein Nachfolger und früherer Lehrling, an den er zusammen mit seinem Wissen auch seine Werkzeuge weitergegeben hatte. Alle Werkzeuge waren mit der Nummer des Küfers gekennzeichnet, damit er nie aus Versehen andere Werkzeuge benutzte. Dieser Satz hier ist zum Beispiel durchgehend mit der Nummer 934 markiert. Sämtliche Fässer, die dieser Küfer und jene, die dieselben Werkzeuge vor und nach ihm benutzten, bauten, wurden ebenfalls mit der Nummer 934 gekennzeichnet, sodass anfallende Reparaturen vom selben Küfer oder einem seiner Nachfolger ausgeführt werden konnten. Die Lehrzeit dauerte fünf Jahre, und meistens war der Lehrling der Sohn des Küfers. Die andere Zahl auf dem Fass ist das Jahr, in dem es gebaut wurde; in diesem Fall hier steht 96 für 1896.» Einen Moment lang frage ich mich, ob es nicht auch 1796 sein könnte, so fest hat mich die Zeitmaschine schon in ihrem Griff, doch dann fällt mir ein, dass Cockburn's «erst» 1815 gegründet wurde.

Jetzt gehen wir in die Cockburn's Lodge, die enorm weiträumig und luftig ist. Die weißen Wände, die Holzbalken und Dachziegel hoch über unseren Köpfen und der Mosaikstein-Fußboden, wie man ihn auch in Parks und wichtigen Straßen in Portugal findet, lassen unsere Schritte laut hallen. Normalerweise herrscht in Port-Lodges eine Stille wie in einer Kirche wegen des Bodens aus gestampfter Erde, der die Schritte dämpft. «Vieles hat sich verändert», fährt Graca fort. «Sehen Sie sich zum Beispiel das hier an», sagt er und deutet auf ein riesiges Fass, das aufrecht auf Holzfüßen steht, die allein fast einen Meter messen. Mit Kreide steht darauf geschrieben: «Vat 40 1996 LBV TxNAC.» Die ersten zwei Drittel davon kann ich deuten – es handelt sich um Fass Nummer 40, und es enthält Portwein, der für den *L*ate *B*ottled *V*intage aus dem Jahrgang *1996* von Cockburn's bestimmt ist –, aber der letzte Teil ist schwer zu entschlüsseln. «Dieser Wein stammt ausschließlich aus der Rebsorte Touriga Nacional, und so etwas haben wir noch nie zuvor gemacht. Früher war jeder Portwein ein Verschnitt aus mindestens fünf Rebsorten.» Es wird nicht klar, ob er diese Entwicklung als positiv betrachtet, aber ich lausche einfach weiter seinem Wissen, das er so hingebungsvoll vor mir ausbreitet, als seien es Zeilen aus dem Koran, der Thora oder der griechisch-orthodoxen Bibel.

«Das Gesetz verlangt, dass ein Portwein-Shipper immer nur höchstens ein Drittel seiner Lagerbestände in einem Jahr verkauft, um eine Mindestlagerzeit von drei Jahren sicherzustellen. Man muss also die Lagerbestände um dreißig Prozent erhöhen, um die Verkaufszahlen um zehn Prozent zu steigern.» Wir kommen an einigen großen Edelstahltanks vorbei, die zwischen weiteren großen Holzfässern stehen, dann steigen wir in einen engen unterirdischen Keller hinunter. Hier lagern Flaschen mit langen Strähnen von schwarzem Schimmel. Die Metallschildchen über den Fächern machen deutlich, dass hier die privaten Schätze der Firma liegen, nämlich Vintage Ports aus den Jahrgängen 1967, 1963, 1931 und 1912, von Letzerem nur noch eine einzige Flasche. «Eine Sache kann man nicht kaufen, und das ist die Zeit», bemerkt Graca ganz pragmatisch, ohne den leisesten Anflug von Melancholie. Er meint die Zeit, die jeder Portwein während der Reife in großen Holzfässern, Edelstahltanks, Pipes oder in der Flasche verbringt, und die Verwandlung, die dadurch beim Wein eintritt.

Ich weiß zwar, dass die Handwerkskunst der Küfer weitgehend ausgestorben ist und nur ein Bruchteil davon bei der Fassreparatur weiterlebt, aber ich kann noch nicht beurteilen, ob die Kunst des fassgereiften Portweins heute so gepflegt wird wie in der Vergangenheit. Denn wenn einem Wein die Reife im Fass zum Vorteil gereichen soll, dann muss dieses nicht nur in gutem Zustand, sondern auch makellos sauber sein und der Wein während dieser Zeit richtig gepflegt werden. Das ist eine Kultur für sich. «Jetzt gehen wir hinauf zum Verkosten», unterbricht Graca meine Überlegungen, und der strahlende Sonnenschein und der kühle Wind sind eine willkommene Erfrischung, die mich wieder ins Hier und Jetzt zurückholt. Ich bin gespannt auf die Wirkungen der Zeit auf den Wein und ihre Verwandlungskraft.

Der Verkostungsraum ist ein Labor, dessen eine Seite aus Fenstern besteht, die einen Panoramablick über die Ziegeldächer anderer Lodges, den Douro und den alten Stadtkern von Porto bieten. Graca stellt mir den sehr großen, schlanken Gordon Guimaraens vor, der in seiner Funktion als «Blender» bei den beiden Firmen für Produktion, Einkauf und Zusammenstellung der Weine zuständig ist. In diesem Moment stößt auch ein freundlicher, unverkennbar britischer Herr mittleren Alters mit silbernem Haar und im grauen Nadelstreifenanzug zu uns und stellt sich als Peter Cobb vor. Er ist offensichtlich der Chef und erklärt, dass sich Cockburn's sowie Martinez-Gassiot im Besitz von Allied Domecq befinden. Was er nicht erwähnt, ich aber bereits von einem seiner Kollegen erfahren habe: Cockburn's und Martinez sind inzwischen nur noch ein kleiner Teil dessen, was Allied Domecq intern als ihre «iberische Produktionsabteilung» bezeichnet; der größere Teil liegt in Jerez, bei der Sherry-Produktion.

Ich betrachte die lange Reihe von Portweinen, die für mich zum Verkosten bereitgestellt worden sind, und muss daran denken, dass die Bezeichnung der verschiedenen Stilarten von Portwein inzwischen genauso kompliziert ist wie der Fachjargon multinationaler Konzerne. Dummerweise teilt nämlich nichts auf dem Etikett mit, dass es sich bei einer bestimmten Flasche Port um die «drittbeste Qualität der Firma X» oder «den am wenigsten guten Port der Firma Y» handelt. Offiziell gibt es zum Beispiel zwischen einfachem Ruby, Superior Ruby und Vintage Character Stilunterschiede, doch hängt die Qualität der so bezeichneten Weine ganz und gar von der jeweiligen Firmenpolitik ab. Auf den meisten Etiketten vor mir auf dem Tisch sind diese Bezeichnungen zu lesen, sodass ich eigentlich Firmenstrategien und Firmenleistung verkoste.

Ich will gerade nach einem Glas mit Cockburn's Special Reserve greifen, als Peter Cobb freundlich und sehr britisch dazwischenfährt: «Wenn man etwas hat, das so gut läuft wie der Special Reserve, dann ändert man es nicht.» Damit drückt er eigentlich aus, dass der Special Reserve seit seiner Einführung vor dreißig Jahren zum meistverkauften Marken-«Superior-Ruby»-Port geworden ist. Leider schmeckt er auch, wie man sich einen solchen Marken-Renner vorstellt: sauber und korrekt, langweilig genug, um jedermanns Geschmack zu treffen, ohne bei irgendjemand Begeisterung auszulösen. Geschmacksnoten? Er ist süß, rund, voll, doch ist nichts ausgeprägt genug, als dass man von einem Pflaumenton oder Zimtaroma sprechen könnte, Geschmacksnoten, wie man sie in einem ordentlichen Port erwartet. Er schmeckt einfach nur «portweinig» (72 Punkte). Der entsprechende Wein von Martinez, die Masters' Reserve, besitzt jedoch diese Aromen, sodass ich beim Verkosten weder an Alkohol noch an Süße oder Tannine denke, sondern an das angenehme Ganze (78 Punkte). Die Mengen, die Allied Domecqs iberische Produktionsabteilung von diesem zweiten Wein abfüllt, sind im Vergleich zu der Flutwelle des Special Reserve geringfügig, was ihnen wahrscheinlich erlaubt, bei der Zusammenstellung der Weine deutlich wählerischer zu sein. Außerdem handelt es sich nicht um eine große Marke wie beim Cockburn's, deren Geschmacksprofil von einer Marketingabteilung maßgeblich mitbestimmt wird.

Portweine wie dieser sind im Allgemeinen Verschnitte von drei bis fünf Jahre alten Weinen, die in großen Fässern und Edelstahltanks gelagert wurden. Das ist nicht unbedingt von Nachteil, da das fertige Produkt noch etwas von den vollen «Frucht»-Aromen zeigen sollte, die an Pflaumen, Brombeeren und Kirschen erinnern und jungen Portwein so verführerisch machen. Tawny Port hingegen ist etwas ganz anderes, da er traditionsgemäß ausschließlich in Pipes reift. Anders als bei großen Holzfässern bewirkt die im Verhältnis zum Volumen größere Oberfläche der Pipes, dass der Wein während der Lagerung durch die Fasswände mehr Kontakt zum Luftsauerstoff hat, was den Reifeprozess beschleunigt. Tawny Port sollte deutliche Reife im Geschmack zeigen, mit anderen Worten, die jungen «Frucht»-Aromen haben sich zum Zeitpunkt der Abfüllung in eine Vielzahl von würzigen und nussigen Aromen verwandelt, und der Wein hat eine mehr oder weniger bräunliche (= tawny) Farbe angenommen. Das ist der ursprüngliche Stil des Portweins, wie er Anfang des 18. Jahrhunderts entstanden ist; aus ihm haben sich alle anderen Stilvarianten des Portweins nach und nach entwickelt.

Alles das ist jetzt wichtig zu erwähnen, da die Verkostung mit einer Reihe von Tawny Ports beider Häuser endet. Die interessantesten darunter sind die «20 Year Old»-Abfüllungen, eine Bezeichnung für Weine, bei denen das Durchschnittsalter des Flascheninhalts mindestens zwanzig Jahre beträgt. Der Martinez 20 Year Old Tawny zeigt eine schmelzige Karamel- und Toffeenote, die beinahe verbrannt wirkt, aber trotzdem angenehm ist, so gediegen und charaktervoll wie Peter Cobb (87 Punkte). Im Gegensatz dazu ist der Cockburn's 20 Year Old Tawny ein schneidiger junger Mann, beziehungsweise ein Kerl reiferen Alters, der durch stilvolle Kleidung und lebhafte Bewegungen den Eindruck jugendlicher Energie vermittelt (87 Punkte). Der erste dieser beiden Weine hat seine Reifezeit in einer Lodge im Douro-Tal verbracht, wo die Temperaturen im Sommer tagsüber auf über vierzig Grad steigen können, sodass die Weine im Fass langsam vor sich hin «backen» und dadurch eine Art annehmen, die von den Engländern als «Douro bake» bezeichnet wird. Das Lebendigere und Feinere des Cockburn's ist auf die Lagerung hier in Vila Nova de Gaia zurückzuführen, wo die Sommer wegen der Nähe des Atlantiks wesentlich kühler sind. Das wird noch durch den Umstand verstärkt, dass die Gaia-Lodges an einem nach Norden ausgerichteten Hang liegen. Wären die Weine lediglich drei bis sechs Jahre in großen Fässern gereift, hätten sich daraus keine wesentlichen Unterschiede ergeben, doch unter dem verstärkenden Einfluss der Pipes und durch die lange Dauer der Reife sind zwei gegensätzliche Persönlichkeiten entstanden. Beide schmecken sie nach der Zeit, die man mit Geld nicht kaufen kann, und die Landschaften, in denen sie gereift sind, haben sie im Verlauf der Jahre ebenso stark geprägt wie der Ort, an dem sie einst gewachsen sind.

Sympathy for the Devil

Ein ziemlich langweiliger Empfangsraum mit vergilbter Tapete, auf der staubige Schatten andeuten, wo die Bilder einst hingen, die jetzt an der Wand lehnen – Bilder vergangener Herrlichkeit, Bilder britischer Port-Geschichte. Vor mir auf dem Tisch neben meinem Notizblock zwei Kaffeetassen mit Silberlöffeln auf den Untertassen, ein Tablett, darauf ein Schälchen mit englischen Keksen und eine Kaffeekanne – britisches Stillleben in Portugal. Mir gegenüber sitzt Paul Symington, Geschäftsführer all jener Port-Shipping-Firmen, die seine Familie seit 1905 eine nach der anderen übernommen hat – Dow's, Graham's, Gould Campbell, Quarles Harris, Smith Woodhouse, Quinta do Vesuvio und Warre's –, dunkelblauer Anzug, blauweiß gestreiftes Hemd, dunkle Krawatte, in Wortwahl, Ausdruck und Verhalten ein Musterbeispiel guter britischer Erziehung und im Begriff, mich mit Leidenschaft und Entschlossenheit aus dem Staub der Vergangenheit in eine strahlende Zukunft zu ziehen.

«Auf der einen Quinta [Port-Weingut] wird Wein nach Methoden aus nahezu biblischer Zeit gemacht, ein Stückchen weiter auf der nächsten steht man im 21. Jahrhundert. Die Leute neigen dazu, für das Erstere zu schwärmen, besonders die traditionelle Gärung in den Lagares, erwähnen aber mit keinem Wort die misslungenen Lagar-Weine, die zu kalt oder zu warm vergären», sticht er mit der Spitze seines rhetorischen Schwerts mitten ins Herz der Nostalgie. Der Lagar ist ein Granitbecken, in dem die frisch gelesenen Port-Trauben traditionsgemäß mit den bloßen Füßen gestampft werden und dann vergären. Ein typischer Lagar misst drei mal vier Meter und ist 1,3 Meter tief und wird bis auf eine Höhe von einem Meter gefüllt, was dann zwölf Pipe-Fässern Port entspricht. Die große flache Form hat den Zweck, so vielen Füßen wie möglich Platz zu bieten und größtmöglichen Kontakt zwischen den gestampften Traubenhäuten – in denen Farbe, Tannine und ein großer Teil der Aromen und Geschmacksstoffe enthalten sind – und dem gärenden Traubensaft zu ermöglichen. Um süßen Wein zu erhalten, wird die Gärung durch die Zugabe von Branntwein nach zwei Tagen unterbrochen, wenn ein großer Teil der Traubensüße noch nicht von den Hefen in Alkohol umgewandelt ist. Hochwertige trockene Rotweine gären typischerweise zwei Wochen oder länger. Das ist der Grund für das intensive Stampfen der Trauben vor der Gärung: Da der junge Wein während der Gärung nur wenig

Zeit hat, Farbe, Tannin und Aromen aus den Traubenhäuten zu lösen, muss der größte Teil dieser Extraktion *vor* der Gärung stattfinden. In den sechziger Jahren wurden viele Lagars durch moderne Edelstahl-Gärtanks ersetzt, die sogenannte «Selbstvinifizierung», weil sie einfacher in der Handhabung sind und einiges an Lohn(Stampf!)-Kosten einsparen. Diese neue Methode war von Anfang an umstritten. Die Traditionalisten beharrten darauf, dass nur der Lagar als Gärbehältnis für Vintage Port in Frage käme, während die Symingtons behaupteten, alle Arten von Port, auch der Vintage, könnten in den neuen Tanks vinifiziert werden. Seitdem findet ein Wettlauf statt, um moderne Alternativen zum Lagar zu entwickeln, deren Ergebnisse dem Vergleich mit den «biblischen» Methoden standhalten können. Paul Symingtons Absicht ist es, mich für den Edelstahl und das 21. Jahrhundert zu gewinnen.

«1997 haben wir die neue Kellerei von Dow's bei der Quinta do Sol fertig gestellt, mit einer neuen Art von Selbstvinifizierung, von der wir glauben, dass sie einen großen Fortschritt gegenüber der vor dreißig Jahren eingeführten Technik darstellt. Mit der hergebrachten Technologie hätten wir die Kellerei zum halben Preis bauen können, aber man darf nicht stehen bleiben. Deshalb haben wir auch einen Roboter-Lagar entwickelt und ihn während der letzten Lese getestet.» Er breitet mehrere Schnappschüsse vor mir aus, die eine bizarr anmutende Konstruktion zeigen, einen riesigen Edelstahltrog mit einer Reihe mechanischer Füße aus demselben Material. «Das Ding ist furchtbar teuer, aber es ist auch vorerst nur ein Prototyp. Wenn wir eine Reihe davon in die geplante neue Kellerei bei Graham's stellen, dann wird der Preis deutlich günstiger sein.» Die Gestaltung der Zukunft ist also hier nicht nur ein Experiment, ein PR-Gag oder die teure Spielerei eines ehemaligen Schülers einer britischen Privatschule, um die Konkurrenz zu beeindrucken, sondern ein ernsthaftes Projekt, das im Begriff ist, Wirklichkeit zu werden. Wäre da nicht die Überzeugung, dass diese neue Technologie auch für die Verarbeitung der für Vintage Port bestimmten Trauben geeignet ist, würde sie nicht ihren Weg in die neue Graham's-Kellerei finden; immerhin ist der Graham's der angesehenste unter den Vintage Ports der Symingtons.

Gäbe es den Vintage Port nicht, wäre ich heute nicht hier, und ohne den Vintage Port wäre Port im Allgemeinen in meiner Heimat nicht so geschätzt. In vielen anderen Ländern wird Port nur wegen des Rufs getrunken, den er in England genießt. Ohne die Rolle, die meine Landsleute in der Douro-Weinbranche seit weit über drei Jahrhunderte spielen, wäre Port vielleicht weder entstanden noch zu diesem Ansehen gekommen. An diese historischen Entwicklungen denke ich, wenn ich den Union Jack am Fahnenmast einer Port-Quinta in britischem Besitz wehen sehe. Vintage Port, jene Kategorie von Port, die mit ihrer Aura alle anderen in den Schatten stellt, ist ein Verschnitt der besten Ports mehrerer Quintas, aber nur eines einzigen herausragenden Jahrgangs. Das Herzstück dieses Verschnitts stammt allerdings bei den meisten Port-Häusern von stets den gleichen ein, zwei oder drei Quintas. So spielt zum Beispiel im Graham's Vintage Port grundsätzlich die Quinta dos Malvedos im Cima-Corgo-Gebiet, dem mittleren Douro-Tal, eine wichtige Rolle; der Kern des Warre's Vintage Port setzt sich aus Weinen der Quinta da Cavadinha im Pinhao-Tal zusammen, dem wichtigsten Seitental des Douro, während Dow's Vintage Port auf Weinen von der Quinta do Bomfim im mittleren Douro-Tal basiert. Der Stil der Vintage Ports der jeweiligen Häuser widerspiegelt die Gegebenheiten auf den Quintas, aus denen die «Kernweine» stammen. So sind zum Beispiel die Weine aus dem Pinhao-Tal saftiger, aromatischer als die festeren, kernigeren Weine des eigentlichen Douro-Tals. Eine relativ neue Spezies sind Single Quinta Vintage Ports, das Ergebnis eines einzigen Jahrgangs und eines einzigen Weinguts, die meist nur in Jahren erzeugt werden, wo das Potential für einen traditionellen Vintage Port nicht ganz ausreicht. Einige Quintas wie etwa do Vesuvio im oberen Douro-Tal bringen jedoch fast jedes Jahr einen Single Quinta Vintage Port heraus. Zusammen stellen diese beiden verwandten Port-Kategorien lediglich 2,5 Prozent der gesamten Portwein-Produktion dar, ein Zeichen dafür, wie wählerisch die führenden Häuser vorgehen, aber auch, welch enorme Mengen an einfachem Port produziert werden.

«Nahezu ein Drittel des gesamten Portwein-Absatzes geht nach Frankreich», fährt Paul Symington nun ganz nüchtern und leidenschaftslos fort, «aber Vintage Port ist darin so gut wie nicht vertreten. 98 Prozent sind billiger Ruby und Tawny Port. Wir glauben einfach nicht, dass es auf lange Sicht wirtschaftlich tragbar ist, sich auf Standard-Ports wie diese zu konzentrieren, weil die Produktionskosten trotz der Modernisierung vieler Weinberge während der achtziger Jahre stark gestiegen sind.» Damals konnten dank günstiger Finanzierungen seitens der Weltbank die engen Terrassen vieler Weinberge, in denen alle Arbeitsgänge von Hand verrichtet werden mussten, in breitere, mechanisch zu bewirtschaftende Terrassen umgestaltet werden. Das bewahrte die Portweinbranche wahrscheinlich vor einer großen Krise, aber es bedeutete auch, dass es während der achtziger und ganz am Anfang der neunziger Jahre viele Weinberge mit jungen Reben gab – nicht unbedingt ideale Bedingungen für hochwertige Weine. «Zur Zeit gebärdet sich der Portweinmarkt ausgesprochen schizophren, mit Frankreich, Belgien und Holland, die nur billigen Port trinken, auf der einen Seite und hochwertiger orientierten Absatzmärkten wie Großbritannien und den USA auf der anderen. Heute muss man sich entscheiden, welchen Weg man einschlagen will, und wir haben keine Zweifel daran, dass der zweite für uns der einzig mögliche ist.»

Ich kann mich an meinen ersten Besuch hier vor sechseinhalb Jahren erinnern, wo ich gewisse Zweifel hatte, in welche Richtung die Symingtons sich tatsächlich bewegen würden. Nachdem mich die PR-Dame in halsbrecherischer Geschwindigkeit und unter einer Flut von Kommentaren durch die Lodges von Dow's und Warre's geführt hatte, folgte eine enttäuschende Verkostung der Dow's-Weine. Die Vintage Ports waren recht beeindruckend, aber der Fine Ruby entpuppte sich als Gemisch aus Alkohol und Süße ohne jeden Charakter mit einem Klumpen Tannin in der Mitte, wie ein lebloser Körper in einem Leichensack. Selbst der Dow's 1986 Late Bottled Vintage ließ mich kalt, obwohl er zumindest ein wenig Frucht und Geschmack aufwies. Late Bottled Vintage (LBV) ist als günstigere Alternative zum Vintage Port gedacht, und weil er erst vier bis sechs Jahre nach der Lese abgefüllt wird – im Gegensatz zu zwei bis drei Jahren beim Vintage –, ist er weicher und kann kurze Zeit nach der Abfüllung getrunken werden. Jener LBV schmeckte jedoch wie billiger Port und erforderte ein ziemliches Maß an Anspruchslosigkeit. Ich konnte ihm nicht mehr als 70 Punkte zubilligen. So sehr ich den Elan hinter Paul Symingtons Zukunftsvisionen und seinen Wunsch bewundere, bei der Modernisierung die für Charakter und Qualität wesentlichen Elemente der Tradition zu integrieren, bin ich doch ein wenig skeptisch, ob ich all das, was er mir als das Ziel der Familie vorgestellt hat, diesmal auch schmecken werde.

Von dort, wo wir zusammen die Roboter-Schnappschüsse angeschaut haben, ist es ein langer Weg hoch zum Verkostungsraum, nicht zuletzt weil mir Paul unterwegs eine ganze Reihe weiterer Symingtons vorstellt. Ich merke mir ihre Namen nicht alle, aber als wir das Probierzimmer betreten, habe ich sicher allen acht Familienmitgliedern, die für die Firma arbeiten, die Hand geschüttelt. «In der Branche kann man gar nicht glauben, dass wir uns nicht fürchterlich streiten und uns gegenseitig umbringen», witzelt Paul Symington. «Zusammenzuarbeiten hat ganz im Gegenteil den Vorzug, dass wir sehr schnell Entscheidungen treffen können. Als uns 1989 Quinta do Vesuvio angeboten wurde, haben wir uns sofort zusammengesetzt, und zwanzig Minuten später stand unser Kaufentscheid fest. Hier ist Charles Symington, der mit seinem Vater Peter für die Vinifizierung und die Reifung unserer Weine zuständig ist.» Charles lächelt unruhig, und nachdem ich seine nervöse Hand geschüttelt habe und zum Dow's 1994 LBV greife, befällt mich die gleiche Unruhe. Doch kaum rieche ich daran, spüre ich, wie die Anspannung aus meinem Körper fließt. Da ist er, der für diesen Jahrgang charakteristische volle Beerenduft. Der Wein zeigt sinnlichen Charme und eine gewisse Eleganz, und es ist nur fair, ihm 81 Punkte zu geben. Der Graham's 1994 LBV ist noch besser, ein Traum von schwarzer Johannisbeerkonfitüre auf frisch getoasteten Muffins an einem Herbstnachmittag, wenn die

Sonne die letzten Blätter an den Bäumen in sattem Gold glänzen lässt (84 Punkte). Trotzdem ist mir der Dow's LBV wichtiger, denn elf Punkte mehr als bei meiner letzten Verkostung bedeutet schon eine kleine Revolution, die Welt halb auf den Kopf gestellt oder eine halb auf den Kopf gestellte Welt wieder richtig herumgedreht. Ob es menschliche Füße sind oder Roboterfüße, ist mir in diesem Moment egal, der Geschmack ist das Einzige, was zählt.

Man hat mich jetzt ganz bewusst allein gelassen, eine Geste, die andeutet, dass ich mir mein eigenes Urteil über die neuen Weine der Symingtons bilden soll und muss. Und die Reihe von Weinen vor mir ist so lang, dass sie dem Raum eine übertriebene Perspektive verleiht, ihn doppelt so groß erscheinen lässt. Ich muss mich konzentrieren – nicht zu viele Abschweifungen, zu ausführliche Notizen! –, um die ganze Reihe zu schaffen in der einen Stunde, die bis zum Mittagessen bleibt. Die ersten Weine, die wirklich zählen, sind die Vintage Ports aus dem Jahrgang 1977. Als dieser Jahrgang im Frühling 1979 zu einem Vintage-Jahrgang ernannt wurde, bezeichnete man ihn als großen Jahrgang, der die traditionellen zwanzig Jahre Flaschenreife brauche, bevor man ihn mit Vergnügen trinken könne, und als diese zwanzig Jahre vergangen waren, wurde in London eine große Blindverkostung für die britische Weinpresse organisiert. Leider blieben die gewünschten Lobeshymnen der weltweit einflussreichsten Portweinkritiker aus. Stattdessen wurde viel Kritik und Enttäuschung laut.

Ich war damals nicht in London, doch jetzt stehen vier dieser 1977er Vintage Ports vor mir. Der Dow's 1977 ist ganz eindeutig leicht senil. Er liegt nicht im Sterben, aber er ist dabei, auf genau die zivilisierte Art, wie es sich für alte britische Soldaten gehört, allmählich zu verschwinden (83 Punkte). Der Warre's 1977 wirkt voller und sinnlicher, schmeckt aber recht stark nach Weinbrand – ebenfalls ein Alterssymptom –, und trotz des ganzen Gepolters scheint er nichts wirklich Entscheidendes zu sagen zu haben (87 Punkte). Im Gegensatz dazu zeigt der Graham's 1977 die gigantischen Ausmaße und die Dichte, für die die Vintage Ports dieses Hauses berühmt sind, doch auch ihm hat das Alter bereits etwas von der Vitalität geraubt, die ein großer Vintage Port auf dem Höhepunkt seiner Entwicklung zeigen sollte (88 Punkte). Der Underdog dieses Quartetts, also von Anfang an der billigste der vier, der Smith Woodhouse 1977, ist dagegen eines jener dunkelhaarigen Mädchen mit schwarzen, sinnlichen Augen und ungeheurem Selbstbewusstsein, wie man sie in den Straßen von Oporto sieht (92 Punkte).

Jetzt folgt ein weiteres Quartett, dieses Mal alles Single Quinta Vintage Ports aus dem Jahrgang 1995. Schon das erste Riechen an den Gläsern sagt mir, dass die stilistischen Unterschiede zwischen den einzelnen Häusern hier

SK

so deutlich sind, wie sie in der vorhergehenden Gruppe verschwommen waren. Obwohl ich weiß, dass es eine Sucht ist und daher verurteilt werden sollte, liebe ich englischen Christmas-Pudding wegen seiner Überdosis an Rosinen, getrockneten Kirschen, Orangen- und Zitronenschale, und der Dow's 1995 Quinta do Bomfim bietet mir einen Schuss meiner Lieblingsdroge, ohne ebenso süß zu sein (90 Punkte). Der Warre's 1995 Quinta da Cavadinha verführt mich mit betörendem Parfüm und weichem Samt über einem wohlgeformten Körper (92 Punkte). Fesselnd heißt wörtlich, dass man vom Gegenstand seiner Aufmerksamkeit gefangen genommen wird. Der Graham's 1995 Malvedos fesselt mich an Händen und Füßen, trotzdem versuche ich nicht, mich aus seiner zärtlichen, verführerischen Umarmung zu befreien, und auch er will mich nicht gehen lassen (93 Punkte). Nach ihm hat der Quinta do Vesuvio einen schweren Stand; seine überschwängliche Opulenz wäre mir beinahe zu viel, nähme sie im Nachgeschmack nicht feste, geradlinige Züge an (91 Punkte).

Der 1996er Quinta do Vesuvio verwischt jetzt die letzten Spuren meiner Zweifel. Er ist von sündhafter Seidigkeit, wie eine Essenz von schwarzen Johannisbeeren; die enorme Süße und die mächtigen Tannine tanzen ein Quodlibet zu seiner mephistophelischen Melodie (95 Punkte). Wie alle wirklich großen Weine löst er Staunen darüber aus, dass so etwas Außergewöhnliches überhaupt entstehen konnte. Es erfordert in der Tat unendlich viel Entschlossenheit und Leidenschaft, Gott ein Stück des Himmels zu entreißen und daraus einen so teuflisch guten Wein zu machen. Ich würde es selbst nie wagen und bin doch voller Bewunderung für jene, die sich trauen, mit dem Teufel zu tanzen – ob nun in der Art von Goethe oder à la Mick Jagger.

Ein wenig leichte Philosophie beim Lunch

Der Minibus braust mit einem Haufen Symingtons und mir über die Brücke nach Porto ins Factory House zum Mittagessen. Ich bin in Hochstimmung nach den letzten Weinen, die mir Gelegenheit gaben, die Sonne ohne den kühlen Atlantikwind, der durch diese Straßen bläst, zu genießen. Paul Symington erzählt mir immer ausführlicher von den Plänen der Familie, und mit jedem Satz spricht er offener über die Ambitionen, die er hegt und die anscheinend von seinem Bruder Dominic und ihren Cousins, der neuen Generation in diesem britischen Familien-Imperium, mehr oder weniger geteilt werden. Seine Ausführungen und meine beiden ausgiebigen Verkostungen der Symington-Weine heute und vor sechseinhalb Jahren belegen, dass seine Leidenschaft und sein Streben sich langsam und stetig entwickelt haben, dass die ersten Erfolge zu weiteren Anstrengungen angespornt haben, die wiederum noch beeindruckendere Ergebnisse zur Folge hatten und ihrerseits das Feuer der Leidenschaft schürten. All das hat zu den großen Weinen geführt, die ich gerade verkostet habe.

Obwohl einige seiner Mitglieder sicher portugiesische Pässe haben, ist der Factory Club ein britischer Klub, so britisch, wie es vielleicht nur im Exil möglich ist, wo die Sehnsucht nach der Heimat in bestimmten Räumen ihren Ausdruck findet. Das Essen hier steht im Ruf, so schlecht wie in manchen berühmten britischen Privatschulen sowie den meisten Gentlemen's Clubs von London zu sein. Die Außenfassade des Hauses zeigt jedem, der sich in der Welt britischer Klubs ein wenig auskennt, dass dieser hier seit über zweihundert Jahren besteht. Für die Nichteingeweihten gibt es eine Messingtafel mit dem Gründungsjahr: 1790. Der Türsteher begrüßt uns, und ich überlasse ihm meinen Schal. Während wir die Treppe hinaufsteigen, führt Paul Symington seinen Monolog fort, dessen Energie osmotisch in meine Adern zu fließen und sich in meinem Herzen anzusammeln scheint. Der Diningroom mit den beleuchteten Vitrinen voll altem Porzellan entlang der blassgrün gestrichenen Wände sieht nicht nur aus wie aus dem Lieblingsjahrhundert der britischen Upper-Middle- und Upper-Class, er stinkt förmlich danach: das 18. Jahrhundert, wie es in britischen Landhäusern und manchen Londoner Gebäuden mit ähnlich beeindruckenden Fassaden wie der des Factory House auf höchst nostalgische Art Gestalt annimmt. Doch ich kann dem allem nicht viel Aufmerksamkeit widmen, denn Paul Symington ist nicht zu bremsen, und alles, was er sagt, zieht das Hier und Jetzt in die Zukunft seiner Träume.

Zum echten Erstaunen aller am Tisch Anwesenden schmeckt der Wolfsbarsch in Salzkruste sehr gut, doch sobald ich einen Bissen vom Hauptgang probiere, wünsche ich mir den Fisch zurück: Das Lammfleisch, verkocht und ohne Geschmack, erinnert mich an das Essen in meiner Schulkantine. Als die Karaffen mit Vintage Port auf den Tisch kommen, muss ich Paul Symington einfach unterbrechen, so perfekt ist die in diesem Raum inszenierte Illusion, wir befänden uns in London WC1. «Ist Port dann also ein britischer Wein?», frage ich ihn unverblümt. «Nein, es ist definitiv ein portugiesischer Wein, aber einer, der ohne den britischen Einfluss nicht so wäre, wie er ist. Doch im Grunde geht es um den Genuss, den uns ein Wein bietet, und der wird nicht in Staatsangehörigkeiten unterteilt.» Ich mache ihn darauf aufmerksam, dass die konservativ gekleideten Herren um uns herum bei unserer Ankunft einen ziemlich steifen Eindruck gemacht haben, doch jetzt nach dem Essen, mit einem Glas Vintage Port in der Hand, sind sie völlig gelöst. Ich spreche es nicht aus, aber ich fühle mich an Hogarths Bilder von Sinnenlust und Dekadenz erinnert, einer ganz anderen Seite des britischen 18. Jahrhunderts als die offizielle, an der ich teilnehme. «Zeigen die Briten mit dem

Vintage Port ihre Sinnlichkeit?» «Ja», kommt die Antwort von Paul Symington ohne jedes Zögern, «auf eine vollkommen unkomplizierte Art.»

Leider hält der Vintage Port in unseren Gläsern mit unserem Gespräch nicht ganz mit. Es ist ein mächtiger, reifer Wein, aber er wirkt verwirrt, es fehlt ihm genau die Art von unkomplizierter Sinnlichkeit, über die wir gerade gesprochen haben. Da ist Fülle, aber auch etwas Stumpfes; mehr als 88 Punkte kann ich ihm trotz aller Geselligkeit nicht geben. Niemand hier am Tisch außer demjenigen, der ihn aus der wohlbestückten Kellerliste des Factory House bestellt hat, weiß, um welchen Wein es sich handelt, und bei niemandem kommt echte Begeisterung auf. «Fonseca 1977», verkündet schließlich ein Herr mittleren Alters am anderen Ende des Tisches, und sein Tonfall macht deutlich, dass ihn der Wein auch nicht gerade überwältigt.

Die Zeit vergeht wie im Flug, die Symingtons sind sehr besorgt, dass ich meinen nächsten Termin nicht verpasse, deshalb erhebt sich die ganze Gruppe, und wir verabschieden uns von der Gesellschaft. Als wir zurück nach Vila Nova de Gaia flitzen, wird im Bus über den Fonseca 1977 diskutiert, der in den letzten Jahren von der Weinpresse weltweit hoch gelobt worden ist. «Ich glaube, wir haben damals alle unterschätzt, welchen Einfluss die portugiesische Revolution von 1974 auf die Portweinbranche hatte, es war eine Zeit großer Ungewissheit», bemerkt Paul. So ungenau diese Feststellung auch ist, bringt sie doch klar zum Ausdruck, wie ein Teil der Größe, die der Portweinbranche einst zu ihrem Ruhm verholfen hatte, verloren gegangen war, ohne dass die Betroffenen sich dessen bewusst gewesen wären. Unser Bus schlängelt sich jetzt den Hang hinauf. Der Wiederaufstieg des Portweins hat bereits vor einigen Jahren eingesetzt, und inzwischen haben Leute wie die Symingtons auch bereits die Bergspitze im Visier. Da hinauf wollen sie, dahin bewegen sie sich unaufhaltsam.

Grosse Erwartungen

«Ich hasse sterile, antiseptische Weine von Technikern», sagt David Guimaraens, der junge Kellermeister der Schwesterfirmen Fonseca und Taylor mit Nachdruck, «ich hoffe sehr, dass die Portweinbranche und die portugiesischen Weinerzeuger nicht wie so viele ihrer Kollegen überall auf der Welt zur künstlichen Mostkonzentration und dem Gebrauch von Eichenessenzen und Tanninpulver übergehen. Wein muss ein natürliches Produkt bleiben.» Die Vehemenz, mit der diese Worte aus der unauffälligen Gestalt vor mir schießen, macht deutlich, wie stark der Glaube an diese Grundsätze ist. Schließlich basiert auf ihnen die jahrhundertealte Erfolgsgeschichte des Portweins. Die Szene wirkt allerdings insgesamt merkwürdig, da wir in der Fonseca-Lodge – ziemlich weit oben am Hang von Gaia und ausnahmsweise nordöstlich gelegen – zwischen funkelnden Edelstahltanks und ultramoderner Filtertechnik stehen. David Guimaraens hat mir soeben erklärt, dass hier Fonsecas meistverkaufter Wein, der Bin 27, vor dem Abfüllen kaltstabilisiert und gefiltert wird, damit er in der Flasche kein Depot bildet. Solche technischen Vorgänge haben überhaupt nichts mit den traditionellen Ausbaumethoden zu tun, weder aus einem biblischen noch aus dem 18. oder dem 19. Jahrhundert.

«Das ist hier aber ziemlich modern.» Nach seinen Erklärungen kann ich mir diese Bemerkung nicht verkneifen. «Ja, aber ich hoffe, auf die richtige Art. Wein zu machen ist die Kunst, Tradition – also das, was tatsächlich für die Weinqualität wichtig ist – einerseits und Fortschritt – das heißt kostengünstige Technologien, um dem Konsumenten ein gutes Produkt zu einem fairen Preis anzubieten – andererseits zu kombinieren. Der Wein verliert durch diese Behandlung [Kaltstabilisierung und Filtration] etwas an Geschmack, aber er wird auch ein wenig weicher. Die ganz neuen kellerwirtschaftlichen Methoden sind etwas völlig anderes, weil sie den Wein grundlegend verändern, und das ist Betrug.» Fonseca produziert jährlich beinahe eine halbe Million Flaschen des Bin 27, die Schwesterfirma jährlich eine dreiviertel Million Flaschen ihres meistverkauften Weins, des Taylor's LBV. Im Gegensatz zu den Vintage Ports beider Firmen sind dies hier Produkte für all jene, denen es zu unbequem ist, einen ungefilterten, unbehandelten Port zu dekantieren, um ihn von dem klumpigen Depot zu trennen, der *Crust*, die sich nach einigen Jahren in der Flasche absetzt. «Ich werde nicht ruhen, bis die Weine, die wir für den Bin 27 verwenden, genauso gut sind wie die, welche wir heute für unsere Vintage-Portweine in Betracht ziehen», fährt er fort und macht damit deutlich, dass er nicht gewillt ist, sich bei irgendeinem Wein der Firma mit zweitklassiger Qualität zufrieden zu geben, bloß weil er in großen Mengen abgesetzt wird.

Dieser Ehrgeiz hat seinen Ursprung in Australien, wo David Guimaraens drei Jahre an der Roseworthy-Weinbauschule studiert und dann ein Jahr bei Brown Brothers in Victoria State und St Hallet im Barossa Valley in Südaustralien gearbeitet hat. «In Australien habe ich meine Leidenschaft für den Wein entdeckt», hat er mir einmal erzählt, und seine dunklen Augen blitzten dabei, «die Australier haben mehr als irgendjemand anders dazu beigetragen, die Qualität der Alltagsweine weltweit zu verbessern, nicht zuletzt durch die Konkurrenz, die ihre Weine und die sogenannten Flying Winemakers aus Australien in anderen Erdteilen für die ‹traditionellen› Weine Europas bedeuten.» Und er hat Recht. Die australischen Weinmacher, mit denen David in Roseworthy studiert hat, produzieren heute unzählige Weine, die für die «mehr oder weniger guten» und die «mehr oder weniger bezahlbaren» Gewächse aus den klassischen europäischen Gebieten eine echte

Herausforderung darstellen, und das zu Preisen, die deutlich unter denen der europäischen «Originale» liegen. Diese Globalisierung setzt die europäischen Winzer unter Druck. Port ist einer der wenigen Bereiche, wo dieser Druck noch nicht besteht, doch David Guimaraens ist sich wohl bewusst, wie die Weinwelt insgesamt heute aussieht. Das ist vielleicht der Grund dafür, dass er im Gegensatz zu vielen seiner Kollegen in der Portweinbranche kein Interesse an der Erzeugung trockener Rotweine hat. Ihm ist nur allzu klar, wie gut viele günstige Rotweine aus Australien sind. «Für mich ist das einzige Problem mit den australischen Spitzenweinen», meint er nachdenklich, «dass sie oft in ihrer Jugend großartig schmecken, dann aber nicht so gut altern, wie man es erwarten würde. In diesem Punkt sind Portwein und die anderen großen Weine Europas der neuen Welt noch deutlich voraus. Das ist ein Vorteil, den wir nicht preisgeben dürfen, denn die Größe eines Weins hängt ganz wesentlich von diesem Faktor ab.»

1990, im Alter von fünfundzwanzig Jahren, kehrte David Guimaraens an seinen Geburtsort Oporto und damit zu seinen Wurzeln zurück. Diese Wurzeln sind in erster Linie das, was er von seinem Vater Bruce, der vor ihm für die Weine von Taylor's-Fonseca verantwortlich war, über die Portweinerzeugung gelernt hat. Bruce Guimaraens ist eine lebende Legende, nicht nur dank der vielen großartigen Portweine, die er seit 1956 in seinen beinahe dreißig Jahren bei Fonseca gemacht hat, sondern auch wegen der Warmherzigkeit und dem Humor, die dieser stattliche Mann ausstrahlt. Leider werde ich ihn heute nicht begrüßen können, da er sein Haus in den Hügeln nördlich von Oporto nur noch selten verlässt. Gerüchte besagen, er sei froh, Taylor's und Fonseca den Rücken zuwenden zu können, nachdem er vom Besitzer, Alastair Robertson, jahrelang nicht sehr fair behandelt worden sei. Ich habe keine Ahnung, ob das zutrifft, da Bruce Guimaraens und sein Sohn viel zu sehr Gentlemen sind, um ein solches Thema überhaupt anzuschneiden. Bei jedem meiner Treffen mit Bruce Guimaraens wollte er mit mir nur über Portwein reden, und er hatte immer eine amüsante Geschichte parat, um einen wichtigen Punkt zu verbildlichen. Meine Lieblingsgeschichte war die von einem britischen Besucher bei Taylor's Quinta de Vargellas, der, während er den Einheimischen beim Stampfen eines Lagar voller Port-Trauben half, derart in Begeisterung geriet, dass er einen Hechtsprung in das Becken machte, als sei es ein Swimmingpool. «Er stieß mit dem Kopf auf den Boden und kam erst gar nicht wieder hoch», hatte Bruce Guimaraens nicht ganz ohne Vergnügen erzählt. «Bloody hell! Wir hätten Wein im Wert von rund 8000 Pfund verloren, wenn er nicht wieder aufgetaucht wäre!» Der tiefere Sinn der Geschichte war, dass durch die enorme Größe der Lagares jeder Fehler, jedes Problem sofort gewaltige Ausmaße annimmt. David hat von seinem Vater nicht nur sehr viel Wissen über Port, sondern auch die großen

Erwartungen übernommen, die die Weinwelt gegenüber den Portweinen von Fonseca und Taylor's hegt.

Inzwischen stehen wir im neuen Tawny-Port-Keller von Fonseca, der mit seinem Dach auf grob zugehauenen Holzbalken, dem Boden aus gestampfter Erde und den altertümlichen Pipe-Fässern zeitlos wirkt. Der Gegensatz zu den modernen Kellereien in Australien, Neuseeland oder Kalifornien mit großen Edelstahltanks in langen Reihen und hygienisch sauberen, klimatisierten Fasskellern könnte kaum größer sein. Der Eindruck der Zeitlosigkeit entpuppt sich jedoch als Illusion. «Bevor wir diesen Keller 1997 kauften, war hier eine Fabrik, die Briefumschläge herstellte, und den größten Teil der Fässer haben wir erst vor kurzem von der Royal Oporto Company erstanden», erklärt David. Das Geschäft läuft gut im Moment, sodass man es sich leisten kann, zu investieren, nicht nur in Immobilien und Holz, sondern in Lagerbestände für die Tawny-Port-Abfüllungen künftiger Jahre und Generationen. Ich kann reihenweise Fässer mit der Kennzeichnung «97» erkennen, alle gefüllt mit Wein aus diesem hervorragenden Jahrgang, der hier fünf, zehn, zwanzig und mehr Jahre lagern wird. «Hier im Keller habe ich eine Menge von den Alten gelernt», fährt er fort. «Als ich anfing, wurden die Tawny Ports beim jährlichen Abstich ohne große Sorgfalt von einem Fass ins andere umgezogen. Heute machen wir das wieder ganz vorsichtig von Hand, weil es viel schonender für den Wein ist. Ich stelle das gerne so dar, dass wir gleichzeitig in zwei Richtungen gehen: Hier in der Lodge lernen wir von der Vergangenheit und draußen in den Weinbergen von der Neuen Welt. Oben am Douro ist es nämlich gerade umgekehrt: Dort sind es die Neuanpflanzungen aus den achtziger Jahren, die man mechanisch bearbeiten kann, welche alles grundlegend verändert haben, sodass wir uns die Rebpflege wieder von Grund auf erarbeiten müssen.»

Ich sehe plötzlich die dramatische, zerklüftete Landschaft des Oberen Douro vor mir, wo die terrassierten Hänge drei- bis vierhundert Meter vom Flussufer aufsteigen. Im Sommer kann die Temperatur hier schnell über vierzig Grad klettern, und der Schieferboden ist so karg und steinig, dass der Ertrag pro Rebstock oft deutlich weniger als eine Flasche Wein beträgt. Tausend Tonnen Trauben jährlich zu erzeugen und sie alle in Lagares zu vergären wie Taylor's-Fonseca ist kein Kinderspiel.

Wie bei den Symingtons haben beide Häuser jeweils bestimmte Quellen für ihre Trauben; bei Fonseca sind das die Quinta do Cruzeiro im Pinhao-Tal, die Quinta do Santo António im Mendiz-Tal und die Quinta do Panascal im Tavora-Tal, alle drei Nebenflüsse des Douro, bei Taylor's die Quinta de Terra Feita bei Pinhao und die Quinta de Vargellas weiter oben am Hauptfluss. Zusammen umfasst der Weinbergsbesitz der beiden Firmen 143,5 Hektar in Spitzenlagen. Die Familie Guimaraens hat zwar die Mehrheit von Fonseca 1948 an die Besitzer von Taylor's verkauft, aber durch die unterschiedliche Herkunft der Trauben haben die Weine der beiden Häuser trotz gemeinsamem Kellermeister und Management ihren eigenständigen Stil behalten. Die Frage, welcher Vintage Port eines bestimmten Jahrgangs der bessere sei, der von Taylor's oder der von Fonseca, ist unter Portwein-Liebhabern heute wie Jahrzehnte zuvor Gegenstand hitziger Diskussionen.

Einige Jahre lang hat man auch darüber debattiert, ob die neu angelegten Weinberge einen negativen Einfluss auf die Weinqualität ausüben. «Junge Reben können beeindruckende Weine ergeben, aber nicht in jedem Jahr, sodass man sehr sorgfältig abwägen muss, ob man diese Weine in den Verschnitt für einen Spitzenwein aufnimmt», erklärt David Guimaraens, während wir in den Verkostungsraum gehen. «Zum Glück haben unsere Neuanpflanzungen inzwischen ein gewisses Alter erreicht, und im Ergebnis sind sie jetzt viel beständiger als am Anfang.» Wieder dieser atemberaubende Blick über den Douro auf Porto, die Türme der Kathedrale und den Clérigos-Turm, die zum Fluss abfallenden Dächer, in der Ferne der Lärm des Verkehrs und Gewühls. In meinem Kopf gibt es genauso viel Gewühl, auch ich habe mir oft Gedanken über den Einfluss der jungen Reben gemacht. Aber wenn ich Wein verkoste, versuche ich immer, Abstand zu gewinnen von dem Durcheinander vorgefasster Meinungen und Absichten, das ich gewöhnlich mit mir herumtrage und das mich am Boden hält. Ein Weinverkoster oder -kritiker, der nicht imstande ist, den Himmel zu riechen und zu schmecken, ist nicht viel mehr als ein Richter und Gerichtsschreiber in einer Person, ein Gutachter und Bürokrat der Sinne, der mit dem Stift in der Hand die Welt herablassend über den Brillenrand hinweg betrachtet. Andererseits möchte jeder Weinproduzent für seine Weine Lob hören und lesen. Selbst wenn sie wissen, dass ihre Weine gut sind, und zu Recht darauf hoffen, dass andere dies auch erkennen, besteht immer noch die Gefahr, dass sie die für die Herstellung notwendigen Anstrengungen gleichsetzen mit der Qualität des fertigen Produkts im Glas. Welcher Künstler oder Schriftsteller hat sich angesichts der enormen Mühen bei der Entstehung eines Werkes nicht irgendwann Illusionen bezüglich seines wahren Werts hingegeben?

Angesichts seiner Bedeutung für den wirtschaftlichen Erfolg von Fonseca sind in den ersten Wein, den ich verkoste, den Bin 27, sicher eine Menge Mühe und Energie geflossen. Er hat die «dichte pflaumige Frucht», die David Guimaraens nach seiner Aussage in diesen Weinen sucht, und den jugendlichen Elan, den David heute genau wie bei unserem ersten Treffen 1992 ausstrahlt – voller Ausdruck, ohne extrovertiert zu wirken, und selbstsicher im besten Sinne des Wortes (83 Punkte). Der 1994er Fonseca Late Bottled Vintage wirkt deutlich anspruchsvoller, ein vierjähriges Pferd, das dank gutem Training die Dressurübungen präzise beherrscht und dessen Muskelkraft gezähmt, doch keinesfalls gebrochen ist (86 Punkte). Taylor's 1994 Late Bottled Vintage ist vollkommen anders im Stil, fester und weniger lebendig. Ich fange an, ihn zu analysieren, und merke, wie die anfangs recht feinen Geschmacksnoten der Wärme des Alkohols und einem etwas flachen Nachgeschmack weichen – schon allein die beinahe technische Form, die meine Gedanken bei diesem Wein annehmen, drücken aus, dass ich nicht besonders hingerissen bin (80 Punkte).

Beim Verkosten von Weinen versuche ich möglichst alles, was darüber je in der Weinpresse geschrieben wurde, zu vergessen. Obwohl die Verrücktheiten und Borniertheiten der Weinjournalisten letztlich nur Ausdruck gewöhnlicher menschlicher Schwächen sind, ist es dennoch schwierig, sie zu verdrängen, wenn sie in Form von Schlagzeilen und Titelgeschichten daherkommen. Das Titelblatt der Ausgabe vom 15. Dezember 1997 der amerikanischen Weinzeitschrift *Wine Spectator*, das die mit 100 Punkten bewerteten 1994er Vintage Ports von Fonseca und Taylor's zeigt, stellt eine Ansammlung von Erwartungen dar, die ich beim Verkosten lieber nicht im Kopf hätte. Noch schlimmer ist, dass ich, wenn ich diesen beiden Weinen dann nicht auch jeweils 100 Punkte gebe, den Anschein erwecke, dem *Wine Spectator* den Krieg zu erklären. Das sind Situationen, wo ich die Punktebewertungen zu hassen beginne. Anfangs habe ich sie nur notiert, um mich selbst daran zu erinnern, wie gut mir ein Wein gefallen hat, dann begann ich, sie in meine Bücher und Artikel einzubeziehen, um den Lesern eine möglichst klare Vorstellung von meinen Eindrücken zu vermitteln. Ich hatte dabei nie die Absicht, sie als absolute oder objektive Wahrheit darzustellen – was sowieso nicht existiert und unvereinbar mit der äußerst persönlichen Frage des Geschmacks ist –, und noch viel weniger wollte ich damit je zum Ausdruck bringen, ich hätte Recht und alle anderen Unrecht. Die Feder soll keine Waffe sein, sondern mit Tinte und Papier tanzen, während die Worte fließen und dabei Freude und Enttäuschung, Hoffnung und Verzweiflung, Komödie und Tragödie enthüllen. Die Zahlen und Buchstaben auf dem Papier sollen nie zu Befehlen werden, selbst wenn diese, wie im *Wine Spectator*, eher harmloser Natur sind: *«Drink!» «Buy!»* – «Trink!» «Kauf!»

Nun aber zu den beiden Weinen in den Gläsern vor mir. Der Fonseca 1994 Vintage Port ist ein hoch geschlossenes Abendkleid von John Galliano aus pflaumenfarbenem Samt, durch den perfekten Schnitt und die Art, wie ein unanständig langer Schlitz bei jeder Bewegung den Blick auf ein Paar eng anliegende hohe Lederstiefel freigibt, durchdrungen von einer hinreißenden Eleganz (97 Punkte). Schwer beeindruckt, erinnere ich mich aber auch sehr gut an die letzte Flasche 1963er Fonseca Vintage Port, Bruce Guimaraens' Meisterwerk, ein noch größerer Wein. Er zeigte nicht nur mehr

Grandeur, er war auch noch feiner. Damals hatte ich keinen Zweifel an der Notwendigkeit einer dritten Stelle bei der Punktebewertung. Nachdem ich neben den Fonseca-Weinen die gesamte Taylor's-Kollektion probiert habe, weiß ich, dass der Stil dieses Hauses meine Sinne nicht in gleichem Maße anspricht wie der von Fonseca. Deshalb dürfte es nicht überraschen, dass ich die imposante Barockfassade des 1994er Vintage Port von Taylor's zwar sehr beeindruckend finde, sie mich aber nicht elektrisiert. Die Erhabenheit, der ich mich gegenübersehe, während ich die große Freitreppe zum Eingang hinaufsteige und die angrenzenden Empfangsräume betrete, zieht sich nicht durch die gesamte Anlage, irgendwo im Hintergrund hört sie plötzlich auf (93 Punkte).

«Ich muss zugeben, dass Portwein nicht immer einfach zu verstehen ist», fährt David Guimaraens fort, nachdem ich mit dem Taylor's 1994 fertig bin. «In den Jahren, in denen die besten Partien Wein sehr gut sind, aber nicht ganz das nötige Niveau für einen klassischen Vintage Port erreichen, produziert Fonseca aus einem Verschnitt von Weinen aus unseren Haupt-Quintas den Guimaraens Vintage Port, während Taylor's von der Quinta de Vargellas und der Quinta de Terra Feita Single Quinta Vintage Ports macht. Sie kommen nach acht bis zehn Jahren auf den Markt, wenn sie gut zu trinken sind.» Der Guimaraens 1996 Vintage Port ist schwarz und glitzernd, ein Teich, dessen Tiefe die Zukunft erahnen lässt, doch schon jetzt gibt es nichts Hartes oder Eckiges daran, die Harmonie von Wasser und Stein kommt bereits zum Ausdruck (91 Punkte). Der Taylor's 1986 Quinta de Vargellas stammt aus einem weniger guten Jahrgang und hat etwas metallisch Scharfes, wie es selbst hervorragende Portweine manchmal zeigen, aber daneben besitzt er genug fruchtige Süße, dass man das Messer ablecken muss (88 Punkte).

Eine hoch gewachsene, sehr britisch und agil-intelligent wirkende und enorme Selbstsicherheit ausstrahlende Gestalt betritt den Raum und stellt sich mir als Adrian Bridge vor. Ich erfahre, dass er bis zu seiner Heirat mit Natasha Robertson, der Tochter von Alastair Robertson, als Investment-Banker tätig gewesen ist. Jetzt ist er geschäftsführender Direktor von Taylor's und Fonseca und macht keinen Hehl daraus, dass es sein Ziel ist, diese Firmen zu einem der führenden Weinunternehmen der Welt zu machen. «Die meisten Port-Häuser haben eine Kollektion mit einer kleinen Spitze, dem Vintage Port, doch für uns ist der Vintage Port das Wichtigste», erklärt Adrian Bridge mit Nachdruck. «Wir haben von den beiden 1994er Vintage Ports, die Sie gerade verkostet haben, jeweils 120 000 Flaschen produziert. Das Ziel ist, dass jede einzelne bei uns gewachsene Traube zu Vintage Port wird und alle unsere anderen Portweine aus den Trauben gemacht werden, deren Qualität dafür nicht ganz ausreichend war. Bei uns ist also die Spitze der Pyramide breit, und alles andere hängt daran.»

Dieser Schlachtruf zielt darauf ab, die Weintrinker der Welt für die Portweine von Taylor's und Fonseca zu gewinnen. Da ich selbst leidenschaftlicher Portweintrinker bin, kann ich diesen Ehrgeiz nur allzu gut verstehen. Was mir weniger gefällt, ist ein gewisser unterschwelliger «Sieg-oder-Tod»-Ton. «Wir hoffen, die Produktionsmengen der Vintage Ports wesentlich steigern zu können, wenn die neuen Weinberge das richtige Alter erreichen», fügt Adrian Bridge hinzu. Dabei blickt er mir so direkt in die Augen, dass ich es nicht wage, zu David Guimaraens hinüberzuschauen. Ich bin nämlich nicht sicher, ob er angetan ist von diesem hoch gesteckten Ziel oder doch eher nervös, ob sie es erreichen und weiterhin das erfüllen können, was Portweintrinker auf der ganzen Welt von einer Flasche mit dem Namen Taylor's oder Fonseca auf dem Etikett erwarten. Denn im Moment, wo das Glas an die Lippen geführt wird, zählt nichts außer der Frage, ob der Wein diesen hohen Erwartungen standhält.

Der Meister und Margarida

Nun weiß ich, dass ich mich geirrt habe und Dirk van der Niepoort eigentlich gar nicht wirklich kenne. Bisher war ich vom Gegenteil überzeugt, da wir uns seit unserem ersten Treffen im März 1990 zwar unregelmäßig, aber doch recht häufig gesehen hatten. Jetzt rasen wir in seinem Auto die Autobahn vom Flughafen nach Porto hinunter, doch neben mir sitzt ein vollkommen anderer Dirk van der Niepoort als der, den ich vom letzten oder irgendeinem anderen Mal in Erinnerung habe. «Ich bin heute in richtig guter Stimmung, obwohl ich eigentlich keinen besonderen Grund dazu habe», sagt Dirk Niepoort zu mir in einem Ton, als sei er einer von denen, die nichts ernst nehmen können. Der Dirk Niepoort, den ich zu kennen glaubte, nahm immer alles sehr ernst, selbst wenn es ihm eigentlich Vergnügen machte. Langsam bekomme ich Spaß an der Situation. Auch ich habe keinen besonderen Grund, aber seine gute Laune steckt mich einfach an. Für mich hat sich die Welt gerade um beinahe hundertachtzig Grad gedreht: Die Sonne scheint durch Blätter, die zu Hause längst verschwunden sind; innerhalb weniger Morgenstunden, die ich damit zugebracht habe, aus einem Flugzeugfenster auf Wolken, Berge und Meer zu schauen, sind aus minus dreizehn Grad plus siebzehn Grad geworden; ich habe alle diese Orte gesehen, ohne dort gewesen zu sein.

«Ich weiß nicht, wie es dir geht, aber ich bin richtig hungrig», sagt Dirk Niepoort mit einem breiten Lächeln, als gäbe es sonst nichts zu tun und als nähme die Leitung des Port-Hauses Niepoort, die Erzeugung einer Reihe trockener Weiß- und Rotweine und der Import von Weinen aus den verschiedensten Ecken Europas seine Zeit und Energie kein bisschen in Anspruch. «Wie wäre es mit Fisch?... Gi wird uns dort treffen», höre ich und weiß somit nicht nur, was in Kürze vor mir auf dem Teller landen wird, sondern auch, wie seine neue Freundin heißt, von der er mir bereits am Telefon erzählt hat und die ganz eindeutig hinter dieser wundersamen Verwandlung zu stecken scheint. Wir fahren durch schmale Gassen und durch Nebenstraßen mit kleinen alten Häusern, zufrieden in ihrer Schäbigkeit oder zumindest ohne jegliche Anzeichen von Neid auf imposantere Gebäude. Wir treten in die Sonne hinaus, die die Straße nahezu waagerecht durchschneidet, da dies einer der kürzesten Tage des Jahres ist. Dirk deutet auf unser Restaurant auf der anderen Straßenseite, doch ich bin damit beschäftigt, eine junge Frau zu studieren, die an einer Ecke steht und merkwürdig distanziert wirkt; unergründliche Augen hinter dunkler Sonnenbrille, eine schlanke, stilvolle Erscheinung, obwohl sie nur eine schlichte karierte Bluse, Jeans und schwarze Stiefeletten trägt. Als wir uns ihr nähern, breitet Dirk die Arme aus. Die junge Frau ist Gi, die beiden küssen sich, und wir betreten das Restaurant – Holztäfelung, Linoleumboden, karierte Decken auf Resopal-Tischen –, wo Dirk sofort das Essen bestellt und eine Flasche Rotwein öffnen lässt, die wie aus dem Nichts auf unserem Tisch aufgetaucht ist. Laut Etikett handelt es sich um den 1996er Vinho do Fojo, und während ich es noch studiere, wendet sich Gi mir zu und sagt: «Fojo ist meine Quinta, und das ist der erste Rotwein, den ich dort gemacht habe.»

Wie viel Talent man auch für etwas besitzt, das erste Mal ist immer eine besonders schwierige Sache, und sei es nur deshalb, weil man weiß, dass es das erste Mal ist – eine Binsenweisheit, deshalb sage ich nichts. Eigentlich hatte ich mit Dirk ausgemacht, dass ich an diesem Nachmittag, dem ersten auf dieser Porto-Reise, nur seine eigenen Weine verkosten würde, doch nun ist alles ganz anders. Mir bleibt nichts übrig, als Gis Wein zu probieren, obwohl es natürlich sehr peinlich werden kann, falls er nicht gut sein sollte. Der erste Eindruck im Duft entpuppt sich als äußerst angenehme Überraschung, und bis das Essen kommt, habe ich schon ein ganzes Glas ausgetrunken. Der Wein ist mächtig, voll und fest wie alle guten Weine aus dem Douro-Gebiet, denen ich bis jetzt begegnet bin, er hat aber darüber hinaus einen gewissen Schliff, den man eher selten antrifft. Ich bin mir über meine Bewertung noch nicht ganz im Klaren, was mit einer gewissen Desorientierung zu tun hat, die mich immer befällt, wenn ich aus einem Flugzeug steige (vielleicht 87 Punkte). Doch Gis Ausdruck macht deutlich, dass sie wirklich wissen will, was ich davon halte, deshalb sage ich: «Na ja, es ist kein großer Wein, aber er ist nicht sehr weit davon entfernt.» Ihr Lächeln zeigt mir, dass sie sich bestätigt fühlt. Nun werden Langustinen aufgetragen, einfach zubereitet und schlichtweg köstlich, dazu ein zweites Glas Fojo, und ich fühle mich allmählich wieder wie ein Mensch. Wir führen Weingespräche und alle möglichen anderen Gespräche, und Gi zögert nicht, mir, Dirk Niepoort oder anderen zu widersprechen, die nicht anwesend sind und sich deshalb nicht verteidigen können. Ich will es auch nicht, denn Gis Meinungen werden zwar sehr entschieden, aber nicht als Dogmen vorgebracht und zeigen eine Logik, die ich respektieren muss. Plötzlich entdecke ich aus dem Augenwinkel auf der glänzenden Holzverkleidung der Wand eine Kakerlake. Dirks Hand ist jedoch ebenso schnell wie mein Blick, und in dem Moment, als Gi sie wahrnimmt, ist sie auch schon verschwunden. Früher wäre Dirk so vertieft in seine Worte oder den Wein in seinem Glas gewesen, dass er eine Kakerlake an der Wand gar nicht bemerkt hätte. Wir bezahlen und treten wieder hinaus in die Sonne, es wird abgemacht, dass Gi vielleicht am Abend zum Essen kommt oder vielleicht auch nicht, die beiden küssen sich zum Abschied, und wir fahren Richtung Gaia.

Kurze Zeit später parken wir den Wagen in einer der kopfsteingepflasterten engen Straßen und stehen nach ein paar Schritten in der Rua Serpa Pinto Nr. 278 vor dem dunkelgrünen Stahltor, über dem «1837» in den Stein graviert ist. Wir betreten die Niepoort-Lodge, und Dirk bedeutet mir, ihm zu folgen. Das kommt mir ein bisschen seltsam vor, denn ich bin oft hier gewesen und kenne mich aus. Wir nehmen jedoch einen ganz anderen Weg als erwartet, zwischen den Reihen von gestapelten Pipe-Fässern hindurch, in denen so gut wie alle Ports des Hauses reifen. Ich blicke nach oben, während ich Dirk folge, und sehe, dass es auch hier Neuerungen gibt. Die Holzbalken, die früher das Dach trugen, sind durch Stahlträger ersetzt worden, und die Terrakotta-Dachziegel sind nicht mehr sichtbar, weil sie mit einer Dämmschicht abgedeckt worden sind. Eine schmale Tür, ein paar Schritte über eine kleine Terrasse, die kalte Luft macht mich frösteln. Wieder eine Tür und dann nahezu vollständige Finsternis. Während sich meine Augen noch daran gewöhnen müssen, nimmt Dirk Niepoort eine lange Glaspipette von einem Haken an der Wand. Langsam erkenne ich vor uns Stapel von Holzfässern, etwa halb so groß wie Pipes, heller in der Farbe und rotfleckig, da das Holz neuer ist. Es sind die Barriques, in denen seine Rotweine lagern. Während er die erste Probe zieht, denke ich an das anfängliche Hin und Her um seine Rotweine, seine Begeisterung – kurz nachdem wir uns kennen gelernt hatten – über einen «gigantischen Rotwein» aus dem Jahrgang 1990, von dem ich aber bis Dezember 1995 nichts mehr hören sollte. Da bekam ich einen in der Tat mächtigen und extrem würzigen Rotwein zu verkosten. Verzweiflung? Er erklärte dazu, sein Vater hätte ihn den Arbeitern der Firma als «Hauswein» gegeben, bis Dirk ihn eines Tages im Frühling 1994 wieder probierte und erstaunt war, wie sich der Wein entwickelt hatte. Er füllte ihn sofort ab und versah die Flaschen mit dem Namen «Robustus». Die nächsten drei Jahrgänge des Weines, inzwischen nach einem Spitznamen seines

Vaters in «Redoma» umgetauft, wurden jedoch anders ausgebaut, um sie in ihrer Jugend zugänglicher zu machen, was ihnen aber gleichzeitig etwas die Würze und Tiefe nahm. Beim Jahrgang 1994 kehrte Dirk Niepoort daher wieder zum ursprünglichen Stil zurück, und bei einem Treffen Anfang 1998 in Berlin hatte er mir erzählt, wie sein Interesse an den Weinen aus dem Burgund, das vom Interesse an einer Frau im Burgund begleitet wurde – oder vielleicht auch andersrum –, noch einmal zu gewissen Stilveränderungen geführt hatte.

Damals in Berlin kam mir der Gedanke, dass diese Geschichte mit all ihrem Hin und Her eine Menge über Dirk Niepoorts Unsicherheit gegenüber seinen eigenen Ideen aussagte, gegenüber sich selbst... doch jetzt ist ein Wein in meinem Glas, auf den ich mich konzentrieren muss, der 1996er Redoma, nicht massiv oder monumental wie der Robustus, sondern trotz seiner imposanten Statur ziemlich elegant, ein Bruce Willis im Armani-Anzug (88 Punkte). Danach bekomme ich den 1995er Redoma ins Glas. Er ist ein ganz anderer Kerl, unverhohlen sinnlich, zugleich graziös und Teil des Bösen, ein Wesen aus Baudelaires «Les Fleurs du mal» (90 Punkte). Ich sollte keinen Tropfen trinken, schließlich muss ich den nachfolgenden Weinen auch noch gerecht werden, doch ich spucke bewusst nur einen Teil des Weines aus, um diese schwarzen Kräfte auch meine Kehle hinunterrinnen zu spüren. «Der nächste Wein ist quasi der 1995er Robustus, aber er wird wahrscheinlich einen anderen Namen bekommen», sagt Dirk Niepoort, während die Schwerkraft den Wein aus der Pipette in seiner Hand in das Glas in meiner Hand fließen lässt. Hier finde ich die Dichte, Süße und Würze englischen Weihnachtskuchens, den Körper und die Fülle des ersten Robustus, doch ist dieser Wein kein Experiment wie der erste, sondern vielmehr ein Pfeil, den die Treffsicherheit des Armbrustschützen mitten ins Schwarze befördert hat (92 Punkte). «Und hier ist der 1997er Robustus.» Er ist wie der 1996er, aber seine Schönheit ist noch überwältigender, seine enorme Kraft noch besser gezähmt, sodass der Wein trotz des vielen Gerbstoffs bereits das Gefühl feinster Seide vermittelt (93 Punkte). Er scheint aus einer anderen Welt zu stammen als die Douro-Weine, die ich sonst kenne. «Jetzt kommt der letzte Wein, keine Ahnung, wie ich den nennen werde.» Dirk zieht die Probe mit der Pipette aus dem Fass und fügt dann wie beiläufig hinzu: «Das bin ich selbst.» In den Wochen vor meiner Portugal-Reise habe ich mich jeden Morgen beim Frühstück mit Confiture de griottes, einer Konfitüre aus schwarzen Sauerkirschen aus La Roumanière im südfranzösischen Lubéron, vollgestopft; dieser Wein hat genau das gleiche fesselnde herb-süß-saure Aroma, ist ebenso rein und unanständig lecker im Geschmack wie die Konfitüre, deren letzte Tropfen ich jeden Morgen wie zwanghaft vom Teller geleckt habe (95 Punkte). Er erinnert mich an die Rotweine, die ich während meiner letzten Burgund-Reise aus dem Fass verkostet habe. Auch dort wirken die größten Rotweine trotz ihrer enormen Dichte und Fülle so fein wie dieser hier, und genau das macht sie unwiderstehlich, so wie es dieser Wein auch ist. Die letzte Stiländerung bei seinen Rotweinen war gar nicht so geringfügig, wie er mir erzählt hatte.

Die Pipette hängt wieder an ihrem Haken, und wir gehen über die Terrasse zurück in den Hauptteil der Lodge und in den Raum, der gleichzeitig als Büro und Verkostungsraum dient. Sein Grundriss ist ein halbiertes Achteck, man betritt ihn durch eine Tür mit zwei Glasfenstern. Er ist nicht groß, und doch könnte der Tisch mit der Marmorplatte, auf dem die Proben stehen, eigentlich viel größer sein. Den cremefarbenen Wänden entlang ziehen sich jedoch Regale voller Niepoort-Flaschen mit ihrer einzigartigen eckig-zylindrischen Form. Jede Einzelne enthält die Probe eines Weines der Lodge. Über dem Tisch hängen zwei weitere Regale, die so voll gepackt sind mit allen möglichen Flaschengrößen von 75 cl bis zu etwas, das aussieht wie eine winzige Arzneiflasche, dass ein einziger kleiner Stoß genügen würde, um alles zusammenbrechen zu lassen. Während ich erwartungsvoll neben dem Tisch stehe, blicke ich aus dem einzigen Fenster des Raumes, doch statt eines berauschenden Blickes auf Porto bietet es bloß ein Stück Granitmauer und etwas Himmel darüber. Eigentlich könnte man von hier auf die Rua Serpa Pinto hinausschauen, würden einem nicht der Computer und chaotische Berge von Akten und Papierkram die Sicht versperren.

Als ich das erste Mal hier war, gab mir Dirk Niepoort beinahe ausschließlich von früheren Generationen der Familie erzeugte Weine zum Probieren, bis zum Jahrgang 1912 zurück. Auf den Flaschen, aus denen er jetzt sechs undurchsichtig schwarzviolette Weine einschenkt, stehen jedoch die Worte «1997 Vintage». «Das sind die fünf Komponenten unseres 1997er Vintage Port, und im letzten Glas ist der fertige Verschnitt», erklärt er, und der Ton in seiner Stimme sagt mir, dass er genau wissen will, was ich von diesen Weinen halte. Als ich zum ersten Mal mit der Nase an die Gläser gehe, stelle ich fest, dass sie nicht nur alle erstaunlich sind, sondern auch alle erstaunlich unterschiedlich, obwohl sie sich optisch derart ähneln. Beim ersten und dann bei einem zweiten Schluck von den Weinen festigt sich mein erster zögerlicher Eindruck, und ich kann die eigenständige Persönlichkeit jeder Komponente des Verschnitts deutlicher erkennen. Und genauso wie beim ersten Riechen ist es auch jetzt der Inhalt des letzten Glases, der mich fesselt.

Inzwischen ist die Sonne am Untergehen und wirft lange, gezackte Schatten wie der Niepoort 1997 Vintage Port, der ungeahnte Schätze birgt, Mineralien und Edelsteine, die sich vor urdenklicher Zeit im Boden angesammelt haben, im Nirgendwo verlorene Kostbarkeiten, bis die Wurzeln der hier angepflanzten Reben sie wieder geborgen haben und Dirk Niepoort diesen Schatz in den Trauben entdeckte. Das hört sich hochgradig dichterisch an, aber so *ist* dieser unergründliche Wein (100 Punkte). Jetzt ist es fast dunkel, und ich versinke in den dunklen Schatten – im Schatten der Stadt und noch mehr im Schatten des Weins.

Mir ist so übel wie schon lange nicht mehr bei einer Autofahrt. Das letzte halbe Dutzend Kurven von der Autobahn ins Douro-Tal hinunter ist eindeutig zu viel für meinen Magen, und ich bin sicher genauso grün im Gesicht wie als Kind auf langen Fahrten. Der Blick über das Douro-Tal ist spektakulär: Terrassen, die bis in die Wolken hinaufsteigen, Himmel, Sonne und Nebel hängen tief im Tal. Doch im Moment interessiert mich das alles nicht, ich will nur wieder festen Boden unter den Füßen spüren oder zumindest ein Stück gerade Straße unter den Rädern. «Es ist nicht mehr weit», sagt Dirk Niepoort, was wie die leeren Versprechungen der Erwachsenen aus Kindertagen klingt, aber wir biegen tatsächlich wenig später in den Parkplatz des Restaurants ein. Ich torkle aus dem Auto, dann folgen Dirk Niepoort und Gi, die sich mir inzwischen mit ihrem vollen Namen, Margarida Serôdio Borges, vorgestellt hat. Es geht nicht bloß um ein Mittagessen, sondern auch um eine Verkostung mit einem Produzenten, dessen Rotweine angeblich zu den besten Portugals gehören, Domingos Alves de Sousa. Kaum haben wir an einem großen runden Tisch am Fenster Platz genommen, trifft de Sousa ein, ein kleiner Mann mit Halbglatze, Schnurrbart und blitzenden Augen, unter dem Arm einen Karton mit Weinflaschen. Am Tisch geht es bereits lebhaft zu, und nach der Begrüßung packt de Sousa ein halbes Dutzend Flaschen aus und bittet den Kellner um Gläser. Beim Öffnen der ersten Flaschen wird es ruhiger, aber die Weine lassen uns merkwürdig kalt, und so kühlt auch die Atmosphäre am Tisch entsprechend ab. Als ich jedoch meine Nase in das Glas mit dem letzten Wein stecke, dem 1995er Quinta da Gaivosa von Weinbergslagen auf der östlich gelegenen Seite des Corgo-Tals, spüre ich einen Funken von Begeisterung.

Das Tal des Corgo, eines nahe gelegenen Nebenflusses des Douro, ist das Gebiet, aus dem im frühen 18. Jahrhundert die Trauben für die Rotweine und Ports stammten, die das Ansehen des Douro begründet und auch dazu geführt haben, dass hier 1756 das erste offizielle begrenzte Herkunftsgebiet der Welt entstand. Bereits neun Jahre später schrieb Sir Edward Barry in seinen «Observations on the Wines of the Ancients» – Beobachtungen über die Weine der Vorfahren –, «… dass Portweine jetzt allgemein dem Claret [roter Bordeaux] vorgezogen werden». Die Douro-Weine müssen also schon vor zweieinhalb Jahrhunderten etwas Besonderes dargestellt haben. Die meisten waren leicht aufgespritete trockene Rotweine, manche jedoch süß wie die heutigen Portweine. Vom Anfang des 19. Jahrhunderts an bis in die achtziger

Jahre unseres Jahrhunderts gingen die wirklich guten Trauben aus dem Douro-Tal in die Portweinproduktion, Rotweine hingegen entstanden aus minderwertigem Traubenmaterial. Lange Zeit gab es dabei nur eine einzige Ausnahme, nämlich den Barca Velha aus dem Port-Haus Ferreira, doch während der letzten zehn Jahre hat sich diese Situation grundlegend geändert. Der 1995er Quinta da Gaivosa umhüllt mich wie eine kuschelige warme Decke an einem kalten Dezembermorgen, vor mir eine Tasse heiße Schokolade. Es gibt da auch etwas von der süßen Würze eines guten Portweins, jedoch nichts Anstrengendes (88 Punkte). De Sousa erzählt, dass er bis 1978 Bauingenieur war und danach in Portugal und Bordeaux studiert hat, was mich nicht überrascht, denn der Wein zeigt eine «französische» Eleganz. Vor uns werden jetzt Teller mit Lamm, Sauce und Kartoffeln aufgetischt, was wahrscheinlich besser ist als vieles andere, was man sonst zu dieser Jahreszeit hier bekommen kann, aber wir essen schnell, denn wir sind nicht zum Vergnügen hier, sondern um uns für den Rest des Tages zu stärken. Dann sind wir auch schon weg und schlängeln uns wieder die Straße am südlichen Ufer des Douro entlang.

Wir passieren eine Quinta nach der anderen und lesen die Namen derjenigen am gegenüberliegenden Ufer, die in meterhohen schwarzen Lettern auf weißgetünchte Terrassenmauern gemalt sind. Am Rio Tedo biegen wir rechts ab und fahren die steile Straße hinauf zur Quinta de Carril, von der die Trauben für die besten von Dirk Niepoorts Rotweinen kommen, und weiter zur Quinta de Napoles, wo er die Weine beider Quintas vinifiziert. Der Nebel hat sich plötzlich verdichtet, ein paar Minuten an der frischen Luft genügen, um eisige Füße zu bekommen, und ich bin froh, dass es diesmal nur ein kurzer Halt ist. Weiter und immer weiter, eine Kurve nach der anderen wieder hinunter zur Hauptstraße, wo jetzt der Himmel im Wasser des Douro silbrig schimmert. Am anderen Ufer kommt die Quinta de la Rosa in Sicht, wo in den letzten Jahren einige gute Rotweine und Ports entstanden sind, dann in ländlicher Einfachheit und stellenweiser Hässlichkeit die Stadt Pinhao. Wir überqueren die Brücke zur Stadt und sehen rechts zur Quinta do Bomfim hinüber, die eine so bedeutende Rolle für Dow's Pörtweine spielt. Wir passieren den Bahnhof, wo eine Hand voll Wartende auf dem Bahnsteig ein Bild wie aus einem Geschichtsbuch abgeben. Dann verlassen wir die Hauptstraße und fahren durch einige magenverkrampfende Kurven ins Pinhao-Tal hinein. Jetzt kommen wir an den ausgedehnten Weinbergen der Quinta do Noval vorbei, wo so mancher großartige Wein entstanden ist, seit der französische Versicherungskonzern AXA die Firma gekauft und die Leitung Christian Seely übertragen hat (siehe Anhang). Dirk Niepoorts Augen suchen raubvogelgleich die Weinbergsterrassen ab, die sich steil auf unserer rechten Seite erheben und links noch steiler abfallen. «Auf dieser Parzelle über der nächsten Kurve stehen achtzig Jahre alte Reben, und ich kaufe die Weine davon», sagt er aufgeregt, «und diese hier links ist noch älter, ich bekomme auch diese Weine.» Er ist ein Sammler alter Reben, fortwährend auf der Suche nach diesen lebenden Fossilien aus der Zeit vor Klonenselektion und mechanischer Weinbergsbewirtschaftung. Die Trauben und Weine, die daraus entstehen, sind für ihn der lebende Ausdruck vergangener Zeiten. Einige seiner Kollegen machen sich darüber lustig, wie besessen er von den alten Reben ist, und er weiß das, obwohl er ihren Spott selten selber zu hören bekommt. Es wird auch Kollegen geben, die über den Niepoort 1997 Vintage Port lachen, entweder weil sie ihn nicht verstehen oder weil sie die ihnen unbequeme Wahrheit verdrängen wollen.

Inzwischen sind wir oben angekommen, und vor uns fallen die steilen Rebanlagen der Quinta de Cruzeiro von Fonseca und der Quinta da Passadouro, die Dirk Niepoort für den belgischen Besitzer Dieter Bohrmann verwaltet, steil hinab. Der Blick auf das kleine Flüsschen Pinhao, das sich am Fuße des Abgrunds durch die Berge schlängelt, raubt mir buchstäblich den Atem. Gerade als mein Magen sich wieder bemerkbar macht, verlangsamen wir das Tempo und fahren durch die Rebreihen auf breiten, von Bulldozern geschaffenen neuen Terrassen nach unten. «Das ist Fojo», ruft Margarida Borges von hinten mit unverkennbarem Stolz in der Stimme, und als wir uns dem Haus nähern, kann ich nicht umhin, seine Lage zu bewundern. Es sitzt auf einem Vorsprung, der ins Tal hineinreicht, und ist von alten, engen, durch Trockensteinmauern gehaltenen Rebterrassen umgeben. «Das hier sind alte Reben, sechzig Jahre alt, von dort stammen meine Rotweine», sagt sie beim Anhalten. Dann erklärt sie uns, dass der Armazém, der Fasskeller des Weinguts, auf derselben Ebene wie unser jetziger Standort und die Adega, der Gärkeller, weiter oben am Hang darüber liegt, beide zusammen unter einem großen roten Ziegeldach, wie man es hier traditionsgemäß bei vielen Quintas findet. Wir kraxeln hinauf zur Adega, wo die Lagares aus Granit überhaupt nicht traditionsgemäß mit Barrique-Fässern gefüllt sind: «Meine Rotweine von 1998!» Dirk Niepoort holt eine Glaspipette und Probiergläser von einem kleinen Regal an der Wand. «Es gibt drei verschiedene Partien: eine, die ich mit Dirk gemacht habe, eine in französischer Eiche und eine in amerikanischer Eiche, und wir fangen mit der letzten an.» Und schon halte ich ein Glas Wein von einem derart undurchsichtigen Violettschwarz in der Hand, dass es geradezu gefährlich anmutet. Das ist der Wein jedoch keineswegs, er erinnert mich vielmehr an den 1996er Quinta do Fojo, den wir am Tag meiner Ankunft im Fischrestaurant getrunken haben. Doch dieser Wein zeigt eine Geradlinigkeit, die der andere nicht hatte (vielleicht 87 bis 89 Punkte). Der 1998er Quinta do Fojo aus den Fässern aus französischer Eiche ist wesentlich schwieriger zu verkosten, aber auch eleganter und dem 1996er qualitativ deutlich überlegen (vielleicht 90 Punkte). Der letzte Wein ist vollkommen durcheinander, ein richtiger Stinker, und ich schneide beim Ausspucken bestimmt eine ganz schöne Grimasse (keine Punkte!). «Ja, der ist jetzt wirklich merkwürdig, aber er wird sich in ein paar Monaten beruhigen», verspricht Dirk Niepoort. Dann gehen wir hinunter in den Fasskeller, um die jungen, noch unfertigen Ports zu verkosten, doch anstatt mich darauf zu konzentrieren, denke ich weiter über die Rotweine von oben nach. Das ist unklug von mir, denn diese Weine hier sind für das Port-Haus Churchill's bestimmt, und die Fojo-Ports waren ein wichtiger Bestandteil der hervorragenden Churchill's Vintage Ports aus den Jahrgängen 1991 und 1994 (siehe Anhang). Alle, mit denen ich während meiner Reise ins Gespräch kam, haben mir erklärt, 1998 sei kein großer Jahrgang. Einige Erzeuger haben sogar mutig bekannt, dass viele Weine einfach schlecht sind. Wie also können diese 1998er-Rotweine von Gi so gut sein? Wenn sie in einem solchen Jahr solche Weine zustande bringt, dann kann daran nicht nur eine wahrhaft fanatische Hingabe schuld sein, es muss sich auch um ganz besondere Lagen handeln.

Mit diesen Gesanken im Kopf steige ich mit den beiden wieder ins Auto. «Ich weiß, dass ein Wein niemals besser sein kann als die Trauben, aus denen er entsteht, aber seid ihr nicht auch der Meinung, dass er nie besser sein kann als der Mensch, der ihn macht?» Meine schlaue Frage wirkt in der stickigen Luft des Wagens wohl etwas deplatziert, aber sofort kommt von Dirk Niepoort eine Antwort: «Aber natürlich, weil die eigenen Grenzen die Grenzen dessen bilden, was für den Wein möglich ist.» Ich denke mir dabei, dass seine Weine deshalb bemerkenswert sind, weil er anders als viele seiner Kollegen in Porto die Grenzen überwunden hat. Doch wenn das so ist, woher stammt dann die Vision, die ihm das ermöglicht hat? Ich erinnere mich an Fotos bei ihm zu Hause, die ihn als Kind mit seinem Großvater Edouard van der Niepoort zeigen, und an den vergnügten Blick in seinen Augen – vielleicht dasselbe Vergnügen, das ich empfand, wenn ich meinen Großvater besuchte, obwohl das in meinem Fall nur mit der unwiderstehlichen Gemütlichkeit des großelterlichen Hauses zu tun hatte. Ich frage Dirk Niepoort danach, er denkt einen Moment lang nach und sinniert dann laut: «Ich habe zweifellos etwas von Edo übernommen, aber noch mehr von unserem alten Kellermeister, vielleicht sechzig Prozent von dem, was ich über Portwein weiß. Er ist dreiundachtzig, kommt aber immer noch in die Firma, um seinem Sohn, der 1996 seine Nachfolge angetreten hat, bei schwierigen Entscheidungen zu helfen. Bis 1970 hat er mit meinem Großvater gearbeitet.» Das bedeutet, dass sein Wissen über Portwein wie das von Edouard van der Niepoort aus den ersten Jahrzehnten des 20. Jahrhunderts stammt und so wiederum von Menschen, die diese Erfahrungen im 19. Jahrhundert gesammelt haben. Dirk Niepoort ist von diesem Wissen ebenso besessen wie von den alten Reben. Das eine ist Weinbautradition in ihrer konkretesten Form, das andere Weintradition in reinstem Geist. Beide finden ihren Ausdruck in Dirk Niepoorts 1997er Vintage Port.

Doch genug der Philosophie, ich habe Durst, wo ist der Wein? Nicht mehr weit, denn wir stehen bereits vor Dirk Niepoorts Haus in einem unauffälligen Vorort von Porto. Auch er ist durstig und hungrig, und während ich noch meinen Mantel aufhänge, höre ich aus der Küche bereits das satte Plopp! des ersten Korkens. Der Weißwein ist erfrischend, verlockend erfrischend und graziös, «von hundert Jahre alten Reben, an denen wir gerade vorbeigefahren sind, als wir aus dem Pinhao-Tal herauskamen», ergänzt Dirk. Der Wein beschleunigt die Zubereitung der drei verschiedenen Seeteufelgerichte, zu denen ich meinen Beitrag in Form von Gemüseputzen leiste, und dann – Kerzenlicht! Wir setzen uns, und die Wärme der Freundschaft legt sich um uns wie ein Kokon. Dirk Niepoort stellt große Rotweingläser vor uns auf den Tisch und schenkt einen dunklen, rubinroten Wein aus einer unbeschrifteten Flasche ein. Stille. Lächeln. Im Glas Sinnlichkeit, Eleganz, Kraft und eine eigensinnige Individualität, die das unverkennbare Zeichen für Größe in einem Wein ist, ein ausdrückliches Nein zu allen einengenden Vorurteilen und gleichmacherischen Normen (90 Punkte). «Es ist der 1996er Quinta do Fojo reserva», sagt Margarida Borges, ihre dunklen Augen direkt auf mich gerichtet, *«das bin ich.»*

Die deutschsprachige Welt
Caroline und Stephanie

Inzwischen ist meine Tasche so schwer, dass ich sie kaum noch schleppen kann. Ich bin voll von Bildern, voll vom Duft und Geschmack der Weine, in denen die unterschiedlichsten Orte, die ich besucht habe, zum Ausdruck kommen. Es gäbe viele andere Ziele, an die ich gerne reisen würde, doch nun ist es Zeit heimzukehren.

Wohl jeder kennt das Gefühl, dass einem nach einer längeren Reise die vertrauten vier Wände plötzlich verändert vorkommen, der eine Raum größer und leerer als vorher, ein anderer jedoch dunkler, als man ihn in Erinnerung hatte. Desgleichen erscheinen mir die Weine der deutschsprachigen Welt, die ich so gut zu kennen glaubte, plötzlich ganz anders. Was ich in den besuchten Ländern erlebt und erfahren habe, auch außerhalb der eigentlichen Weinszene, hat mir gegenüber diesen bewährten Freunden neue und unerwartete Perspektiven eröffnet. Das «Warum?», das für mich seit so langem mit dem Faszinosum Wein einhergeht, ertönt nun aus noch unterschiedlicheren Richtungen als zuvor.

Jetzt ist mir klar, dass sich die deutschsprachige Weinkultur zwar über mehrere Landesgrenzen hinweg erstreckt und in den einzelnen Gebieten durchaus verschiedene Formen annimmt, insgesamt aber doch eine Welt bildet. Allerdings ist es nicht nur die Sprache oder die Weinbautradition, die hier als Gemeinsamkeit auffällt, sondern die allgemeine Einstellung der Menschen zu den Weinen ihres eigenen Landes. Während in anderen Weinbauländern wie Italien oder Frankreich der Umgang mit den heimischen Weinen ganz selbstverständlich scheint, ist er bei uns von einer mehr oder weniger starken Verkrampfung und von Selbstzweifeln beherrscht.

Die Ursprünge dieser Situation liegen eine Generation zurück. Wie in vielen anderen Teilen Europas standen auch in den deutschsprachigen Anbaugebieten die späten sechziger und die siebziger Jahre im Zeichen der Flächenerweiterung, mit dem Unterschied, dass hier diese Entwicklung mit einer drastischen Verarmung der Weinkultur einherging. Ab einem bestimmten Moment war nämlich die Mehrheit der Konsumenten mit zweit- und drittklassiger Ware zufrieden, solange diese zu niedrigen Preisen zu haben war. Nachkriegszeit, Wirtschaftswunder und dann endlich die Gelegenheit, unbeschränkt zu konsumieren, was man lange Zeit entbehrt hatte – all das trug zu diesem Zustand bei.

GK

Die Winzer reagierten mit dem Pflanzen neuer Weinberge in Lagen, die zwar mechanisch, also kostengünstig zu bewirtschaften waren, aber nur ein geringes oder gar kein Potential für die Qualitätsweinproduktion aufwiesen. Der Gesetzgeber unterstützte die Vermarktung dieser neuen Weine, indem er es ermöglichte, dass viele davon traditionsreiche alte Namen tragen durften. Alle waren glücklich: die Winzer, weil sie mehr Wein verkauften, und die Weintrinker, weil sie Weine mit wohlklingendem Namen billig erstehen konnten. Als die Weinpreise jedoch immer weiter absackten, wurde die angebliche Qualität der neuen Weine immer stärker in Frage gestellt. Die Abwertung von Weinbezeichnungen, die einst ein Garant für Qualität gewesen waren, stand im direkten Verhältnis zu der immensen Steigerung der Produktionsmenge und dem beträchtlichen Preisverfall am Markt. Auf lange Sicht noch gravierender war, dass die Winzer nach und nach die Beziehung zu dem von ihnen seit Jahrhunderten bewirtschafteten Land verloren und an deren Stelle der Glaube an die Technik trat. Diese technokratische Einstellung in Verbindung mit purer Habgier führte Anfang der achtziger Jahre zu den Weinskandalen in Österreich und Deutschland. Die Art und Weise, wie die Presse über diese Vorgänge berichtete, zeigt, wie innerhalb von nur zwanzig Jahren die Weine dieser Länder das Ansehen, das sie so lange Zeit genossen hatten, nahezu vollständig einbüßten.

Im Laufe der vergangenen fünfzehn Jahre haben viele einzelne Winzer und einige ganze Gebiete ihren Weg aus der Krise gefunden, indem sie gegen den Strom schwammen und die Weinqualität vor den Preis an die erste Stelle setzten. In manchen Fällen blieb am Anfang die Nachfrage auf dem heimischen Markt praktisch aus, denn ob trocken oder süß, von Eichenholz geprägt oder durch kristalline Klarheit bestechend, entsprachen diese Weine nicht den allgemeinen Normen. Trotzdem stellten sich über kurz oder lang der Erfolg und die internationale Anerkennung ein.

Für die große Mehrheit der Winzer scheint die Krise jedoch kein Ende zu nehmen. Sie jagen jeder Weinmode hinterher, doch was immer sie tun, nichts scheint eine dauerhafte Lösung zu bieten. Sie konzentrieren sich weiter auf Technik und Marketing, anstatt zu erkennen, dass Weinqualität und -charakter *wachsen* müssen und dass jedes europäische Anbaugebiet nicht nur bestimmte klimatische und geologische Bedingungen aufweist, sondern auch seine eigenen, idiographischen Traditionen hat. Ohne die innere Verbindung zu ihrem Land und dem damit verbundenen Erbe spüren sie keinen festen Boden mehr unter den Füßen.

Doch der Boden bleibt, auch wenn die Winzer sich von ihm abwenden. Wein ist nicht von dem Ort zu trennen, an dem er entsteht. Man kann einen so genannten Flying Winemaker aus Australien nach Deutschland einfliegen, ihn beauftragen, einen Pfälzer Wein aus dem Dürkheimer Feuerberg nach gängigen australischen Methoden auszubauen, den Wein in «Fire Mountain» umtaufen und das Etikett im australischen Stil gestalten – alles gegenwärtig voll im Trend –, der Wein bleibt dennoch unverkennbar deutsch und pfälzisch.

Es ist diese enge Verbindung zwischen dem Land und dem dort wachsenden Wein, die ihn zum Brennpunkt der Gefühle macht, die die Menschen gegenüber ihrer nationalen und damit auch ihrer eigenen Identität empfinden. Dies scheint mir die einzige plausible Erklärung für die Verbissenheit, mit der die meisten Winzer, Weinfreaks und Normalos in Deutschland, Österreich und der deutschsprachigen Schweiz den eigenen Weinen gegenübertreten. Sie reicht von kategorischer Ablehnung bis zu völlig übersteigertem Selbstlob, je nachdem, wie ein bestimmter Mensch die *Qualität* der Weine seines Landes wahrnimmt. Studiert man die Presse der deutschsprachigen Länder, stellt man fest, dass sich die gesamte öffentliche Debatte über die heimischen Weine um messbare Qualität dreht und auf die einfache Frage reduziert werden kann: «Sind unsere Weine so schlecht, wie wir es befürchten, oder sind sie so gut wie die aus anderen Ländern?»

An Ende meiner langen Reise erkenne ich, dass auch ich mich bis jetzt dieser Qualitätsfrage unterworfen und die Frage nach der *Identität* eines Weines allzu lange vernachlässigt habe. Das betrifft nicht nur seine Nationalität, sein Ursprungsgebiet oder die Rebsorte, aus der er entstanden ist, sondern dringt wesentlich tiefer in den Boden vor, den buchstäblichen und jenen der Geschichte. Bei großen Weinen ist dies im wahrsten Sinne eine tiefgründige Frage, die nur durch intensives Nachforschen beantwortet werden kann. Mir scheint, als habe ich damit erst auf dieser letzten Reise richtig begonnen.

Meiner inneren Landkarte der deutschsprachigen Weinbaugebiete liegt als wichtigster Parameter ein abstraktes Qualitätskonzept zu Grunde. Jetzt muss ich mich daranmachen, diese Karte neu zu zeichnen und die Identität als gleichwertiges Kriterium danebenzustellen. Diese Aufgabe wird jahrelange Arbeit erfordern, doch ahne ich schon jetzt, wie sich dadurch ganz neue Konturen ergeben werden. Ich beginne also, die Gesamtheit der Eindrücke, die ich auf meinen Reisen durch diese Gegenden seit 1982 gesammelt habe, aufs Neue zu durchforschen und zu einem neuen Bild zu ordnen.

Die ungeöffnete Post stapelt sich, das Wasser ist noch abgedreht und die Fenster noch nicht zum Lüften geöffnet. Doch das alles interessiert mich jetzt nicht. Ich sitze an meinem Schreibtisch, starre auf die inzwischen eingestaubten Haufen von Unterlagen und fange an, durch die nicht weniger staubigen und vernachlässigten Erinnerungen zu streifen, die ich hier in meiner Wahlheimat vor dem Aufbruch zur großen Weinreise gesammelt habe.

Gerade habe ich gehört, wie meine Frau den Korken aus einer Flasche gezogen hat. Jetzt kommt sie mit einem Glas Weißwein zu mir herüber. Es ist nicht besonders viel Wein in dem Glas, also soll ich wohl wieder einmal raten. Schon nach der ersten Nase voll weiß ich, dass ich wirklich zu Hause bin. «Moselriesling», sage ich ohne zu zögern, und meine Frau nickt. «Warte einen Moment», sagt sie, verschwindet dann wieder in die Küche und kommt mit einem Glas zurück, das um einiges voller ist als meines. Sie nimmt einen Schluck und lässt den Wein langsam über ihre Zunge fließen. Ich schaue ihr zu und weiß genau, dass sie diesen Wein nur ausgesucht hat, weil sie ihn selbst trinken will. «Nicht schlecht», sagt sie halb zu sich selbst und meint damit den Wein und nicht meine Raterei.

Ich nehme nun auch einen Schluck. Der Wein erinnert mich an die 1996er Scharzhofberger Riesling-Spätlese von Egon Müller an der Saar, die wir neulich getrunken haben, ein funkelnd leuchtender Punkt hoch oben am Himmel, der Polarstern (90 Punkte). Der Wein in meinem Glas dürfte allerdings ein bisschen älter sein, er ist sanfter, hat aber auch eine durchdringende Würze, die nichts mit der Saar zu tun haben kann. «Es muss ein Wein von der Mittelmosel sein, entweder 1992 oder 1993, wahrscheinlich Letzteres», sage ich schließlich, und ich sehe meiner Frau an, dass ich mehr oder weniger richtig liege und sie nichts anderes von mir erwartet hat. Sie geht hinaus und kommt mit einer staubigen Flasche wieder: die 1992er Erdener Treppchen Riesling-Spätlese von Dr. Loosen. Es ist sicher weder der größte Wein, den ich je getrunken habe (89 Punkte), noch der größte, den Ernst Loosen je gemacht hat. Und es gibt eine ganze Reihe von Winzern im Gebiet Mosel–Saar–Ruwer und anderswo in Deutschland, von denen meine Frau einen ebenso köstlichen Wein hätte auswählen können.

Leider sind dieser und ähnliche Weine für die meisten Deutschen schlichtweg «zu süß», «zu alt» und «zu deutsch», alles grundsätzlich dubiose Eigenschaften. Das ist der letzte Typus von deutschem Wein, den sie trinken, geschweige denn schätzen oder loben würden. Das Perverse an dieser Situation ist, dass es genau diese Art von deutschem Wein ist, der außerhalb der Landesgrenzen die größte Faszination auf die Weintrinker der Welt ausübt, sei es nun in Amerika, Fernost, Skandinavien oder in meinem Heimatland. Es gibt durchaus trockene deutsche Spitzenweine, doch wenn man sich ein wenig eingehender mit ihnen befasst, stellt man fest, dass sie eine verhältnismäßig neue Entwicklung verkörpern. Dreht man die Uhr um genau ein Jahrhundert zurück, ergibt sich ein ganz anderes Bild. Damals waren die deutschen Durchschnittsweine trocken, die Spitzenweine aber immer mehr oder weniger süß. Deutsche Rieslinge mit natürlicher Restsüße waren die teuersten und angesehensten Weine der Welt. Noch bis in die sechziger Jahre unseres Jahrhunderts zählten sie allgemein zu den besten

Weißweinen. Als die Massenproduktion billiger deutscher Weine begann, versuchte man deshalb, mit den neuen Weinen jenen Stil nachzuahmen, was zu den «Zuckerwasser»-Weinen führte, die in den Supermarktregalen bis heute anzutreffen sind. Die hochwertigen trockenen Weine von heute sind als Gegenreaktion darauf entstanden. Vor hundert Jahren waren nur die Standardweine trocken.

Es ist nicht leicht, einen über dreißigjährigen Wein aus der Zeit vor dieser Entwicklung, und noch viel schwerer, einen hundertjährigen Wein zu finden, um einen Eindruck von den großen deutschen Weinen der Vergangenheit zu bekommen. Einmal, bei einer «Weinzeitreise», hatte ich jedoch das Glück, auf beides an einem einzigen Tag zu stoßen. Bei einer Probe im Juni 1996 im Bremer Ratskeller hat mich die 1893er Marcobrunn Beerenauslese vom Schloss Reinhartshausen völlig verblüfft. Die Sprache dieses Weins war so feinfühlig und ausdrucksstark wie die von Goethe, und wie der große Dichter hat er durch seine Alterung unglaublich an Tiefe gewonnen. Es war einfach ein perfekter Wein (100 Punkte), wobei ich mir dessen erst so richtig bewusst wurde, als ich auch einen ordentlichen Schluck davon *trinken* konnte.

Dazu kam es durch ein Fernsehteam, das genau in diesem Moment ein Bild von mir beim Weintrinken haben wollte. Dann dachte ich, ich sollte mich eigentlich bei den Leuten bedanken, doch der Fernsehmensch kam mir zuvor: «Ziemlich süß, oder?», bemerkte er in einem flapsigen Ton, als rede er über Limo oder Cola. Ich begann den Wein sofort in Schutz zu nehmen und erklärte, wie erstaunlich es sei, dass ein Wein nach hundertdrei Jahren eine solche Vollkommenheit an den Tag lege und dass ihn dies auf Grund meiner bisherigen Erfahrungen einzigartig mache. Doch schon nach dem ersten Satz verstummte ich, angewidert von mir selbst, weil ich mich anschickte, einen Wein zu verteidigen, dessen Größe durch solche Erklärungen nur in Zweifel gezogen werden konnte. Niedergeschlagen stieg ich die steile Treppe hinauf in die laue Sommerluft und die samstägliche Geschäftigkeit des Rathausplatzes.

Die anderen Gäste standen in kleinen Grüppchen und unterhielten sich voller Begeisterung über die deutschen Rieslinge aus allen großen Jahrgängen des 20. Jahrhunderts, die wir vor dem grandiosen Finale, dem 1893er, verkostet hatten. «Die 1921er Auslese von Weil!», rief einer, «welch eine Eleganz!» «Die 1949er Trockenbeerenauslese von der Nahe Staatsdomäne», verkündete ein anderer, «eigenständiger kann ein Wein nicht sein!» Langweilige Weinsprache vielleicht, zugegeben, aber die Erregtheit war außergewöhnlich und tröstete mich. Wohl hatte ich aus Versehen den Fehler begangen, einen großen Wein durch meine «Hilfe» zu demütigen, doch um die anderen brauchte ich mir keine Sorgen zu machen.

Die Vergangenheit, die Geschichte hat immer eine stärkere Aussagekraft, wenn wir sie in Bezug zur Gegenwart sehen, anstatt sie in eine Kiste zu packen und auf den Dachboden zu stellen. Deshalb war es richtig, dass Hanns O. Jansen nach der Verkostung in Bremen im *Spiegel* die Frage stellte, ob die edelsüßen deutschen Rieslinge der Gegenwart dem Niveau am Ende des letzten Jahrhunderts standhalten könnten und ebenso gut altern würden. Seine Antwort war ein entschiedenes «Nein». Während ich dem Kategorischen seines Urteils widersprechen muss, hat er jedoch mit Sicherheit Recht, dass viele edelsüße deutsche Rieslinge nicht mit den Besten von einem Jahrhundert zuvor mithalten können. Das liegt daran, dass sie oft wenig wahren Charakter besitzen, der sich durch die Flaschenreife weiter entwickeln könnte. Deshalb bleiben sie entweder frisch, aber eher ausdruckslos, oder sie verabschieden sich sang- und klanglos. In ihrer Jugend sind sie Attrappen großer Weine, gewinnen Goldmedaillen in Wettbewerben, werden von Weinjournalisten hoch bewertet und von Weinfreaks gesammelt. Kaum jemand bemerkt, dass diese Weine nur auf eine gewisse abstrakte Weise Qualität besitzen, aber keine Identität, keine Seele und somit kaum Zukunft. Diese Situation, die für die trockenen Weine genauso gilt wie für die süßen, beweist hinlänglich, dass die deutsche Weinkultur während der letzten Jahrzehnte zerfallen ist.

Allerdings gibt es edelsüße deutsche Weine, die nicht nur oberflächlich mundfüllend und süß sind, zum Beispiel die 1998er Nackenheimer Rothenberg Riesling-Trockenbeerenauslese vom Weingut Gunderloch in Nackenheim/Rheinhessen. Die Fähigkeit eines Laserstrahls, durch Metall zu bohren, kommt nicht nur von der Intensität des Lichtes, sondern daher, dass alle Lichtwellen gleichphasig schwingen, und genauso scheint es sich bei diesem Wein zu verhalten; alle Aromen laufen in den gleichen Wellen, was ihre Intensität unglaublich verstärkt. Glücklicherweise bohrt sich der Wein nicht durch Metall, doch fraß er sich bei mir durch die abgestumpften äußeren Schichten und berührte einen ganzen Nervenstrang, dessen Existenz ich zuvor nicht einmal erahnt hatte (99 Punkte). Solchen Weinen wird heute in den deutschen Medien viel mehr Aufmerksamkeit und Lob zuteil als vor zehn Jahren, doch gelten die meisten Schlagzeilen den drei- und vierstelligen Summen, die diese Weine auf Versteigerungen erzielen, und nicht etwa dem einmaligen Geschmackserlebnis. Ich habe an anderer Stelle bereits so viel über solche Weine geschrieben, dass dieses einzelne Beispiel genügen und ich ähnliche Weine vom Schlossgut Diel, von Fritz Haag, Dr. Loosen, Egon Müller und Robert Weil (siehe Anhang) für den Moment beiseite lassen muss. Andere Fragen sind jetzt drängender.

Weine wie diese Trockenbeerenauslese haben eine Bedeutung, die in keiner Beziehung zu den winzigen Mengen steht, in denen sie produziert werden. Trotzdem sind deutsche Weine wie die Riesling-Spätlese in meinem Glas wichtiger, weil sie in ausreichend großen Mengen erzeugt werden, um ein – theoretisch – breites Publikum zu erreichen. Allerdings haben die Irrungen und Wirrungen der deutschen Weinbranche während der letzten Jahrzehnte selbst unter den deutschen Spitzenwinzern dazu geführt, dass die Größe, die diese Weine besitzen können, erst wieder neu entdeckt werden musste.

Als ich letzten Sommer Helmut Dönnhoff in Oberhausen an der Nahe besuchte, ging es mir eigentlich mehr ums Malen als ums Weinverkosten. Nach einem langen Tag mit Farbe und Pinsel brauchte ich jedoch etwas zu trinken, und auch er war dem nicht abgeneigt. Weinmachen ist nicht wie Malen, wo der Künstler von Ort zu Ort ziehen und seine Farben, Pinsel und Ideen einfach in ein Tuch knoten und wie ein Vagabund an einem Stock über der Schulter tragen kann. Manche Orte bieten dem Winzer die Möglichkeit der Größe, andere nicht, und wo sie es tun, gilt das meistens nur für eine bestimmte Art von Wein. Die Natur ist unbeweglich, undemokratisch, und Winzer können nicht wählerisch sein. Wir saßen in dem kleinen Garten der Dönnhoffs, der zu drei Seiten von den Nachbargärten eingerahmt ist, und zwischen den Dächern hindurch konnte man Weinberge sehen. Diese Weinbergslage – die Niederhäuser Hermannshöhle – ist ein ganz besonderer Ort, aber ohne die Arbeit des Winzers, ohne die Hingabe und Vision eines Helmut Dönnhoff gäbe es kaum Weine, die das beweisen.

Wir tranken Dönnhoffs 1971er Oberhäuser Leistenberg Riesling Spätlese, «einer der ersten Weine, die ich damals, nachdem ich den Betrieb von meinem Vater übernommen hatte, geerntet habe. Ich war mir meiner selbst so sicher. Doch dann kamen die ganzen Veränderungen durch das deutsche Weingesetz von 1971. Wein wurde nicht mehr über Kommissionäre vermarktet, die für Qualität bezahlten, sondern plötzlich zählten nur noch der Name auf dem Etikett und der Preis. Mit dem Gefühl der Sicherheit, das ich verlor, ging auch bei meinen Weinen etwas verloren.» Es war ein großer Wein, mit einem festen Kern von Ursprünglichkeit aus dem Boden, eingefangen durch geduldige Hände und einen sensiblen Geist (90 Punkte). Helmut Dönnhoffs Weine aus den letzten Jahrgängen gefallen mir jedoch noch besser. Die erkämpfte Sicherheit ist stärker als die ohne jede Schwierigkeit erzielte. Das war es, was ich in Dönnhoffs 1996er Niederhäuser Hermannshöhle Riesling Spätlese (94 Punkte) schmeckte, einem Wein mit den feinen Schattierungen und der starken Spannung jener Bilder, die ich mit Farbe und Pinsel einzufangen versuche.

Als ich Helmut Dönnhoff fragte, in welchem Maße ein deutscher Riesling den Ort widerspiegeln könne, an dem er gewachsen ist, war ich überrascht über die Absolutheit seiner Antwort. «Nun, eigentlich denke ich, dass alles, was die heranreifenden Trauben umgibt, einen Einfluss auf sie ausübt, und wenn der Kellermeister ein Gefühl dafür hat und nicht die empfindlichsten Teile des Weins zerstört, dann sollte man alle diese Dinge im fertigen Wein schmecken können.» Vielleicht würden nur wenige seiner Kollegen in Deutschland und Österreich so weit wie Dönnhoff gehen, aber während der neunziger Jahre wurde vielen klar, dass die Lage eine wesentlich stärkere Wirkung auf den Charakter des Weins besitzt, als sie bis dahin angenommen hatten. Sie erkannten ebenso, dass der Einfluss der Lage auf den hier wachsenden Wein zunimmt, wenn die Reben und der Boden auf die richtige Weise gepflegt und bewirtschaftet werden. Diese Erkenntnis beruhte auf der Rückbesinnung auf alte Traditionen, aber auch auf dem vermehrten Interesse an den Weinen Frankreichs und der hierarchischen Weinklassifizierung dieses Landes. Die Einführung einer neuen Lagenklassifizierung im Elsaß während der achtziger Jahre führte ihnen vor Augen, dass das französische Konzept des «Terroir» auf vertraute Rebsorten in einem Anbaugebiet angewandt werden konnte, das dem ihren sehr ähnlich war.

Manche dieser deutschen Pioniere der Terroir-Idee sind Einzelkämpfer, wie beispielsweise Ernst Loosen vom Weingut Dr. Loosen. Andere haben sich zum «Comité Erstes Gewächs» zusammengeschlossen und setzen sich für die gesetzliche Anerkennung einer Lagenklassifizierung in Deutschland ein. Für Weine, deren Charakter die Weinbergslage deutlich zum Ausdruck bringt, haben sie bereits die inoffizielle Bezeichnung «Erstes Gewächs» eingeführt. Es ist kein Zufall, dass es sich dabei um die direkte Übersetzung des französischen «Premier cru» handelt, da die für die Erzeugung und Vermarktung dieser Weine geltenden Satzungen des Comité sich ebenfalls sehr stark am französischen System orientieren. Die Bezeichnung Erstes Gewächs steht bei ihnen fast ausschließlich für trockene Weine.

Die besten dieser Ersten Gewächse, Rieslinge wie der 1997er Berg Schlossberg vom Weingut Georg Breuer im Rheingau oder der 1996er Kirchenstück vom Weingut Dr. Bürklin-Wolf in der Pfalz (siehe Anhang), schmecken ausgesprochen deutsch. Angesichts dieser Tatsache sowie der stark unterschiedlichen Weinbautraditionen dieser Gebiete im Vergleich zu Frankreich frage ich mich, ob man nicht ein auf deutschen Traditionen basierendes Lagenklassifizierungssystem entwickeln sollte. Der Regionalverband Nahe des überregionalen Verbands Deutscher Prädikats- und Qualitätsweingüter (VDP) geht diesen Weg, doch ob sich ihr Modell einer deutschen Lagenklassifizierung oder das frankophile System des Comité Erstes Gewächs letztendlich durchsetzen wird, bleibt abzuwarten.

Die Sache wird noch verworrener durch den Umstand, dass manche Mitglieder des Comité Erstes Gewächs Weine außerhalb dieses Systems auf den Markt bringen, die besser und im Lagencharakter ebenso ausdrucksstark sind wie die Ersten Gewächse desselben Erzeugers. So ist beispielsweise der 1997er Hochheimer Hölle Riesling Auslese trocken vom Weingut Franz Künstler aus Hochheim im Rheingau ein beeindruckenderer Wein als der 1997er Hochheimer Domdechaney Erstes Gewächs aus demselben Keller. Die Verwirrung geht jedoch noch weiter, da es Güter gibt, die an einer Lagenklassifizierung weder beteiligt noch interessiert sind, deren Weine aber ebenso viel Charakter aus dem Weinberg aufweisen wie die der führenden Verfechter der Erste-Gewächs-Idee, wie zum Beispiel Dr. Carl von Schuberts Weingut Maximin Grünhaus im Ruwertal oder das Weingut Müller-Catoir in der Pfalz (siehe Anhang).

Wenn in Österreich diesbezüglich weniger Durcheinander herrscht, beruht das darauf, dass sich die österreichischen Winzer stärker vom Ruf der österreichischen Weinfreaks nach «Überweinen» beeinflussen ließen, nach Weinen also, die behaupten, alles andere auf dem Markt zu überragen. Winzer wie Erich Salomon aus Krems-Stein, die «nur» regelmäßig sehr gute, ehrliche Weine produzieren, werden von der Weinszene nahezu ignoriert. Fast scheint es, als ob ein Wein, der nicht sämtliche Vorgänger und Mitbewerber schlägt, praktisch wertlos sei. Für den Lagennamen interessieren sich diese Weintrinker lediglich, wenn er dazu dient, den Wein als Sieger irgendeines staatlichen Weinwettbewerbs oder, noch besser, der privatwirtschaftlichen Version davon, nämlich einer Blindverkostung einer Weinzeitschrift, zu identifizieren. Diese Tendenz ist zwar weltweit zu beobachten, aber nirgends so stark wie hier.

Österreichs beste trockene Weine sind meistens mächtig und voluminös, was jedoch nicht bedeutet, dass dicker unbedingt immer besser sein muss, wie ganz offensichtlich viele österreichische Weinliebhaber meinen. Genauso wenig sind österreichische Weinmarken wie Maximum, Optimum, Prinz, Rudolf von Habsburg, Cuvée Imperialis oder Perfektion hilfreiche Anhaltspunkte für die Konsumenten, da sie Erwartungen wecken, denen auch gute Weine unmöglich entsprechen können. Die Tendenz zu Protz und Selbstverherrlichung ist auch an sich unsympathisch. Die Namen der großen österreichischen Weinbergslagen wie Ried Lamm, Spitzer Singerriedel oder Steiner Hund klingen da vergleichsweise poetisch und bescheiden (siehe Anhang).

Leider könnte dieser Trend zu dicken Weinen sich schnell auf Deutschland ausweiten. Die Legalisierung der künstlichen Most- beziehungsweise Weinkonzentration, die zuerst im Bordeaux gegen Ende der achtziger Jahre eingeführt wurde, steht in Deutschland und Österreich vor der Tür. Wahrscheinlich wird diese Technik – in Anlehnung an das Motto der französischen Weinwelt «Was gut für Bordeaux ist, muss auch gut für uns sein» – als Ersatz für die Chaptalisierung (Zuckerung des Mosts zur Steigerung des

Alkoholgehalts im Wein) zugelassen. Das Problem dabei ist, dass in Frankreich fast alle Weine der höchsten gesetzlich definierten Weinkategorie, der Appellation contrôlée, chaptalisiert werden dürfen, während in Deutschland und Österreich diese Manipulation für die höchste gesetzlich definierte Weinkategorie, die Prädikatsweine, streng verboten ist. Prädikatsweine müssen «Naturweine» sein. Leider gibt es keine Analysemethode, um die künstliche Mostkonzentration nachzuweisen. Das bedeutet, dass es überhaupt nicht möglich sein wird, den Einsatz dieses Verfahrens auf bestimmte Weinkategorien zu beschränken. Wenn diese Apparaturen erst einmal in den Kellern stehen, wird eine Welle dicker, «aufgepumpter» Weine mit allen erdenklichen Bezeichnungen auf dem Etikett den Markt überschwemmen. Quasi über Nacht wird auf diese Weise Deutschlands Naturwein-Tradition im Papierkorb der Geschichte landen. In Österreich müssen die Mostgewichte, das heißt die Mostdichte, für Prädikatsweine vor dem Keltern von einem staatlichen Kontrolleur überprüft werden; eine Instanz, die in Deutschland fehlt.

«Heute stehen dem Winzer zwei Wege offen: einerseits die *Technik* mit allen sich daraus ergebenden Möglichkeiten, anderseits das Bestreben, all das zu verwirklichen, was jeder einzelne *Weinberg* in sich birgt», sagte mir neulich Reinhard Löwenstein vom Weingut Heymann-Löwenstein in Winningen/Terrassen-Mosel. Ich hatte gerade seinen grandiosen trockenen 1998er Winninger Uhlen Riesling verkostet – die Eroberung einer feuchten Höhle, an deren Wänden Kristalle in der Dunkelheit funkeln (91 Punkte). Um den Lagennamen zu betonen, verzichtet Löwenstein bei der Vermarktung dieses Weines auf eine durchaus mögliche Prädikatsbezeichnung. Man könnte also annehmen, die Einführung der künstlichen Mostkonzentration würde ihn gar nicht berühren. Dennoch ist er ein vehementer Gegner der neuen Technik. «Was ist noch authentisch am Wein, wenn er künstlich konzentriert wird?», fragte er mich. Die Legalisierung der neuen Technik würde tatsächlich die Authentizität sämtlicher deutschen Weine in Frage stellen, und der Ruf des deutschen Weins liefe Gefahr, katastrophalen Schaden zu erleiden. Wenn die Preise für die deutschen Spitzenweine zusammenbrechen, wie viele Winzer werden dann wie Reinhard Löwenstein weiterhin kompromisslos qualitätsbewusst Wein erzeugen?

Meine Frau schenkt mir Wein nach und geht ihren Koffer auspacken. Wenn wir manchmal von der vielen Reiserei nicht gerade begeistert sind, dann liegt das am Ein- und Auspacken und an der Hetzerei zu Flughäfen und Bahnhöfen. Dennoch haben wir in den letzten Jahren oft und gerne gepackt und sind zum Zug oder Flugzeug gerannt, um nach Österreich zu reisen. Die kreative Entfaltung vieler österreichischer Winzer während der neunziger Jahre war ein wichtiger Grund für unseren Eifer, diese Richtung einzuschlagen. In Österreich war die Reaktion auf die Krise der vorhergehenden Jahre weit mehr als anderswo in der deutschsprachigen Weinwelt eine konstruktive und hatte somit positive Auswirkungen.

Obwohl ich bereits mehrfach in verschiedenen Zeitschriften und Zeitungen darüber geschrieben habe, verdiente diese Entwicklung ein Buch für sich, nicht zuletzt, weil in den letzten Jahren einige der größten trockenen Weißweine der Welt aus Österreich kamen. Zahlreiche Freundschaften mit führenden Persönlichkeiten der österreichischen Weinszene haben es mir ermöglicht, diesen Prozess äußerst aufmerksam zu verfolgen.

Herbst 1993. Bei einem der Fenster waren die Vorhänge nicht zugezogen, und ich sah schwarze Wolken über einen Himmel ziehen, der im letzten Dunkelblau der Abenddämmerung über den rebbedeckten Hügeln der Wachau in Österreich hing. Franz Xaver Pichler, von Freunden und Insidern F. X. genannt, war eine nicht weniger schwarze Wolke. Er saß regungslos und in sich versunken auf einem Stuhl im Wohnzimmer des Weinguts Prager in Weißenkirchen. Gastgeber Toni Bodenstein hatte soeben seinen 1990er Riesling Smaragd Achleiten eingeschenkt. Über die Gesichter der anderen anwesenden Winzer – Franz und Irmgard Hirtzberger, Emmerich und Monika Knoll – war ein Strahlen gegangen, als sie den ersten Schluck von diesem schwerelosen Wunder, von diesem in einer Flasche trockenen Weißweins eingefangenen Sonnenschein nahmen (94 Punkte). F. X. hingegen verzog keine Miene. Niemand ging darauf ein, alle taten, als sei auch er Teil der Wärme, die den Raum füllte.

Wohl wusste ich, dass sein Verhalten gerade bei einer Schlechtwetterperiode während der Lese nicht ungewöhnlich ist, denn der schlimmste Feind des Winzers ist Regen während der Lese. Als ich frühmorgens im Nachtzug auf dem Weg nach Wien aufgewacht war, konnte man kaum etwas von der Landschaft draußen erkennen, so sehr schüttete es. Obwohl keiner der 1993er-Weine von F. X. sich als atemberaubend erwies, waren doch alle letzten Endes sehr gut. Für ihn war es trotzdem Grund genug, mit sich und der Welt zu hadern. Sein Ziel war und bleibt es, stets *alles* Vorhergehende zu übertreffen, der Rest lässt ihn mehr oder weniger kalt. Das Wetter ist dabei oft sein erklärter Gegner, da es natürlich von seinen Zielen und Wünschen keinerlei Notiz nimmt.

Doch reicht dieser Konflikt noch tiefer. Sechs Monate vor dem Abend bei den Bodensteins, als ich zum ersten Mal den 1992er Riesling Smaragd «M» von F. X. verkostete, einen Wein mit großen Freitreppen, Reihen von Säulen und in Stein gemeißelten Helden, die in die Ewigkeit zu reiten scheinen (95 Punkte), brach es aus mir heraus: «Man muss besessen sein, um einen solchen Wein zu machen!» Hans Denk, ein Wein liebender Pfarrer, der mir im Probierzimmer der Pichlers gegenübersaß, behauptete jedoch ganz entschieden, dies wäre Unsinn und F. X. sei vollkommen frei vom gottlosen Makel der Besessenheit. Bis zu jenem Abend im Oktober 1993 war ich mir nicht sicher, wer von uns beiden wirklich Recht hatte. Doch dann war ich überzeugt, dass der Pfarrer allen Grund hatte, auf das gottlose Wesen der Besessenheit hinzuweisen, da F. X.' wahrer Gegner Denks oberster Chef ist.

Jeder der an diesem Abend anwesenden Winzer stellt für sich eine ebenso faszinierende Persönlichkeit wie der zürnende F. X. dar, jede dieses Quartetts befreundeter Familien erzeugt bemerkenswerte Wachauer Weine ganz unterschiedlicher, vollkommen eigenständiger Art (siehe Anhang), auch wenn sie grundsätzlich alle an die gleichen Prinzipien glauben. Der Versuch, diese Unterschiede fachlich, technisch zu erklären, liegt natürlich nahe, und ich habe wiederholt österreichische Weinfreaks bei diesem Bestreben erlebt. Es verlief stets im Sande. Gerade die Tatsache, dass diese Weine nicht auf solch simple Weise analysiert werden können, ist ein Beweis für ihre Größe, und genau das, was sich an ihnen nicht erklären lässt, macht ihren Reiz aus. Doch wollte ich etwas über diese Weine sagen, das tiefer ginge als das allgemein Übliche, dann müsste ich die Persönlichkeiten dieses Winzerquartetts auf eine Weise erforschen, die zu dem bereits erwähnten Buch führen würde. Und es gibt andere österreichische Winzer, die ebenso viel Platz in einem solchen Buch verdienten, nicht nur wegen ihrer Weine, sondern aufgrund ihrer Verdienste und Bemühungen in ihrem Anbaugebiet.

Nicht jedes Gebiet in Österreich hat jedoch Wurzeln, die wie in der Wachau auf die Römerzeit zurückgehen. Die Weinberge am östlichen Ufer des Neusiedlersees sind zum Beispiel als das «Kalifornien Österreichs» bezeichnet worden, weil sie so jung sind.

Wie er da vor mir steht, stämmig, in derben Stiefeln und einer dicken Daunenjacke, hat Alois Kracher aus Illmitz im Burgenland etwas von einem Bauer, was er neben vielem anderen gewissermaßen auch ist. «Es ist hier genauso wie überall auf der Welt, die besten Weine wachsen auf den Bergen», sagt er ernst und macht dabei mit seiner rechten Hand eine Geste, die verdeutlicht, dass sich seine Worte auf die Landschaft um uns herum beziehen. Doch alles, was ich sehen kann, ist eine Reihe kleiner Seen und Tümpel, umgeben von Schilfgürteln, dazwischen Parzellen mit Reben, die vielleicht einen Meter über dem Wasserspiegel liegen, und in der Ferne den silbernen Schimmer des Neusiedlersees. Ich suche vergeblich nach einem richtigen Berg, nur weit hinten am Horizont zeichnen sich im Dunst schemenhaft entsprechende Formen ab. Diese sanften Bodenwellen, auf denen die Reben hier stehen, können doch wohl nicht die Berge sein, von denen er eben gesprochen hat? Auf meine verunsicherte Frage kommt jedoch die sachliche Bestätigung: «Ja, das sind unsere Berge.»

Solche Ansichten sind nicht das einzige Geheimnisvolle an Alois Kracher. So hat mir bis jetzt niemand erklären können, wie der Knoten seiner Krawatte abends ab einem gewissen Zeitpunkt stets von seiner ursprünglichen Position am Hemdkragen nach unten auf die Brust rutscht, ohne dass er ihn berührt. Doch wenn man Kracher zu vorgerückter Stunde in typischer Positur erlebt hat, an eine Bartheke gelehnt mit der Zigarette in der Hand oder an einem Tisch voll leerer Weinflaschen, erkennt man, dass diese Gestalt von Anfang an in dem Anzug war und im Laufe des Abends nach und nach zum Vorschein kam. Heutzutage ist es allerdings nicht nur der Anzug, der diese kostümierende Wirkung hat, sondern auch Krachers Ruhm. In seinem Heimatland Österreich ist er berühmt wie kein anderer deutschsprachiger Winzer in seinem eigenen Land, eine Persönlichkeit und ein Phänomen zugleich. Außerhalb der österreichischen Grenzen gehört er zu den großen Namen. Die Weinmärkte der Welt sind ebenso sein Betätigungsfeld wie seine Weinberge, und beide bearbeitet er mit großem Eifer und Geschick.

Das Schmunzeln auf seinem runden, zerfurchten Gesicht übt eine Anziehungskraft aus, mit der er Zuhörer auch dann gewinnen kann, wenn er Ansichten verkündet, die sie normalerweise ohne zu zögern ablehnen würden – wovor er denn auch nie zurückschreckt. Das wäre aber alles nichts ohne die goldenen Weine, die er in den «Bergen» von Illmitz zum Vorschein gebracht hat. Bei seiner 1995er Scheurebe-Trockenbeerenauslese Nr. 14 denke ich allerdings nicht nur an ein paar kleine Erhebungen, sondern an ein mächtiges Gebirgsmassiv. Zuerst bin ich überwältigt ob seiner schieren Größe. Als ich mir dann zögerlich einen Weg hinauf zur Spitze suche, verwandelt die in diesen Höhen außerordentliche Klarheit des Lichts den Gipfel in ein brillantes Farbspiel, und ich steige atemlos in himmlische Höhen auf (98 Punkte).

Wo lange Zeit alles öd und leer aussah, gibt es plötzlich eine Menge Berge und einige Gipfel, und all das nur, weil Kracher und eine kleine Gruppe von Winzerkollegen im Weinanbaugebiet Neusiedlersee an ihr Ziel geglaubt und unermüdlich gearbeitet haben, bis sie schließlich vor dem Gipfel standen.

Auch in der Schweiz sah es, was den Wein betrifft, lange Zeit ziemlich kahl aus, und in vielen Ecken ist das bis heute so geblieben. Das soll nicht etwa heißen, Schweizer Weine seien immer schlecht gewesen, es hat vielmehr damit zu tun, dass die Mehrheit der Schweizer Konsumenten mit sehr einfachen Weinen zufrieden war, die die oft dramatischen Landschaften, in denen sie wachsen, in keiner Weise widerspiegeln. Ausnahmen gab es lange Zeit nur an wenigen Orten, die allesamt im französischsprachigen Teil des Landes liegen. In der deutschsprachigen Schweiz fand man jede Menge Gipfel, nur keine weinigen. Obwohl in der Schweizer Weinbranche eine ähnliche Renaissance stattgefunden hat wie in Österreich und Deutschland, stellen die wirklich begeisternden Schweizer Weine vereinzelte Erhebungen in einer ansonsten ereignislosen Landschaft dar.

«Kulante Landweine», sagt Daniel Gantenbein mit dem Singsang seines Schweizer Akzents. Ich habe ihn nach den normalen Weinen im Oberen Rheintal der schweizerischen Bündner Herrschaft gefragt, wo er in Fläsch mit seiner Frau Martha ein kleines Weingut betreibt. Seine Antwort birgt keine Spur von Verbitterung, obwohl Martha und er ganz andere Ziele haben. Wir sitzen in einem kleinen Restaurant im Burgund, wohin die beiden mindestens einmal jährlich reisen, um große Weine aus der Pinot-noir-Traube zu erleben, der auch in Graubünden vorherrschenden roten Rebsorte. Plötzlich stehen neue Weine auf dem Tisch, Daniel Gantenbein nimmt in jede Hand ein großes Glas. In beiden befindet sich eine kleine Menge rubinroten Weins, und jemand am Tisch verkündet, es handle sich um zwei Weine der Domaine de la Romanée-Conti. Mit einem bacchantischen Lächeln und einem aufflackernden Feuer in den Augen schwenkt er den Wein in beiden Gläsern zugleich, riecht lange zuerst am einen, dann am anderen: «Mmmmmmmh.» Man würde vielleicht erwarten, dass er danach die Gläser in zwei großen Zügen leert. Er genießt sie jedoch in kleinen Schlucken, und sein Gesichtsausdruck macht deutlich, dass er vom Erdboden abgehoben hat.

Mehrere Monate später fühle ich mich angesichts der weißen Wattewölkchen am strahlend blauen Himmel über grünen Wiesen und schneebedeckten Alpengipfeln, die ich durch ein Fenster des Gantenbein'schen Hauses in Fläsch betrachte, auch beinahe wie im Paradies. Die Gantenbeins selber sind jedoch wieder voll und ganz mit dem Inhalt ihrer Gläser beschäftigt. Sie suchen das Paradies auf Erden eben im Wein. «Was hältst du von unserem 1997er Blauburgunder?», fragt mich Martha mit fröhlicher Stimme, doch unerschütterlichem Blick. In ihren Augen lese ich die Aufforderung, genau das zu sagen, was ich wirklich denke. «Er ist noch ein bisschen wild …», beginne ich zögerlich, doch ihre Augen sind unerbittlich. «Nun, er scheint einem förmlich aus dem Glas entgegenzuspringen, er hat so viel Leben, Energie und Ausdruck, ohne jedoch überladen zu wirken … ein großer Wein», fahre ich fort und hätte hinzufügen können, dass dieser Wein genau das Gegenteil eines «kulanten Landweins» ist (90 Punkte).

Martha gibt sich jedoch noch immer nicht zufrieden und will wissen, was ich von den Eichenaromen im Wein halte: «Sind sie nicht zu stark?», fragt sie unverblümt. Der Zweifel, der dabei über Daniel Gantenbeins Gesicht huscht, zeigt an, dass er zwar hocherfreut ist über diesen Wein, aber gleichzeitig glaubt, dass noch Besseres möglich sein muss. Die Gantenbeins haben zum Ziel, sich von der Tradition der Mittelmäßigkeit loszusagen und lange ungenützte Möglichkeiten auszuschöpfen, um sich dem Paradies im Glas so weit wie nur möglich zu nähern.

Im Laufe des vergangenen Jahres habe ich einen sehr konkreten Eindruck davon gewonnen, wie farbenprächtig das Weinparadies sein kann. Die Vielfalt der guten und großen Weine Europas, die ich bis zu meiner Abreise als selbstverständlich betrachtete, hat sich nun in ein großartiges Panorama verwandelt. Es gibt auf der Welt nichts, was damit vergleichbar wäre. Australien und die Vereinigten Staaten von Amerika etwa sind beides Nationen mit ausgedehnten und weit verstreuten Weinbaugebieten, doch bringt ihre nicht unbeträchtliche Weinproduktion nur eine Hand voll verschiedener Weinstile hervor. Verglichen mit dieser langweiligen Eintönigkeit ist die Weinvielfalt in Europa schlichtweg atemberaubend. Vom einen Anbaugebiet zum nächsten können die Weine manchmal so unterschiedlich schmecken, als sei man von einem Kontinent zum andern gereist.

Es wäre nur logisch, dass dieser Reichtum von allen Europäern geschätzt oder zumindest respektiert würde. Dem ist jedoch leider nicht so. Unzählige Male bin ich mit der mangelnden Wertschätzung, die man in den deutschsprachigen Ländern den eigenen Weinen entgegenbringt, konfrontiert worden. Umgekehrt denkt der Durchschnittsfranzose, die Weine seines Landes seien die besten der Welt. Man kann ein Glas rustikalen roten Vin de pays, wie er in Bars in ganz Frankreich ausgeschenkt wird, vor ihn hinstellen, und er wird einem wahrscheinlich erzählen, dass italienische, spanische oder deutsche Weine grundsätzlich nicht mithalten können. Sosehr sich diese beiden Arten von Vorurteil unterscheiden, sie führen letztlich beide zu einer Geringschätzung bestimmter Facetten der europäischen Kultur.

Nach meiner Reise durch den Kontinent fühle ich mich *europäischer*, weil mich die faszinierende Begegnung mit den Weinen von vielen meiner eigenen vorgefassten Meinungen befreit hat. Wenn es um Wein geht, steckt der typische Europäer immer noch fest in den Klauen *nationaler* Vorurteile. Wir rühmen uns vielleicht der heutzutage so offenen Grenzen und der Bedeutung der wirtschaftlichen Zusammenarbeit in Europa, aber die alten kulturellen Grenzen sind meistens noch tief in den Köpfen eingegraben. Wein ist ein Schlüssel zu unseren Gefühlen und damit zum Unterbewusstsein. Auf meiner Reise hat er mir vielerorts Borniertheit und Xenophobie enthüllt, während ich ein gemeinsames Gefühl europäischer Kultur zu finden hoffte. Was aber bedeutet *Europa* überhaupt ohne den gegenseitigen Respekt für die vielen verschiedenen Orte dieses Kontinents und die damit verbundenen Traditionen und Erzeugnisse? Stattdessen ist jedes Land auf seine eigenen, fest eingefahrenen Wege fixiert. All das Gerede über Europa ist Unfug, wenn Europa nicht in unseren Herzen existiert. Ein trauriger Gedanke nach so vielen positiven Erfahrungen.

Die vielen begeisternden Weine, die ich verkostet habe, konnten nur aus Respekt für die eigenen Traditionen und dank der Offenheit für neue kulturelle Verbindungen entstehen. Solche Verbindungen schaffen neue Möglichkeiten, wie es zum Beispiel auch bei der Einführung der Tomate in Italien Anfang des 17. Jahrhunderts der Fall war. Ohne diejenigen, welche die kulinarischen Möglichkeiten dieser Frucht erkannten, gäbe es keine große italienische Küche und keine Pizza, die wir heute für selbstverständlich halten.

Frankreich und Deutschland stellen in diesem Zusammenhang extreme Beispiele dar. Wenn wie heute in Frankreich der Glaube an die Tradition zu stark ist, gibt es zu wenig Erneuerung, und die kulturelle Entwicklung wird im weitesten Sinne behindert. In diesem Fall muss eine Kultur alles daransetzen, sich aus der Zwangsjacke von Selbstzufriedenheit und Selbstverherrlichung zu befreien. In Deutschland liegen die Dinge gerade umgekehrt, hier ist die Offenheit für alles Neue oft nichts anderes als eine Flucht vor den grundlos verworfenen Traditionen. Die Wiederentdeckung des Erbes als befreiende Kraft kann hier paradoxerweise Antrieb zur Erneuerung sein.

Alle diese Eindrücke sollten wohl in genauen Analysen ausgewertet werden, doch hier und jetzt mit meinem Glas Wein in der Hand liegt mir solches fern. Denn wenn mich meine Reisen von etwas überzeugt haben, dann davon, dass wirklich große Weine immer das Werk einzelner, bemerkenswerter Menschen sind, unabhängig davon, wie stark oder schwach die Weinkultur eines Gebiets, eines Landes oder eines Kontinents ist. Es kann nie zu viele solche unabhängigen Winzer geben, und die Vorfreude, noch mehr von ihnen kennen zu lernen, treibt mich immer weiter. Für mich gibt es keinen Ersatz für die Quelle der Inspiration, die diese Menschen und ihre Weine verkörpern, und ich bin der Sucht danach hoffnungslos verfallen.

Wenn junge Winzer nicht schon heute nach der Perfektion zu streben beginnen, wird die Zahl großer europäischer Weine zukünftig abnehmen, ganz egal, welche Entwicklung die Weinindustrie im Allgemeinen nimmt. Das lässt mich an Caroline und Stephanie denken, die ich seit einigen Jahren kenne, obwohl mir keine dieser zwei jungen Winzerinnen bis jetzt einen eigenen Wein gezeigt hat. Doch wenn mich meine Vorahnung nicht trügt, werden mir die beiden eines Tages erstaunliche Weine vorstellen. Vielleicht helfen ihnen meine Worte auch zu verstehen, was Wein alles sein und bewirken kann, vorausgesetzt, der Winzer strebt nach Perfektion. Dann hat sich diese Arbeit gelohnt.

Der Staub liegt immer noch friedlich auf meinen Unterlagen und kann da auch ruhig noch ein bisschen länger bleiben. Ich nehme noch einen Schluck aus meinem Glas und bin in Gedanken bei Caroline, Stephanie und den anderen bemerkenswerten Winzerpersönlichkeiten, denen ich auf meinen nächsten Reisen hoffentlich begegnen werde.

Anhang
Verkostungsnotizen

Bordeaux

Wohlklingende Bezeichnungen wie *Grand vin de Bordeaux* und *Mis en bouteille au château* prangen auf den Etiketten vieler kleiner Bordeaux-Weine, als möchten sie zumindest ein wenig von der Größe der Grand-cru-classé-Weine besitzen. Leider gelingt ihnen dies nur sehr selten. Kleine Bordeaux-Rotweine sind in der Regel entweder dünn und ruppig oder oberflächlich und aufgeblasen. Vorsicht beim Einkauf ist daher stark empfohlen.

Château Angélus
St-Emilion

Zuweilen erscheinen die Klassifizierungen der Bordeaux-Gewächse wie in Stein gemeißelt. In St-Emilion wird die Klassifizierung jedoch alle zehn Jahre überarbeitet. Bei der letzten Überarbeitung wurde Château Angélus als einziges Gut zum Premier grand cru classé erhoben. Der *1995er* ist ein riesiger dunkler Teppich, auf dem man durch einen violetten Sonnenuntergang in Tausendundeine Nacht entschwebt (91 Punkte). Der *1996er* ist nicht gerade subtil, aber wenn man auf Rotweine von unverhohlener Opulenz und Geschmeidigkeit steht, ist man wirklich gut bedient (90 Punkte).

Château Belair
St-Emilion

Der *1994er* ist genau das, worauf Direktor Pascal Delbeck steht: ein eleganter Wein, der besser zum Essen schmeckt als für sich allein getrunken. Im Gegensatz zu den meisten Bordeaux-Weinen des Jahrgangs gibt es hier nichts Adstringierendes, sondern ein chinesisches Aromenpuzzle, das einen immer wieder zurück zum Glas zieht (87 Punkte). Ein ganz anderer Typus ist der *1995er,* eine aufgezogene, voll gespannte Sprungfeder. Hier zahlt sich Geduld am Glas aus: Je länger der Wein darin steht, desto mehr gibt er von seiner geballten Energie und seinen aromatischen Schätzen preis (92 Punkte).

Château Ducru-Beaucaillou
St-Julien/Médoc

Wie die großen Ducrus der Vergangenheit ist auch der *1996er* das pure Gegenteil der marmeladigen, gesichtslosen Wein-Kraftprotzen, wie sie heute im

Bordeaux und überall auf der Erdkugel angebetet werden. Stattdessen zeigt er die unverkennbare Noblesse seines Geschlechts, jede Geste und jedes Wort am richtigen Platz, jedoch in keiner Weise an irgendwelche dummen Moden angepasst (93 Punkte).

Château Labégorce-Zédé
Margaux/Médoc

Luc Thienpont ist ein echter Winzer, wie man sie nur selten im Médoc trifft. Er produziert Weine, die einem Geduld abverlangen, wenn man sie in ihrer besten Form erleben will. Der *1995er* ist allerdings ungewöhnlich offen und generös für einen jungen Wein aus diesem Haus; ein überzeugender Auftritt, der mich an wesentlich bekanntere und teurere Gewächse denken lässt. Nur im Hintergrund des Bildes spüre ich eine herbe Note, aber vielleicht schleift die Zeit sie ja etwas ab (87 Punkte). Der *1996er* ist die Krönung von Lucs Arbeit, ein kleines Monument, die Figur perfekt gemeißelt, die feinen Gesichtszüge sehr ausgeprägt (90 Punkte).

Château Lafite-Rothschild
Pauillac/Médoc

Es gibt tolle Lafites wie den grandiosen 1986er (95 Punkte), aber leider habe ich mit den Weinen dieses Premier grand cru classé auch so manche Enttäuschung erlebt. Zweifellos zeigt der *1990er* ein hübsches Gesicht und gewandte Bewegungen, doch dieses Supermodel ist einfach zu knochig, um wirklich anziehend zu sein; ich denke eher an Magersucht (86 Punkte). Der *1994er* ist einer der enttäuschendsten Bordeaux-Weine dieses Jahrgangs. Er ist zwar tieffarbig und ziemlich voll, hat aber einen derart sauren, harten Nachgeschmack, dass mir beim besten Willen nichts Poetisches dazu einfällt (78 Punkte). Er erinnert mich an die Worte des Bordeaux-Experten Edmund Penning-Rowsell, der vor dreißig Jahren schrieb, Lafite könne in weniger guten Jahren «ziemlich dünn und enttäuschend» ausfallen. Oder hat man vielleicht den Concentrateur zu stark eingesetzt? Glücklicherweise ist der *1995er* viel besser. Hier zeigt sich der Stil, für den Lafite gepriesen wird – eher Eleganz und schlanker Körper als Power und Fülle –, aber der Wein lässt mich trotzdem etwas kalt. Mozart wird oft so gespielt: technisch korrekt, aber mechanisch und ein wenig seelenlos. Melodie und Harmonie der Komposition sind jedoch so perfekt, dass es sich immer noch gut anhört (88 Punkte). Der *1996er* zeigt mehr Dramatik und löst echte Begeisterung aus, als hätten wir von einem der Streichquintette zum letzten Satz der Jupiter-Sinfonie gewechselt. Der Wein ist noch jugendlich-fest und benötigt viele Jahre Reife (91 Punkte). Der «Qualitätsingenieur», der seit einigen Jahren bei Lafite tätig ist, hat noch viel Arbeit vor sich, wenn Lafite fest an der Spitze stehen will.

Château Léoville-Barton
St-Julien/Médoc

Es gibt drei Léovilles in St-Julien, von denen Léoville-Barton jahrzehntelang als Bilderbuchbeispiel der Appellation galt. Butterweich und schmelzend, bietet der *1996er* jetzt sehr angenehmen Trinkgenuss, aber wo ist das Rückgrat, um diesen opulenten Körper dauerhaft zu tragen (86 Punkte)? Der *1995er* schmeckt ziemlich ähnlich, wobei er ein wenig leichtgewichtiger ist (85 Punkte), doch auch ihm fehlt es etwas an Spannung und Ausdruck. Wo sind die Zurückhaltung und die Ausgeglichenheit, für die die Weine des Château so lange berühmt waren?

Château Léoville-Poyferré
St-Julien/Médoc

Im Gegensatz zu Léoville-Barton steht man hier zur Tradition, und die Änderungen der letzten Jahre stellen eher stilistische Nuancen dar. Der *1996er* hat die geradlinige, für die Weine dieses Château typische Eleganz ohne eine Spur der harten Strenge, die bei manchen Jahrgängen der achtziger Jahre in den jungen Weinen vorhanden war. Der groß gewachsene, schlanke Schönling hat noch viele Jahre jugendlicher Schönheit vor sich (92 Punkte). Der *1995er* kommt zwar nicht ganz an ihn heran, ist aber sehr graziös und zeigt bereits seine Charakterstärke (90 Punkte).

Château La Mission-Haut-Brion
Talence/Graves

Obgleich sie in direkter Nachbarschaft zu Haut-Brion entstehen und sich beide Châteaux im gleichen Besitz befinden, sind die Weine von La Mission-Haut-Brion nach wie vor völlig eigenständig. In den «richtigen» Jahrgängen, beispielsweise *1989* (98 Punkte), ist La Mission-Haut-Brion einer der allergrößten Rotweine des gesamten Bordeaux-Gebiets. Als ich den *1996er* verkoste, ist mir, als stehe ich vor der Kathedrale Notre-Dame in Paris mit ihren beiden Türmen und den mächtigen Strebepfeilern. Das ist eine gewaltige Masse von Stein, aber die stimmigen Proportionen verleihen dem Ganzen Erhabenheit (95 Punkte).

Château Mouton-Rothschild
Pauillac/Médoc

In der Multimedia-Show auf dem Château wird Mouton als «gesegneter, magischer Ort» bezeichnet. Die Geschichte dieses äußerlich unauffälligen Anwesens und seines charismatischen Gründers Baron Philippe de Rothschild ist schon tausendmal erzählt worden. Auch unter der Regie seiner Tochter, Baronne Philippine, sind die Weine nach wie vor sehr bemerkenswert. Wenn Mouton manchmal nicht ganz so groß ist, wie er eigentlich sein könnte und wie es zum Beispiel der *1995er* ist – könnte man nur solche schwarzen Johannisbeeren kaufen, auch wenn sie hier leider in sehr viel Holz verpackt sind und dessen Aroma ein wenig dominiert (91 Punkte) –, dann rührt das eher daher, dass das Team im Keller manchmal zu ehrgeizig ist. Der *1996er* dagegen könnte sich zu einer Legende entwickeln. Er wirkt so überschwänglich und extrovertiert wie Baronne Philippine selbst, und doch ist diese prächtige Erscheinung nicht erschlagend; je länger ich mich mit ihr beschäftige, desto mehr gibt sie von sich preis (95 Punkte). Sowohl der *1994er* – anfänglich ein Schmeichler, dann trocken, fest und ernst (88 Punkte) – als auch der *1997er* – eine noch dicht geschlossene Rosenknospe, die bereits ihr tiefes, volles Rot erkennen lässt (90 Punkte) – stellen angesichts der nicht ganz unproblematischen Jahrgänge beeindruckende Leistungen dar.

Château Palmer
Margaux/Médoc

Palmer ist der Inbegriff des feinduftigen, seidigen Margaux-Rotweins. «Wir haben die Pflicht, Weine zu erzeugen, die unsere Weinberge auf bestmögliche Weise zum Ausdruck bringen, und nicht Weine, die Blindverkostungen gewinnen», erzählt mir der intelligente, sympathische Allen Sichel. Hier wird eine konsequente Politik verfolgt, die zu Eigenständigkeit sowie Spitzenqualität führt. Der *1994er* zeigt eine perfekte Harmonie wie kaum ein anderer Médoc-Wein dieses Jahrgangs. Sein Gewand ist nicht nur aus einem exzellenten Stoff, sondern auch mit einem Gespür für schlichten Stil geschnitten (89 Punkte). Auf den *1995er* hoffe ich – bitte, bitte! – wieder zu treffen, wenn er zehn Jahre oder älter ist, denn dann wird er voll aufgeblüht sein, und ich werde mich in seinem süßlichen Parfüm verlieren können (92 Punkte). Wenn der *1996er*-Jahrgang nicht zur Legende wird wie der 1961er, dann sind die Weinkenner der Welt inzwischen zu abgestumpften Idioten geworden. Solch eine natürliche Schönheit hätte man durch «Schminke» gar nicht steigern können, und zum Glück steht sie genau so da, wie sie gewachsen ist. Hier ist aber viel Geduld vonnöten (94 Punkte)!

Château Pichon-Comtesse
Pauillac/Médoc

In der Weinwelt lautet der Spitzname von May-Elaine de Lencquesaing «Madame La Générale», nicht nur, weil ihr Mann General war, sondern eher wegen ihres strategischen Talents und ihrer Entschlossenheit. Seit sie 1978 die Führung ihres Familienweinguts übernommen hat, ist die Qualität sprunghaft gestiegen. Der *1994er* ist ein großes Bild in satten Farben, warmen wie kühlen Tönen, die alle miteinander verwoben sind (88 Punkte).

Beim Verkosten des *1995er* vergesse ich die Welt und alle meine Sorgen. Es ist, als könnte ich dadurch, dass ich mich der sinnlichen Umarmung dieses Weines hingebe, dem unerbittlichen Lauf der Zeit entrinnen (91 Punkte). Die Großartigkeit des *1996er* ist unverkennbar. Die geradezu magnetische Anziehungskraft dieses Weines liegt in der Art und Weise, wie er die Sinne abwechselnd streichelt und herausfordert, bald zärtlich, bald fest und bestimmt, dann wiederum voller Hingabe (93 Punkte). Hier habe ich im Keller einen Concentrateur gesehen, aber die Einführung der neuen Technik hat die Weine des Château nicht verändert.

Vieux-Château-Certan
Pomerol

«Unabhängig davon, wie [der amerikanische Weinkritiker] Robert Parker einzelne Weine bewertet hat, sollten die Winzer von Pomerol ihm dafür danken, was er für die Appellation Pomerol getan hat, indem sie ihm auf dem Dorfplatz ein Denkmal setzen.» Alexandre Thienpont erzählt mir das halb im Ernst, halb ironisch. Im Gegensatz zu den meisten Pomerols sind seine Weine selten voluminös oder extrovertiert und somit nicht unbedingt die Lieblinge von Parker und seinen amerikanischen Kollegen. Der *1995er* ist allerdings eher untypisch opulent und schmeichelhaft. Feinheit ist seine stärkste Seite, der Nachgeschmack jedoch ein wenig brav (88 Punkte). Ein klassisches Beispiel des Hausstils hingegen ist der *1996er,* ein junger, drahtiger Kerl, der da im halb offenen Seidenhemd vor einem sitzt und gedankenverloren in den Himmel schaut (91 Punkte).

Burgund

Es ist ein offenes Geheimnis, dass man für Burgunder sehr viel Geld ausgeben und trotzdem miese Ware bekommen kann. Wenn man sich jedoch an den Namen guter Erzeuger orientiert, ist das Ganze gar nicht so riskant, wie oft behauptet wird.

Domaine de L'Arlot
Prémeaux

Diese Domaine ist, wie eine Reihe bedeutender Châteaux im Bordeaux, im Besitz der AXA Versicherungsgesellschaft. Sie wird aber als eigenständiger Betrieb von dem energischen, sympathischen Jean-Pierre de Smet geführt. Der *1996er Nuits-St-Georges 1er cru Clos de L'Arlot* ist genau die Art Rotwein, die ich gerne jeden Tag trinken würde; er hat nichts Anstrengendes, sondern strahlt eine wohltuende Ruhe aus (87 Punkte). Zu einer ganz anderen Klasse gehört der *1996er Nuits-St-Georges 1er cru Forêts St-Georges,* ein noch schweigsamer dunkelhaariger junger Mann, in dessen Augen die Leidenschaft von Rimbaud funkelt (91 Punkte).

Domaine Coche-Dury Meursault

In England wurde mir beigebracht, dass «die besten weißen Burgunder aus den angeblich durchschnittlichen Jahrgängen kommen, weil diese Weine die beste Balance besitzen.» Jean-François Coche-Durys *1993er Grand cru Corton-Charlemagne* bestätigt diese Regel aufs Eindrücklichste. Wolkenartig schwebend, juwelenartig funkelnd, tangoartig tanzend lässt er meine Träume plötzlich so gewöhnlich und farblos aussehen … (94 Punkte).

Domaine Joseph Drouhin Beaune

Joseph Drouhin hat einen guten Namen, und ich habe viele sehr gute Weine aus den eigenen Weinbergen der Firma verkostet und getrunken. Die Weine aus zugekauften Trauben können jedoch ganz anders aussehen, wie der *1995er Grand cru Clos de la Roche* zeigt. Mit nicht einmal vier Jahren auf dem Buckel hat er eine eher blassrote Farbe und ist bereits fad und leicht alkoholisch geworden (78 Punkte). Er ist ein trauriger Beweis dafür, dass im Burgund selbst die Bezeichnung Grand cru keinesfalls ein Garant für Qualität ist.

Maison Louis Jadot Beaune

Die Weißweine des Hauses Jadot genießen einen erstklassigen Ruf. An der Spitze steht eine Reihe von Weinen aus Grand-cru-Lagen, die diese Bezeichnung zweifelsohne auch verdienen. Der *1996er Grand cru Chevalier-Montrachet Les Demoiselles* ragt dabei über alle anderen Jadot-Weißweine des Jahrgangs hinaus, wie die Spitze des Eiffelturms über Paris – eine extrem feste Struktur und zugleich ein eleganter Griff in den Himmel (95 Punkte). Der *1996er Grand cru Montrachet* fällt bombastischer aus, ein Rubens in seiner besten Zeit, wo die Malweise die opulenten Formen voll getragen hat (91 Punkte). Man braucht nicht viel von Wein zu wissen, um die unverhohlen sinnliche Sprache des *1996er Criots-Bâtard-Montrachet* zu verstehen. Die üppige Oberweite und die langen blonden Haare erinnern stark an Brigitte Bardot, aber warum eigentlich nicht (93 Punkte)? Pierre-Henri Gagey und sein Kellermeister Jacques Lardière haben auch ein Händchen für Rotwein. Eine beeindruckende Neuigkeit in diesem Bereich sind einige erstaunliche Weine aus dem Gut *Château des Jacques* in Moulin-à-Vent/Beaujolais. Saftig und fest wie eine perfekt gereifte Schwarzkirsche führt einem der *1997er La*

Roche vor Augen, welch ein Potenzial in dieser Gegend lange Zeit brachgelegen hat (87 Punkte). An dieses Niveau kommen viele Rotweine aus den besten Lagen der Côte d'Or nicht heran!

Domaines des Comtes Lafon
Meursault

Domique Lafons Rotweine setzen für die Côte de Beaune ebenso Maßstäbe wie seine Weißweine. Der *1995er Volnay Santenots du Milieu* ist eine noch fest verriegelte Schatzkiste, schwer von all dem Reichtum, den sie birgt (92 Punkte). Der *1996er Volnay Santenots du Milieu* ist leichtfüßiger, dabei aber keineswegs ein Leichtgewicht, und gibt sich etwas offener. In diesem Fall ist «leicht verständlich» alles andere als eine versteckte Kritik (91 Punkte).

Domaine Leflaive
Puligny-Montrachet

Seit Anne-Claude Leflaive 1990 die Führung übernommen hat, ist die Qualität zwar wieder erheblich gestiegen, aber dennoch gibt es hin und wieder kleine Enttäuschungen wie den *1996er Grand cru Bâtard-Montrachet.* Er ist zwar kräftig und füllig, wie es bei solch einem Gewächs sein soll, wird aber von einem Butterton etwas dominiert und zudem leicht beeinträchtigt von einer Note, die an verbranntes Magnesium erinnert (82 Punkte). Der *Grand cru Bienvenue-Bâtard-Montrachet* aus dem gleichen Jahrgang zeigt dagegen eine blütenhafte Duftigkeit und jongliert perfekt mit Härte und Weichheit, als ob es kleine Bälle wären (90 Punkte). Der *1996er Grand cru Chevalier-Montrachet* ist ein gewaltiges Stück französischer Barock, der auf einer Nadelspitze balanciert (94 Punkte), und der *Grand cru Montrachet* aus dem gleichen Jahr ein monumentaler Marmorbrocken, aus dem die Zeit allmählich eine mächtige Reiterfigur meißeln wird (93 Punkte).

Domaine Méo-Camuzet
Vosne-Romanée

Mit seinen 1989er- und 1990er-Weinen schien der sympathische junge Jean-Nicolas Méo in die erste Liga der burgundischen Rotweinproduzenten aufgestiegen zu sein, aber dann folgten einige weniger berauschende Jahrgänge. Seine besten *1996er* sind allerdings richtige Glanzstücke, nicht zuletzt der *Grand cru Corton.* Er beginnt zwar recht leise, überrollt dann aber dampfwalzenartig jeglichen analytischen Gedanken und steigert sich zu einem gewaltigen Crescendo (93 Punkte). Demgegenüber besticht der *1996er Grand cru Richebourg* durch Feinheit – ein Stück Spitze aus tausenden von Fäden (93 Punkte).

Domaine Albert Morot
Beaune

Mademoiselle Chopin ist eine resolute alte Dame, die sich mit eiserner Beharrlichkeit der Qualität verschrieben hat. Im Keller unter ihrem ebenso imposanten wie skurrilen Château am Stadtrand von Beaune vinifiziert sie Weine, die zu den besten der Côte de Beaune gehören. Der *1996er Beaune 1er cru Teurons* lässt keinerlei Zweifel an seiner wilden Entschlossenheit aufkommen und hat im Gegensatz zur Mehrheit der gefälligen, marktgerechten Beaune-Rotweine ein langes Leben vor sich (88 Punkte). Zu Recht stolz kann Mademoiselle auf den *1997er Beaune 1er cru Theurons* sein, ein Wein, der beweist, dass sich Beaune auch zu wahrer Größe emporschwingen kann (91 Punkte).

Domaine de la Romanée-Conti
Vosne-Romanée

Der *1995er Grand cru Montrachet* von DRC ist zweifelsohne ein sehr guter trockener Weißwein, dynamisch und selbstbewusst, elegant und attraktiv, auch gekonnt zurechtgemacht – schöne Eichenaromen! –, wie so viele moderne Frauen es gerne sein möchten, aber von Grandeur oder faszinierender Schönheit kann keine Rede sein (87 Punkte). Leider handelt es sich um den mit Abstand teuersten trockenen Weißwein der Welt.

Champagne

Beim Champagner ist die Wahrscheinlichkeit, viel Geld auszugeben und dafür eine höchst enttäuschende Flüssigkeit zu bekommen, höher als bei allen anderen Weinen. Man sollte nie vergessen, dass die Champagnertrinker die enormen Werbebudgets gewisser Häuser mitfinanzieren, wenn sie deren überteuerte Produkte kaufen. In dieser Hinsicht lassen wir uns offenbar gerne etwas vormachen.

Bollinger
Ay

Vielleicht hatte ich einfach ein bisschen Pech, als ich Bollinger in Ay besuchte, denn einige Monate später ist mir eine wesentlich bessere Flasche *Special Cuvée brut* (ohne Jahrgang) begegnet, als ich sie bei meinem Besuch vorgesetzt bekam. Ich würde diesen Champagner keinesfalls als «leicht» bezeichnen, aber er bewegt sich mit derart viel Schwung, dass sein nicht unerhebliches Gewicht nicht weiter auffällt (82 Punkte).

Deutz
Ay

Seit der Übernahme durch Roederer 1993 wird dieses Haus auf Trab gebracht. Der *Brut classic* (ohne Jahrgang) ist schon erheblich besser geworden, die neuen Kleider des schlanken jungen Mannes sind stilvoll und leger (81 Punkte).

Jacquesson et Fils
Dizy

Die Erzeugnisse der Familie Chiquet fallen völlig aus dem Rahmen dessen, was die meisten Konsumenten sich unter Champagner vorstellen. Das ist *Wein* der gehobenen Klasse, der nebenbei auch noch schäumt. Manche tun diesen Stil als altmodisch ab, doch der *Brut Perfection* hat so viel Charakter, dass ich immer wieder zurückkehren muss, um ihn zu ergründen (86 Punkte).

Piper-Heidsieck
Reims

Hier soll in der letzten Zeit angeblich alles viel besser geworden sein. Es mag ja sein, dass sich vieles geändert hat, aber soweit ich sehen kann, nur wenig zum Besseren. Der Duft des *Brut* (ohne Jahrgang) springt zwar fast aus dem Glas, entpuppt sich aber als nahezu reiner Bluff, und auf den protzigen Auftakt folgt eine recht säuerliche Ernüchterung (69 Punkte). Der *1990er Brut* ist reichhaltiger, doch recht einfach gestrickt und etwas süß-sauer im Nachgeschmack (75 Punkte).

Vranken
Epernay

Der *Brut La Demoiselle* erinnert eher an Zitronenlimonade als an Champagner, ist aber zumindest sauber und erfrischend, wenn auch in Duft und Geschmack ziemlich kitschig (68 Punkte). Der *1990 Premier cru brut* ist zwar deutlich attraktiver, wirkt aber recht eindimensional, ein Champagner, über den man sich nicht weiter Gedanken zu machen braucht, weil er weder inspiriert noch stört (76 Punkte).

Toskana

Was in Deutschland als Chianti zu Preisen von unter zehn Mark pro Flasche verkauft wird, ist meistens schlapp oder schlecht. Oftmals ist das einzig Ansprechende an diesen Weinen die hübsche Ausstattung. Anderseits gibt es eine Reihe berühmter Rotweine aus dem Gebiet Bolgheri nahe der toskanischen Mittelmeerküste – Sassicaia, Ornellaia & Co. –, die trotz dreistelliger Preise nicht zwangsläufig überteuert sind.

Antinori
Florenz

Ich kann gegen den *1995er Tignanello* nichts vorbringen, außer dass er mich nach einem Glas bereits etwas langweilt; er ist jedoch durchaus geschmeidig und harmonisch (83 Punkte). Besäße der *1995er Solaia* diese Eigenschaften neben all seiner Power und Reichhaltigkeit, wäre er wirklich erstklassig. Doch leider fühle ich beim Kosten plötzlich so etwas wie einen Kloß aus Gerbstoff mitten im Mund, und nachdem ich den Wein ausgespuckt habe, bleibt ein leicht dumpfer Eindruck auf der Zunge zurück (84 Punkte).

Castello di Brolio
Brolio

Es ist beeindruckend, mit wie viel Elan und Ausdauer Francesco Ricasoli den Wiederaufbau seines heruntergekommenen Familienweinguts vorantreibt. Der *1996er Casalferro* ist eine ausdrucksstarke Persönlichkeit, doch wiederholt er sich bei seinen Erzählungen zu oft. Zumindest drängt er sich in keiner Weise auf und verhält sich recht diskret (84 Punkte).

Castello di Fonterutoli
Castellina in Chianti

Aus rein fachlicher Sicht kann man den *1995er Chianti classico riserva* nicht kritisieren, und er schmeckt auch wirklich sehr gut. Doch wenn ich ihn trinke, drängt sich mir ein «Aber» auf. Der Wein glänzt, schmeichelt, aber fasziniert nicht (85 Punkte) – keinesfalls eine Hochleistung für dieses namhafte toskanische Weingut.

Isole e Olena
Barberino Val d'Elsa

Die Weine aus nicht traditionellen Rebsorten werden von Isole e Olena unter dem Etikett *Collezione de Marchi* vermarktet. Der *1997er Syrah* ist ein schwarzes Monster der toskanischen Nacht, mit der Beweglichkeit und Kraft, die fürs Überleben in diesem wilden Teil des Chianti-classico-Gebiets unerlässlich sind (91 Punkte). Der *1994er Syrah* wirkt so quicklebendig, dass er förmlich aus dem Glas zu springen scheint, wie ein Hund, der sich über die Rückkehr seines Herrchens freut (90 Punkte). Dagegen gibt der *1995er Cabernet Sauvignon* keine große Figur ab, obwohl er eine betörende Gewürzsammlung anzubieten hat (86 Punkte).

Tenuta dell'Ornellaia
Bolgheri

Er ist nicht mein Fall, weil ich seine Mächtigkeit etwas zu sättigend finde, aber ich muss neidlos anerkennen, dass der *1995er Masseto* wahrhaftig ein beeindruckender Wein von imposanten Ausmaßen ist. Nach Feinheiten sollte man hier aber nicht suchen (88 Punkte). Dagegen ist der *1993er Ornellaia* ein wahrer Aristokrat mit einer warmherzigen Art, die den großen Mann sehr sympathisch und nahbar macht (91 Punkte). Obwohl der Name Antinori nicht auf dem Etikett auftaucht, muss man dem Besitzer, Marchese Ludovico Antinori, zu diesem exzellenten «Antinori»-Wein gratulieren.

Poliziano
Montepulciano

Brunello-di-Montalcino-Rotweine schmecken mir meistens zu anstrengend und zu «süßlich», um mich richtig zu begeistern. An die Eleganz eines guten Vino Nobile di Montepulciano kommen sie selten heran. Dr. Federico Carletti hat mir mit seinem äußerst feinen *1995er Vino Nobile di Montepulciano Vigna dell'Asinone* den besten Rotwein präsentiert, den ich je aus diesem Gebiet probiert habe. Wenn er auf den Tisch kommt, sitze ich plötzlich aufrechter da, und die Konversation mit meinem Gegenüber wird lebhafter, weil der Wein Geist und Sinne belebt (92 Punkte).

Tenuta San Guido
Bolgheri

Mit dem Jahrgang 1968 begann Sassicaia, sich einen Ruf als Europas erster neuer großer Wein zu schaffen. Nur zu gerne würde ich den sensationellen *1985er* – die Figur und die Ausstrahlung von Sophia Loren in ihren besten Jahren – wieder einmal trinken (94 Punkte). Der *1995er Sassicaia* gehört zwar nicht dieser Klasse an, doch ist die junge Schauspielerin überzeugend in ihrer Rolle, ihre Mimik und Gestik nie überzeichnet oder unklar (90 Punkte).

Piemont

Selbst wenn man über die nötigen finanziellen Mittel verfügt, ist es nicht immer einfach, an die besten Weine des Gebiets zu kommen. Was man aus dem Piemont im Supermarktregal findet, ist meistens ziemlich enttäuschend.

Elio Altare
La Morra

Leider, leider konnte ich Elio Altares Weine nicht bei ihm zu Hause verkosten. «Es gibt nur eine einzige Regel des Weinmachens, nämlich die, dass es keine Regeln des Weinmachens gibt... außer vielleicht Sauberkeit, was aber selbstverständlich sein sollte», so hat er mir seine Ansichten bei einer Präsentation geschildert. Mit diesem Pragmatismus ist ein Qualitätsfanatismus verbunden, der zu wirklich beeindruckenden Weinen führt. Der *1995er Barolo Vigneto Arborina* ist dafür ein perfektes Beispiel. Er steht vor mir, eine stattliche Figur, und spricht sehr sachlich, aber keinesfalls todernst von seinem aufregenden und äußerst abwechslungsreichen Werdegang (93 Punkte). Noch erstaunlicher ist der *1996er Langhe Arborina,* wo Gegensätze wie trocken und süßlich, staubig und flüssig sich auf wunderbarste Weise vereinen (95 Punkte).

Azelia
Castiglione Falletto

Azelias *1995er Barolo* duftet tatsächlich nach Rosen – eine ganze Schale dunkelroter Rosen –, und ihre Zartheit zieht sich trotz seiner erheblichen Power wie ein roter Faden durch den ganzen Wein (91 Punkte).

Corino
La Morra

Wenn ich den *1996er Barbera d'Alba Vigna Pozzo* trinke, denke ich daran, wie süß die Sünde sein kann, und vergesse, wie banal die meisten Weine aus der Barbera-Traube einmal waren (89 Punkte). Corinos *1995er Barolo Vigna Giachini* ist, um es ironisch auszudrücken, nicht gerade ein Leichtgewicht, aber diese großzügigen Mengen an Alkohol und Gerbstoff – und was sonst noch vorhanden ist – passen so gut zueinander, dass man meinen könnte, sie seien seit eh und je unzertrennliche Freunde (90 Punkte).

Bruno Rocca
Barbaresco

Bruno Rocca hat sich 1988 von den Produttori del Barbaresco getrennt und füllt seitdem unter eigenem Etikett ab. Er beherrscht die Barbaresco-Kunst auf meisterhafte Weise, seine Weine sind hoch gewachsen, energisch und gut aussehend wie er selbst. Sein *1995er Barbaresco Rabajà* zeigt die gezügelte Stärke eines Dressurpferdes, doch lässt sich erahnen, dass seine präzisen, kultivierten Bewegungen von einem Moment zum nächsten in einen halsbrecherischen Galopp übergehen könnten (91 Punkte). Der *1996er Barbaresco Rabajà* macht einen zivilisierten Eindruck, ist aber eigentlich ein ziemlich dekadenter Kerl, der sich kein bisschen zurückhält, wenn ihm etwas Gutes unter die Nase gehalten wird. Doch zum Glück ist auch er freigiebig mit seinem Charme und Reichtum, so dass unser Genuss keinesfalls zu kurz kommt (93 Punkte).

Rocche dei Manzoni
Montforte d'Alba

Valentino Migliorini ist der lebende Beweis, dass man nicht in jeder Weinzeitschrift abgebildet sein muss, um tolle Weine zu produzieren. Sein *1995er Barolo Capella S. Stefano* zeigt sich momentan nicht von seiner Schokoladenseite, hat aber selbst unter diesen Umständen ein beeindruckend schönes Profil. Trotz seiner guten Manieren haftet ihm etwas unbestreitbar Ursprüngliches an (90 Punkte).

Paolo Scavino
Castiglione-Falletto

Ob Enrico Scavino einem seiner 1993er-Weine künstliches Glyzerin zugesetzt hat, wie vom Schweizer Fernsehen behauptet (siehe Seite 237), weiß ich nicht. Auf alle Fälle ist sein *1993er Barolo Rocche dell'Annunziata* ein ebenso wunderbarer wie charaktervoller Wein, der jede Menge Trinkgenuss bereitet. Barolo zum Trinken anstatt zum Bewundern? Durchaus, aber doch mit der nötigen meditativen Stimmung, um seine ganze Würzigkeit einzuatmen (91 Punkte). Vielleicht wird der *1995er Barolo Rocche dell'Annunziata* in einigen Jahren auch so gut schmecken, aber im Moment schmeichelt er meinem Gaumen auf eine leicht aufdringliche Weise (87 Punkte).

Gianni Voerzio
La Morra

Man könnte viele Gründe finden, die gegen den *1995er Barolo Vigna La Serra* von Gianni Voerzio sprechen – «zu modern», «zu opulent», «zu würzig» beispielsweise –, aber schließlich müsste man ein stumpfsinniger Ignorant sein, um nicht zu erkennen, dass dieser Wein für einen wenig bekannten Winzer einfach unverschämt gut ist (92 Punkte).

Roberto Voerzio
La Morra

Nach der gängigen Vorstellung soll Barolo immer ein schwerer und mächtiger Wein sein. Roberto Voerzios *1995er Barolo La Serra* jedoch fasziniert durch seine subtilen Noten (89 Punkte). Noch delikater ist der *1996er Barolo La Serra,* der die Schwerelosigkeit des Veilchendufts mit der Tiefe seiner Farbe harmonisch vereint (90 Punkte).

Spanien

Die neuen Rotweine Spaniens haben zu Recht viel Aufsehen erregt. Ob die Produzenten sich mit den gewaltigen Preiserhöhungen einen Gefallen tun, bleibt eine andere Frage. Zu bedenken ist, dass die Lagerfähigkeit vieler dieser Weine noch ungewiss ist.

Abadia Retuerta
Sardon de Duero

Pascal Delbeck von Château Belair in St-Emilion/Bordeaux (siehe Seite 297) ist verantwortlich für die Vinifizierung auf diesem Weingut nahe dem Ribera-del-Duero-Gebiet, dessen Weine als Vino de mesa de Castilla y León vermarktet werden. Trotz eines Klimas, das leicht zu Rotweinen mit gewaltigem Körper, enormer Wucht und wenig Harmonie führt, sind Delbeck 1996 einige bemerkenswert elegante Weine gelungen, allen voran die *Cuvée El Campanario*. Auch wenn es üblicherweise als Wagnis empfunden wird, kann eine groß gewachsene Frau in hochhackigen Schuhen sehr gut aussehen. Wenn sie dann im engen Kleid den Raum betritt, wird vielleicht einen Moment atemlose Stille herrschen (90 Punkte).

René Barbier
Gratallops

Manche Leute mögen es dicke, mit andern Worten, sie bevorzugen massive, mächtige Weine. Für Liebhaber solcher Rotweine ist der *1994er Clos Mogador* aus dem Priorat in Katalonien sicher das Richtige. Es mag an mir liegen, aber sosehr ich die enormen Ausmaße dieses Monuments bewundere, schließlich erdrückt mich dieser Wein (84 Punkte).

Mas Martinet Viticultors
Falset

Das Spitzenprodukt dieses Guts genießt noch nicht ganz den Ruf mancher anderen Priorat-Weine, aber der *1996er Cims de Porrera* ist tatsächlich spitze. Vom Gipfel eines Bergmassivs guckt man hinunter auf eine atemberaubende Landschaft, die der Mensch gerade noch im Griff hat (92 Punkte).

Costers del Siurana
Gratallops

Förmlich ausgestopft und ein beeindruckend dichter Rotwein ist der *1994er Clos de L'Obac* aus dem Priorat, und irgendwo gibt es auch einen Ansatz von Eleganz. Zu viel des Guten ist aber letztendlich doch zu viel des Guten, und diese Grenze hat er leicht überschritten (88 Punkte).

Douro-Rotwein und Port

Keinesfalls empfehlen kann ich die billigen Ruby und Tawny Ports, die man in so vielen Bars glasweise bekommt. Die Qualität des Flascheninhalts ist meistens erbärmlich, ganz abgesehen davon, dass die Flasche in der Regel seit Wochen halb voll herumgestanden hat, so dass der Port darin vollständig oxidiert ist. Traurige Umstände, die sich (verständlicherweise) auf die Einstellung vieler Deutscher zum Portwein verhängnisvoll ausgewirkt haben.

Churchill's
Vila Nova de Gaia

Seit Johnny Graham dieses Haus 1981 gegründet hat, ist die Qualiät stetig gestiegen. Der *1994er Late Bottled Vintage* ist schon erheblich ausdrucksstärker und fester als die meisten Ports dieser Klasse (86 Punkte). Es ist manchmal schwer zu glauben, dass so ein witziger Kerl wie Graham wirklich fundiertes Weinwissen besitzt, aber seine Vintage Ports sind ein klarer Beweis seiner Fähigkeiten. Der *1991er Vintage Port* ist genau das, was man sich unter Vintage Port vorstellt; ein fast überwältigender Wein, der jedoch Noblesse zeigt (92 Punkte). Mit dem *1994er Vintage Port* würde ich gerne sehr viel Zeit verbringen. Er wird in kommenden Jahrzehnten großen Trinkgenuss bieten. Verführerischer als dieser schwarz gewandete, schwarzhaarige Engel der Nacht kann Port kaum sein (94 Punkte).

Ferreira
Vila Nova de Gaia

Der neue Jahrgang von Portugals berühmtestem Rotwein, der *1991er Barca Velha,* stellt eine herbe Enttäuschung dar. Wenn auch voll und harmonisch, spielt sich im Mund doch ein gewaltiges Geschmacks-Decrescendo ab. Von Lagerfähigkeit oder Entwicklungspotential kann nicht die Rede sein (73 Punkte).

Niepoort
Vila Nova de Gaia

Dirk Niepoorts *1994er Late Bottled Vintage* schmeckt wie ein Vintage Port, so dicht und fein präsentiert er sich. Solch einen exquisiten Stoff kann nur ein geduldiger Perfektionist weben (90 Punkte). Ähnlich und dabei doch ungemein imposanter, graziler und mysteriöser ist sein *1994er Vintage Port* – ein Blick auf die Eiffelbrücke in Porto im ersten Morgenlicht und hinter der mächtigen Stahlkonstruktion der bis weit in die Ferne schimmernde Douro (96 Punkte).

Quinta do Noval
Vila Nova de Gaia

1993 übernahm die französische Versicherungsgesellschaft AXA dieses berühmte Portweinhaus. Innerhalb weniger Jahre hat der energische junge Brite Christian Seely hier alles auf Vordermann gebracht. Der *Old Coronation Ruby* ist erstaunlich gut für einen Standard-Port, unkompliziert, aber großzügig, warm und im positiven Sinn extrovertiert (82 Punkte). Der *1995er Quinta do Noval Vintage Port* steht noch unter einer enormen innerlichen Spannung und wird viele Jahre brauchen, um seine gewaltigen Reichtümer zu entfalten, doch dann wird dieser Held für große Aufregung sorgen (95 Punkte). Christian Seelys Vorbehalte bezüglich des Eigenlobs der Portugiesen für die neuen Rotweine des Landes sind nachvollziehbar: «Jemand macht einen guten Rotwein, die portugiesische Presse bejubelt ihn, und plötzlich wird er hier gehandelt, als sei es der weltbeste Wein!» Andererseits sind die Rotweine der Quinta do Noval nicht annähernd so beeindruckend wie ihre Ports. Der *1996er Corucho reserva* ähnelt zwar geschmacklich einem roten Bordeaux, aber es fehlt ihm etwas an Schliff und Ausdruck (77 Punkte).

Ramos-Pinto
Vila Nova de Gaia

Der ruhige, warmherzige João Nicolau de Almeida hat mehr Erfahrung mit der Rotweinproduktion im Douro-Gebiet als irgendjemand sonst. Die Rotweine des Hauses heißen Duas Quintas, weil die Trauben aus der Quinta dos Bons-Arers und der Quinta da Ervamoira stammen. Der *1994er Duas Quintas reserva* ist ein richtiges Power-Pack, strapaziert aber dennoch nicht die Geschmacksnerven, und mit ein wenig mehr Flaschenreife wird er auch eine gewisse Eleganz entwickeln (89 Punkte). Noch besser ist der *1997er Duas Quintas reserva,* ein noch ungebändigtes Pferd, das aber genügend Stärke und Durchhaltevermögen zeigt, um eines Tages im Rennen zu siegen (90 Punkte). Die Vintage Ports aus den letzten Jahrgängen sind ein ganzes Stück besser als die der achtziger Jahre. Vor allem der *1994er Vintage Port* ist ungeheuer satt und zeigt dabei strahlende Jugendlichkeit. Im Moment ist er noch ein wenig laut, aber wenn er sich beruhigt hat, wird er jeden unvoreingenommenen, sensiblen Portweinliebhaber beeindrucken (90 Punkte)

Symington Port Shippers
Vila Nova de Gaia

Die 1994er Vintage Ports der Symington-Häuser präsentieren sich recht heterogen. Vielleicht habe ich den *1994er Graham's* nicht ganz verstanden, aber auf mich wirkte er trotz aller Power und Ausdrucksstärke letztlich nicht überzeugend, eher ein wenig dumpf und ohne Schwung (86 Punkte). Dagegen legt der *1994er Dow's* eine weibliche Entschlossenheit und Stärke an den Tag, die auch in seinem Muskelspiel zum Ausdruck kommt (91 Punkte). Gegen die dandyhafte Dekadenz des *1994er Warre's* habe ich gar nichts einzuwenden, wenn ich nur genug davon bekomme. Er wird wahrscheinlich in jeder Lebensphase beeindrucken, solange man von ihm nicht nüchterne Korrektheit verlangt (93 Punkte). Die 1997er Vintage Ports sind ein Paukenschlag! Der *1997er Dow's* wirkt noch ziemlich monolithisch, aber mit der Zeit wird sich daraus ein monumentaler Wein entwickeln. Woran erkennt man das? Weil er bereits jetzt eine tolle Harmonie besitzt (95 Punkte). Die körperliche Opulenz des *1997er Quinta do Vesuvio* könnte einen auf die Idee bringen, hier sei der Natur mit Silikon nachgeholfen worden, aber nein, diese Wahnsinnskurven sind so gewachsen (94 Punkte). So absurd dies bei einem Portwein klingen mag, aber der *1997er Warre's* kommt geradezu beschwingt daher mit seiner blütenhaften Feinheit. Die Power liegt vollständig dahinter verborgen (94 Punkte). Ohne ersichtlichen Grund nimmt der Teufel einen Tag frei, doch als die Welt in langweilige Ordnung zu verfallen droht, erschafft er eine schwarze Flüssigkeit, die den Menschen wieder zu Spannung und Leidenschaft verhilft. Das unheimliche Elixir heißt *1997er Graham's,* und sein Schöpfer hat damit etwas Magisches geschaffen (97 Punkte).

Taylor's
Vila Nova de Gaia

Durch überschwängliches Presselob ist der *1992er Vintage Port* dieses Hauses rasch zu einer Legende geworden. Vielleicht ist die schwärmerische, üppige Art des Weines der Grund dafür. Doch so imposant er auch ist, er kommt nicht ganz an die größten Jahrgänge der Vergangenheit heran (93 Punkte).

Deutschsprachige Welt

Weingut Georg Breuer
Rüdesheim/Rheingau (D)

Seit dem Jahrgang 1993 gehören die von Bernhard Breuer und seinem Verwalter Hermann Schmoranz produzierten Weine zu den beeindruckendsten trockenen Rieslingen Deutschlands. Der warme Körper und der kühle Kern des *1997er Rüdesheimer Berg Schlossberg Erstes Gewächs* zeigen, dass er in erster Linie ein Berg Schlossberg ist und erst dann ein trockener Riesling. Mit der Zeit wird die Kühle langsam nach außen drängen und uns mit dem Schiefer des Berg Schlossberg verbinden (92 Punkte).

Weingut Bründlmayer
Langenlois/Kamptal (A)

Bei einer Blindprobe stand Willi Bründlmayers *1995er Ried Lamm Grüner Veltliner* neben dem 1995er Grand cru Montrachet der Domaine de la Romanée-Conti (siehe Seite 304). Ein absurder Vergleich? Selbst wenn beide trockene Weißweine sind? Wie auch immer. Auf jeden Fall ist Bründlmayers Wein über jeden Zweifel erhaben, ein Neutronenstern von ungeheurer Dichte, der mit ungewöhnlich intensiver Leuchtkraft pulsiert (95 Punkte).

Weingut Dr. Bürklin-Wolf
Wachenheim/Pfalz (D)

Wer vom *1996er Forster Kirchenstück Erstes Gewächs* nicht beeindruckt ist, den wird jeder Wein kalt lassen. Wie Weingutsdirektor Christian von Guradze ist sich auch dieser groß gewachsene Mann des von ihm verursachten Staunens bewusst. Der Wein ist aber nicht nur eine imposante Erscheinung, seine Äußerungen sind auch sehr fundiert, und diese Fundamente sind es, die ihn wirklich auszeichnen (91 Punkte).

Schlossgut Diel
Burg Layen/Nahe (D)

Eisweine können dem Formel-1-Rennfahrer Michael Schumacher ähneln: Sie rasen wahnsinnig schnell, sind aber auch ohrenbetäubend laut und baden selbstzufrieden in ihrer eigenen Aura. Ähnliches wird gelegentlich auch von Armin Diel behauptet, aber sein *1996er Schlossgut Diel Eiswein Lange Goldkapsel* ist ganz das Gegenteil. Diese Königin der Eisweine betritt ruhig und souverän mit gemessenen Schritten den Raum, und die sie umgebende Aura ist trotz ihrer schlichten Kleidung unübersehbar (97 Punkte).

Weingut H. Dönnhoff
Oberhausen/Nahe (D)

Wie kann sich ein Ort gleichzeitig an mehreren Stellen der Erde befinden? Der *1998er Oberhäuser Brücke Riesling Auslese Goldkapsel* ist eine der geheimnisvollsten Essenzen aus der Traube, die ich je erlebt habe. Hierher würde ich gerne immer wieder zurückkehren, um die geologischen Rätsel nach und nach zu entschlüsseln (98 Punkte). Ich werde dafür Jahrzehnte brauchen.

Weingut Fritz Haag
Brauneberg/Mosel (D)

Wenn ein Winzer so viele tolle Weine geerntet hat wie Wilhelm Haag, besteht die Gefahr, dass das eine oder andere unter diesen Meisterwerken etwas in Vergessenheit gerät. Solch ein Wein ist die *1995er Brauneberger Juffer Sonnenuhr Riesling-Beerenauslese.* Wie ein ganzes Universum von Aromen in einem einzigen Schluck Wein untergebracht werden kann, ist ein Wunder, über das sich bisher in Deutschland anscheinend kaum jemand groß Gedanken gemacht hat (98 Punkte).

Weingut Franz Hirtzberger
Spitz/Wachau (A)

Gut Ding will Weile haben. Der *1998er Spitzer Singerriedel Riesling Smaragd* nimmt sich viel Zeit und räkelt sich wie eine Katze genüsslich in der Sonne. Lass dich aber nicht täuschen. Auch wenn sie jetzt ganz ruhig daliegt, haben wir es doch mit einer großen Raubkatze und nicht mit einem harmlosen Haustier zu tun (95 Punkte). Eines Tages wird sie ihre erbarmungslosen Augen öffnen.

Weingut Emmerich Knoll
Unterloiben/Wachau (A)

Qualität wird üblicherweise zum abstrakten Konzept reduziert. Emmerich Knolls *1997er Loibner Loibenberg Riesling Smaragd* führt eindrücklich vor Augen, wie unsinnig solche Vorstellungen sind, indem er der Qualität eine äußerst konkrete Form verleiht. Es ist eine steinige Wahrheit, die hier zum Vorschein kommt, warm, kühl, glatt und kantig (93 Punkte). Viele Weinfreunde behaupten, dass auch Knolls *1997er Dürnsteiner Schütt Riesling Smaragd* ein sehr intensiver trockener Weißwein ist, und fachlich gesehen trifft das zu. Jedoch stellen solche Kategorien Schubladen dar, die viel zu klein für eine so absolute Eigenständigkeit sind (97 Punkte).

Alois Kracher, Weinlaubenhof
Illmitz/Neusiedlersee (A)

Nach seiner eigenen Einschätzung ist der *1995er Welschriesling Trockenbeerenauslese Nr. 15* Alois Krachers bester Wein aus diesem großen Jahrgang, aber er ist einfach viel zu viel des Guten, um jetzt schon getrunken zu werden. Die Geschmacksnerven werden von seinen gewaltigen Reichtümern schier erschlagen. Erst nach mindestens einem Jahrzehnt weiterer Lagerung wird er sich auch für den menschlichen und nicht nur für den göttlichen Konsum eignen (94 bis 96 Punkte). Nicht ganz so überwältigend, aber dafür bereits jetzt eine brillante Erscheinung ist die *1995er Scheurebe-Trockenbeerenauslese Nr. 5,* ein Juwel, das keineswegs zu groß wirkt, auch wenn es tausend Facetten besitzt (95 Punkte).

Weingut Franz Künstler
Hochheim/Rheingau (D)

Gunter Künstlers *1997er Hochheimer Domdechaney Erstes Gewächs* ist noch von einem hohen Baugerüst umgeben, wie ein großes Bauwerk im Entstehungsprozess, wo alle sich gespannt fragen, wie die fertige Fassade aussehen wird (90 Punkte). Auch der *1997er Hochheimer Hölle Riesling Auslese trocken* mag noch «unfertig» sein, aber sein Grundriss raubt einem schon jetzt den Atem. In ein paar Jahren, wenn es zur Einweihung kommt, wird man erst recht staunen (93 Punkte). Mit einem zusätzlichen Stockwerk und Türmen setzt der *1998er Hochheimer Hölle Riesling Auslese trocken* noch eins drauf (94 Punkte).

Weingut Dr. Loosen
Bernkastel/Mosel–Saar–Ruwer (D)

Der *1998er Erdener Treppchen Riesling Spätlese* spielt bewusst nicht die Rolle des großen Weins, aber seine Stimme ist ganz eigenständig und seine Sprache grundehrlich (91 Punkte). Der *1997er Erdener Prälat Riesling Auslese Lange Goldkapsel* sprengt die Grenzen der Definition einer Mosel-Riesling-Auslese, und diese Grenzenlosigkeit ist es, die so überzeugt (96 Punkte).

Maximin Grünhaus/Gutsverwaltung von Schubert
Mertesdorf/Ruwer (D)

Ein braver Tischgenosse ist der *1997er Maximin Grünhauser Abtsberg Riesling Auslese trocken* beileibe nicht, sondern eine große Persönlichkeit, die unsere ganze Aufmerksamkeit verlangt und dies großzügig belohnt (90 Punkte). Richtiggehend gefährlich ist für mich der *1997er Maximin Grünhauser Abtsberg Riesling Auslese,* weil ich so gerne loslassen und in ihn hineinsinken möchte, immer tiefer, durch eine Schicht nach der anderen hindurch (94 Punkte).

Weingut Egon Müller
Wiltingen/Mosel–Saar–Ruwer (D)

Der *1997er Scharzhofberger Rieslig Spätlese* ruft den besonderen Reiz der Feinheit in Erinnerung, der so oft durch gröbere Stimulanzien ersetzt wird, aber wer ist dafür empfänglich (92 Punkte)? Rein theoretisch kann ein Wein mit den Ausmaßen des *1997er Scharzhofberger Riesling Auslese Goldkapsel* gar nicht fein wirken, aber gerade hier trifft man auf eine Feinheit in extrem gesteigerter Form. Die Nerven sind glücklicherweise gerade noch in der Lage, sie vollständig wahrzunehmen (97 Punkte).

Weingut Müller-Catoir
Neustadt-Haardt/Pfalz (D)

Heutzutage wird ein so voller Körper als «übergewichtig» eingestuft, weil man die von der Magersucht gezeichnete Figur zum Schönheitsideal erhoben hat. Aber welches Model hat solch eine Ausstrahlung, solch eine verblüffende Direktheit wie der *1998er Haardter Bürgergarten Riesling Spätlese halbtrocken* (93 Punkte)? In ihrem glitzernden weißen Abendkleid, das ihren Körper fast vollständig umhüllt, strahlt die *1998er Mußbacher Eselshaut Rieslaner-Auslese* von Kopf bis Fuß. Dieses Strahlen wird ihr während ihres ganzen, langen Lebens erhalten bleiben, und unabhängig von ihrem Alter wird sie stets alle in Staunen versetzen (96 Punkte). Auch der einfachste Wein dieses Jahrgangs bei Müller-Catoir überzeugt voll und ganz.

Weingut Nikolaihof
Mautern/Wachau (A)

Die Poesie seines Namens – *1997er Steiner Hund Riesling* – scheint nicht von ungefähr zu kommen. Vom Stein könnte er kaum stärker geprägt sein, und die drahtige Stärke eines Jagdhunds besitzt er auch. Gewehr in der Hand, bewege ich mich mit ihm durch den Wald, suchend, suchend … (95 Punkte)

Weingut F. X. Pichler
Oberloiben/Wachau

Ganz abgesehen von der Präsentation, ist Franz Xaver Pichlers neueste Kreation, der *1998er Riesling Unendlich,* zweifelsohne eine Provokation. Entgegen allen Befürchtungen, Theorien oder Regeln wird der Wein seinem Namen beinahe gerecht. Er vermittelt eine Ahnung von der Unendlichkeit, ohne im Geringsten zu überwältigen oder zu erdrücken (96 Punkte). F. X. hat aber schon andere Weine produziert, die dazu in der Lage sind …

Weingut Prager
Weissenkirchen/Wachau (A)

Es ist ein Trauerspiel, wenn große trockene Rieslinge wie der *1998er Weißenkirchener Achleiten Riesling Smaragd* nur ganz jung getrunken werden, wie es gegenwärtig in Österreich üblich ist. Zwar zeigt er dann sicher seine Frische und eine imposante Reichhaltigkeit, aber die Einmaligkeit dieses Weins hatte kaum eine Chance, sich zu entfalten (94 Punkte).

Weingut Robert Weil
Kiedrich/Rheingau (D)

Bei «Weil Superstar» gab es in den letzten Jahren sehr viele gute und eine Reihe herausragender Weine, aber die äußerst professionelle PR des Guts macht es dem Kritiker schwer, ein gerechtes Urteil zu fällen. Ist wirklich jeder neue Jahrgang der beste bisher und jeder Wein besser als der andere? Nein, genauso, wie nicht jeder Tag der schönste Tag aller Zeiten sein kann. Äußerst ausdrucksstark ist der *1998 Kiedricher Gräfenberg Riesling Spätlese,* aber in dieser jugendlichen Form ist seine Gesellschaft auf Dauer ein wenig anstrengend (91 Punkte). Dem Ruf des Hauses für grandiose edelsüße Weine wird der *1998er Kiedricher Gräfenberg Riesling Eiswein* auf alle Fälle gerecht. Wenn der Butler das alte Familiensilber poliert hat, dann soll es blitzen und funkeln wie dieser Wein (97 Punkte).

Weingut Klaus Zimmerling
Dresden-Pillnitz/Sachsen (D)

Obwohl dieses Buch keinen Anspruch auf Vollständigkeit erhebt, steckt dennoch eine bestimmte Systematik hinter der Auswahl der beschriebenen Weine, und dieser Anhang ist von A nach Z geordnet. Genau wie die Holzstatuen seiner Frau, Malgorzata Chodakowska, ein neues Kapitel der Bildhauerei darstellen, so sind Klaus Zimmerlings 1998er Weine ein neues Kapitel des deutschen Weins. «Eine Rose ist eine Rose ist eine Rose ist eine Rose...», hat einmal Gertrude Stein geschrieben, was sich wohl auf das Aroma von Zimmerlings *1998er Traminer* anwenden ließe, aber ich schreibe einfach, ein Zimmerling-Traminer ist ein Zimmerling-Traminer ist ein Zimmerling-Traminer... (90 Punkte).

*

Hinweis

Seit dem Redaktionsschluss für dieses Buch haben bei den Bordeaux-Châteaux Latour, Montrose und Cheval Blanc sowie beim Champagnerhaus Krug die folgenden Veränderungen stattgefunden:
Christian Le Sommer hat Anfang Mai 1999 Château Latour in Pauillac verlassen, und Bruno Lemoine ist nicht mehr für Château Montrose in St-Estèphe tätig. Bernard Arnaud hat mit seinem Kompagnon Château Cheval Blanc in St-Emilion gekauft, und der Luxuskonzern LVMH, an dessen Spitze Arnaud sitzt, hat das Champagnerhaus Krug zu hundert Prozent übernommen. Die Führung des Hauses bleibt jedoch unverändert in den Händen der Familie Krug.

Verzeichnis der Produzenten

A
Aigle, Domaine de L' *151*
Altare, Elio *308*
Ama, Castello di *183 ff.*
Angélus, Château *58, 63, 297*
Antinori, Marchesi *166, 171 ff., 306, 307*
Arlot, Domaine de L' *301*
Azelia *308*

B
Bachelet, Domaine Denis *99*
Barbier, René *310*
Belair, Château *297*
Billecart-Salmon *126 ff.*
Bodenstein, Toni *290*
Bollinger *23, 134 ff., 304*
Bologna, Giacomo *221*
Bouchard Père et Fils *112*
Boudot, Gérard *115*
Breuer, Weingut Georg *287, 313*
Brolio, Castello di *306*
Bründlmayer, Weingut *314*
Bürklin-Wolf, Weingut Dr. *287, 314*

C
Canon-La Gaffelière, Château *62, 63, 65*
Ceretto *234 ff*
Charlopin, Domaine Philippe *99, 102 f.*
Chartogne-Taillet *148*
Cheval Blanc, Château *7, 23, 64 ff.*
Churchill's *277, 311*
Clerico, Domenico *226 ff.*
Coche-Dury, Domaine *302*
Cockburn's *248, 250 ff.*
Conterno Fantino *155*
Conterno, Aldo *216 ff.*
Conterno, Giacomo *156, 201*
Conterno, Giovanni *213 ff.*
Corino *308*
Cos d'Estournel, Château *49, 50 ff.*
Costers del Siurana *310*

D
Deutz *144, 305*
Diel, Schlossgut *285, 314*
Dönnhoff, Weingut Helmut *286 f., 314*
Dow's *254 ff., 275, 313*
Drouhin, Joseph *302*
Ducru-Beaucaillou, Château *19, 297*
Dugat, Domaine Claude *103 ff.*
Dujac, Domaine *106 f., 109*
Duval-Leroy *125*

E
Eglise-Clinet, Château L' *57 f.*

F
Falesco *156*
Felsina, Fattoria di *161, 162, 185 ff.*
Fernández, Alejandro *243*
Ferreira *275, 311*
Fojo, Quinta do *270, 276 ff.*
Fonseca *23, 262 ff., 276*
Fonterutoli, Castello di *306*
Fontodi *170 ff.*
Força Réal, Domaine *76*
Frescobaldi, Marchesi de' *174 ff.*

G
Gaja, Angelo *203 ff., 210 ff., 227, 229*
Gantenbein, Daniel *293 f.*
Geantet, Domaine Vincent *99*
Geantet-Pansiot *siehe* Geantet, Vincent
Giacosa, Bruno *212 f., 218 ff.*
Gimmonet, Pierre *149*
Graham's *246 f., 254 ff., 312 f.*
Grasso, Elio *222 ff.*
Gunderloch, Weingut *285*

H
Haag, Weingut Fritz *285, 314*
Haut-Brion, Château *31, 66 ff.*
Heymann-Löwenstein, Weingut *289*
Hirtzberger, Weingut Franz *290, 315*

I
Isole e Olena *190 ff., 306*

J
Jacquesson et Fils *305*
Jadot, Maison Louis *302*
Jermann, Silvio *158*

K
Knoll, Weingut Emmerich *290, 315*
Kracher, Alois, Weinlaubenhof *291 f., 315*
Krug *117, 130 ff.*
Künstler, Weingut Franz *316*

L
Labégorce-Zédé, Château *298*
Lafite-Rothschild, Château *31, 52, 95, 298*
Lafon, Domaine des Comtes *113 ff., 303*
Lanson *125*
Latour, Château *31, 34, 35, 41 ff.*
Laurent, Dominique *113 f.*
Laurent-Perrier *137 f.*
Lavabre, Château *14, 76*
Laville Haut-Brion, Château *67*

Leflaive, Domaine *111 f., 303*
Legras, R. & L. *148 f.*
Léoville-Barton, Château *299*
Léoville-Las Cases, Château *45 ff.*
Léoville-Poyferré, Château *299*
Leroy, Domaine *85 ff.*
Loosen, Weingut Dr. *283, 285, 287, 316*

M

Mansenoble, Château *74 ff.*
Margaux, Château *69 ff.*
Martinez Gassiot *248*
Mas Blanc, Domaine du *76*
Mas Martinet Viticultors *310*
Mascarello, Giuseppe *202*
Maume, Domaine Bernard *99*
Mauro, Bodegas *240*
Maximin Grünhaus/Gutsverwaltung von Schubert *288, 316*
Méo-Camuzet, Domaine *303*
Mission Haut-Brion, Château La *67, 299*
Moët & Chandon *119 f., 124, 127, 128, 146*
Monasterio, Hacienda *240*
Mondavi, Robert *113, 176, 205*
Mondotte, Château La *58, 62, 63 f.*
Monsanto *167 f.*
Montevertine *188 ff.*
Montrose, Château *49 f.*
Morot, Domaine Albert *304*
Mortet, Domaine Denis *100 ff.*
Mouton-Rothschild, Château *29, 30, 31, 299*
Müller, Weingut Egon *283, 285, 316*
Müller-Catoir, Weingut *288, 317*
Mumm, G. H. *124, 127, 150 f.*

N

Nahe Staatsdomäne *284*
Niepoort *269 ff., 311*
Nikolaihof, Weingut *317*
Noval, Quinta do *275, 312*

O

Ornellaia, Tenuta dell' *307*

P

Palacios, Alvaro *241*
Palmer, Château *300*
Pétrus, Château *54, 55 f., 57, 241*
Pichler, Weingut Franz Xaver *290 f., 317*
Pichon-Longueville Comtesse de Lalande, Château *34 f., 300*
Pichon-Longueville-Baron, Château *35 ff.*
Pin, Château Le *52 ff., 58, 61*
Piper-Heidsieck *305*
Pol Roger *139 f., 146*
Poliziano *307*
Pommery *145 ff.*
Ponsot, Domaine Laurent *107 ff.*
Potensac, Château *46*
Prager, Weingut *290, 317*
Prieur, Domaine Jacques *112*
Produttori del Barbaresco *208 ff.*
Prunotto *230 f.*

Q

Querciabella *181 ff.*

R

Ramos-Pinto *312*
Rampolla, Castello dei *176 ff.*
Reinhartshausen, Schloss *284*
Retuerta, Abadia *310*
Riecine *195 ff.*
Rocca, Bruno *308*
Rocche dei Manzoni *226, 309*
Roederer, Louis *140 ff.*
Romanée-Conti, Domaine de la *81 ff., 94 f., 293, 304*
Rousseau, Domaine Armand *105 ff.*
Ruinart *138 f.*

S

San Guido, Tenuta *307*
Sandrone, Luciano *201, 220 ff.*
Sauzet, Domaine Etienne *115*
Scavino, Paolo *237, 309*
Schiopetto, Mario *158*
Sélosse, Jacques *149*
Smith Woodhouse *254, 258*
Sociando-Mallet, Château *73 f.*
St. Michael Eppan, Winzergenossenschaft *158*
Symington *254 ff., 312*

T

Taittinger *123*
Taylor *244, 263 ff., 313*
Tertre-Rôtebœuf *58 ff.*
Torres, Miguel *239*
Tour Haut-Brion, Château La *67*
Tour-Boisée, Domaine La *76*

V

Valandraud, Château *61*
Vega Sicilia, Bodegas *241*
Vesuvio, Quinta do *254*
Veuve Clicquot *121 ff.*
Vieux-Château-Certan *301*
Voerzio, Gianni *309*
Voerzio, Roberto *309*
Vranken *125, 305*

W

Warre's *254 ff., 313*
Weil, Weingut Robert *285, 317*

Z

Zimmerling, Weingut Klaus *318*